TRAUNER VERLAG
GASTRONOMIE

Rezeption

Frontofficemanagement im Hotel

PETER WÖLFL
CHRISTIAN MERL
ERNST KHOM
CHRISTINE RUETZ
FRITZ KNOLL
INES WEISSENSTEINER

2. Auflage 2008

Köglstraße 14, 4020 Linz, Austria
Gestaltung: Bettina Victor
Lektorat: Mag. Karin E. Gollowitsch
Umschlagbild: Ulrike Köb, Wien, fotografiert im Hotel
Das Triest, Wien
Herstellung: TRAUNER Druck GmbH & Co KG, Linz
ISBN 978-3-85487-674-8

PETER WÖLFL
CHRISTIAN MERL
ERNST KHOM
CHRISTINE RUETZ
FRITZ KNOLL
INES WEISSENSTEINER

Rezeption

Frontofficemanagement im Hotel

Inhaltsverzeichnis

Von der Anfrage bis zum Follow-up – der operative Ablauf der Gästebetreuung 147

Das Marketing – Ihre Positionierung 201

Zusammenarbeit mit Reisevermittlern und Tourismusorganisationen 245

Der Tourismus – Ihre Branche

Tourismus ist Dienstleistung, Tourismus ist Ihre Branche – hier sind Sie zu Hause. Gäbe es ihn nicht, würden ein wesentlicher Wirtschaftsfaktor und ein großer Arbeitsmarkt sowie die ganze Kultur des Reisens fehlen. Gäbe es ihn nicht, wären Sie heute nicht dort, wo Sie sind. Gelebte Gastfreundschaft ist die Basis des Tourismus, die Wurzel dieses vielseitigen Begriffs, der mit drei Silben einen ganzen Wirtschaftszweig – die weltweit drittgrößte Branche mit all ihren Facetten – umschreibt.

Tourismus – was ist das?

Da der Tourismus als Dienstleistungsbranche sehr stark den Veränderungen der Lebensgewohnheiten der trendorientierten Reisenden unterliegt, ist es für Sie, die Sie in und von dieser Branche leben, wichtig, den Finger immer am Puls der Zeit zu haben und die Trends zu kennen. Nur so können Sie in der Produktpolitik und Angebotsgestaltung vordenken und zeitgemäß planen. Um dafür ein Gespür zu entwickeln, bekommen Sie hier einen Einblick in die Tourismusbranche, vom historischen Rückblick bis zu den derzeitigen Trends.

Ein erster Überblick

Tourismus umfasst alle Einrichtungen, Angebote und die damit verbundenen Aktivitäten für Gäste, die sich vorübergehend an einem Ort aufhalten, der nicht ihr ständiger Wohnsitz ist – sei es zur Erholung, zur Bildung, zum Vergnügen, zu geschäftlicher, beruflicher oder sportlicher Betätigung, sei es, um besondere Ereignisse oder Veranstaltungen mitzuerleben. Tourismus steht außerdem für den individuellen oder organisierten Reise- bzw. Fremdenverkehr.

Tourismus – mehr als ein Dach über dem Kopf.

Tourismus ist kein starres System, sondern lebendig und verändert sich daher kontinuierlich – mit Ihnen als Motor dieser Entwicklung.

Ein kurzer historischer Abriss

Die Ursprünge des Tourismus – die Unterbringung und Verpflegung von Gästen – liegen in der von Kultur und Sitte begründeten **Gastfreundschaft.** Gastlichkeit beruht auf dem den meisten Völkern heiligen Gastrecht früherer Zeiten. Dieses Recht gewährte dem Gast neben Unterkunft und Verpflegung auch Schutz und Sicherheit.

Schon die **Germanen** hielten das Gastrecht sehr hoch. Im alten **Ägypten** wurden Bier und Wein, die bei den Völkern an Euphrat und Tigris schon vor 6 000 Jahren bekannt waren, gewerbsmäßig in Tavernen und Karawansereien verkauft – die Beherbergung war kostenlos. Im gastfreundlichen **Griechenland** entwickelte sich durch die Olympischen Spiele bereits die gewerbliche Gastronomie.

Beliebte Treffpunkte bei den **Römern** waren die Schankwirtschaften. Vornehme Bürger schätzten Aufenthalte in Thermal- und Heilbädern und verbrachten den Sommer außerhalb der Städte. An den Landstraßen gab es zum Aus- und Umspannen der Pferde Stationen mit Bewirtung und Beherbergung der Gäste. Mit dem Untergang des Römischen Reiches verschwanden diese Schankwirtschaften. Die private Gastfreundschaft gewann an Bedeutung. Aber auch die Kirchen und Klöster stellten entsprechend dem Gebot der Nächstenliebe Fremden eine Unterkunft kostenlos zur Verfügung.

Klöster sind seit Jahrhunderten Herberge und Zufluchtsstätte für Pilger, Reisende, Schutz- und Erholungsuchende.

Im **18. Jahrhundert** nahm die Reisetätigkeit des Adels, des reichen Bürgertums und der Künstler zu – die bekanntesten Beispiele sind wohl Mozarts **Konzertreisen** oder die Reisen Goethes nach Italien, nach Karlsbad und Marienbad. Als Reisemotive galten damals vor allem die Neugier, das Interesse an anderen Menschen, anderen Kulturen und ihrer Prägung durch ihre Umwelt. Dafür wurden viele Unannehmlichkeiten, die das Reisen damals mit sich brachte, in Kauf genommen. So schrieb Goethe über das Reisen:

> „Eine Reise gleicht einem Spiel. Es ist immer etwas Gewinn und Verlust dabei – meist von der unerwarteten Seite.“ *Johann Wolfgang von Goethe*

Im **Mittelalter** reisten Kaufleute, um Waren einzukaufen oder zu tauschen, Studenten besuchten Universitäten und unternahmen Studienreisen, Handwerksgesellen gingen der Zunftordnung gemäß auf Wanderschaft. **Wallfahrten** in die nähere Umgebung oder auch zu weit entfernten Wallfahrtsorten in Europa und bis ins Heilige Land wurden gemacht. Orden richteten für Pilger und andere Reisende **Hospize** ein, die meist kostenlos benutzt werden konnten. Bald reichte die kirchliche und private Beherbergung nicht mehr aus, **gewerbliche Gasthöfe** mit Rats- und Zunftstuben, Einkehrgasthöfe und Poststationen wurden eingerichtet. Für vornehme Herrschaften gab es gut eingerichtete Gasthöfe mit Gasträumen und Stallungen für die Unterbringung der Pferde. Fuhrleute und Gäste niederen Standes logierten in einfachen Quartieren.

Wirtshäuser durften im Gegensatz zu Gasthöfen nur Getränke ausschenken, aber keine Gäste beherbergen. Die Landes- oder Grundherren verliehen damals das Recht, gegen Pacht eine „Taberne“ zu führen. Im 14. Jahrhundert regelte die „Tabernordnung“ Sperrstunden und Ausschankmaße und verbot Karten- und Würfelspiele.

Durch den **Dreißigjährigen Krieg** (1618–1648) wurde die Entwicklung des Gastgewerbes für einige Jahrzehnte unterbrochen. Da Frankreich von diesem Krieg jedoch weitgehend verschont blieb, fanden Reisen der vornehmen Gesellschaft in diesem Land weiterhin statt. Landadelige nannten damals ihre Stadtpalais **Hôtel.** Ein findiger Bediensteter baute selbst ein kleines Schloss, das er ebenso bezeichnete, und ermöglichte dort gehobenen Bürgerschichten, gegen Bezahlung aristokratische Lebensart nachzuahmen. So entstand die bis heute verwendete Bezeichnung **Hotel**.

Aristokratische Lebensart konnte man im 17. Jahrhundert in den ersten „Hôtels“ in Frankreich erleben.

Neugier und Abenteuerlust bewogen zahlreiche Forscher, sich auf die Reise nach verborgenen Regionen auf fremden Kontinenten zu begeben und mit Reiseberichten voller unglaublicher Geschichten zurückzukehren.

Reisen mit der Kutsche – jahrhundertelang neben der Reise auf Schusters Rappen oder zu Pferde die einzige Fortbewegungsmöglichkeit.

Bald prägten Malerei und Literatur zudem ein neues Naturgefühl – die Angst vor den Naturgewalten wandelte sich in ein verträumtes Staunen, die „stürmische See“ wurde zum „weiten Meer“. So entstanden um 1730 an der englischen Südküste die ersten **Seebäder**, um etwa 1800 wurden an der deutschen Nordsee- und Ostseeküste die ersten Badeorte gegründet. Ab der Mitte des

19. Jahrhunderts wurde die europäische Mittelmeerküste erschlossen.

Zu Beginn des 19. Jahrhunderts entdeckte der Adel das **Hochgebirge**, vor allem die Alpen, als neues Reiseziel. Ende des 19. Jahrhunderts entwickelte sich daraus der **Wintersport**.

Die großen Veränderungen als Folge der Industrialisierung, der Verstädterung und des Verkehrswesens – die **Eisenbahn** wurde zum Massenverkehrsmittel – bewirkten eine grundlegende Wandlung des Reiseverkehrs. Die ersten **Reisebüros** wurden gegründet.

Die Eisenbahn als erstes Massenverkehrsmittel beeinflusste die Entwicklung des Reiseverkehrs.

Bis zum Ersten Weltkrieg entwickelte sich die Tourismuswirtschaft zu einem starken, eigenständigen Wirtschaftszweig. Durch den Krieg jedoch kam sie zum Erliegen. Nach der Stabilisierung der Wirtschaft und begünstigt durch die **gesetzliche Festlegung des Urlaubsanspruches** und durch Förderungs- und Werbemaßnahmen setzte Mitte der 1920er-Jahre ein erneuter Aufschwung ein, der durch die Weltwirtschaftskrise und den Zweiten Weltkrieg wieder zunichte gemacht wurde.

Nach 1945 erholte sich die Tourismuswirtschaft langsam. Bessere Einkommensverhältnisse, mehr Freizeit und bessere Verkehrsbedingungen förderten ab den 1960er-Jahren die Reiselust. Die **Transitrouten** wurden ausgebaut und der **Charterflugverkehr** wurde ein Thema. Da in den 1980er-Jahren Flug-

TOURISTISCHE ANGEBOTE SIND IMMER WIEDER DER GEÄNDERTEN ERWARTUNGSHALTUNG DER GÄSTE ANZUPASSEN.

reisen immer günstiger wurden, waren die heimischen Hoteliers gefordert, ihre Strategien neu zu formulieren.

Die **Marktforschung** wurde ein nicht unwesentliches Thema. Die Gästebefragung Österreich – die heutige **T-Mona (Tourismus Monitor Österreich*)** – oder die **Deutsche Reiseanalyse** bringen seither wichtige Erkenntnisse für den Tourismusmarkt. Der Tourismus Monitor Österreich bietet z. B. allen Teilnehmern die Möglichkeit, neben den eigenen Ergebnissen auch die Daten der anderen Teilnehmer einzusehen. Von den gestiegenen Reiseausgaben und wofür das Urlaubsbudget eingesetzt wird über die Erwartungen an den Beherbergungsbetrieb bis hin zum gewünschten Urlaubserlebnis reichen die Themen der Analysen.

Die **politischen Veränderungen** ab den späten 1980er-Jahren hatten ebenso Auswirkungen auf den Tourismus. Seit der **Ostöffnung** boomt auch in den östlichen Tourismusregionen der Tourismus speziell im Zwei- und Dreisternebereich. Die Gästezahlen aus den ehemaligen Oststaaten steigen. Auch ist ein Mitarbeiterplus speziell im Servicebereich aus diesen Ländern zu verzeichnen.

* durchgeführt von der Österreichwerbung sowie dem Institut Manova und den Landestourismusorganisationen

In der wirtschaftlichen Aufschwungphase der 1970er- und 1980er-Jahre entwickelten sich sogenannte Boomfaktoren, die die **Grundlage für die heutige Tourismuswirtschaft** bilden. Dazu zählen ein höheres Realeinkommen bei sinkender Arbeitszeit, die Mobilisierung, circa 30 Urlaubstage im Jahr, die nicht mehr nur der Erholung dienen müssen, und ein höherer Anteil älterer gebildeter Wohlhabender. Dadurch entstand der **Prototyp der modernen Urlaubsreise.** Ein Hauptmerkmal dieses Urlaubstyps ist die **Abnahme der Verweildauer** der Gäste. Reiseveranstalter haben in diesem Prozess Funktionen übernommen, die über jene eines normalen Dienstleistungsanbieters hinausgehen: Sie bieten neben dem Transport seither auch die Organisation der gesamten Urlaubssituation (z. B. Cluburlaub, Incentive) sowie die Lösung sämtlicher auftretender Urlaubsprobleme an.

Durch die Zunahme der privaten Internetanschlüsse wurde für den Gast das Buchen einfacher. Es entstand der **Online-Tourismus.** Er war 2005 z. B. für **fast ein Viertel aller touristischen Umsätze** in Deutschland verantwortlich. Die Tourismusbranche reagiert flexibel auf diese Veränderungen. Das Angebot geht heute weit über die Erfüllung der Aufgaben Beherbergung und Bewirtung hinaus, um dem Markt gerecht zu werden.

Marktentwicklung und Trends

Kaum ein anderer Wirtschaftszweig wird so intensiv von immer neuen Trends bestimmt wie der Tourismus, vor allem deshalb, weil fast alle Trends aus anderen Branchen (z. B. der Telekommunikation, der Unterhaltungsindustrie, dem Sport) den Tourismus beeinflussen. Diese Trends erschließen der Tourismuswirtschaft neue Zielgruppen und Absatzmärkte, während andere verloren gehen. Der Tourismus ist nach der Erdöl- und Autoindustrie der drittgrößte Wirtschaftsfaktor. Die WTO (World Tourism Organization) prognostiziert jährliche Zuwachsraten von vier bis fünf Prozent.

Megatrends, die die Branche beeinflussen

Die Trend- und Zukunftsforschung – allen voran Matthias Horx – ermittelt in regelmäßigen Abständen Megatrends, auf die sich auch die Reisebranche einstellen kann. Hier ein Einblick in die Vielfalt der Trends der letzten Jahre:

- **„Globalisierung Plus"**: Durch das Wissen voneinander steigen auch die Solidarität und das Interesse aneinander. Dies kann in wenigen Jahrzehnten zu einem planetaren Wohlstand führen, was wiederum bedeutet, dass aus jetzigen Schwellenländern die Europareisenden der Zukunft werden.
- **Individualisierung:** Aufgrund veränderter Familienstrukturen gibt es verschiedene Lebensformen. So sind z. B. Singles nicht einfach nur „Alleinlebende", sondern bilden verschiedenste „Lebensstil-Clans". Daraus ergeben sich neue Zielgruppen.
- **Feminisierung:** Das Einkommen bzw. Vermögen der Frauen steigt – dies wiederum wirkt sich auf alle Märkte, so auch auf den Reisemarkt, aus. Frauen sind weder die „Familienurlaubsorganisatorinnen" noch ziehen bei ihnen die sogenannten „Damenprogramme", nein, sie motivieren ganz im Gegenteil ihre männlichen Partner für ungewöhnliche Unternehmungen, die bislang als eher unweiblich galten.
- **Down-Aging:** Das Verhalten der Älteren verjüngt sich. Sie sind nicht mehr mit Seniorentellern abzuspeisen.

Jugendlich im Alter – so fühlen sich viele der Generation 50+.

- **Sabbaticals** (Langzeitpausen): In diesen langen Auszeitphasen ist Zeit für Health-Holidays – für medizinische Kosmetik, Schönheitschirurgie und psychotherapeutische Betreuung, für Streben nach Information, für Auseinandersetzung mit sich selbst.
- **Neue Mobilität:** Klassische Zeitrhythmen sind in Auflösung begriffen. Dies führt weg von langen Urlauben hin zu „Multi-Travelling", das verschiedene Reisemotive vereint, wie z. B. Shopping, Bildung, Entspannung.
- **Urlaub und Arbeit:** fließen ineinander über. Der Gast ist auf der Suche nach Inspiration und spannenden Hintergrundinformationen, die er dann in seiner Arbeit kreativ umsetzen kann.

Folgen für den Tourismusmarkt

Auf folgende **Entwicklungen** kann sich daher der Tourismusmarkt im deutschsprachigen Raum einstellen:

- Steigender Zustrom von **Gästen aus nicht deutschsprachigen Ländern**, z. B. aus Osteuropa und Übersee.
- **Veränderung der Urlaubsgewohnheiten:** häufigere, aber kürzere Aufenthalte, z. B. Kurzurlaube, Kurzreisen, Tagesausflüge.
- **Steigende Ansprüche an die Qualität** von Tourismusleistungen mit zunehmender Nachfrage nach hochwertigen Unterkünften. Viersterne- und Fünfsternebetriebe verzeichnen steigende Nächtigungszahlen, Einstern- und Zweisternebetriebe haben dadurch vor allem Platz für Gäste aus Osteuropa.

Neben der **Wahl des Quartiers** ist die Qualität der **Dienstleistung** für die Gäste von großer Bedeutung. **High Convenience** beschreibt den Wunsch des Gastes, möglichst alle Alltagstätigkeiten an die Mitarbeiter im Hotel abzugeben.

- Zunahme des **Städte- und Kulturtourismus.**
- Kürzere Arbeitszeiten erhöhen den Bedarf an geeigneten Freizeitangeboten. Nachgefragt werden z. B. **sanfter Tourismus** mit dem Fahrrad sowie **Hobby- oder Wellnessurlaube.**
- **Selfness** lautet das Schlagwort. Das bedeutet, der Gast wird selbstständiger, er weiß selbst, was er machen möchte, was gut für ihn ist und was ihm Erholung verschafft. Auch setzt sich der **Destinationsgedanke** dabei durch: Anhand von **Packages** einer bestimmten Destination – z. B. dem Salzkammergut – holt er sich Ideen für seinen Urlaub, sein persönliches Programm stellt er sich jedoch selbst zusammen aufgrund der Anregungen, die ihm eine Destination gibt.

Ihr Urlaubsprogramm stellen sich Reisende selbst zusammen.

- **Freizeitentscheidungen** der Gäste werden oft **spontan** getroffen, der Wochenendtrip, der Ausflug zwischendurch, der Besuch von Veranstaltungen etc. werden nicht mehr von langer Hand geplant. Die Anbieter sind daher gefordert, darauf kurzfristig zu reagieren, z. B. **mit kurzen Releasezeiten** (Verfallsfristen von Angeboten), verstärktem Internetverkauf und absoluter **Verbesserung der Responsezeiten**, also der Zeitdauer, bis eine Anfrage beantwortet wird.

GÄSTE SETZEN TRENDS – DIE BRANCHE REAGIERT MIT DEN PASSENDEN ANGEBOTEN.

Ein Tipp vom Profi
Bei einer **Responsezeit** – also der Zeitspanne, bis auf eine Anfrage ein Angebot übermittelt wird – von **maximal zwei Stunden** kann man zu 70 % mit einer Buchung rechnen, da Bucher eine rasche Antwort sehr schätzen. Mit Verkürzung Ihrer Responsezeit können Sie daher einen echten Wettbewerbsvorteil erlangen.

- **Steigender Anteil älterer Menschen,** die als zahlungskräftige Gäste auf dem Reisemarkt auftreten.
- **Cheap Chic:** Damit ist gemeint, dass Schnäppchenjäger tolle Angebote zu einem smarten Preis suchen.
- **Vernetzungsprojekte:** Betriebe eines Ortes schließen sich immer häufiger zusammen, bieten eine gemeinsame Internetplattform an, haben ein gemeinsames Intranet, in dem das Anfragemanagement und die Kommunikation abgewickelt werden, betreiben gemeinsam Terminals zur Urlauberinformation etc. **Destinationsmanagement** ist hier das Schlagwort. Damit ist die unternehmensorientierte und marktgerechte Führung und Steuerung von touristischen Zielgebieten gemeint. Die Zielgebiete sollen räumlich und inhaltlich alle Bedürfnisse und Ansprüche eines Marktes oder einer Zielgruppe erfüllen können. Diese Art der Darstellung von Regionen ist eine Antwort auf die sich verändernden Marktbedingungen.

Aus diesen Entwicklungen kristallisieren sich neue Marktsegmente heraus bzw. verändern sich bestehende Märkte. Dadurch erhalten manche Tourismusbetriebe neue Chancen, für andere verschlechtern sich aber die Bedingungen. In jedem Fall muss die Branche auf diese Entwicklungen reagieren.

Ein Tipp vom Profi
Einen Trend kann man nicht gesondert betrachten, Trends greifen ineinander über. So können Familien Kultururlaube planen und Senioren neben Wellness Lust auf Shopping oder Kultur haben. Daher ist es von großer Bedeutung, dass **Frontoffice-Systeme** eine Zuordnung der Gäste zu **mehreren Zielgruppen** in Form von **Mailing-Codes** für zielgruppengerechte Aussendungen zulassen.

Die folgende Beschreibung derzeitiger Trends soll bei der Planung und Vermarktung der Angebote helfen. Trends müssen beobachtet und der Gästestruktur entsprechend umgesetzt werden.

Trends …	… und ihre Beschreibung
Neigungstourismus  *Urlaub mit hohem Freizeitwert – das wird geschätzt.*	■ Der Gast gestaltet seine Freizeit immer mehr nach persönlichen Neigungen. ■ Der **Freizeitwert** im Urlaub wird immer wichtiger. Freizeitangebote stellt meist die Hotellerie zur Verfügung, die sich immer mehr in Nischen (z. B. Bikerhotels) spezialisieren muss, um sich zu differenzieren. Eine breite Basis an mittlerweile zum Standard gehörenden Angeboten muss dabei jedoch ebenso gewährleistet sein (z. B. Wellnessbereich). ■ Neigungen können auf den ersten Blick sehr widersprüchlich wirken, z. B. Wandergäste, die abends gerne umfangreiche Menüs genießen, oder die junge Fungeneration, die bei Verpflegung und Unterkunft spart, aber für Events und Unterhaltung viel Geld ausgibt.
Qualitätstourismus	■ Qualität im Detail ist der Schlüssel zum Erfolg. **„Attention to Detail"** ist das Motto der Zukunft. ■ Qualität ist aber nicht nur in der Ausstattung, sondern vor allem auch in den Dienstleistungen der Mitarbeiterinnen und Mitarbeiter gefragt. ■ Qualität darf nicht mit Luxus verwechselt werden. Die kleinen Dinge sind entscheidend, denn wie ein sensibler Oszillograf registriert der Gast jede Kleinigkeit und speichert sie in seiner Urlaubsbilanz als positiv oder negativ. ■ Was Qualität ist, bestimmt letztlich der Gast, daher ist auf jeden einzelnen Gast nach Möglichkeit besonders einzugehen.
Kurzfristige Urlaubsentscheidungen	■ Vorausbuchungen werden seltener. ■ Dem Trend entsprechen Last-Minute-Angebote. ■ Hotellerie und Gastronomie müssen darauf schnell reagieren können bzw. mit entsprechenden Angeboten aufwarten.
Kurzurlaub	■ Für den Kurzurlaub sind Hobby- und Neigungsangebote besonders stark gefragt (z. B. Sportangebote mit Equipment zum Ausleihen). ■ Der Kurzurlauber gibt im Schnitt um 15,00 bis 20,00 Euro pro Tag mehr aus als Gäste, die länger bleiben. Diese Mehrinvestition soll ihm natürlich in guter Erinnerung bleiben. ■ Er möchte in der knappen Zeit den vollen Urlaubsgenuss haben, ohne sich um organisatorische Angelegenheiten kümmern zu müssen.
Bildungs- und Kulturtourismus	■ Mehr Freizeit und ein größeres Einkommen verstärken die Nachfrage nach kulturellen Angeboten, der Markt wächst. Auch gelten Wissen und Bildung zusehends als Schlüsselressourcen und ihre Aneignung als selbstverständlich. ■ Festivals und Events sind vor allem im Kurzreisesegment wichtige Attraktionen – hier hat der Markt noch Wachstumspotenzial. ■ Zuwächse gibt es auch im Bereich der Bildungs- und Studienreisen (Besichtigungen, Sprachreisen etc.).
Tourismus der 50-plus-Generation  *Die 50-plus-Generation ist sehr qualitätsbewusst.*	■ 50 % der österreichischen bzw. der deutschen Touristen sind über 50 Jahre alt. Sie möchten im Urlaub etwas für die Gesundheit tun (Wellness, Sport, Wandern etc.), aber auch für ihre kulturelle Bildung. Ebenso werden Angebote für jüngere Zielgruppen genutzt, da die 50-plus-Generation sich in der Auswahl der Freizeitaktivitäten „verjüngt" (siehe „Down-Aging", S. 11). ■ Bei der 50-plus-Generation steigt das Qualitätsbewusstsein. Sie legt besonders Wert auf guten Service, persönliche Kontakte und individuelle Betreuung und lässt sich nicht durch aufgesetzte Freundlichkeit täuschen. ■ Die 50-plus-Generation will selbst nicht so bezeichnet werden, sondern wie jeder andere jüngere Urlauber behandelt werden. Das Alter soll daher in Angeboten nicht direkt hervorgehoben werden.

Familientourismus

Kinderfreundlichkeit muss in den Angeboten großgeschrieben sein.

- Über 40 % der Urlauber zwischen 14 und 49 Jahren verreisen im Familienverband.
- Familienurlauber legen großen Wert auf kinderfreundliche Angebote wie All-inclusive-Offerte, gratis Zusatzbetten, Kinderbetreuung, geeignetes Mobiliar (Hochstühle, Gitterbetten, Wickeltische).
- Veränderte Familienstrukturen brauchen auch veränderte Angebote, z. B. für Singles mit Kind oder Singles, Großeltern und Kinder.
- Die Sicherheit der Kinder ist ein Entscheidungskriterium (z. B. verkehrsberuhigte Lage).
- In ca. 50 % der Familien wählen die Kinder den Urlaubsort.
- Kinder suchen Abwechslung und Abenteuer. Dafür muss es geeignete Angebote in unfallsicherer Umgebung geben.
- Ein wachsender Markt an Themen- und Freizeitparks steht für diese Sparte zur Verfügung. Kooperationen mit solchen Betrieben liegen nahe.

Sanft und naturnah – nachhaltiger Tourismus

- 84 % der Gäste erwarten sich von ihrem Reiseziel schöne Natur und saubere Landschaft.
- Der umweltbewusste Gast sucht das Naturerlebnis und das sanfte Abenteuer.
- Das Interesse des Gastes an regionalen, saisonalen und vollwertigen Produkten steigt.
- Immer mehr Gäste wollen Kultur, Brauchtum und die Lebensverhältnisse der Urlaubsregion kennenlernen.
- Viele Gäste legen Wert auf umweltschonendes Verhalten ihrer Gastgeber.

Wellness und Health

Ein abwechslungsreiches Bewegungsangebot, das wünschen sich Wellnessurlauber.

- Etwas für die Gesundheit zu tun, ist für viele Gäste das Hauptmotiv ihrer Reise schlechthin. Der Wellnesstourismus verzeichnet immer noch starke Zuwächse, und Wellnesshotels erzielen eine sehr hohe Auslastung.
- Wellnessurlauber wollen häufig eine gesündere Lebensweise als Alternative zu ihrem Alltagsverhalten ausprobieren (Sport, Entspannung, Ernährung etc.). Sie legen Wert auf Ruhe und ein abwechslungsreiches Bewegungsangebot in schöner, intakter Natur.
- Wellnessbetriebe müssen bestimmte Standards erfüllen, um Gäste begeistern zu können. Eine alte Sauna im Keller lockt keinen Gast hinter dem Ofen hervor, die Ansprüche sind gestiegen. Wichtig ist z. B. ein großer, ruhiger Ruheraum mit ausreichend Liegen. Nichts ist weniger entspannend, als wenn im Saunabereich Stress um das Ergattern einer Liege ausbricht.

Shoppingtourismus

- Ein Einkaufsbummel in einer Großstadt wird zum Reisemotiv.
- Die Gäste verbinden bei diesen Reisen meist eine Einkaufstour mit einer Stadtbesichtigung.
- Billigflugangebote forcieren diesen Trend.
- Der Besuch von Christkindlmärkten oder anderen regionaltypischen Ereignissen wird als Urlaubsmotiv relevant.

Virtueller Tourismus (Tourismus im Internet)

Elektronisch betreut im Urlaub – von der Anfrage bis zum Check-out.

- Elektronisches Marketing und der virtuelle Marktplatz im Internet haben die internationale Tourismus- und Freizeitwirtschaft entscheidend verändert. Das Internet wird zur Informations-, Werbe- und Verkaufsplattform.
- Zur Sicherstellung einer durchgehenden Erreichbarkeit der Anbieter im Tourismus werden Callcenterdienste bzw. 24-Stunden-Voice-Processing-Technologien immer wichtiger.
- Die Bedeutung globaler Reservierungssysteme von Fluglinien und Hotels (z. B. www.tiscover.at, www.nethotels.com, www.lastminute.com, www.hrs.de, www.venere.com, www.bookings.org, www.kurz-mal-weg.at, www.expedia.com, www.hotels.com, www.travelocity.com) steigt. Diese Plattformen bringen bereits ein Vielfaches an Umsatz der **GDS-Systeme** (Global Distribution Systems, siehe Zusammenarbeit mit Reisevermittlern und Tourismusorganisationen, S. 247, und Webmarketing, S. 226).
- Der Betrieb ist gefordert, dem technischen Ausstattungsstand seiner Gästegruppe immer einen Schritt voraus zu sein.

Shopping und Sightseeing werden oft kombiniert.

Aus diesen Trends ist abzuleiten, dass vor allem spezialisierte Gastronomiebetriebe, erlebnisorientierte Betriebsformen, Biohotels etc. Zukunft haben. Die **Chancen für die Tourismusbranche** liegen im **Qualitätstourismus**, in der Forcierung der **Profil- und Erlebnisgastronomie**, im sensibilisierten Umweltbewusstsein, bei dem auf die Herkunft und die Qualität der Lebensmittel und auf die Ökologie der Region geachtet wird, sowie in der profilierten **Vernetzung der Tourismusregionen**, z. B. mit Gäste- oder Familycards.

Den Gästen muss eine **kurzfristige Buchungsentscheidung** möglich gemacht werden und auf ihre Wünsche muss flexibel reagiert werden.

Bikerhotels lassen das Urlauberherz von Radfahrern höher schlagen.

Möglichkeiten zielgruppengerechter Schwerpunkte

Zielgruppen sind z. B. Motorradfahrer (Biker), Mountainbiker, Beautyurlauber, Golfurlauber, Tennisspieler, Skifahrer/Snowboarder, Schwimmer, Gay & Lesbian, Drive-in-Tourists, Billigreisende/Schnäppchenjäger, Luxusreisende, Kunst- und Kulturinteressierte, Pferde- oder Hundeliebhaber, Läufer/Nordic Walker/Spaziergänger/Wanderer, Bergsteiger/Climber.

Für diese Zielgruppen lassen sich z. B. folgende Schwerpunkte setzen:

- Naturerlebnis im Nationalpark mit Radtouren und Unterbringung im Bikerhotel für die Zielgruppe Mountainbiker.
- Wellnessanwendungen und Körperpflege inklusive Beratung, z. B. einer Hautanalyse, für Beautyurlauber.
- Städtereise mit Kultur, kombiniert mit Shopping oder einem Event für Kulturinteressierte.
- Rahmenprogramm während einer Pferdeausstellung für Pferdeliebhaber, z. B. Vorträge über die Pflege von Pferden.

Die Schwerpunkte lassen sich an die Altersstruktur der Gäste anpassen und zu konkreten Angeboten spezifizieren.

Formen und Arten des Tourismus

In der Branche hat sich zur genaueren Spezifizierung die Unterscheidung zwischen Tourismusformen und Tourismusarten etabliert.

In **Tourismusformen** wird die Branche anhand von äußeren Einflüssen und Gegebenheiten gegliedert. Sie beschreiben die Rahmenbedingungen eines Aufenthalts. Die **Tourismusarten** hingegen sind eine Einteilung nach den Reisemotiven, also dem Grund, warum einer eine Reise tut.

EINE TOURISMUSFORM WIRD Z. B. DURCH DIE HERKUNFT DER GÄSTE BESTIMMT.

Tourismusformen

Die Tourismusformen ergeben sich aus

- der **Herkunft der Gäste:** Inlands- oder Auslandstourismus,
- der **Jahreszeit:** Sommer- oder Wintertourismus, Zwischensaisontourismus,
- der **Aufenthaltsdauer:** kurz (Naherholung, Ausflüge, Wochenende, Städtereisen, Geschäftsreisen, Transittourismus) oder lang (mehr als vier Nächtigungen, z. B. Kur- und Gesundheitstourismus, Ferienerholung),
- der **Beherbergungsform:** Tourismus in Hotels oder in der Parahotellerie (Privatzimmer, Zweitwohnsitze, Camping),
- den verwendeten **Verkehrsmitteln:** Bahn-, Auto-, Bus-, Flug- oder Schiffstourismus,
- dem **Alter** der Touristen: Kinder in Feriencamps oder in Kinderhotels; Jugendliche (bis etwa 26 Jahre) in Feriencamps, in Jugendherbergen etc., bei Sportevents oder Clubbings (Tanzevents), Sprach- oder Studienreisen; Familien; 50-plus-Generation etc.
- der **Zahl der Reiseteilnehmer:** Individual-, Kollektiv- (organisiert durch Reisebüros) oder Massentourismus,
- der **Auswirkung auf die Zahlungsbilanz: Incoming-Tourismus** bzw. aktiver Tourismus (ausländische Gäste besuchen unser Land) oder **Outgoing-Tourismus** bzw. passiver Tourismus (Inländer reisen ins Ausland).

Tourismusarten

Die **Tourismusarten** werden über die Tourismusform hinaus nach den Reisemotiven, die für die Buchung ausschlaggebend sind (z. B. Erholung, Kur, Sommerurlaub), unterschieden.

Das Reisemotiv bestimmt die Tourismusart.

Tourismusarten	Unterarten	Voraussetzungen, erforderliche Kriterien für die Region, für den Ort bzw. für den Anbieter
Erholungstourismus: Bietet körperliche und geistig-seelische Regenerierung.	**Naherholung:** Kurze Aufenthaltsdauer; geringe Saisonabhängigkeit.	▪ Natur. ▪ Wandermöglichkeiten. ▪ Sportanlagen etc. ▪ Ruhige Lage. ▪ F-&-B-Einrichtungen auch für Ausflugsgäste.

<table>
<tr>
<td></td>
<td>Ferienerholung:
Längere Aufenthaltsdauer; saison- und witterungsabhängig.</td>
<td>▪ Gebirge, Seen, Flüsse, Bäche.
▪ Gutes Klima, interessante Vegetation.
▪ Möglichkeiten, Wanderschuhe und -kleidung zu reinigen.
▪ Bibliothek mit Wanderführern.
▪ Internetcorner mit angelegten Favoriten zu Online-Wanderführern.</td>
</tr>
<tr>
<td rowspan="2">Der Gesundheitstourismus boomt weiterhin. Die klassische Form dient dem heilungsbedürftigen Gast zur Rehabilitation. Die moderne Form des Gesundheitstourismus nimmt der gesundheitsbewusste Gast zur Vorbeugung gegen Krankheiten und zur Erholung für Körper, Geist und Seele in Anspruch.

Wellness boomt nach wie vor.</td>
<td>Health Holidays:
Kurze bis mittlere Aufenthaltsdauer. Der gesundheitsbewusste Gast will gegen Krankheiten vorbeugen und Erholung für Körper, Geist und Seele finden und nimmt medizinische Kosmetik in Anspruch.</td>
<td>▪ Wellnessbetriebe.
▪ Spezielle Wohlfühlangebote.
▪ Möglichkeiten zu Ruhe und Entspannung, Kursangebote wie Yoga, Pilates, Qigong.
▪ Angebot einer ärztlichen Betreuung, medizinische Kosmetik und Schönheitschirurgie.
▪ Psychotherapeutische Betreuung.</td>
</tr>
<tr>
<td>Kurtourismus:
Lange Aufenthaltsdauer; geringe Witterungs- und Saisonabhängigkeit.
Anwendungen
▪ Anwendung natürlicher Heilvorkommen.
▪ Körperliche Betätigung.
▪ Richtige Ernährung.
▪ Wellness: Fun und Fitness.
▪ Veränderung der Einstellung zu Ernährung und Genussmitteln.
▪ Wechselwirkung zwischen Körper und Seele.</td>
<td>▪ Heilvorkommen, wie Wasser, Thermen, Sole (Eisen, Glaubersalz, Jod, Radon, Schwefel, Sulfat, organische Stoffe), Heilmoor, Heilerde und Heilschlamm.
▪ Heil- und Reizklima.
▪ Thermalstollen.
▪ Kuranstalten und -heime.
▪ Angebot verschiedener Therapien.
▪ Angebote von Diät- und Reduktionskost.
▪ Angebote von Trink-, Kneipp- und Regenerationskuren.
▪ Wellnessangebote, wie Massagen, Schönheitspflege etc.
▪ Anti-Aging mit ärztlicher Betreuung.</td>
</tr>
<tr>
<td>
Urlaub auf dem Biobauernhof – auf der Suche nach einem Stück heile Welt.</td>
<td>Biotourismus (Eco Tourism):
Hoher Anteil an Individualreisenden und Familien; kurze bis mittlere Aufenthaltsdauer. Der Gast vertraut auf die Authentizität der Angebote und sucht ein Stück heile Welt. Daher ist die Verwendung des Umweltzeichens in den Werbematerialien wichtig. In Österreich können Biobetriebe eine grüne Haube verliehen bekommen.</td>
<td>▪ Biologische landwirtschaftliche Betriebe.
▪ Biohotels.
▪ Gesunde Umwelt, ruhige Lage.
▪ Einsatz naturbelassener Materialien bei der Ausstattung.
▪ Verwendung umweltfreundlicher Reinigungsmittel.
▪ Verwendung biologischer Lebensmittel.
▪ Betreuung durch Biotrainer.</td>
</tr>
<tr>
<td>Kulturtourismus:
Kennenlernen von Kunst und Kultur einer Region bzw. eines Landes, Weiterbildung in Seminaren, Teilnahme an kulturellen Events etc.

Die Kultur einer Stadt lockt zum Reisen.</td>
<td>Bildungstourismus:
Kurze Aufenthaltsdauer; geringe Saison- und Witterungsabhängigkeit; hoher Anteil an Gruppenreisenden.</td>
<td>▪ Kulturelle Attraktionen, Museen.
▪ Alte Stadtkerne, historische Schauplätze etc.
▪ Verschiedene Ausgrabungsorte.
▪ Schlösser, Burgen, Stifte, Klöster etc.
▪ Workshops, Vernissagen, Ausstellungen, Lesungen, Buchpräsentationen.
▪ Verkauf von Kulturführern, Stadtplänen etc.
▪ Regionale Werbung; gemeinsame Veranstaltungsplanung, -koordination (v. a. terminlich) und -organisation (z. B. Veranstaltungsreihen, Mottos).
▪ Internationale oder regionale Kulturveranstaltungen (Wiener Festwochen, Bayreuther Festspiele, Attergauer Kultursommer).</td>
</tr>
</table>

	Weiterbildung: Kürzere Aufenthaltsdauer.	▪ Seminarhotels, Bildungshäuser, Klöster etc. ▪ Einrichtungen für künstlerische Tätigkeiten, wie Malen, Musizieren etc. ▪ Funktionelle Seminarräume mit technisch perfekter Ausstattung. ▪ Persönliche Betreuung für den Seminarleiter (ein „Kümmerer", der für alle Fragen Ansprechpartner für den Kursleiter ist). ▪ Kursangebote für Meditation, Yoga, Tanz.
Sinntourismus  *Wallfahrtsorte – wie z. B. Santiago de Compostella – ziehen seit jeher Menschen an.*	**Wallfahrten:** Kurze Aufenthaltsdauer. **„Kloster auf Zeit" oder kontemplativer Urlaub:** Längere Aufenthaltsdauer; keine Saisonabhängigkeit. Zur Reinigung von Geist und Seele, auch in Kombination mit Gesundheit bzw. Sport und Wellness (z. B. Kneippanwendungen, Yoga). **Kloster und Kulinarisches:** Aufenthalt mit Themenschwerpunkt, Produktverkostung.	▪ Religiöse Stätten, Kirchen, Klöster, Stifte etc. ▪ Feng-Shui-Hotels oder ähnliche Betriebe. ▪ Geistlich geführte Kurbäder. ▪ Klöster mit Vermarktung eigener Produkte wie Bier, Wein, Käse, Kräuter u. a. ▪ Spirituelle Angebote, Meditationsräume, Kraftplätze.
Sporttourismus: Aktive Ausübung verschiedenster Sportarten oder passive Teilnahme an Sportveranstaltungen, verbunden mit Erholung.  *Der Sporttourismus ist ein wichtiger Tourismussektor.*	**Aktiver Sporttourismus:** Saison- bzw. witterungsabhängig: Wandern, Bergsteigen, Klettern, Höhlenwandern, Trekking, Freeclimbing, Mountainbiking, Sommerrodeln, Sommerskifahren in den Gletscherregionen, Tauchen, Höhlentauchen, Wasserfallklettern, Skifahren, Langlaufen, Snowboarden, Skibobfahren, Skitrekking, Tourengehen, Eisklettern, Skispringen, Rodeln, Eissurfen, Eissegeln, Eisstockschießen, Curling, Motorfliegen, Motorsegeln, Segelfliegen, Ballonfahren, Fallschirmspringen, Drachenfliegen, Paragliding, Golfen, Tennisspielen, Reiten, Radfahren, Inlineskaten, Kanufahren, Wildwasserpaddeln, Raften, Segeln, Windsurfen, Kitesurfen, Canyoning etc. **Mass-Adventure-Tourismus:** Neugier auf Unbekanntes lockt Urlauber in Extremsituationen – von der Gletschertour über Höhlenforschung bis hin zum Gipfelpicknick ist alles dabei für den richtigen Kick.	▪ Seen, Flüsse, Bäche, Schwimmbäder. ▪ Sportanlagen, Eislaufplätze, Tennisplätze, Golfplätze, Fitnesscenter. ▪ Wanderwege, Markierte Lauf- und Nordic-Walking-Strecken. ▪ Seilbahnen und Lifte. ▪ Skipisten und Langlaufloipen. ▪ Ski-, Segel- oder Tauchschulen. ▪ Sommerrodelbahnen. ▪ Reitställe, Reitausbildung. ▪ Schießstätten für Gewehr-, Pistolen-, Armbrust- oder Tontaubenschießen. ▪ Kegel- und Bowlingbahnen. ▪ Minigolfplätze. ▪ Plätze für Squash, Basket-, Fuß- und (Beach-) Volleyball. ▪ Anlagen zum Skateboarden, Inlineskaten oder Bungee-Jumping. ▪ Flugplätze. ▪ Pferde- und Hundeschlittenfahrten. ▪ Bustransport zu den Wintersportanlagen. ▪ Kombiangebote für Übernachtung, Verpflegung und Skipass etc. ▪ Animateure, Trainer, Fitnesscoaches. ▪ Fitnessräume. ▪ Stauraum für Sportgeräte, z.B. versperrbare Abstellräume für Snowboards oder Skier. ▪ Trockenräume. ▪ Radverleih, Verleih der Geräte für den angebotenen Sport (Ski-, Tennis-, Squash-, Golfausrüstung).

 *Radrennen ziehen Gäste an und beleben eine ganze Region.*	**Passiver Sporttourismus:** Teilnahme an Großveranstaltungen; meist kurze Aufenthaltsdauer. Die ganze Region kann von solchen Sportveranstaltungen profitieren.	■ Stadien, Sporthallen, Arenen, Courts, Pisten etc. ■ Großveranstaltungen, wie Welt-, Europa-, Staats- und Landesmeisterschaften, Cups, Regatten, Turniere, Skirennen, Fußballspiele, Rallyes, Motocrossveranstaltungen, Formel 1 etc.
Naturtourismus: Naturgenuss, evtl. verbunden mit Bildungsmotiven.  *Naturgenuss steht hier im Vordergrund.*	Abhängig von der Saison und der Witterung; Bergtouren, Skitouren, Schneeschuhwandern, Barfußwandern, Vollmondwandern, Naturführungen (z. B. auf den Spuren des Braunbären); meist mit Erholung und Suche nach einmaligem Erlebnis verbunden. **Heimatreisen:** „Heimkommen" ist hier das Motto. Ein Gefühl von Heimat soll im Urlaub entstehen.	■ Gebirge, Gletscher. ■ Flüsse, Wasserfälle. ■ Besondere Fauna und Flora. ■ Ruhige Lage. ■ Netzfreischaltung für den Schlafbereich, handyfreie Zone, Ruhebereiche, Möbel und Ausstattung aus naturbelassenen Materialien, kulinarisch regionale Angebote von Biobauern der Umgebung. ■ Heimelige, gemütliche Ausstattung. ■ Rückzugsmöglichkeiten (Bibliothek, Kaminecke etc.).
Gesellschaftlicher Tourismus	**Besuche bei Verwandten, Freunden:** Unterschiedlich lange Aufenthaltsdauer.	
	Besuche gesellschaftlicher Veranstaltungen	■ Veranstaltungszentren, Multifunktionshallen. ■ Ballsäle etc.
Wirtschaftstourismus: Reisen aus beruflichen Gründen. Geschäftsreisende, Seminar- und Kongressteilnehmer ermöglichen auch außerhalb der Saison eine gute Auslastung der Betriebe. Anschlussbuchungen können sich daraus ergeben. Gute, bekannte Veranstaltungen sind für die Kongressorte eine positive Werbung. Der Kongress- und Geschäftstourist ist meist ausgabenfreudiger als der Urlauber.	**Geschäftsreisen:** Meist kurze Aufenthaltsdauer.	■ Firmenstandorte. ■ Gewerbe- und Businessparks. ■ Verwaltungsstandorte etc. ■ Internet auf dem Zimmer, WLAN, Businesscenter zur freien Verfügung. ■ Büroservices von der Rezeption.
	Tagungs- und Kongresstourismus: Meist kurze Aufenthaltsdauer.	■ Kongressgebäude. ■ Gastroszene. ■ Damenprogramme. ■ Gute Verkehrsanbindung und Parkmöglichkeiten.
	Messe- und Ausstellungstourismus: Meist kurze Aufenthaltsdauer.	■ Messezentren mit Ausstellungsgebäuden und -hallen. ■ Gastroszene. ■ Shuttleservice.
	Seminartourismus: Meist kurze Aufenthaltsdauer.	■ Beherbergungsbetriebe mit Seminarausstattung. ■ Gute Verkehrsanbindung. ■ Ruhige Lage, auch außerhalb von Stadtzentren. ■ Outdoorparks für Bewegungsspiele. ■ Einzelzimmer, Pay-TV.

	Incentivetourismus: Meist über ein Wochenende.	▪ Organisierte Sightseeingtouren. ▪ Sport-, und Wellnessangebote. ▪ Gruppenräume. ▪ Gleichwertige Zimmer für Gäste desselben Incentives!
Politischer Tourismus: Reisen im Zusammenhang mit der Staatsverwaltung.	**Diplomatentourismus:** Meist kurze Aufenthaltsdauer; hohe Ausgaben.	Nationale und internationale Verwaltungszentren.
	Politische Großveranstaltungen: Kurze Aufenthaltsdauer.	Kongresseinrichtungen.
Unterhaltungstourismus: Erleben, Spielen und Genießen, Sehen und Gesehenwerden sind Motive für diese Tourismusart.  *Events locken Gäste an.*	**Eventtourismus:** Events sind besonders inszenierte Veranstaltungen; meist kurze Aufenthaltsdauer. **Abenteuertourismus:** Möglichst spektakuläre Angebote sind gefragt; ein Funken Gefahr macht das Angebot interessant.	▪ Events. ▪ Pubs, Bistros, Beiseln (Kneipen), Bars, Cafés, Nachtlokale, Casinos, Diskotheken etc. ▪ Erlebnisbäder. ▪ Themenparks, Outdoorparks. ▪ Jahrmärkte. ▪ Opernhäuser, Theater, Konzerthallen, Freiluftarenen, Seebühnen etc. ▪ Festspiele, Festivals, Veranstaltungsreihen (z. B. Filmwochen), Workshops (z. B. Straßenkunst), nationale und internationale Treffen (z. B. Jugendwelttag, Bikertreffen). ▪ Besorgung von Theater- oder Konzertkarten. ▪ Auflegen von Veranstaltungsprogrammen. ▪ Shuttleservice.
Shoppingtourismus	Meist kurze Aufenthaltsdauer.	▪ Malls (Einkaufszentren), Outlets, Gewerbeparks etc. mit entsprechendem Branchenmix. ▪ Gastroszene. ▪ Fußgängerzonen. ▪ Gute Verkehrsanbindung.
Familientourismus  *Entspannung und Spaß für die ganze Familie soll der Urlaub bringen.*		▪ Baby- und Kinderhotels. ▪ Familienappartements. ▪ Familyclubs mit Animationsprogrammen. ▪ Bauernhöfe. ▪ Feriencamps. ▪ Jugendherbergen. ▪ Tierparks, Themenparks, Vergnügungsparks, Erlebnisbäder etc. ▪ Wickeltisch, Fläschchenwärmer, Babyfon.

Anhand dieser Arten lassen sich bereits **Gästezielgruppen und mögliche Angebotsformen** erkennen. Beispiele für geeignete Packages für verschiedene Zielgruppen finden Sie im Kapitel „Marketing“, S. 208. Die Tourismusarten sind die Basis für gästeorientiertes Arbeiten: im zielorientierten Marketing genauso wie in der Angebotserstellung und im täglichen Umgang mit dem Gast.

Voraussetzungen für den Tourismus

Neben den oben angeführten Kriterien, die den Tourismus, wie wir ihn heute kennen, beschreiben, sind auch die politischen und rechtlichen Verhältnisse, die geografischen Gegebenheiten und eine intakte Umwelt, Geschichte und Kultur sowie die klimatischen Verhältnisse einer Region und ihre Auswirkung auf die Gesundheit und die Qualität der Infrastruktur des Gastgeberlandes für die Wahl des Aufenthaltsortes entscheidend.

Die Schönheit der Umgebung spielt eine grosse Rolle bei der Auswahl des Urlaubsortes.

Politische und rechtliche Verhältnisse

Grundvoraussetzungen dafür, dass Touristen ein Land besuchen, sind persönliche Sicherheit und Gesundheit, wenig Kriminalität, stabile Kaufkraft der Währung und kein genereller Visumzwang für einreisende Ausländer. Die rechtlichen Verhältnisse (Gewerbe-, Arbeits- und Steuerrecht) legen fest, wie Tourismusbetriebe zu führen sind.

Geografische und ökologische Gegebenheiten

Unterschiedliche **Landschaftsformen**, wie Berge, Ebenen, Wälder, Flüsse und Seen, sowie die verschiedenen **klimatischen Verhältnisse** sind für eine Buchung ebenfalls ausschlaggebend. Eine gesunde **Umwelt** spielt für die Freizeitgestaltung der Gäste und für den Erholungswert eine wesentliche Rolle. Viele Urlaubs- und Freizeitaktivitäten finden in freier Natur statt, weshalb eine intakte Umwelt besonders wichtig ist. Maßnahmen wie die Einrichtung von Natur- und Landschaftsschutzgebieten und Nationalparks, Ortsbildpflege, Lärmbekämpfung, Luft- und Wasserreinhaltung, Abfallrecycling etc. zum Schutz bzw. zur Erhaltung und Verbesserung der Umwelt müssen getroffen werden. Auch die **Gesundheit** (z. B. notwendige Impfungen für Risikogebiete) spielt eine Rolle bei der Entscheidung für eine Urlaubsregion.

Das Landschaftsangebot wird durch Kur- und Heilbäder ergänzt, deren Grundlagen natürliche Heilwasservorkommen und/oder ein besonders günstiges Klima bilden.

Arten von Naturschutzgebieten

- **Naturschutzgebiete** sind Landschaftsräume mit selten gewordener Flora und Fauna und deshalb besonders schützenswert.

Naturschutzgebiete sind gekennzeichnet.

- **Nationalparks** sind Landschaften mit ursprünglichem oder sehr natürlichem Charakter, in denen eine wirtschaftliche Nutzung weitgehend ausgeschlossen ist und die die ökologische Unversehrtheit eines oder mehrerer Ökosysteme für die heutige und kommende Generationen schützen sowie Forschungs-, Bildungs- und Erholungsangebote für Besucher schaffen sollen. Angebote zur Erkundung dieser Parks müssen daher sehr umweltschonend sein.
- **Naturparks** sind Gebiete mit charakteristischer Pflanzen- und Tierwelt, die touristisch erschlossen sind und der Erholung sowie der Wissensvermittlung über die Natur dienen.
- **Landschaftsschutzgebiete** wurden zur Erhaltung der natürlichen Schönheit

und Eigenart eines Gebietes geschaffen.

- **Wildparks:** Auf landschaftlich schön gelegenen, eingezäunten Flächen werden einheimische Tierarten im natürlichen Lebensraum gehalten.
- **Naturlehrpfade** zeigen bewahrte Naturformen, wie z. B. bestimmte Gesteinsformen, Bäume, Moore.

NATIONALPARKS SCHÜTZEN FUNKTIONIERENDE ÖKOSYSTEME, UM SIE FÜR DIE NÄCHSTEN GENERATIONEN ZU ERHALTEN.

Geschichtliche und kulturelle Gegebenheiten

Die geistige Auseinandersetzung mit den kulturellen Werten eines Landes ist ein weiteres Motiv für die Wahl einer Destination. Persönliches Interesse, Geschichtsbewusstsein, religiöses Empfinden und Kunstverständnis sind Ursachen für die Suche nach Kultur. Gründe für eine Reise können folgende besondere Gegebenheiten sein, die eine Region von anderen abheben:

- **Archäologie:** Ausgrabungsorte und -stätten, Museen.
- **Architektur:** Schlösser, Burgen, Ruinen, Stifte, Klöster, Stadtplätze, Museen, Brücken, Regierungsgebäude etc.

Schlösser, Burgen und andere bemerkenswerte Bauwerke, wie hier das „Hohe Schloss" in Füssen in Bayern, sind für den Kulturtourismus interessant.

- **Musik:** Festspiele, Opern- und Schauspielaufführungen, Konzerte, Open-Air-Konzerte, Musicals, Freilichtaufführungen, Pop-, Rock- und Volksmusikveranstaltungen etc.
- **Malerei, Bildhauerei:** Museen, Workshops, Vernissagen, Ausstellungen etc.
- **Literatur:** Lesungen, Preisverleihungen etc.
- **Bildung:** Weiterbildungsangebote, Messen, Seminare, Sprachkurse etc.

Infra- und Suprastruktur

Die **Infrastruktur** umfasst alle baulichen und technischen Einrichtungen, die der gesamten Bevölkerung und der Wirtschaft dienen. Die **Suprastruktur** sind all jene Einrichtungen, die in erster Linie für die Gäste geschaffen werden. Für den Tourismus bedeutsam ist vor allem die im Folgenden angeführte Infra- und Suprastruktur.

- **Verkehrswege:** Zugverbindungen, Autobahnen, Straßen, Rad- und Wanderwege, Mountainbikerouten, Reitwege, Klettersteige etc.
- **Transportmittel:** Busse, Züge, Seilbahnen, Lifte etc.

Transportanlagen machen es Gästen leicht, eine Region zu erkunden.

- **Ver- und Entsorgungseinrichtungen:** Wasser, Elektrizität, Telekommunikation, Abwasserklärung und Abfallentsorgung.
- **Freizeiteinrichtungen:** Hallenbäder, Tennisanlagen, Golfplätze, Erlebnisparks etc.
- **Einrichtungen für die Gesundheit:** Thermen, Bäder, Kurhotels etc.

Tourismusverbände und -destinationen

Als Folge des Massentourismus wurden in den 1970er-Jahren viele Fremdenverkehrs- und Verschönerungsvereine gegründet, die von den Gemeinden unterstützt wurden. Diese Vereine errichteten und pflegten die touristische Infrastruktur, z. B. Wege oder Parkanlagen. Später übernahmen sie auch die Durchführung von Veranstaltungen für die Gäste.

Aus diesen regionalen Verbänden haben sich **Landesverbände** entwickelt, die eine größere Region für die Urlauber attraktiv machen, diese Region bewerben und die Organisation bzw. die Durchführung der Buchungen übernehmen. Die Landestourismusorganisationen sind mit den **Werbemaßnahmen auf Landesebene** betraut. Auf **lokaler bzw. regionaler Ebene** setzen hingegen die **Tourismusdestinationen** an. Das sind Organisationen, die eine Region vermarkten.

Bis zum perfekten Urlaub ist es oft ein langer Weg – Tourismusverbände haben meist im Hintergrund eine Menge dazu beigetragen, wenn man die richtige Destination für sich gefunden hat.

In den letzten Jahren kamen weitere Marketingaufgaben hinzu, wie das Erstellen von gemeinsamem Werbematerial mit thematischen Schwerpunkten oder gemeinsame Messe- und Internetauftritte. Dem potenziellen Urlauber wird dadurch die Möglichkeit gegeben, eine ganze Region kennenzulernen und seinen Interessen entsprechend einen Ort auszuwählen.

Verstärkt wird in den Organisationen derzeit die verkaufsorientierte Aufbereitung der Angebote, die **sofort buchbar** und kurzfristig verfügbar sind. Sie arbeiten auch mit Reiseveranstaltern eng zusammen. Die Werbung erfolgt gemeinsam.

Lesen Sie mehr im Kapitel „Zusammenarbeit mit Reisevermittlern und Tourismusorganisationen“, Seite 245.

Aufgaben der Tourismusverbände

- Sie machen Werbung auf Landesebene.
- Sie fungieren als Vermittler zwischen den Mitgliedern des Verbands, den Reiseveranstaltern und dem Zielpublikum.
- Sie planen übergreifende Tourismuswerbung nach Schwerpunkten.
- Sie kümmern sich um die Organisation von Tourismusveranstaltungen und um die Teilnahme an Fach- und Reisemessen.

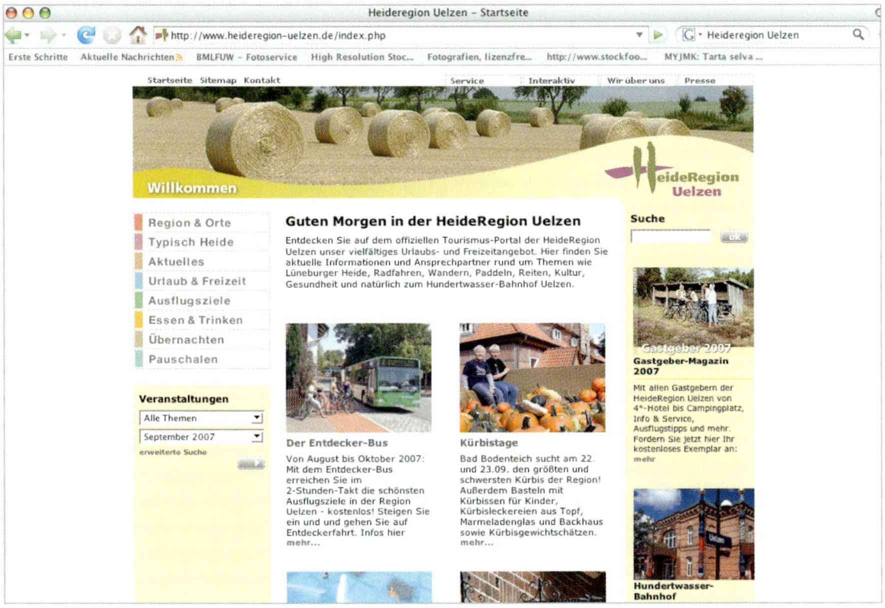

Tourismusorganisationen vermarkten eine Region, natürlich auch im Internet.

Aufgaben der Tourismusdestinationen

- Sie machen Werbung auf lokaler, regionaler sowie internationaler Ebene.
- Sie entwerfen spezielle Packages (z. B. für die Generation 50+). Die Hotelbetriebe können dafür ihre Angebote zur Verfügung stellen. Die Vermarktung (Schaltung von Inseraten, Aussendungen an die Zielgruppe etc.) übernimmt die regionale Organisation.
- Sie unterstützen die Hotelbetriebe bei ihren Marketingaktivitäten.

Quo vadis, Tourismus?

Da der Tourismus ein stetig wachsender Markt ist, sind mit der Branche auch die Strukturen gewachsen. So gibt es neben den Tourismusverbänden auf Landesebene auch lokale Tourismusorganisationen – die Tourismusdestinationen (eine oder mehrere Regionen vermarkten sich unter einem bestimmten Label) und übergelagerte Organisationen auf Bundesebene. Dazu kommen jene Werbeauftritte, die von den Anbietern selbst geplant und durchgeführt werden. Da es dadurch zu Doppelgleisigkeiten auf dem Markt kommt, wird es Aufgabe der Zukunft sein, Lösungen zu finden, wer mit welchem Ziel wie viel in welchen Markt investiert. Eine Trennung nach Quellmärkten bei der Bewerbung könnte hier eine Lösung bringen. Nur so kann eine Internationalisierungsoffensive über den deutschsprachigen Raum hinaus initiiert werden und das Potenzial neuer Zukunftsmärkte wie China, Indien und die europäischen Oststaaten genutzt werden. Auch ist zu forcieren, dass sich Hotelbetreiber verstärkt an ihre Tourismusdestinationen wenden und Marketingstrategien absprechen bzw. Synergien nutzen.

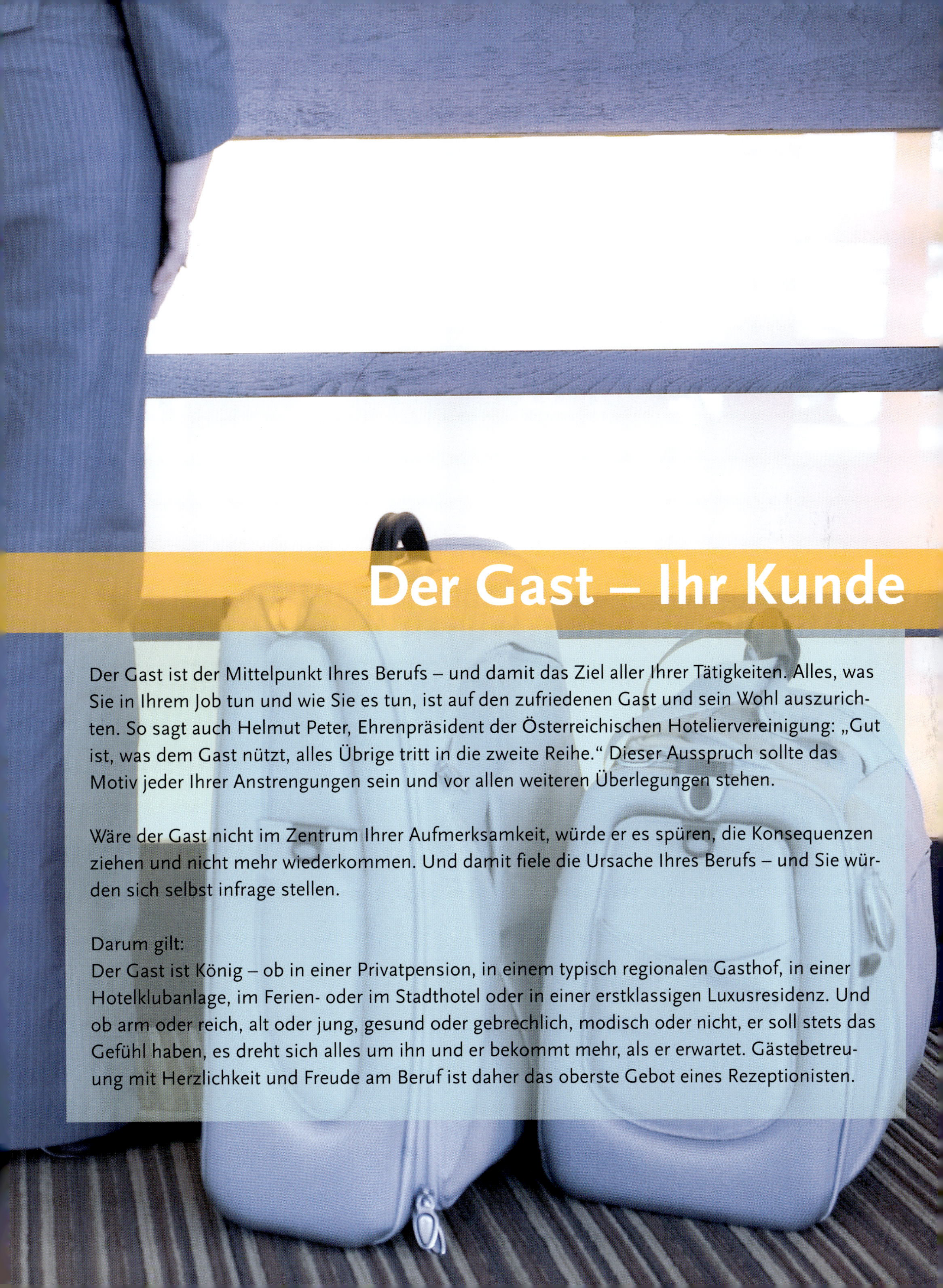

Der Gast – Ihr Kunde

Der Gast ist der Mittelpunkt Ihres Berufs – und damit das Ziel aller Ihrer Tätigkeiten. Alles, was Sie in Ihrem Job tun und wie Sie es tun, ist auf den zufriedenen Gast und sein Wohl auszurichten. So sagt auch Helmut Peter, Ehrenpräsident der Österreichischen Hoteliervereinigung: „Gut ist, was dem Gast nützt, alles Übrige tritt in die zweite Reihe." Dieser Ausspruch sollte das Motiv jeder Ihrer Anstrengungen sein und vor allen weiteren Überlegungen stehen.

Wäre der Gast nicht im Zentrum Ihrer Aufmerksamkeit, würde er es spüren, die Konsequenzen ziehen und nicht mehr wiederkommen. Und damit fiele die Ursache Ihres Berufs – und Sie würden sich selbst infrage stellen.

Darum gilt:
Der Gast ist König – ob in einer Privatpension, in einem typisch regionalen Gasthof, in einer Hotelklubanlage, im Ferien- oder im Stadthotel oder in einer erstklassigen Luxusresidenz. Und ob arm oder reich, alt oder jung, gesund oder gebrechlich, modisch oder nicht, er soll stets das Gefühl haben, es dreht sich alles um ihn und er bekommt mehr, als er erwartet. Gästebetreuung mit Herzlichkeit und Freude am Beruf ist daher das oberste Gebot eines Rezeptionisten.

Gastlichkeit

Gelebte Gastlichkeit bedeutet, jemanden in sein Haus aufzunehmen, ihn ehrlich willkommen zu heißen und ihm das Gefühl zu geben, sich wie zu Hause zu fühlen.

Mahatma Gandhi fasste die Grundprinzipien des Qualitätsmanagements im Dienstleistungsbetrieb in wenigen Worten perfekt zusammen, als er sagte: „A customer is the most important visitor on our premises. We are dependent on him. He is not an interruption of our work. He is the purpose of it. He is not an outsider in our business. He is a part of it. We are not doing him a favour by giving us opportunity to do so.“
(Der Kunde ist der wichtigste Besucher unseres Betriebes. Wir sind auf ihn angewiesen. Er ist nicht eine Unterbrechung unserer Arbeit, er ist der Grund unserer Arbeit. Er ist kein Außenseiter in unserem Gewerbe, er ist Teil davon. Wir tun ihm keinen Gefallen, wenn er uns die Möglichkeit dazu gibt, uns so zu verhalten.)

Der Gast von heute ist bewusst, kritisch und stellt individuelle Ansprüche. Seine Bedürfnisse nach Kommunikation, Unterhaltung, Aktivität und Weiterbildung der **eigenen Persönlichkeit**, die er im Alltag zu Hause, in seiner Berufswelt kaum befriedigen kann, möchte er nun in der Freizeit, im Urlaub befriedigen. Standardgemäße Unterkunft, gute Verpflegung, schöne Landschaft, gute Lage, neueste Ausstattung etc. sind längst selbstverständlich.

Jeder Betrieb muss für sich festlegen, welche Art der Gastlichkeit er bieten kann und welche Gäste er damit am besten anspricht.

An erster Stelle einer erfolgreichen Hotelphilosophie stehen die hundertprozentige Zufriedenheit der Gäste und das Bestreben, die Erwartungen der Gäste noch zu übertreffen.

Gäste schätzen einen persönlichen Kontakt.

Jeder Gast ist etwas Besonderes – die Individualität unserer Gäste

Gäste sind keine Nummern, die bei ihrer Ankunft registriert werden, bei jeder Leistungserbringung nach der Zimmernummer gefragt werden und selbst bei der Bezahlung nur als Gast von Nummer 209 erkannt werden. Gefragt ist Individualität!

Oberstes Gebot ist es, den Gast von der Anreise bis zur Abreise immer **persönlich mit seinem Namen anzusprechen.** Um den persönlichen Kontakt zu ermöglichen, stellen Sie sich selbst mit Vor- und Zunamen vor. Bieten Sie Hilfestellung an und sprechen Sie freundlich mit dem Gast. Es klingt einfach und doch vermitteln Sie dem Gast damit für die Dauer seines Aufenthalts das Gefühl, zu Hause zu sein. Auch für Sie wird sein positives Feedback, wenn er sich wohlfühlt, eine Bereicherung sein. Um zu wissen, was es heißt, Gast zu sein, versetzen Sie sich in seine Lage:

Stellen Sie sich vor ...
Sie betreten als Reisender ein Haus, etwas orientierungslos suchen Sie nach einer Person, an die Sie sich wenden können, finden aber niemanden. Dann entdecken Sie die Rezeption, immer noch mit den Koffern in der Hand, und hören Stimmen aus dem Backoffice. Sie wissen nicht was tun, und machen sich schließlich unauffällig bemerkbar.

Es erscheint jemand, vordergründig freundlich, doch lässt er sich deutlich anmerken, dass Sie die kurze Pause, für die ohnedies so selten Zeit ist, nun

Ein Gast fühlt sich selbst schon als Stammgast, bevor ihn noch der Betrieb als solchen wahrnimmt. Achten Sie auf diese Tatsache.

unterbrochen haben, stellt sich nicht vor, fragt nicht nach der Reise, erledigt rasch das Allernötigste, um Sie dann mit der Keycard in der Hand wieder stehen zu lassen. – Sie werden sich nicht willkommen fühlen, ein Gefühl von Irritation begleitet Sie in Ihr Zimmer und ein seltsamer Beigeschmack bleibt, der mitunter bis zur Abreise nicht mehr wegzubekommen ist. Sie haben das Gefühl, dass man sich nicht sehr über Ihre Anwesenheit freut.

Schon beim Eintritt weiß der Gast, ob er willkommen ist oder nicht.

Stellen Sie sich nun vor ...
Sie betreten als Reisender ein Haus, etwas orientierungslos; ein Mitarbeiter der Halle tritt auf Sie zu, grüßt Sie als erster, fragt Sie nach Ihrer Anreise, nimmt Ihnen Ihr Gepäck ab und geleitet Sie zum Frontoffice-Desk. Dort erwartet Sie Frau Ingeborg Zeindl, die sich bei der Begrüßung auch sogleich vorgestellt hat, Sie ebenfalls schon mit Namen grüßt, weil sie Sie schon erwartet hat, und die nach einer kurzen Plauderei den Check-in erledigt, während der Hausdiener sich um Ihr Gepäck bemüht. Sie bekommen zum Check-in einen Espresso angeboten, auch dafür ist Zeit, und anschließend werden Sie persönlich auf Ihr Zimmer begleitet. – Sie werden sich vom ersten Moment an willkommen fühlen, Sie sind zufrieden und können unbeschwert den Aufenthalt genießen. Sie haben das Gefühl, dass man sich über Ihre Anwesenheit freut.

Diese Beispiele sollen Ihnen zeigen, dass Ihr Verhalten sich nachhaltig auf das Befinden Ihres Gastes auswirken kann und Sie dazu beitragen können, ihm den Aufenthalt zu verleiden oder zu verschönern. Was ist Ihnen lieber? – Es liegt an Ihnen.

Jeder Gast kann ein Stammgast werden – Relationship Marketing – Kundenbindung

Es liegt – abgesehen von der Ausstattung, der Sauberkeit und der Verpflegung – vor allem am Verhalten der Mitarbeiter, ob es bei einem einmaligen Aufenthalt bleibt oder ob der Gast als Stammgast gewonnen werden kann. Ist es doch wesentlich schwieriger, neue Gäste zu gewinnen, als die bereits vorhandenen bekannten so zu betreuen, dass sie gerne wieder kommen.

Bereits nach dem zweiten Aufenthalt fühlt der Gast sich als Stammgast, d. h., er erwartet, **dass er erkannt wird.** Für den Gast hat z. B. eine betriebsintern getroffene Feststellung, dass ein Gast erst ab dem zehnten Aufenthalt als Stammgast zu bezeichnen ist, keine Bedeutung.

Um einem Gast das Gefühl zu geben, Stammgast zu sein, sind meist keine kostenintensiven zusätzlichen Spezialleistungen erforderlich. Wichtig ist, dass er spürt, Sie freuen sich, ihn wieder in Ihrem Betrieb begrüßen zu können, und dass Sie – respektive der Betrieb – sich an ihn erinnern. Das Zauberwort dafür lautet **Relationship Marketing.** Relationship Marketing bedeutet, sich auf die Zufriedenstellung und das Behalten bestehender Gäste (Stammgäste) zu konzentrieren – im Unterschied zum altbewährten Marketing, das zum Ziel hat, neue Gäste zu finden. Elektronisch unterstützt wird das Relationship Marketing durch **CRM (Customer Relationship Management)-Systeme**, die Gästedaten verwalten, auswerten und für Mailings etc. nutzbar machen.

CRM-Systeme dürfen den individuellen Gästekontakt nur unterstützen, nicht jedoch ersetzen.

Zur Segmentierung der Gäste werden meist interne Abkürzungen bzw. Selektionscodes verwendet, wie z. B. **ILT** für Individual Leisure Traveller (Individualreisender), **IBT** für Individual Business Traveller (Geschäftsreisender, Seminargast, Kongressgast), **GLT** für Group Leisure Traveller (Gruppenreisender), **GBT** für Group Business Traveller (Kongress- oder Incentivegruppenreisender).

Im Fachjargon wird aus dieser dynamischen Geschäftsreisenden schlicht eine IBT.

CRM – ein Beispiel
Dem CRM-Programm können Sie, wenn es sorgfältig geführt ist, entnehmen, dass Herr und Frau Leitgeb vor einem Jahr zur selben Zeit – nämlich auch in der Karwoche – bei Ihnen zu Gast waren und dass sie bei diesem Aufenthalt vorwiegend Ausflüge in die Umgebung unternommen haben. Sie hatten auf Wunsch einen Fensterplatz im Restaurant. Diese Informationen, die Sie dem Programm vor der Anreise – am besten schon vor der Angebotserstellung – des Ehepaars Leitgeb entnommen haben, können Sie in die Begrüßung einfließen lassen, etwa wie folgt: „Grüß Gott, Frau Leitgeb. Grüß Gott, Herr Leitgeb. Herzlich willkommen bei uns! Sie haben sich wieder diese wunderschöne vorösterliche Zeit ausgesucht, uns zu besuchen. Ich habe ein paar schöne Ausflugstipps für Sie, die Sie überraschen werden. Ich war so frei, Ihnen im Restaurant den gleichen Tisch wie im Vorjahr zu reservieren, damit Sie wieder die herrliche Aussicht genießen können."
Sie sehen, die Bedeutung von CRM liegt nicht darin, ein gepflegtes EDV-System mit Daten zu füttern und diese zu verwalten, sondern vor allem darin, dass Sie aus diesen Informationen etwas machen und sie in der Praxis auch tatsächlich anwenden.

Der Gast wünscht frisches Obst im Zimmer vorzufinden? Kein Problem – CRM weiss Bescheid.

Die **gängige Hotelsoftware hat CRM automatisch integriert.** In der Praxis ist darauf zu achten, dass alle Abteilungen, die mit der Gästebetreuung zu tun haben, Zugang zu den Daten haben bzw. diese auch einpflegen können (z. B. kann das Housekeeping wichtige Informationen über das Verhalten der Gäste liefern und auf diesem Weg den Frontofficemitarbeitern zugänglich machen). Mehr über CRM lesen Sie ab Seite 221.

Gästegruppen

Für jeden Beherbergungsbetrieb ist die Kenntnis der unterschiedlichen Gästebedürfnisse wichtig. So können die Angebote auf die einzelnen Zielgruppen abgestimmt werden, und die Werbung geht nicht in der Fülle der Angebote unter.

Verschiedene Gäste – verschiedene Erwartungen

Die Bedürfnisse der Gäste sind variabel, dennoch können spezielle Grundinteressen und Verhaltensmuster für bestimmte Personenkreise klar definiert werden.

Die individuelle Beratung ist für Urlaubsgäste besonders wichtig.

Die Praxis zeigt, dass viele Gäste ihre Bedürfnisse und Erwartungen nicht immer klar verbalisieren können. Sie benötigen daher an ihrem Aufenthaltsort Unterstützung durch gut geschulte und aufmerksame Mitarbeiter. **Im persönlichen Gespräch sollen die Wünsche der Gäste offenbar werden,** um ihnen ein speziell zusammengestelltes Programm anbieten zu können. Es genügt nicht, dem Gast einen Prospekt zu übergeben. Nur mit einer wirklich **individuellen Beratung** wird er seinen Aufenthalt auch zu seiner Zufriedenheit gestalten können. Um die speziellen **Gästebedürfnisse** zu erfahren, sehen wir uns die verschiedenen Gästegruppen genauer an.

Beim Lesen des nächsten Abschnittes kann es nützlich sein, sich die beschriebene Gästegruppe bildlich vorzustellen, sich vorab zu überlegen, mit welchen Gästen Sie es hauptsächlich zu tun haben (oder zu tun haben möchten, z. B. vor einer beruflichen Neuorientierung), und darauf zu achten, wie Sie die gewünschten Forderungen gleich am besten in Ihrem Betrieb umsetzen können.

Stellen Sie sich folgende Fragen: Was bedeutet es konkret für mich, ...

- ...wenn Kulturreisende eine umfangreiche Information über die regionalen Angebote schätzen? → Ich stelle ein attraktives Programm für diese Gäste zusammen und weiß, was ich auf Nachfrage sogleich anbieten kann.
- ...wenn für Geschäftsreisende eine professionelle Leistungserbringung selbstverständlich ist? → Ich bereite den Check-in gewissenhaft vor und achte darauf, dass ich dem Businessgast bei seiner Ankunft sofort für den Quick-Check-in zur Verfügung stehen kann (und nicht gleichzeitig den Klempner in Empfang nehmen muss oder ein wichtiges hausinternes Gespräch ansteht, das mich gedanklich in Anspruch nimmt).
- ...wenn der australische Gast sehr kontaktfreudig ist? → Ich überlege mir vorab ein paar Fragen, z. B. über die Art der Anreise, den Grund zur Reise in unsere Gegend, und kann bei Bedarf eine kleine Konversation beginnen.
- ...wenn der britische Gast gern Tee trinkt? → Ich informiere das Housekeepingdepartment und bitte um **„Tea and Coffee Making Facilities“** (Wasserkocher, Teebeutel, Löskaffeebeutel, Zuckersorten, Sahne, Tassen, Löffel) für das entsprechende Gästezimmer.
- ...wenn ...? Wie kann ich mich schon vor der Ankunft der Gäste auf weitere spezielle Wünsche und Vorlieben vorbereiten?

Tea and Coffee Making Facilities auf dem Zimmer schätzen nicht nur britische Gäste.

Beschreibung der Gästegruppen nach Ansprüchen

Individualgäste schätzen eine persönliche Betreuung.

Individualgäste, Einzelreisende, Singles

Ca. 80 % der Urlaube werden individuell geplant. Das zeigen Reiseanalysen, wie z. B. von T-Mona (siehe S. 10). Da die Zahl allein reisender Gäste zunimmt, ist ein entsprechendes Angebot erforderlich. Die Buchungen erfolgen über Reisebüros oder über das Internet. Je nach dem Zweck des Aufenthaltes erwartet der Gast individuelle, persönliche Betreuung.

Singles möchten gerne unterhalten werden, andere Gäste kennenlernen und nicht in ein kleines Einzelzimmer abgeschoben werden. Individualgäste erwarten Animation, **individuelle persönliche Betreuung**, abwechslungsreiche Kurzurlaube. Individualgäste gibt es in allen Kategorien von Betrieben.

Gruppenreisende

Bei Reisegruppen können die **Anreiseformalitäten genau vorbereitet** werden, der Check-in wird von der Reiseleitung durchgeführt. Gruppenreisende sollen nach Möglichkeit in einem Gebäudeteil oder im gleichen Stockwerk in nahe beieinanderliegenden Gästezimmern untergebracht werden (auch Incentivegäste). Dies erleichtert auch den Gepäcktransport. Bei Buchungen von mehr als 20 Personen wird meist ein Freiplatz vereinbart.

> **Ein Tipp vom Profi**
> Achten Sie darauf, dass Mitglieder einer Gruppe niemals das Gefühl bekommen, weniger wert zu sein als ein Individualgast – ein Gruppengast könnte auch als privat Reisender wiederkehren.

Geschäftsreisende

Sie haben viel Erfahrung im Reisen und kennen viele Beherbergungsbetriebe. Sie bevorzugen Vier- bzw. Fünfsternebetriebe. Für diese Gäste ist eine **professionelle Leistungserbringung** selbstverständlich. Professionalität, Berücksichtigung ihrer Geschäftsinteressen, Komfort und die Wahrung ihrer Privatsphäre setzen sie voraus. Gewünscht werden Zimmer mit einem eigenen Arbeitsplatz mit Internetanschluss oder WLAN und Pay-TV. Ein **Business-Service-Center** ist von Vorteil. Auch sind lange Öffnungszeiten des Wellnessbereichs erwünscht. Da diese Gäste oft am frühen Morgen abreisen, ist ein gut funktionierendes **Wecksystem** eine Grundvoraussetzung. Zur raschen Abwicklung der Abreiseformalitäten werden **Quick- und Early-Check-out-Systeme** eingesetzt. Auch die Frühstückszeiten müssen darauf abgestimmt sein.

Ein Quick-Check-out-System erleichtert vor allem Businessgästen die Erledigung der Abreiseformalitäten.

Bei Firmenkooperationen werden Verträge mit **Corporate- oder Companyrates** (Firmenpreisen) abgeschlossen.

Seminargäste

Diese Gäste unterscheiden sich kaum von Individual- oder Geschäftsreisenden, auch sie bevorzugen Vier- und Fünfsternebetriebe bzw. typische Seminarhotels. Sie erwarten **modernste technische Ausstattung** sowie eine professionelle Seminarbetreuung. Auch ein Business-Service-Center ist wünschenswert. In den Seminarpausen werden leichte **Vitalsnacks** (Obst, leichte Kuchen, Gemüsesticks mit Dipsaucen o. Ä.) und frisch gepresste Säfte geschätzt.

Die Art der Seminarräume, die technische Ausstattung und die Lage des Betriebes sind bei der Buchung oft entscheidend. Bei der Zimmereinteilung ist auf die Nähe zu den Konferenzräumen zu achten, um den Gästen weite Wege zu ersparen. Eine gute Beschilderung und **übersichtliche Anzeigentafeln** erleichtern den Seminarteilnehmern die Orientierung.

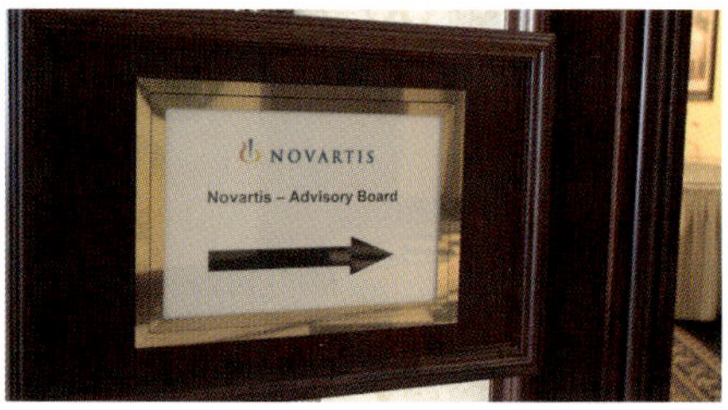

Eine gute Beschilderung wissen vor allem Seminargäste sehr zu schätzen – eine persönliche Begrüßung ist allerdings dennoch unentbehrlich.

MHM … VERWÖHNUNG PUR IM WELLNESSBETRIEB – DA ZEIGT SICH DER URLAUB VON SEINER SCHÖNSTEN SEITE.

Ein Tipp vom Profi
Da viele Seminargäste als Einzelperson Doppelzimmer belegen, leidet die Auslastung des Betriebes, doch ist eine Belegung mit Seminargästen in auslastungsschwächeren Zeiten vorteilhaft.

Familien

Sie sind an die **Ferienzeiten** gebunden. Kinder nehmen auf die Wahl des Aufenthalts einen entscheidenden Einfluss. Sind die Kinder gut betreut und zufrieden, finden auch die Eltern Erholung. Eine **familienfreundliche Infrastruktur** mit Kinderbetreuung und -animation, Spielecken, eigenen Kinderräumen zum Spielen, Basteln etc. wird gewünscht.

Die Gästezimmer sollen mit Kinderbett, Wickelkommode, Babyfon und Fläschchenwärmer ausgestattet sein und Sicherheitssteckdosen haben. Klar kalkulierte **Familienarrangements** und **All-inclusive-Angebote** werden bevorzugt. Ebenso sind Angebote für Singles mit Kind immer mehr von Bedeutung. Bisher ist diese Nische noch kaum abgedeckt.

Familien buchen ihren Urlaub in Beherbergungsbetrieben aller Kategorien.

Kur- und Wellnessgäste

Meist ist die Aufenthaltsdauer dieser Gäste länger als bei anderen. Bevorzugt werden Vier- und Fünfsternebetriebe. Die Gäste möchten **Kombinationsangebote** von Gesundheit, Wellness, Sport und Erholung. Sie suchen Ruhe und Entspannung und erwarten gesundheitsbewusste Angebote und fallweise ärztliche Betreuung.

Diese Gäste sollen in geräumigen Gästezimmern in der Nähe des Wellnessbereichs untergebracht werden. Für die Sportbekleidung soll es Möglichkeiten zum Waschen, Trocknen und Aufbewahren geben. Die Sportgeräte sollen in einem besonders dafür eingerichteten Raum untergebracht werden können. Das Restaurant soll diesen Gästen eine vollwertige, gesunde Kost anbieten und differenzierte Bio- und Diätspeisepläne (vegetarische Angebote, Low-Fat-Angebote etc.) offerieren. Vorträge über gesunde Ernährung, sportliche Betreuung, Massagen, Kosmetik etc. sollen im Programm enthalten sein. Ebenso ist ein Fahrradverleih eine sinnvolle Ergänzung der übrigen Angebote.

Die Aufgabe der Rezeption besteht in der **Planung des Tagesablaufs** für die einzelnen Anwendungen und Aktivitäten.

Kultururlauber

Diese Gäste kommen aus den unterschiedlichsten sozialen Schichten und aus allen Altersgruppen und sind in allen Kategorien zu finden. Es gibt die klassischen Festspielgäste, die Besucher von Popevents, Busreisende, die Musicals besuchen, Ausstellungsbesucher, Städtebesucher etc. Andere Gruppen besuchen Ritterspiele, volkstümliche Konzerte oder ähnliche Veranstaltungen. Die an Kultur interessierten Gäste haben meist auch **hohe kulinarische Ansprüche.** Eine gut sortierte Weinkarte und Restaurantzeiten bis 24:00 Uhr werden erwartet. Zum Abendessen soll leichte Kost – das klassische **Souper** – angeboten werden. Auch ist das Angebot einer **„Morgenpost“** sinnvoll, damit der Gast für seine Tagesplanung die nötigen Informationen schon beim Frühstück vorfindet.

Sehen, entdecken, erleben – im Kultururlaub ist vieles möglich.

Zu den Kultururlaubern zählen sowohl Individual- als auch Gruppenreisende, ältere und jüngere Menschen. Die Aufenthaltsdauer beträgt meist nur wenige Tage.

Gourmets

Die Reisen in Weingebiete, wie in das Elsass, in das Gebiet Mosel-Saar-Ruwer, nach Baden-Württemberg, zum Törggelen (deftiges Essen und Jungweinverkostung, zu der meist gebratene Maroni gereicht werden, im Frühherbst) nach Südtirol, zum Spargelessen nach Schwetzingen, zu den Meeresfrüchtewochen im Herbst in den Norden Deutschlands, zur Marillenernte (Aprikosenernte) und zum Weinverkosten in die

Wachau oder in die Südsteiermark sind ein eigener Tourismuszweig geworden. Die Gäste bevorzugen Vier- und Fünfsternebetriebe bzw. regionaltypische Pensionen gehobener Kategorie. Neben **Weinverkostungen** erwarten die Gäste ein spezielles Weinangebot im Restaurant sowie ein **vorzügliches Speisenangebot.** Gourmets brauchen gut geschulte Mitarbeiter, die nicht nur die Haubenlokale der Gegend empfehlen, sondern auch Geheimtipps, wie den besten Heurigen, geben können.

Gourmets können auch Gäste sein, die zu Mittag Snacks im Stehcafé konsumieren und abends ins Haubenlokal gehen. Sie erwarten eine umfangreiche Information über die regionalen Angebote und das Abstimmen des hauseigenen Angebots auf die jeweiligen Ereignisse (z. B. Termine zur Weinverkostung oder Kellerführungen). Verbunden werden diese Kurzreisen meist mit kulturellen Interessen. Auch bei diesen Gästen gibt es keine Altersgrenzen.

Gäste, die zu speziellen Anlässen reisen

Hochzeiten, Geburtstagsfeiern oder Jubiläen veranlassen Menschen oft zum Reisen. Die Gäste erwarten sich von ihrem Besuch etwas Besonderes. Vier- und Fünfsternebetriebe werden bevorzugt. Das Hochzeitspaar, der Ehrengast oder Jubilar soll mit einem Blumenstrauß, einer Flasche Champagner oder Sekt, kleinen Naschereien, einem Obstteller, einer Glückwunschkarte überrascht werden.

Die Umgebung und das Ambiente sind der Rahmen für das Bild des schönsten Tages im Leben.

REISEN UND GENUSS GEHEN GERNE IM URLAUB EINE ÜBERAUS ANGENEHME LIAISON EIN.

Das Gästezimmer für diese besonderen Gäste erhält ein **Upgrade** (eine „Aufbesserung“; gemeint ist, dass alle Serviceleistungen und Ausstattungen einer höheren Zimmerkategorie zum Normalpreis angeboten werden). Manchmal wird ein besonders schönes Zimmer des Hauses auch kostenlos für diese Ehrengäste zur Verfügung gestellt. Eine besondere Betreuung dieser Gäste kann zu Folgebuchungen durch die Mitfeiernden führen.

Nichtraucher

Nichtrauchern ist der Geruch von Rauch in Vorhängen, Teppichen, Tapeten oder Bettwäsche nicht zuzumuten. **Der Bedarf an Nichtraucherzimmern steigt.** In vielen Betrieben wurden bereits eigene Nichtraucheretagen oder -bereiche eingerichtet. Schon bei der Reservierung soll der Gast darauf hingewiesen werden. Nichtraucherzimmer sollen in allen Kategorien vorhanden sein. Ein Nichtraucherzimmer, das von einem Raucher bewohnt wurde, ist nach der Abreise einer Grundreinigung zu unterziehen.

Gäste mit Behinderungen

Gäste, die in ihrer Bewegung eingeschränkt sind, benötigen spezielle Einrichtungen. Manche Betriebe bieten Zimmer für Rollstuhlfahrer an, die im Nass- wie im Schlafbereich entsprechend ausgerüstet sind. Günstig ist es, wenn sich diese Zimmer in der Nähe des Aufzugs befinden. Nicht in allen Kategorien gibt es diese Möglichkeiten.

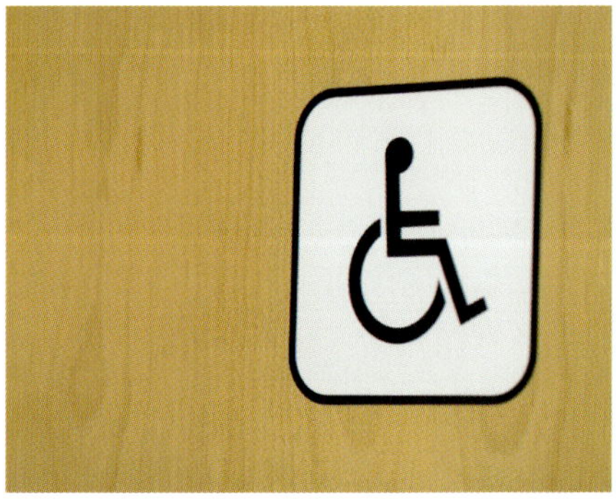

Eine spezielle Einrichtung ist für Gäste mit Bewegungseinschränkungen eine angenehme Sache.

50-plus-Gäste

Auf diese Gästegruppe ist besonderer Wert zu legen, da sie einerseits die Auslastung der Zwischensaisonen ermöglicht, diese Gäste viele Interessen haben und andererseits neben Zeit auch die entsprechenden finanziellen Mittel, um Kurzurlaube, Wellness- und Kuraufenthalte etc. zu buchen. Sie suchen Erholung, Vergnügen und Erlebnis und erwarten entsprechende Angebote. Gewünscht sind differenzierte Speisepläne (ähnlich wie beim Kurgast), denn die Gäste sind sehr **gesundheits- und körperbewusst.**

50 PLUS BEDEUTET NICHT AUTOMATISCH, DASS SIE ES MIT ÄLTEREN GÄSTEN ZU TUN HABEN. IM GEGENTEIL – VIELE SIND TOPFIT UND HABEN ENDLICH ZEIT, DAS ZU TUN, WAS SIE MÖCHTEN.

Gefragt sind bei betagten oder gebrechlichen Gästen auch höher montierte Waschbecken, Bidets und WC-Anlagen sowie niedrigere Wannen- und Duscheinstiege. Auch höhere Betten wissen ältere Menschen sehr zu schätzen, da sie das Aufstehen erleichtern. Rutschfeste Badewannenböden, Spezialkissen und Handläufe in allen Stiegenhäusern sind erwünscht. Außerdem sollte bei älteren Gästen darauf geachtet werden, dass die **Schrift** bei allen Drucksorten, die im Haus für die Gäste zur Verfügung stehen, groß genug ist. 50-plus-Gäste buchen in allen Kategorien.

Stammgäste

Stammgäste werden wie VIPs behandelt. Sie erhalten z. B. Clubkarten mit Sonderarrangements, Möglichkeit eines VIP-Check-in, Zugang zur VIP-Lounge, besondere Zimmer, besondere Aufmerksamkeiten oder Upgrades.

Für diese Gäste können fixe **VIP-Treatments** angeboten werden, z. B. beim vierten Aufenthalt ein Glas hausgemachte Marmelade, beim achten Aufenthalt eine Flasche Wein aufs Zimmer, beim zwölften Aufenthalt ein kleines Notizbuch mit Namen in Golddruck auf dem Buchrücken (neutral, ohne Hotellogo!). Wichtig für diese VIP-Treatments ist, dass die Informationen dem Frontoffice-System entnommen und gemeinsam mit dem Housekeepingdepartment administriert werden (siehe auch Property Management Systems, S. 225). Stammgäste mit VIP-Betreuung gibt es in jeder Hotelkategorie.

Stammgäste sind mit Namen zu begrüßen.

Spezielle Gäste, VIPs

Jeder Gast soll für den Beherbergungsbetrieb eine „very important person" sein. Dennoch gibt es besondere Gäste, wie Popstars, Politiker, Schauspieler etc., die gute Werbeträger für den Betrieb sind. Sie haben oft Sonderwünsche und reisen meist mit einem Mitarbeiterstab, mit Bodyguards und Betreuern, die ebenfalls unterzubringen sind. VIPs wählen fast ausschließlich Fünfsternebetriebe. Die Zimmer für diese Gäste erhalten ein **Upgrade** (siehe links) und weitere zusätzliche Aufmerksamkeiten.

Die Unterbringung von VIPs bringt manchmal Umstellungen im Betrieb mit sich, worunter aber die übrigen Gäste nicht leiden dürfen. Alle Mitarbeiter müssen über den genauen Zeitablauf, über Sonderwünsche etc. bestens informiert werden. VIPs sollen in einem Bereich des Hauses untergebracht werden, der vom übrigen Gästebereich getrennt liegt. Autogrammjäger, Paparazzi oder Journalisten müssen unbedingt ferngehalten werden. Die Gäste haben das Recht auf ihre **Privatsphäre. Absolute Diskretion** ist oberstes Gebot. Nachbarbetriebe und -lokale sollen aber über die Anwesenheit von VIPs informiert werden. Trotz der Ausnahmesituation, die während des Aufenthalts eines VIPs herrscht, muss der normale Hotelbetrieb perfekt weiterlaufen und die anderen Gäste dürfen niemals das Gefühl bekommen, weniger wichtig zu sein.

Gäste mit Haustieren

Nicht in allen Betrieben ist die Mitnahme von Haustieren gestattet. Wo dies erlaubt ist, werden die Gäste bei der Buchung nach ihren Wünschen für das Haustier befragt, z. B. ob ein Fressnapf, ein Wassergefäß o. Ä. benötigt wird.

Da es den anderen Gästen nicht zuzumuten ist, ein Zimmer zu beziehen, in dem vorher ein Haustier untergebracht war, sollen einige wenige Zimmer dafür vorgesehen sein. Allergiker könnten trotz sorgfältiger Reinigung Probleme bekommen.

Airlinecrew

Besteht zwischen Fluggesellschaften und Beherbergungsbetrieb ein Vertrag über die Nächtigungen der Crew, ist auf die außergewöhnlichen An- und Abreisezeiten zu achten.

Ein Weckrufservice ist für Flugpersonal unerlässlich.

Business-Check-in und **-Check-out** sind von Vorteil. Die Zimmer sollen ruhig gelegen sein und eine **Verdunkelungsmöglichkeit** haben und sie müssen ohne Wartezeit verfügbar sein. Der Aufenthalt muss verlängerbar sein. Für diese Gäste ist ein **Weckrufservice** erforderlich.

Die Gäste erwarten äußerst professionelle und rasche Betreuung. Mitarbeiter von Airlines sind ständig in Hotels untergebracht und haben kein Interesse an Small Talk oder Ähnlichem.

Gäste, die spezielle Preisnachlässe erhalten

Zu diesen Gästen zählen Karteninhaber diverser Kundenbindungsprogramme, wie Reisebüromitarbeiter, Mitarbeiter von Fluglinien, Hotelkonzernmitarbeiter, Mitarbeiter von Partnerbetrieben, Hoteliers. Auch Pressemitarbeiter, egal, ob sie privat oder geschäftlich buchen, gehören zu diesem Gästekreis.

Viele Gäste suchen sich heute ihre bevorzugte Hotelart und -kategorie über Online-Buchungsplattformen (wie z. B.www.tiscover.at) selbst heraus und stellen sich ihren Ansprüchen gemäß ein optimales Angebot zusammen. Sie geben einfach die gewünschten Kriterien, wie z. B. Viersternebetrieb, Tierfreundlichkeit, Wellnessangebot, Sportartikelverleih, Nähe zu Skigebiet, ein und erhalten so ihren Bedürfnissen entsprechend eine gezielte Auswahl an Häusern. Einerseits erleichtert es dieses System, Gäste ihren Ansprüchen gemäß zufriedenzustellen, andererseits erwartet der Gast demgemäß die Erfüllung der angegebenen Kriterien.

Zielgruppenmix

Um eine wirklich gute Auslastungsrate zu erzielen, genügt es meist nicht, sich nur auf eine **Gästekategorie** zu spezialisieren. Ist ein Betrieb z. B. nur auf Geschäftsreisende und Seminargäste ausgerichtet, würde die Auslastung in der Ferienzeit und an den Wochenenden drastisch zurückgehen. Für diese Zeiträume soll eine weitere Gästekategorie angestrebt werden, deren Erwartungshaltung jener der Geschäftsreisenden ähnlich ist, sodass die **bestehende Infrastruktur** ebenfalls entspricht oder sehr einfach anzupassen ist.

Zu große Unterschiede in der Gästestruktur – d. h., die Ansprüche und Erwartungen der Gäste liegen zu weit auseinander – **sind zu vermeiden**, da es unmöglich wird, eine hundertprozentige Gästezufriedenheit zu erreichen. Konflikte sind dann meist unvermeidbar.

„On time" sind Mitarbeiter von Airlines nur, wenn auch in ihrer Unterkunft professionell gearbeitet wird.

Ein Beispiel

- Geschäftsreisende suchen und erwarten Ruhe, technische Ausstattung, gehen im Businesslook zu den Mahlzeiten.
- Familienurlauber erwarten Aktivität, Kinderanimation etc., sodass eine gewisse Lärmentwicklung einzukalkulieren ist. Sie gehen in legerem Outfit zu den Mahlzeiten.

Beide Gästegruppen gleichzeitig unterzubringen scheint demnach nicht sinnvoll.

Beschreibung der Gästegruppen nach nationaler Herkunft

Durch die Globalisierung und die dadurch vermehrte internationale Reisetätigkeit kennen viele Reisende Unterkünfte unterschiedlicher Länder und haben sich dadurch auch an Standards internationaler Hotels gewöhnt. So erfreut ein Frischwasserspender im Foyer nicht nur den amerikanischen Gast, so wissen auch weit gereiste Österreicher ein King-size-Bett und „Tea and Coffee Making Facilities" (eine Tee-und-Kaffee-Mise-en-Place) auf dem Zimmer zu schätzen. Ebenso sind frei zugängliche Internetcorner oder die Möglichkeit, den Laptop im Zimmer anzuschließen, internationaler Standard und sollten auch bei uns flächendeckend Verbreitung finden. Generell geht es einfach darum, allen Gästen Annehmlichkeiten zu bereiten und das Serviceangebot anhand der Beispiele verschiedener Länder zu erweitern.

Was in Österreich gut ankommt, kann anderswo Kopfschütteln auslösen.

Bitte mit Vorsicht
In Spanien ein Wiener Schnitzel auf der Speisenkarte? In Amerika Frontofficemitarbeiter in bayrischer Tracht? Wer will das schon? Die Orientierung an speziellen Gästewünschen soll nicht zur Anbiederung mutieren, sondern die Wertschätzung gegenüber dem Gast ausdrücken – wie überall geht es auch bei der Berücksichtigung von Gästewünschen um das nötige Fingerspitzengefühl.

Dennoch können je nach **Quellmarkt** verschiedene Kleinigkeiten oder spezielle Aufmerksamkeiten und Dienstleistungen unseren Gästen aus aller Welt den Aufenthalt verschönern. Zum Beispiel sollen Mitteilungen für die Gäste je nach Herkunft in ihrer Sprache oder in Englisch verfasst sein, das signalisiert dem Gast Ihr Entgegenkommen.

Was ist der Quellmarkt?
Das sind die Herkunftsländer jener Gästegruppen, die einen Betrieb, eine Region oder ein Land vorwiegend besuchen. In Österreich z. B. überwiegen die Quellmärkte Deutschland, Italien und Österreich.

Ein Tipp vom Profi
Versuchen Sie, die besonderen Wünsche Ihrer ausländischen Gäste herauszufinden und darauf einzugehen. Sie werden z. B. feststellen, dass Ihre Gäste aus Nicht-EU-Ländern bei ihrer Ankunft kein Kleingeld haben (kommt Ihnen das bekannt vor?). Bieten Sie Ihren Gästen daher die Möglichkeit, eine **Kleingeldbox** für Trinkgelder, Bustickets, Briefmarken etc. im Wert von 25,00 Euro zu erwerben. Den Betrag buchen Sie auf die Hotelrechnung. Der Gast wird sich über diese Aufmerksamkeit freuen.

Um auf solche innovativen Angebote zu kommen, ist es notwendig, sich mit den Gästen und ihren Anliegen auseinanderzusetzen. Die im Folgenden angeführten Wünsche beruhen auf den Erfahrungen der Hotellerie aus den vergangenen Jahren. Die Empfangsabteilung soll diese Sonderwünsche nach Möglichkeit berücksichtigen.

Gäste aus Nord- und Westeuropa

Was die Gästewünsche dieser Nationen betrifft, können Sie sie an Ihren eigenen Wünschen und Maßstäben ablesen: Was würde Ihnen zusagen? Was erwarten Sie sich von einem europäischen Viersternebetrieb? Entspricht Ihr Verhalten diesen Maßstäben, so können Sie davon ausgehen, dass nord- und westeuropäische Gäste zufrieden sein werden. Hier noch ein paar spezielle Wünsche im Detail:

Gäste aus England

Briten achten bei der Wahl ihrer Unterkunft für den Urlaub sehr auf **Komfort** und Luxus und erwarten vor allem Freundlichkeit, Pünktlichkeit und Verlässlichkeit. Sie sind sehr **höfliche Gäste**, was manchmal dazu führt, dass Beschwerden nicht unmittelbar am Urlaubsort, sondern erst Monate später über den Reiseveranstalter eingebracht werden. **Unberührte Natur** und **saubere Umwelt** sind für 90 % der englischen Gäste ein zentrales Reisemotiv.

Unberührte Natur – das schätzen Gäste aus England sehr.

Briten möchten in ihrer **Landessprache** angesprochen zu werden. Sie wünschen ein richtiges Doppelbett, keine zusammengeschobenen Einzelbetten. Eiswürfel und Whisky in der Minibar müssen unbedingt vorhanden sein. Evtl. sollten Wasserkocher, Teebeutel, Biskuits und Zucker („Tea and Coffee Making Facilities") auf dem Zimmer vorhanden sein.

Gäste aus Finnland

Besonders interessant an finnischen Gästen ist ihr ausgeprägtes **Umweltbewusstsein.** Dies ist mehr ein Ergebnis der traditionellen finnischen Naturverbundenheit als ein bewusst alternativer Lebensstil. Finnen schätzen und erwarten sich von den gastronomischen

Betrieben Gastfreundlichkeit. Die Ansprüche an die Gastronomie in Bezug auf Komfort und **Hygiene** sind sehr hoch. **Englischkenntnisse** der Mitarbeiter werden vorausgesetzt.

Gäste aus Schweden

Schweden sind das Reisen gewohnt, haben daher viel Erfahrung und erwarten im Ausland modernen Komfort. Besonders ausgeprägt ist die Forderung der Schweden nach einer **hygienisch einwandfreien Umgebung.** Schwedische Gäste schätzen keine Improvisationen und akzeptieren Änderungen nur ungern. Sie erwarten freundlichen Kontakt mit ihren Mitmenschen und eine **gemütliche Atmosphäre.** Das kulturelle, sportliche und landschaftliche Angebot soll individuell sein. Schweden essen zum Frühstück gerne **Fisch.** Mit schwedischen Gästen wird in **Englisch** kommuniziert.

Gäste aus Norwegen

Norwegische Gäste reisen gerne mit **Familie.** Der Individualtourismus steht im Vordergrund. Sie erwarten einen qualitativ hochstehenden, aber **unaufdringlichen Service** am Urlaubsort. Zum Frühstück essen sie gerne Fisch. **Sport** ist ein wichtiger Bestandteil der norwegischen Lebenskultur, aber auch das **kulturelle Angebot** ist ein Reiseanreiz.

Die Nüchternheit im täglichen Leben, die Gewohnheit, Notwendiges sofort zu tun, gehören zu den Eigenschaften der Norweger. Sie wünschen keine überflüssigen Worte. **Englisch** ist den Norwegern sehr vertraut und wird von den meisten Norwegern gesprochen.

Gäste aus Dänemark

Die Dänen sind richtige **Familienurlauber.** An oberster Stelle steht für die Dänen der Erholungsurlaub. Geschätzt werden die Freundlichkeit der Mitarbeiter und ein **hoher Umweltstandard.** Viele Dänen beherrschen Fremdsprachen, vor allem **Deutsch** und **Englisch,** wobei die jüngere Generation eher Englisch spricht.

Fisch auf dem Frühstückstisch – schwedischen und norwegischen Gästen kann man damit eine Freude bereiten.

„Es gibt kein schlechtes Wetter, nur falsche Kleidung." Unter diesem Motto machen dänische Urlauber gerne von allen Freizeitangeboten Gebrauch.

Die Dänen sind wetterfeste Urlauber.

Gäste aus den Niederlanden

Gäste aus den Niederlanden organisieren ihren Urlaub großteils selbst und fahren am liebsten mit dem eigenen **Auto.** Sie schätzen **Geselligkeit** und **Spaß.** Unberührte Natur, ursprüngliche Landschaft, die Bergwelt und die Erhaltung der **intakten Umwelt** sind für sie von großer Bedeutung. Sie sprechen gerne und ausgezeichnet **Englisch,** auch Deutsch, Französisch und Spanisch.

Gäste aus Belgien

Belgier, und von ihnen vor allem die ein wenig Deutsch sprechenden Flamen, bevorzugen **gemütliche Familienbetriebe** der Drei- und Viersternekategorie.

Belgische Gäste fühlen sich in gemütlichen Familienbetrieben wohl.

Sie erwarten meist keine besonderen Sprachkenntnisse, wünschen eine **flexible Zeiteinteilung** und wollen nicht auf fixe Zeiten festgelegt werden. Auch Belgier sind Individualisten, die sich die Freizeitgestaltung gerne selbst organisieren, aber eine gute Beratung der Gastgeber schätzen.

Gäste aus Deutschland und Österreich

Sie nennen als häufigstes Motiv für ihren Urlaub, dass sie abschalten, **aus-**

Gäste aus der Schweiz schätzen es sehr, wenn die nächtliche Ruhe nicht gestört wird. Straßenseitig gelegene Zimmer sind daher für sie nicht geeignet.

spannen und **Kraft sammeln** möchten. An zweiter Stelle stehen Tapetenwechsel, dem Alltag entrinnen und tun und lassen können, was man will. Darüber hinaus wollen sie die Natur erleben und reine Luft sowie sauberes Wasser genießen. Viele Gäste schätzen aber auch das **sportliche sowie das kulturelle Angebot.** Eine gute Beratung darüber wird gerne in Anspruch genommen.

Gäste aus der Schweiz

Auch die Schweizer sind als sehr reisefreudig bekannt. Auf Lärmbelästigung durch Straßenverkehr oder auf andere Ruhestörungen reagieren sie sehr sensibel. Die Ansprüche an **Komfort** und **Hygiene** in der Gastronomie sind sehr hoch.

Schweizer wollen sich im Urlaub erholen, Kultur genießen, Besichtigungen machen. Sie schätzen **Sicherheit,** die Freundlichkeit der Mitarbeiter, die Bereitschaft zur Dienstleistung und die Veranstaltung von Festen.

Ein Tipp vom Profi
Französisch- und italienischsprachige Schweizer sprechen zwar meist auch Deutsch, wissen es aber sehr zu schätzen, wenn man sie in ihrer Sprache anspricht. Oft sind dabei schon der Versuch und das offensichtliche Bemühen – wie bei anderen Gästen auch – ausreichend, um Interesse an der Herkunft und der Person des Gastes zu signalisieren, auch wenn im Endeffekt in Deutsch kommuniziert wird.

Gäste aus Frankreich

Zu den ausgeprägtesten **Individualreisenden** zählen die Franzosen. Ihr **großes kulturelles Interesse** zeigt sich bei Museums-, Ausstellungs- und Konzertbesuchen. Sie schätzen spätes Aufstehen und spätes Zubettgehen. Diesen Gästen sollen nur Zimmer mit einem großen französischen Bett angeboten werden.

Franzosen sind meist Individualreisende.

Junge Franzosen sprechen durchaus **Englisch**, die ältere Generation ist aber dankbar, wenn es im Hotel einen Ansprechpartner mit **Französischkenntnissen** gibt.

Gäste aus Südeuropa

Gäste aus dem Süden Europas bringen Lebendigkeit und buntes Treiben zu uns.

Gäste aus Italien

Sie reisen am liebsten mit **Familie** oder mit Freunden. Der italienische Gast schätzt Qualität und Service. Im Winterurlaub wird tiefer in die Tasche gegriffen als im Sommer bzw. im Städtetourismus. Hier sind die italienischen Gäste darauf aus, **Schnäppchen** zu ergattern, günstige Quartiere zu finden und Geld zu sparen. Geschätzt werden die vielfältigen **kulturellen Angebote, die schöne Landschaft und die hohe persönliche Sicherheit.** Ein **Aufenthaltsraum** bzw. eine Empfangshalle sind wichtig, wo die Gäste sich treffen und beisammensitzen können. **Italienischkenntnisse** der Mitarbeiter sind wünschenswert. Im Badezimmer erwarten sie ein **Bidet.** Sie wünschen sich dichte Vorhänge oder Fensterläden.

Mit Fensterläden haben italienische Gäste ihre Freude.

Italienische Ehepaare wünschen sich ein Doppelbett im Gästezimmer. Das Zimmer wird schon als **„matrimoniale"** reserviert, das sind „Ehezimmer", heute als Doppelzimmer bezeichnet. Der Begriff kommt aus moralisch strengeren Zeiten zur Betonung der legitimen Belegung eines Doppelzimmers; heute ist eher die Bezeichnung „camera doppia“ üblich. Das Doppelbett muss bei dieser Reservierung unbedingt zur Verfügung gestellt werden.

Roman(t)ische Beziehungen
Nicht nur italienische, auch Ehepaare anderer romanischer Länder wie Spanien und Frankreich hegen im Urlaub den Wunsch nach einer Nachtruhe im gemeinsamen Doppelbett. Das Alter der Gäste spielt dabei übrigens keine Rolle.

Gäste aus Spanien

Spanische Gäste schätzen im Urlaub **sportliche und kulturelle Angebote.** Sie genießen herzliche Gastfreundschaft ganz besonders. Sie haben hohe hygienische Ansprüche. Spanier gehen meist spät schlafen und stehen auch eher spät auf. Die **Frühstückszeit** sollte für sie **länger** dauern. Auch die **Abendessenszeiten** sollten **ausgedehnt** sein, da die Spanier gewöhnt sind, bis Mitternacht zu Abend zu essen. Fremdsprachenkenntnisse erwarten Spanier kaum. Wenn sie aber in ihrer Muttersprache angesprochen werden, freuen sie sich über die ihnen entgegengebrachte Wertschätzung.

Gäste aus Portugal

Portugiesische Gäste schätzen vor allem **Sauberkeit**, **Freundlichkeit** und **Hilfsbereitschaft.** Sie sind **Spätaufsteher** und schätzen es daher auch, spät zu frühstücken. Für den Gastgeber empfiehlt es sich, die **Empfindsamkeit** der Portugiesen zu berücksichtigen. Auch wenn es kaum zu offenen Kontroversen mit Portugiesen kommt – vergessen werden Unannehmlichkeiten nicht so leicht. Urlauber aus Portugal erwarten von den Gastgebern **Grundkenntnisse einer romanischen Sprache.** Die Mitarbeiter sollen zumindest aber **Englischkenntnisse** haben.

Gäste aus Griechenland

Griechische Gäste sind sehr **preisbewusst** und ziehen **Pensionen** und Gasthöfe größeren Hotels vor. Sie erwarten Zimmer mit schöner Aussicht, wobei Straßenlärm als nicht besonders störend empfunden wird.

SPANIER SCHÄTZEN EINE AUSGEDEHNTE FRÜHSTÜCKSZEIT.

Für Griechen sind **späte Essenszeiten** ideal. Griechen sind bekannt dafür, dass sie gerne **rauchen**, weshalb sie in Nichtraucherzimmern in der Regel fehl am Platz wären. Die Gästezimmer, besonders die Schlafzimmer, sind für Griechen meist zu stark geheizt, Daunendecken werden daher als unangenehm empfunden. Eine wichtige Rolle spielt das Badezimmer, das geräumig und vorzugsweise mit einer **Badewanne** ausgestattet sein soll. Griechen haben durchwegs gute Deutschkenntnisse. Sie freuen sich aber über Gesprächspartner, die über ausreichende Englischkenntnisse verfügen. Ältere griechische Gäste sprechen eher Französisch als Englisch.

Die Griechen machen gerne in gemütlichen Pensionen Station.

Gäste aus Osteuropa

Es gibt zahlreiche Beschwerden von Gästen aus den Ländern Tschechien, Slowakei, Polen oder Ungarn, die sich im Gegensatz zu anderen Europäern wie Urlauber zweiter Klasse behandelt vorkommen. Darum: **Bitte keine Unterschiede zwischen Ihren Gästen machen!** Damit wäre das Wichtigste auch schon gesagt.

Gäste aus unseren neuen EU-Mitgliedsländern möchten im Urlaub vor allem Attraktionen erleben und **Sehenswürdigkeiten** besichtigen.

Sightseeing ist für Gäste aus Osteuropa von besonderer Bedeutung.

Sie sind **neugierig auf Natur, Kultur und Lebensstil** ihrer Nachbarländer. Gute Sightseeingangebote sind daher für sie ideal. Ebenso interessant sind Pauschalreiseangebote zur Ausübung von Wintersport, vor allem **Skifahren**, Snowboarden und dergleichen mehr. Sie reisen individuell oder mit Busreisegruppen.

In diesem Ambiente fühlt sich der US-amerikanische Gast wohl

Manche Gäste schätzen niedrige Preise, für sie ist auch die Nebensaison attraktiv – das Preisgefälle hat sich jedoch beinahe nivelliert. Was sie erwarten, sind kinderfreundliche Angebote. Mit Gästen aus Osteuropa kann meist auf **Deutsch oder Englisch** kommuniziert werden, sie schätzen es aber auch sehr, wenn zumindest ein Mitarbeiter ein paar Worte in ihrer Muttersprache sprechen kann. Es geht dabei vor allem um die Vermittlung der **Wertschätzung** und nicht um eine perfekte Kommunikation in der Fremdsprache.

Gäste aus der „Neuen Welt"

US-amerikanische Gäste

Österreich ist vor allem für **Individualreisende** aus den Vereinigten Staaten ein bevorzugtes Reiseziel. In den USA sind alle Zimmer, auch in preisgünstigen Unterkünften, **Zweibettzimmer mit zwei Kingsize-Betten,** dies wird auch im gewählten Urlaubsland erwartet (die Zimmerarten und Bettgrößen finden Sie im Kapitel „Der Hotelbetrieb – Ihr Umfeld", Seite 86). Zimmer mit Bad und WC, TV-Gerät und Minibar sind eine Selbstverständlichkeit. Ist im Zimmerpreis auch das Frühstück inkludiert, soll bei der Preisauszeichnung im Zimmer der Preis für Zimmer und Frühstück sein. Auf Zuschläge für Dienstleistungen, die nicht im Zimmerpreis enthalten sind, sollte rechtzeitig aufmerksam gemacht werden. Amerikaner schätzen es, wenn es eigene **Nichtraucherzimmer** gibt. Erwünscht sind **Eiswürfelautomaten** im Zimmer oder auf dem Gang.

Wichtig für die, die's nicht lassen können: ein Hinweis, dass auf dem Zimmer nicht geraucht werden darf.

Amerikanische Gäste erwarten von den Rezeptionsmitarbeitern gute **Englischkenntnisse.** Sie sind es gewohnt, auch kleinere Beträge mit der **Kreditkarte** zu begleichen, und möchten alle Leistungen des Hauses über die **Gesamtrechnung** bezahlen. Sie sind es gewohnt, ihre Kreditkartennummer gleich beim Check-in bekannt zu geben.

Gäste aus Kanada

Gäste aus Kanada schätzen es, wenn sie von US-Bürgern unterschieden werden. Sie sind selbst ausgesprochen **höflich** und legen größten Wert auf zuvorkommende Behandlung. Sie erwarten eine **schöne Landschaft,** ein reichhaltiges **kulturelles Angebot,** Einrichtungen für **Sport** und vor allem freundliche Menschen. Sie sind es gewohnt, dass auf **Nichtraucher** Rücksicht genommen wird, z. B. durch Nichtrauchertische im Restaurant, in der Halle sowie durch eigene Nichtraucherzimmer – was auch in unseren Breiten immer mehr Berücksichtigung findet. Der Kanadier setzt im Gastgeberland **Englischkenntnisse** voraus. Gäste aus Quebec freuen sich, wenn man Französisch mit ihnen spricht.

Ein Tipp vom Profi
Gäste aus den USA und Kanada rechnen mit Exklusivpreisen, d. h. mit Preisen ohne Frühstück und Steuern. Es sollte als Wettbewerbsvorteil oder Special erwähnt werden, dass die Preise all inclusive sind, da sich die Gäste dann beschenkt fühlen.

Südamerikanische Gäste

Gäste aus Südamerika haben **hohe Hygieneansprüche,** baden und duschen daher sehr oft. Das Badezimmer ist deshalb ein sehr wichtiger Platz für sie. Sie stehen gerne spät auf und gehen sehr spät zu Bett. Europareisende beherrschen meist ausreichend **Englisch.** Spanisch wird trotzdem bevorzugt.
Sie buchen gerne **Gruppenreisen.** Sie erwarten sich vor allem Gastfreundschaft sowie **musikalische und andere kulturelle Angebote.**

Auf ein gut ausgestattetes Badezimmer legen Gäste aus Südamerika großen Wert.

Gäste aus „Down Under"

Gäste aus **Australien und Neuseeland** sind sehr kontaktfreudig und unkompliziert. Sie wollen – ebenso wie der amerikanische Gast – kleine Beträge mit der **Kreditkarte** bezahlen und erwarten, dass alle Leistungen des Hauses über die Gesamtrechnung abgerechnet werden. Sie sind **Individualisten**, die nicht unbedingt touristisch-kommerzielle Klischees vorgeführt bekommen wollen. **Herzlichkeit**, gute Laune und offene Freundlichkeit im Service sind ihnen wichtiger als durchgestylte, aber lustlos abgespulte Perfektion. **Englischkenntnisse** der Rezeptionsmitarbeiter sind erforderlich.

FREUNDLICHKEIT AM FRONTOFFICE-DESK – DAMIT PUNKTEN SIE NICHT NUR BEI ARABISCHEN GÄSTEN.

Gäste aus dem Nahen Osten

Gäste aus arabischen Ländern

Arabische Gäste reisen meist individuell und mit **Familie**, manchmal mit mehreren Frauen und Kindern. Die Gästezimmer einer Familie sollten nebeneinanderliegen. Gäste aus arabischen Ländern erwarten sich persönliche, freundliche und **aufmerksame Betreuung**, Hilfsbereitschaft und Entgegenkommen. Sie genießen die Gastfreundschaft mit dem selbstverständlichen Bewusstsein, dass der Gast König ist. Dass die **Gästewäsche gewaschen** wird, setzen arabische Gäste voraus.

Die arabischen Frauen halten sich eher im Hintergrund, wenden Sie sich daher im Gespräch vor allem an die **männlichen Familienmitglieder** und üben Sie sich dementsprechend in Zurückhaltung gegenüber arabischen Frauen. Die arabischen Gäste wünschen auch, dass ihre **weiblichen Mitreisenden von weiblichen Mitarbeitern betreut** werden, da Männer zu den Zimmern der Frauen keinen Zugang haben dürfen. Andererseits möchten arabische Gäste an der Rezeption lieber mit einem männlichen Frontofficemitarbeiter sprechen, speziell bei Reklamationen ist daher am besten ein Mann in das Gespräch zu schicken. In der Regel spricht das Oberhaupt der Familie **Englisch**, weshalb Rezeptionsmitarbeiter unbedingt Englischkenntnisse haben müssen. Falls ein Mitarbeiter Arabisch spricht, sollte dieser für die Dauer des Aufenthaltes zur Verfügung stehen.

Die **persönliche Sicherheit** ist arabischen Gästen sehr wichtig. Sie legen keinen besonderen Wert auf ungestörte Nachtruhe, doch haben sie hohe Hygieneerwartungen.

Einem arabischen Gast soll nichts mit der linken Hand übergeben werden, das wird als äußerst unhöflich empfunden. Arabische Gäste schätzen eine professionelle Betreuung und einen guten Service, z. B. das Angebot von **Zimmerservice.** Mit einer Wasserpfeife im Zimmer kann diesen Gästen Gastfreundschaft bewiesen werden.

Gäste aus Israel

Beachten Sie unbedingt die **ethischen und religiösen Werte** Ihrer Gäste aus Israel. Eine Bibel im Nachttischkästchen ist mit Sicherheit fehl am Platz und kann als schwere persönliche Beleidigung aufgefasst werden. Ebenso ist auf die richtige Wortwahl und die Vermeidung von allzu viel Volkstümlichem zu achten.

Gäste aus Israel wünschen Zimmer mit **Aircondition.** Israelis sind europäische Standards gewohnt. Sie wissen darüber hinaus eine freundliche, dennoch zurückhaltende und respektvolle Behandlung zu schätzen.

Gäste aus Russland

Russische Gäste buchen Auslandsreisen fast ausschließlich über **Reisebüros**, da sie ein **Visum** für Österreich benötigen. Da das Aussprechen einer Einladung (wozu auch eine Reservierungsbestätigung zählt) zugleich einer **Haftungsübernahme** für alle möglichen während des Aufenthaltes entstehenden Schäden gleichkommt, scheuen sich die Hotelunternehmen, die Geschäfte direkt mit den russischen Gästen abzuwickeln. Dies ist ein weiterer Grund, warum meist über Reisebüros gebucht wird, da sie eine Versicherung für Haftungsfälle abgeschlossen haben.

Der Gast aus Russland genießt einen professionellen Service.

Für Russen ist ein **Frühstücksbuffet** unbedingt notwendig. Im Urlaub wird spät zu Bett gegangen, aber rechtzeitig zum Frühstücksbuffet aufgestanden. Die **Badewanne** wird der Dusche vor-

Höflichkeit und beste Umgangsformen sind oberstes Gebot in der Betreuung Ihrer Gäste aus Fernost.

baden jeden Tag und sind gewohnt, bis zum Hals in der Wanne zu sitzen.

Ein Handtuchtrockner im Badezimmer wird von japanischen Gästen gerne zum Trocknen kleinerer Wäschestücke verwendet.

gezogen. Der russische Gast erwartet **guten Service**, gemütliche und gepflegte Hotels und kann meist auf **Englisch** kommunizieren. Russische Gäste sind in der Regel **Barzahler.**

Gäste aus Asien

Gäste aus Asien reisen bevorzugt in **Gruppen**, die von sprachlich gut ausgebildeten Reiseführern begleitet werden, sodass es kaum eine direkte Kommunikation zwischen Gästen und Mitarbeitern gibt.

Ein Tipp vom Profi
Schön wäre es, wenn Frontofficemitarbeiter in der Muttersprache der Gäste die Zahlen von eins bis zehn beherrschen, um die Zimmernummern aussprechen zu können. Dieses Entgegenkommen ist für die Gäste ein Zeichen besonderer Wertschätzung.

Höflich ist es auch, wenn ihnen Gegenstände, wie z. B. der Zimmerschlüssel, mit beiden Händen überreicht werden.

Asiatischen Gästen sollen unbedingt **getrennte Betten** angeboten werden. Sie machen gerne nach dem Mittagessen eine kleine Pause und bleiben abends nicht zu lange auf. Nichtraucherzonen oder -zimmer finden nicht immer Verständnis. Der gesellige Abendausklang wird oft durch das Offenlassen der Zimmertüren in Hotels unterstrichen.

Die Asiaten haben aufgrund ihrer Religion das Selbstverständnis, nicht ihr Gesicht verlieren zu wollen, egal, in welch unangenehmer Situation sie sich auch befinden mögen. Sie würden niemals laut streiten oder ihre Meinung kräftig kundtun. Umgekehrt können aber auch Sie Ihr Gesicht verlieren, wenn Sie sich nicht beherrschen können. Auch eine Entschuldigung kann diesen Gesichtsverlust nicht mehr gutmachen. Achten Sie daher besonders auf einen **souveränen, ruhigen Umgang** im Gespräch.

Gäste aus Japan

Japanische Gäste schätzen einen japanischen Mitarbeiter sowie japanische **Guest Amenities** (= Annehmlichkeiten für die Gäste), z. B. japanisches Frühstück mit Stäbchen, Hotelprospekt, TV-Programm und Stadtinformationen in japanischer Sprache, Handtuchtrockner im Badezimmer zum Trocknen von Wäschestücken und Hosenbügler.

Sie schätzen auch eine Einrichtung und ein Ambiente, wie sie in Japan üblich sind. Hotelzimmer sollten mit **Badewanne** und Überlaufstöpsel sowie mit einem Bodenablauf ausgestattet sein. Japaner

Gäste aus Hongkong

Für Hongkongchinesen sind sprachliche Barrieren abschreckend, daher möchten sie auf jeden Fall **englisch** oder in der Landessprache kommunizieren. **Höflichste Umgangsformen** sind sehr wichtig.

Da die Reisemärkte **China und Indien** Hoffnungsmärkte der Zukunft sind, wird auf diese beide Gästegruppen an dieser Stelle besonderes Augenmerk gelegt.

Gäste aus China

Die chinesische Wirtschaft befindet sich in einem Prozess der Umwandlung. Dadurch **steigt der Wohlstand** und auch der Wunsch zum Reisen.

Die wichtigsten Reisemotive für Chinesen sind das Kennenlernen einer anderen Kultur, der Besuch von **historischen Plätzen und Sehenswürdigkeiten** und **das große Interesse an der einheimischen Bevölkerung und deren Traditionen.**

Chinesen bevorzugen es, in der Zeit von März bis Oktober zu reisen. Die beliebtesten Monate sind April und Mai sowie September und Oktober. Sie reisen vorwiegend mit der Familie und Verwandten, aber auch mit Freunden und Kollegen. Allein verreisen sie nur selten.

Die wichtigsten Ausstattungskriterien und Dienstleistungsangebote eines

Hotelbetriebes für chinesische Gäste sind:

- Jederzeit heißes Wasser im Zimmer.
- Dusche und Badewanne im Zimmer.
- Klimaanlage und Adapter im Zimmer.
- Internet und Telefon im Zimmer.
- Hygieneartikel im Gästebad.
- Chinesische Speisenkarten.
- Chinesisches Frühstück.
- Informationen über Sehenswürdigkeiten und Umgebung.

Tipps für den Umgang mit Gästen aus China

- Für Chinesen ist der persönliche Eindruck eines Menschen sehr wichtig. Dem Protokoll bzw. der Stellung in der Rangordnung wird eine enorme Bedeutung zugeschrieben. Schenken Sie älteren Menschen Ihre besondere Beachtung und zollen Sie dem Rang Ihres Gegenübers Achtung.
- Der Familienname steht in China vor dem Vornamen. Eine Person wird mit Namen und Titel angesprochen.
- Mit dem Wissen über Gastlichkeit von Chinesen überrascht es nicht, dass chinesische Besucher in Europa ähnliche Erwartungen an die Betreuung haben. Der Besucher geht grundsätzlich davon aus, dass seine Vorlieben und Gewohnheiten dem europäischen Gastgeber bekannt sind.
- Vermeiden Sie Berührungen und jede längere Art des Körperkontaktes.
- Chinesen applaudieren gerne. Seien Sie also nicht überrascht, wenn Sie von einer Gruppe mit Händeklatschen begrüßt werden. Es ist Sitte, den Applaus auf gleiche Art zu erwidern.
- Chinesen verstehen nur wenig Englisch, Deutsch oder Französisch. Hinweistafeln in chinesischer Sprache sind sehr hilfreich.
- Behandeln Sie chinesische Gäste stets mit Respekt.
- Die Mitglieder einer Gruppe kennen sich für gewöhnlich nicht näher, daher geben Sie chinesischen Gästen **Zweibettzimmer mit getrennten Betten.**
- Stellen Sie chinesischen Gästen immer einen Wasserkocher oder eine Thermoskanne mit heißem Wasser zur Verfügung.

INDISCHE GÄSTE SCHÄTZEN ES, WENN IHNEN NEBEN DEM REGIONALANGEBOT AUCH IHRE GEWOHNTE KÜCHE ANGEBOTEN WIRD.

- Stellen Sie den Gästen diverse Toilettenartikel wie Shampoo, Duschgel, Zahnbürste, Kamm etc. im Badezimmer zur Verfügung.
- Chinesen essen früh zu Abend (gegen 19:00 Uhr) und gehen spät zu Bett. Informieren Sie Ihre Gäste über die lokalen Angebote (Chinesen lieben Karaoke).

Gäste aus Indien

Indien präsentiert sich für Touristiker als einer der zukunftsträchtigsten Märkte für den weltweiten Outbound-Tourismus (Ausreiseverkehr). Die Inder, die sich eine Reise außerhalb ihrer Landesgrenzen leisten können, stammen großteils aus der ständig wachsenden wohlhabenden Mittelschicht. Privatreisenden ist es gestattet, pro Kalenderjahr 7.680,00 Euro an Devisen ins Ausland auszuführen. Im internationalen Vergleich zeigt sich, dass die Tagesausgaben von Indern sehr hoch sind und sie daher für Europa eine interessante Zielgruppe darstellen. Die Monate April bis Juni sind für den indischen Gast die Hauptreisezeit nach Europa. Gebucht wird zu etwa 95 % über das Reisebüro.

Im Allgemeinen sind Gäste aus Indien allem Kulturellen gegenüber sehr aufgeschlossen. Sie sind lärmunempfindlich, sehr kinderfreundlich und zählen zu den **Frühaufstehern. Englischkenntnisse** der Mitarbeiter werden vorausgesetzt. Indische Gäste reisen meist im **Familienverband**, sehr aufwendig mit viel Gepäck und mitunter auch mit ihrem Personal.

Die wichtigsten Ausstattungskriterien und Dienstleistungsangebote eines Hotelbetriebes für indische Gäste sind:

- Indische, vegetarische und regionale Küche.
- Indisches Frühstück.
- Informationen über indische Restaurants, Bars, Shopping im Zimmer.
- Wasserkocher im Zimmer.
- Kochmöglichkeiten im Zimmer.
- Klimaanlage und Adapter im Zimmer.
- Internet und Telefon im Zimmer.
- Separate Toilette mit Waschbecken.
- Hygieneartikel im Gästebad.
- Getrennte Betten.
- Wellnesseinrichtungen im Betrieb.
- Fitnesscenter im Betrieb.
- Gepäckservice.
- Unterhaltungsprogramm.

Tipps für den Umgang mit indischen Gästen

- Das meistgetrunkene Getränk Indiens ist der Tee. Stellen Sie Ihren Gästen als Welcomedrink etwas zu trinken zur Verfügung.
- Ein Kofferträger wird in einem 4- bis 5-Sterne-Hotel erwartet.

Shows und Einlagen – vor allem während der Abendessenszeit – sind behutsam an den Gästekreis anzupassen, sonst werden sie zur nervlichen Belastung von Gästen und Mitarbeitern.

- Inder bevorzugen eine räumliche Trennung von Toilette und Bad.
- Die Reinheit spielt im Leben eines Hindus eine wichtige Rolle; eine Toilette mit Waschbecken ist nahezu ein „Must-Have".
- Eine Liste von Adressen indischer Restaurants in der Nähe und ein Veranstaltungskalender ist zur Verfügung zu stellen.
- Inder antworten auf Fragen öfter mit einem Kopfschütteln, das wir als Nein werten würden. Es bedeutet für den Inder jedoch ein Ja.
- Viele Inder essen mit den Händen (nur mit der rechten Hand). Stellen Sie nach dem Essen eine Fingerbowle zur Verfügung.
- Der indische Gast ist anspruchsvoll. Dies vor allem bei Service und Essen. Zumeist an zahlreiche Diener gewöhnt, will er diesen Komfort natürlich auch im Urlaubsland nicht missen.
- Die wichtigste Mahlzeit ist das Abendessen, je später das Essen, desto besser. In Indien wird zumeist zwischen 22:00 und 24:00 Uhr gegessen.
- In Familienbetrieben wird er sich besonders wohlfühlen, da der Inder ein ausgesprochener Familienmensch ist und es mag, fremde Kulturen mit der eigenen zu vergleichen.
- Inder sind sehr kommunikationsfreudig. Sie verwenden in ihren Sprachen nur selten die Wörter „Bitte" und „Danke", daher fehlen sie auch meist in ihrem Gebrauch der englischen und deutschen Sprache.
- Beinahe alle Inder, die eine Auslandsreise unternehmen, können in englischer Sprache kommunizieren.

Der Beliebtheitsgrad Mitteleuropas als Reiseziel (Österreich, Deutschland, Schweiz, Südtirol) ist relativ hoch. Wie schon erwähnt, reisen Inder bevorzugt im Frühling, sie wollen der Hitze im eigenen Land entfliehen. Interessant ist auch, dass die sogenannten Bollywood-Filme einen entscheidenden Faktor für die Alpenregionen als Urlaubsland darstellen. Das Winter- und Schneeerlebnis ist ebenfalls ein wichtiges Motiv.

Resümee

Welche Gäste spricht Ihr Betrieb an? Sehen Sie anhand der verschiedenen Gästegruppen und ihrer Vorlieben und Wünsche weiteres Gästepotenzial, das mit Ihren bestehenden Angeboten gut zu erreichen wäre? Was können Sie leicht adaptieren, um neue Gästegruppen anzusprechen?

Trotz der Berücksichtigung der verschiedenen Gästebedürfnisse soll jedoch die **eigene Identität des Betriebes** nicht verloren gehen – der Gast reist auch, um Neues kennenzulernen, etwas zu erleben und neue Erfahrungen zu sammeln. Wenn er nicht weiß, ob er gerade in einem Hotel in New York, Vancouver, Hannover, Wien oder Bangkok weilt, ist die Reisewelt auch nicht in Ordnung.

Doch hüten Sie sich auch davor, gängige Klischees zu bedienen. Gäste durchschauen schnell, was echter Charme und was Theater ist. Es gilt: Je näher das Heimatland des Gastes dem Reiseland ist, desto banaler wirken Klischees auf ihn, je weiter weg der Gast lebt, desto besser kann er mit Klischees umgehen.

Ein Beispiel

Ein Schweizer Gast hat weniger Verständnis für einen inszenierten Heimatabend als ein Gast aus Neuseeland.
Ein Österreicher genießt sehr wohl in Indien indisches Tanztheater, im Urlaub im eigenen Land hingegen kann er gut und gern auf Schuhplatteln und volkstümliche Musik verzichten.

Gästezufriedenheit

Der Gast kommt während seines Aufenthaltes im Betrieb mit verschiedenen Abteilungen eines Hotels in Berührung. Ist die Leistung in einer Abteilung nicht mindestens zu 100 Prozent in Ordnung, wird er sich vielleicht nicht an das Positive der anderen Bereiche erinnern. Somit muss sich jede Abteilung das Ziel setzen, mehr als die Gästeerwartungen zu erfüllen. Die Erfüllung seiner Ansprüche ist für den Gast nämlich Voraussetzung und nicht wirklich etwas Besonderes. Damit aber absolut zufriedene Gäste das Haus verlassen, soll ein sogenannter „Aha-Effekt" entstehen, die Gäste müssen mehr als die Befriedigung ihrer Bedürfnisse erfahren, um wirklich beeindruckt zu sein. Dafür bei den Mitarbeitern im Betrieb Bewusstsein zu wecken, zählt zu den Kernpunkten eines erfolgreichen Hotelmanagements.

Vorab ein Beispiel

Setzen wir die Erwartungen des Gastes mit 100 Punkten an. Küche und Etage erreichen jeweils 85 Punkte, wodurch die jeweils 100 Punkte bei Technik und Service etwas abgewertet werden. Die Rezeption hat aber mit 120 Punkten die **Gästeerwartung übertroffen,** und somit wird der Gast höchstwahrscheinlich bei Erzählungen die Rezeption hervorheben und die Abteilungen, die seine Erwartungshaltung nicht erreicht haben, nicht erwähnen. Das soll nicht heißen, dass Sie die Verantwortung haben, die Fehler der anderen Abteilungen abzufangen. Sie haben aber die Möglichkeit, Ihren Bereich optimal zu vertreten – und diese sollten Sie unbedingt nutzen.

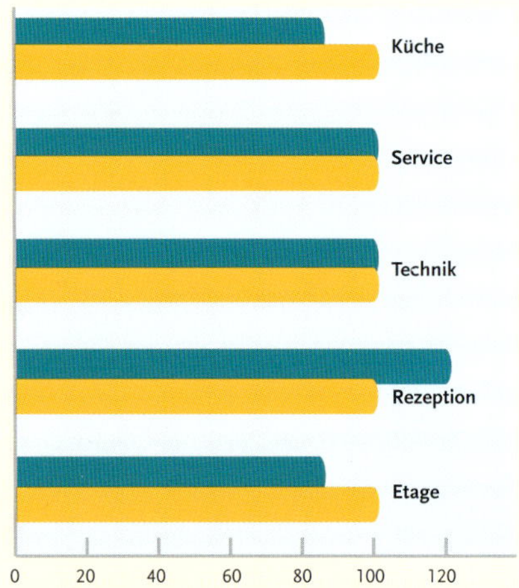

ALLE ABTEILUNGEN SIND GEFORDERT, PERFEKTEN SERVICE ZU BIETEN.

Ein Tipp vom Profi

Um dieses Bewusstsein zu trainieren, lassen Sie Ihre Mitarbeiter zu verschiedenen Themen ihre eigenen Erwartungen aufschreiben, z. B.: Welche Ansprüche stellen Sie an Ihr Urlaubshotel? Welchen Anforderungen muss für Sie ein gutes Restaurant entprechen?

Anschließend werden jene Leistungen unterstrichen, die von den Mitarbeitern des Betriebes beeinflusst werden können. So erfährt Ihr Mitarbeiter selbst, wie wichtig sein Verhalten für den Betrieb ist.

Über Mehrwert, Verblüffung, aktive und passive Gästezufriedenheit – und Ihren Beitrag dazu

Dass es in der **Verbesserung der Dienstleistung** enormes Potenzial gibt, liegt auf der Hand, man braucht sich nur in unserer Dienstleistungsgesellschaft umzusehen – und sicher kann sich jeder von uns an zahlreiche schlechte Erfahrungen erinnern.

Es gibt noch etwas mehr als das passende Angebot: den sogenannten **Mehrwert**, von dem der Gast gar nicht weiß, dass er ihn schätzt. Der Schweizer Kommunikationstrainer **Daniel Zanetti** teilte bei einem ÖHV-Hotelierkongress mit, was er damit meint: Die Gäste sind zu verblüffen, der Aufenthalt oder einige Erlebnisse müssen so beeindrucken, dass sie in Erinnerung bleiben. Dafür sind die Mitarbeiter verantwortlich. Und hier ist anzusetzen. So stellt Zanetti folgende Frage vorneweg: „Was kann Ihr Kunde heute Abend zu Hause über Sie erzählen?" Nichts? Nichts Gutes? Nichts Besonderes? Oder doch? Gewöhnliche Dienstleistung bleibt nicht in den Köpfen der Gäste hängen, nur das, was sie verblüfft hat – das, was zum emotionalen Erlebnis für sie wurde.

Der Mehrwert macht die besondere Zufriedenheit aus.

Dies unterscheidet auch den **passiv zufriedenen Gast** vom **aktiv zufriedenen Gast.** Passiv zufrieden ist man, wenn die Erwartungen soweit ganz gut erfüllt sind, es jedoch zu keinen positiven Verblüffungen oder – wie es Zanetti nennt – „Kicks" gekommen ist. Dieser Gast wird die Dienstleistung nicht wirklich weiterempfehlen.

Aktiv zufrieden hingegen ist man, wenn die Erwartungen in manchen Bereichen übertroffen wurden, wenn eine Begebenheit sich in der **Erinnerung** einprägt. Diese Erinnerung ist auch die Chance, die **Mundpropaganda** für sich zu nutzen, denn solch positive Prägungen werden weitererzählt und damit wird direkte Werbung betrieben.

Um aktiv zufriedene Gäste zu haben, muss man als Mitarbeiter selbst **aktiv** sein, **innovativ** sein. Und Innovation beginnt laut Zanetti dort, wo die Bequemlichkeit aufhört. Man muss jene Dinge unter die Lupe nehmen, die noch nicht sind, anstatt immer nur auf Bestehendes zu schauen.

Eine interessante Variante, wie man Innovation vorantreiben kann, ist es, folgende Frage zu stellen: „Wie schaffe ich es, dass ich möglichst viele Gäste verliere?" Dazu lässt sich im Team mithilfe von Brainstormings eine Fülle von Antworten finden – dreht man das Ergebnis um, hat man bestimmt einige griffige Lösungen zur Hand, Gäste verblüffen zu können. Und es dient dazu, der einen oder anderen Kleinigkeit mehr Beachtung zu schenken. Wichtig ist, diese Dinge dann auch umzusetzen und nicht in der Möglichkeitsform hängen zu bleiben. Mit **Konsequenz** und Engagement lässt sich so einiges umsetzen, mit Bequemlichkeit natürlich nicht.

In Meetings können mithilfe von Brainstormings Innovationen in Gang gebracht werden.

Zanetti bringt es treffend auf den Punkt, worauf es in der Dienstleistungsbranche – und damit auch in Ihrem Job – ankommt: „Solange es Menschen gibt, die mit solch einer Leidenschaft ihren Job machen, so lange gebe ich die Hoffnung nicht auf, dass in der Servicewüste irgendwann mal der Sand knapp wird." Und dazu können Sie viel beitragen – am besten sofort.

Ein gutes Basisangebot, die individuell abgestimmte Dienstleistung, basierend auf den besten Mitarbeitern, und die entsprechende Information der Gäste bilden die Grundvoraussetzung, dass Ihre Gäste zufrieden sind. In Ihrer Position sind Sie gefordert, **echte Gastfreundschaft** zu leben. Um diese Herausforderung annehmen zu können, sollten Sie sich im Klaren sein, was Gastfreundschaft bedeutet und in welchem Maß Sie sich darauf einlassen können. Nur wenn Sie **Freude am Umgang mit Ihren Mitmenschen** haben, wenn Ihre Gastfreundschaft spürbar ist, können Sie in Ihrem Job richtig gut sein.

Willkommen, bienvenu, welcome ...

Ermittlung der Gätezufriedenheit – der Bewertungsbogen

Untersuchungen zeigen, dass nur circa vier Prozent aller unzufriedenen Kunden ihrem Unmut auch direkt gegenüber dem Betrieb Luft machen. Rechnet man dieses Ergebnis hoch, so steht eine Beschwerde für 25 Beschwerden. Umgekehrt ergeben Studien, dass verstimmte Gäste ihren Unmut zwar nicht im Betrieb, aber dafür anderen erzählen:

Ein unzufriedener Gast erzählt es zehn Leuten, ein zufriedener Gast erzählt es hingegen nur drei Leuten.

Um die **hauseigenen Leistungen** zu bewerten, empfiehlt es sich daher, einen **Bewertungsbogen** zu entwerfen, der natürlich nur bei einer selbstkritischen Beurteilung sinnvoll ist. Auf der folgenden Seite sehen Sie ein Beispiel für einen Bewertungsbogen.

Was trage ich jeden Tag dazu bei, dass sich alle meine Gäste ohne Unterschied wohlfühlen?	☺	😐	☹
Ich habe gute Laune und mache meine Arbeit gern.	☐	☐	☐
Ich habe ein positives Selbst- und Weltbild.	☐	☐	☐
Jeder Gast wird mit einem Lächeln begrüßt.	☐	☐	☐
Ich grüße korrekt, freundlich und persönlich.	☐	☐	☐
Ich bin körperlich fit und frisch. Ich bin wach, ausgeschlafen und konzentriert und mache einen belebenden und aufmunternden Eindruck.	☐	☐	☐
Ich bin in meiner Grundstimmung positiv, zuversichtlich und optimistisch. Ich glaube, dass es gelingt, dass der Gast sich freut, mit mir Kontakt zu haben.	☐	☐	☐
Ich habe alle wichtigen Unterlagen zur Hand.	☐	☐	☐
Jeder Gast, den ich schon kenne, wird mit seinem Namen und mit persönlichem Bezug begrüßt.	☐	☐	☐
Jeder Gast fühlt schon im ersten Augenblick, dass er willkommen ist.	☐	☐	☐
Jeder Gast bekommt vom ersten Augenblick an die volle Aufmerksamkeit.	☐	☐	☐
Der Gast weiß von Anfang an, mit wem er spricht; er spürt meine Kompetenz.	☐	☐	☐
Ich bin ein guter Zuhörer. Ich achte den anderen und seine Meinung, seine Denkweise und seine Werte.	☐	☐	☐
Ich habe die Fähigkeit entwickelt, die Sorgen, die Nöte, die Ängste des anderen zu verstehen, zu akzeptieren, auch wenn sie ganz anders sind als meine.	☐	☐	☐
Jeder Anrufer wird in seinem Kontaktwunsch, in seinem Anliegen von Anfang an emotional bestätigt: „Wir freuen uns, dass Sie sich an uns wenden."	☐	☐	☐
Meine Sprache und Ausdrucksweise habe ich so sicher im Griff, dass ich harmonische Gespräche führe, bei denen der Gast sich wohlfühlen kann.	☐	☐	☐
Flexibilität ist für mich wichtiger als die innere Organisation („Das werden wir für Sie sicher machen können, Herr ...", „Diesen Wunsch können wir Ihnen gerne erfüllen" statt „Das gibt es bei uns nicht").	☐	☐	☐
Ich bin zuverlässig. Ich halte Zusagen pünktlich und inhaltlich korrekt ein.	☐	☐	☐
Ich bin geduldig und höflich und lasse der Gästebetreuung den Vorrang vor anderen Tätigkeiten.	☐	☐	☐
Ich und meine Vorgesetzten verhalten uns einander gegenüber sehr fair und freundlich – natürlich vor allem vor den Gästen, aber nicht nur dann.	☐	☐	☐
Ich bin so begeistert vom Unternehmen, von den Produkten, vom Service, vom Nutzen, den ich bringe, dass ich auch andere begeistern kann.	☐	☐	☐
Ich bin lebendig, kreativ und abwechslungsreich. Ich habe immer wieder neue Ideen. Ich bin immer wieder für eine (positive) Überraschung gut. Es macht jedes Mal neuen Spaß, mit mir zu tun zu haben.	☐	☐	☐
Ich bin primär am Gast interessiert und erst sekundär am Auftrag. Die gute Beziehung zum Gast und ihre Dauerhaftigkeit gilt für mich mehr als die Umsatzhöhe heute.	☐	☐	☐
Ich mache keinen Unterschied zwischen den Gästen.	☐	☐	☐
Der Gast wird auch noch beim Abschied mit voller Aufmerksamkeit bedient und umsorgt.	☐	☐	☐
Ich bin spontan bereit, meinem Gast bei Problemen, Wünschen und Fragen zu helfen.	☐	☐	☐
Mein Follow-up-Service ist unübertrefflich (Zufriedenheitsnachfrage, Ersatzware, Reklamationsfreundlichkeit).	☐	☐	☐

Umgang mit Gästen

Die Einhaltung einfacher Grundregeln macht Ihre Gäste zufriedener:

- Der Gast steht im Mittelpunkt aller Tätigkeiten. **Alle Mitarbeiter sind Gastgeber**, für die Freundlichkeit und Herzlichkeit oberstes Gebot ist.

Jeder Mitarbeiter ist Gastgeber.

- Alle im Unternehmen orientieren sich in ihrem Handeln am **Wohl des Gastes** und des Unternehmens. Dies ist möglich durch die Transparenz der gesteckten **Unternehmensziele** und den Einsatz aller Mitarbeiter entsprechend ihren **Neigungen und Fähigkeiten.**
- **Der Erfolg eines Unternehmens resultiert aus den Erfolgen der Mitarbeiter.** Alle können den Erfolg durch ihre Identifikation mit dem Unternehmen klar steuern.
- Alle Mitarbeiter setzen ihr Wissen und Können dafür ein, **neue und bessere Lösungsmöglichkeiten** zu finden. Auch Gutes kann verbessert werden. Veränderungen werden nur dann nicht mehr vorgenommen, wenn sie keine Verbesserungen mehr bewirken.
- **Dienen kommt vor dem Verdienen.** Je mehr Nutzen die Mitarbeiter den Gästen bieten, desto höher ist der Nutzen für den Betrieb. Alle Mitarbeiter sollen wissen, dass Leistung zählt, sich aber auch bezahlt macht.
- „Wie man in den Wald ruft, so schallt es auch zurück." Diese einfache Weisheit können Sie Tag für Tag in der Gästebetreuung überprüfen. Sie können dadurch Ihr eigenes Wohlbefinden und Ihre Freude an Ihrer Tätigkeit mitbestimmen – und die Gäste werden es Ihnen danken.
- Gäste schätzen das **Erinnerungsvermögen** und das Interesse an ihrer Person.
- **Offenes Zugehen** auf die Gäste erleichtert den Gesprächsbeginn.
- Jeder Gast soll das Gefühl haben, **willkommen** zu sein.
- Den berechtigten Ansprüchen der Gäste soll ohne Einschränkung entsprochen werden.
- Die **Leistungen des Betriebes** sollen von keinem Mitbewerber überboten werden können. Das Leistungsangebot soll sich klar von dem anderer Betriebe abheben.

Verschiedene Gäste haben verschiedene Bedürfnisse, wie den vorangegangenen Seiten zu entnehmen war. Es hat aber auch ein und derselbe Gast verschiedene Erwartungen je nach Situation. Gehen Sie daher ganz individuell auf die jeweilige Situation ein. Hat es der Gast eilig, drängt er auf Tempo oder möchte er sich vielleicht auch unterhalten?

Achten Sie in der Kommunikation auf die Reaktion des Gastes.

Bleiben Sie stets freundlich und verbindlich, aber orientieren Sie sich an der aktuellen Situation. Ihr netter Plauderton vom letzten Mal kann heute fehl am Platz sein. Ihre präzisen und knappen Formulierungen vom letzten Mal könnten heute wie ein Peitschenknall wirken. Stellen Sie sich darauf ein, ob für den Gesprächspartner momentan emotionale oder rationale Aspekte im Vordergrund stehen.

Beispiel

Ja, so soll es sein!	So bitte nicht!
■ Freundliches Lächeln. ■ Offene Gestik.	■ Aufgesetztes Lächeln. ■ Strenge, ablehnende Mimik und Gestik.
■ Höflichkeit und gute Umgangsformen sind eine Selbstverständlichkeit in unserem Haus.	■ Zum Gast muss man freundlich sein, aber das restliche Verhalten geht ihn nichts an.
■ Aktive Gesprächsführung: Wir treten an den Gast heran.	■ Auf jede Frage erhält der Gast eine Antwort. Wenn der Gast etwas will, wird er sich schon melden.
■ Die Arbeit macht Spaß und es freut uns, unsere Gäste zu betreuen.	■ Der Gast bezahlt uns, deshalb muss man ihn auch bedienen.
■ Gästemeinungen werden von uns als Unterstützung unserer Arbeit im Unternehmen angesehen und geschätzt.	■ Wie kann man sich nur erlauben, uns so zu kritisieren?
■ Der Gast ist Gast unseres Hauses, auch wenn er bereits abgereist ist (siehe auch Follow-up, S. 160).	■ Wenn die Rechnung beglichen ist, geht uns der Gast nichts mehr an. Wir haben die Leistung für die Bezahlung bereits erbracht.

Ein Tipp vom Profi
Es ist wichtig, nicht nur neue Gäste zu gewinnen, sondern die Kundenbindung der bestehenden zu festigen. Wenn Sie einen Gast gewonnen haben, versuchen Sie ihn daher als **Stammgast** zu halten. Legen Sie all Ihre Bemühungen darauf aus, dass er gerne wieder kommt. Geben Sie ihm durch Angebote, Vorschläge, Prospekte, durch ein persönliches Gespräch etc. die Möglichkeit, wieder zu buchen (siehe auch Relationship Marketing, S. 221).

DIE MÜNDLICHE GÄSTEBEFRAGUNG VERLANGT VIEL EINFÜHLUNGSVERMÖGEN.

Die Gästebefragung

Um festzustellen, ob das Angebot eines Betriebes den Gästen gefällt und entspricht, gibt es mehrere Methoden:

- Die mündliche bzw. persönliche Befragung.
- Die schriftliche Befragung.
- Eine vom Betrieb unabhängige externe Befragung.
- Eine Erhebung durch anonyme Testpersonen.

Die Gästebefragung soll nicht von einer Person in einem Betrieb alleine durchgeführt werden. Jeder Mitarbeiter, der mit dem Gast zu tun hat, wird ihn auf die eine oder andere Weise befragen, ob alles zur Zufriedenheit erfüllt wurde. Sinnvoll ist diese Befragung aber nur, wenn auf die Anregungen, Wünsche oder auch auf Beschwerden entsprechend **reagiert** wird.

Mündliche Gästebefragung

Vorteile: Im persönlichen Gespräch kann auf ein Problem sofort reagiert werden, dem Gast wird vermittelt, dass seine Meinung wichtig ist. Ein gut geschulter Fragesteller kann in einem persönlichen Gespräch wesentlich mehr herausfinden, als es jede andere Form der Gästebefragung ermöglicht.

Nachteile: Nicht jeder Gast wird offen sagen, was ihm missfallen hat. Es kann sein, dass er sich eher distanziert freundlich verhält, da er keinen Ärger hervorrufen will. Fühlt sich der Fragesteller, d. h. der Mitarbeiter, bei einer Beschwerde persönlich angegriffen, könnte es sein, dass er nicht mehr sachlich und kompetent reagiert. Die mündliche Gästebefragung erfordert sehr viel Einfühlungsvermögen und Fingerspitzengefühl. Ohne das kann das Gespräch schnell als unangenehm empfunden werden. Es kann auch sein, dass sich keine geeignete Gelegenheit für eine mündliche Befragung ergibt, z. B. bei Geschäftsreisenden.

Schriftliche Gästebefragung

Ein **Fragebogen** ist eine gute Möglichkeit, die Gästezufriedenheit zu erheben. Folgende Themen sollen enthalten sein und die Ergebnisse daraus den gewünschten Sollwerten des Betriebes gegenübergestellt werden:

- Ambiente, Atmosphäre.
- Auswahl der Angebote.
- Mitarbeiter.
- Ausstattung.
- Preis-Leistungs-Verhältnis.
- Qualität.
- Sauberkeit.
- Schnelligkeit.
- Sicherheit.

Die gewünschten **Sollwerte** beschreiben den **optimalen Standard** für alle Bereiche. Diese sind vorab betriebsspezifisch festzulegen. Nur so kommt bei der Befragung ein an den Sollwerten messbares Ergebnis heraus und die darauf folgenden Handlungen können auf das Ergebnis abgestimmt werden.

Bei der inhaltlichen Gestaltung eines Fragebogens sind einige Faktoren zu beachten:

- Der **Zeitaufwand** für das Ausfüllen des Fragebogens soll für den Gast nicht zu groß sein. Der Fragebogen soll nicht mehr als eine A4-Seite bzw. zwei A5-Seiten umfassen.
- Die Gestaltung muss klar und übersichtlich sein.
- Nicht zu vergessen sind freie Zeilen für **individuelle Gästekommentare** bzw. für Gästewünsche für die Zukunft.
- Es ist darauf zu achten, dass der Fragebogen **nach den Abteilungen im Haus aufgebaut** ist und nicht einzelne Kriterien durcheinander abgefragt werden (so kann z. B. die Hygiene des Gästezimmers sehr gut sein, am Buffet vielleicht jedoch zu wünschen übrig lassen. Das macht dem Gast die Antwort schwer).
- Die Teilnehmer an der Befragung sollen die **gesamte Gästestruktur** aus allen Zielgruppen widerspiegeln.
- Der Gast soll die Möglichkeit haben, den Fragebogen **anonym** abzugeben. Andererseits können Erhebungen aus nicht anonymen Befragungen in die Gästedatei aufgenommen werden, und der Betrieb kann auf die speziellen Wünsche des Gastes bei

Dem Gast soll ein Stift zum Ausfüllen des Fragebogens zur Verfügung stehen.

seiner nächsten Anreise reagieren. Ebenso kann als Nachbetreuung der Fragebogen mit einem **Dank** beantwortet werden. Am besten lässt man den Gast entscheiden, ob er anonym bleiben möchte.

- Der Fragebogen soll nur Fragen enthalten, die wirklich **verwertbar** sind.
- Die Bewertung soll **vier oder sechs Antwortmöglichkeiten** bieten. Dadurch muss sich der Gast klar für eine Note entscheiden. Bei fünf Beurteilungsmöglichkeiten besteht die Gefahr, dass bei heiklen Fragen der Mittelwert (3) angekreuzt wird.
- Mit der Formulierung „Nehmen Sie einmal an, Sie wären unser Gewissen. Was würden Sie uns sagen?“ können Gäste ermutigt werden, konstruktive Vorschläge zur Qualitätsverbesserung einzubringen.
- Eine Frage an Stammgäste könnte lauten: „Was ist der Hauptgrund, weshalb Sie gerne immer wieder kommen?“ Die dadurch gewonnenen Erkenntnisse können **zur weiteren Angebotserstellung** sehr nützlich sein.
- Als Abschluss des Fragebogens könnte die Frage stehen: **Werden Sie unser Hotel weiterempfehlen?** Bei einem Ja bleiben der Abschluss und damit der letzte Eindruck beim Gast positiv.
- Der Gast schenkt Ihnen durch die Beantwortung Ihrer Fragen Zeit und gibt vielleicht wertvolle Anregungen, dafür soll er mit einer **kleinen Aufmerksamkeit** belohnt werden.
- Füllen Sie Ihren im Betrieb verwendeten Fragebogen einmal selbst aus: Stellen Sie Mängel fest? Passt das Benotungssystem für alle Fragen? Steht ein hoher Wert immer für gut und ein niedriger für schlecht? Stimmen die Fragemodalitäten (z. B. können Entscheidungsfragen nicht von eins bis sechs bewertet werden)?

Vorteile: Manche Gäste schätzen es, anonym ihre wirkliche Meinung über den Betrieb kundzutun. Die Gäste sollen aber auch die Möglichkeit haben, Name und Adresse in den Befragungsbogen einzutragen. Auf Kritik kann

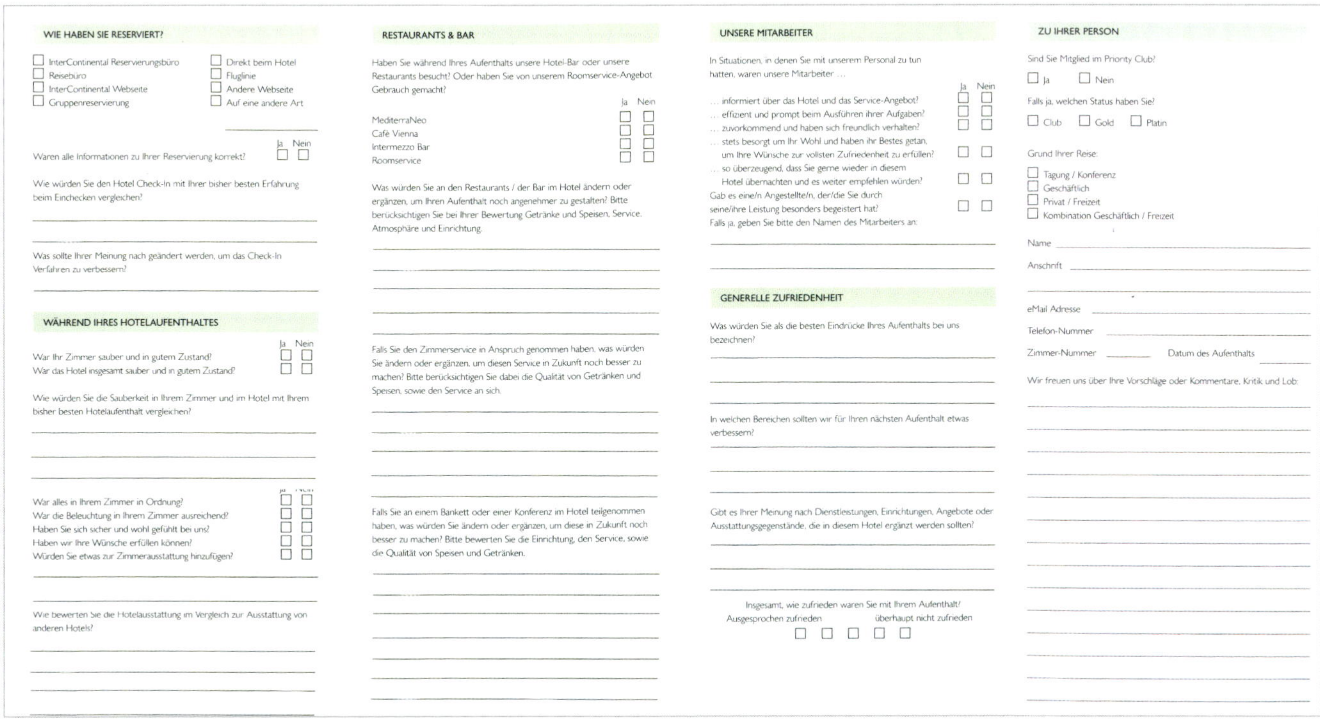
WIE HABEN SIE RESERVIERT?

☐ InterContinental Reservierungsbüro
☐ Reisebüro
☐ InterContinental Webseite
☐ Gruppenreservierung
☐ Direkt beim Hotel
☐ Fluglinie
☐ Andere Webseite
☐ Auf eine andere Art

	Ja	Nein
Waren alle Informationen zu Ihrer Reservierung korrekt?	☐	☐

Wie würden Sie den Hotel Check-In mit Ihrer bisher besten Erfahrung beim Einchecken vergleichen?

Was sollte Ihrer Meinung nach geändert werden, um das Check-In Verfahren zu verbessern?

WÄHREND IHRES HOTELAUFENTHALTES

	Ja	Nein
War Ihr Zimmer sauber und in gutem Zustand?	☐	☐
War das Hotel insgesamt sauber und in gutem Zustand?	☐	☐

Wie würden Sie die Sauberkeit in Ihrem Zimmer und im Hotel mit Ihrem bisher besten Hotelaufenthalt vergleichen?

	Ja	Nein
War alles in Ihrem Zimmer in Ordnung?	☐	☐
War die Beleuchtung in Ihrem Zimmer ausreichend?	☐	☐
Haben Sie sich sicher und wohl gefühlt bei uns?	☐	☐
Haben wir Ihre Wünsche erfüllen können?	☐	☐
Würden Sie etwas zur Zimmerausstattung hinzufügen?	☐	☐

Wie bewerten Sie die Hotelausstattung im Vergleich zur Ausstattung von anderen Hotels?

RESTAURANTS & BAR

Haben Sie während Ihres Aufenthalts unsere Hotel-Bar oder unsere Restaurants besucht? Oder haben Sie von unserem Roomservice-Angebot Gebrauch gemacht?

	Ja	Nein
MediterraNeo	☐	☐
Cafè Vienna	☐	☐
Intermezzo Bar	☐	☐
Roomservice	☐	☐

Was würden Sie an den Restaurants / der Bar im Hotel ändern oder ergänzen, um Ihren Aufenthalt noch angenehmer zu gestalten? Bitte berücksichtigen Sie bei Ihrer Bewertung Getränke und Speisen, Service, Atmosphäre und Einrichtung.

Falls Sie den Zimmerservice in Anspruch genommen haben, was würden Sie ändern oder ergänzen, um diesen Service in Zukunft noch besser zu machen? Bitte berücksichtigen Sie dabei die Qualität von Getränken und Speisen, sowie den Service an sich.

Falls Sie an einem Bankett oder einer Konferenz im Hotel teilgenommen haben, was würden Sie ändern oder ergänzen, um diese in Zukunft noch besser zu machen? Bitte bewerten Sie die Einrichtung, den Service, sowie die Qualität von Speisen und Getränken.

UNSERE MITARBEITER

In Situationen, in denen Sie mit unserem Personal zu tun hatten, waren unsere Mitarbeiter …

	Ja	Nein
… informiert über das Hotel und das Service-Angebot?	☐	☐
… effizient und prompt beim Ausführen ihrer Aufgaben?	☐	☐
… zuvorkommend und haben sich freundlich verhalten?	☐	☐
… stets besorgt um Ihr Wohl und haben ihr Bestes getan, um Ihre Wünsche zur vollsten Zufriedenheit zu erfüllen?	☐	☐
… so überzeugend, dass Sie gerne wieder in diesem Hotel übernachten und es weiter empfehlen würden?	☐	☐
Gab es eine/n Angestellte/n, der/die Sie durch seine/ihre Leistung besonders begeistert hat?	☐	☐

Falls ja, geben Sie bitte den Namen des Mitarbeiters an:

GENERELLE ZUFRIEDENHEIT

Was würden Sie als die besten Eindrücke Ihres Aufenthalts bei uns bezeichnen?

In welchen Bereichen sollten wir für Ihren nächsten Aufenthalt etwas verbessern?

Gibt es Ihrer Meinung nach Dienstleistungen, Einrichtungen, Angebote oder Ausstattungsgegenstände, die in diesem Hotel ergänzt werden sollten?

Insgesamt, wie zufrieden waren Sie mit Ihrem Aufenthalt?
Ausgesprochen zufrieden ☐ ☐ ☐ ☐ ☐ überhaupt nicht zufrieden

ZU IHRER PERSON

Sind Sie Mitglied im Priority Club?
☐ Ja ☐ Nein

Falls ja, welchen Status haben Sie?
☐ Club ☐ Gold ☐ Platin

Grund Ihrer Reise:
☐ Tagung / Konferenz
☐ Geschäftlich
☐ Privat / Freizeit
☐ Kombination Geschäftlich / Freizeit

Name
Anschrift
eMail Adresse
Telefon-Nummer
Zimmer-Nummer
Datum des Aufenthalts

Wir freuen uns über Ihre Vorschläge oder Kommentare, Kritik und Lob:

gut überlegt reagiert werden. Ein Lob durch die Gäste liegt schriftlich vor und kann den Mitarbeitern als Motivation weitergegeben werden. Der Fragebogen bietet z. B. auch die Möglichkeit, den freundlichsten Mitarbeiter des Hauses zu küren.

Nachteile: Der Fragebogen ist eine etwas unpersönliche Form der Gästebefragung. Bei einer Beanstandung, die möglicherweise auch noch anonym ist, kann oft nicht rasch und effizient reagiert werden, um einen positiven Effekt zu erwirken. Der Gast muss außerdem komplexe Themen in wenigen, klaren Worten festhalten können.

Durchführung
Der Gästefragebogen soll etwa nach der Hälfte des Aufenthaltes an die Gäste übergeben werden. Beim Check-out wird sich der Gast kaum mehr Zeit nehmen, und den Mitarbeitern ist die Möglichkeit einer Reaktion genommen. Der Fragebogen soll nicht bei den Prospekten in der Hotelhalle ausliegen, er soll persönlich übergeben oder im Zimmer des Gastes – gut sichtbar – ausgelegt werden.

In seinem Zimmer wird sich der Gast eher die Zeit zum Ausfüllen nehmen, weil er mehr Ruhe und auch Abstand hat. Achten Sie darauf, dass neben dem Fragebogen auch ein Stift zur Verfügung steht.

Abgabemöglichkeit des Fragebogens
Der Fragebogen soll in einem **Kuvert verschlossen** abgegeben werden können. So kann der Gast sicher sein, dass seine Nachricht auch vertraulich behandelt wird. Zur Abgabe empfiehlt sich ein **Briefkasten** in der Nähe des Ausganges. Manche Gäste scheuen den fragenden Blick eines Hotelmitarbeiters, wenn sie den Fragebogen abgeben.

Vom Betrieb unabhängige, externe Befragung bzw. Bewertung

Für diese Art der Befragung wird eine Firma beauftragt, die den Betrieb anhand **vorgeschriebener Kriterien** überprüft.

Der Betrieb wird im Rahmen einer Befragung anhand vorgeschriebener Kriterien überprüft.

Vorteile: Die Analysen dieser Gästebefragungen werden ohne persönliche, emotionale Interpretationen getroffen. **Sachlichkeit** steht eindeutig im Vordergrund.

Nachteile: Der Fragesteller identifiziert sich meist nicht mit dem Betrieb oder mit den Gästen. Bei einer Gästebefragung durch Dritte kann auch der Verdacht auftauchen, dass in diesem Betrieb etwas nicht in Ordnung ist. So kann sich eine positiv gemeinte Befragung der Gäste zum absoluten Bumerang entwickeln und der bisher zufriedene Gast sucht auf einmal die negativen Seiten des Betriebes.

MYGA – Mystery Guest Analysis

Testkunden beurteilen bei dieser Analyse anonym. Sie werden von der Unternehmensleitung eingeladen, den Betrieb aus der Sicht eines Gastes zu beurteilen.

Diese Testperson soll in keiner Verbindung zum Betrieb stehen, um absolut objektiv zu sein. Einzelbesuche einer Person sind jedoch zu wenig, es sollten mehrere Testpersonen den Betrieb testen.

Vorteile: Diese Methode ist sehr objektiv und eignet sich zur Ermittlung statistischer Werte bei wiederholten Beurteilungen.

Nachteile: Sofern die Beurteilung absolut anonym verläuft, gibt es keine Nachteile.

Testkunden beurteilen den Betrieb anonym – und zwar so unauffällig, dass die Mitarbeiterinnen und Mitarbeiter davon nichts mitbekommen.

Beurteilung der Gästebefragung

Bei der Beurteilung **namentlich genannter Mitarbeiter** sind Gäste sehr vorsichtig. Eine Aussage eines Gastes hängt auch immer von der Interpretation eines Vorfalles ab. Faktoren wie Sympathie zwischen Gast und Mitarbeiter oder Laune des Gastes an dem Tag der Befragung spielen eine Rolle. Taucht ein und dieselbe **Kritik** in mehreren Fragebögen auf, ist auf jeden Fall Handlungsbedarf gegeben. Merkt der Gast keine Reaktion auf seine Anmerkung, spürt er Desinteresse.

Positive Gästemeinungen sollen den Mitarbeitern übermittelt werden. Sie

Was gemeinsam besprochen wurde, wird von den Mitarbeitern besser verstanden, Umstellungen werden dadurch auch leichter akzeptiert.

sind eine gute Motivation. **Negative Gästemeinungen** sollen niemals gegenüber allen Mitarbeitern breitgetreten werden. Sie sollen mit dem von der Kritik betroffenen Mitarbeiter **unter vier Augen** besprochen werden. Bei der Auswertung ist auch die **Gästestruktur** zu berücksichtigen. Nicht jede von manchen Gästen gewünschte Veränderung ist für den gesamten Gästekreis wünschenswert.

Die Auswertung

Die Auswertung erfolgt entweder **qualitativ** bei der mündlichen Befragung: Die Gesprächsnotizen werden im Einzelnen **analysiert** und Verbesserungsmöglichkeiten evaluiert.

Oder die Auswertung erfolgt **quantitativ**, d. h., viele vergleichbare Fragebögen werden ausgewertet: Die Ergebnisse werden **gezählt**, daher die Bezeichnung quantitativ, verglichen und gemessen. Zeigt es sich, dass in ähnlichen Bereichen immer Schlechtpunkte zu finden sind, ist dort unbedingt mit verbessernden Maßnahmen anzusetzen. Bei der externen Befragung und der MYGA ist im Leistungsumfang eine **Ergebnisanalyse mit Maßnahmenkatalog** inkludiert. Die Maßnahmen sind in der Folge in einem **Meeting** allen Mitarbeitern mitzuteilen oder vor Umsetzung gemeinsam zu diskutieren und festzulegen.

Anschließend wird die Umsetzung der Maßnahmen nach einigen Wochen überprüft und die Auswirkungen kontrolliert. Bei Mängeln ist erneut ein Meeting einzuberufen. Abschließend seien Sie nochmals an das am Kapitelanfang angeführte Zitat erinnert:

> „Gut ist, was dem Gast nützt, alles Übrige tritt in die zweite Reihe."

In diesem Licht sind alle weiteren Aufgaben zu betrachten und können so praktisch nur richtig gemacht werden. Ist das nicht eigentlich ganz einfach und etwas wunderbar Positives an Ihrem Job ;–)?

KE

Der Hotelbetrieb – Ihr Umfeld

Sich wie zu Hause fühlen – oder: sich noch besser als zu Hause fühlen –, das ist es, was der Gast erwarten darf. Dafür zahlt er auch. Darum lautet die Devise einmal mehr: die Erwartungshaltung der Gäste übertreffen.

Die Gäste müssen die gesamte Hotelanlage in perfektem Zustand vorfinden, um sich positiv daran zu erinnern. Das Gesamtbild ist ausschlaggebend für den ersten Eindruck, den kritischen Blicken eines Gastes entgeht so leicht nichts, denn er ist innerlich darauf eingestellt, eine Antwort auf die Frage zu bekommen: „Was erwartet mich?"

Es gibt viele Arten von Beherbergungsbetrieben, die sich in ihrer Bauweise, Lage und Angebotsvielfalt voneinander unterscheiden – vom Luxushotel in der City bis zur Ferienpension auf dem Land. Jeder Betrieb muss dabei selbstverständlich seine Identität wahren. Für vernachlässigte Gebäudeerhaltung oder mangelnde Sauberkeit und Gepflegtheit gibt es allerdings keine Entschuldigung.

Arten der Beherbergungsbetriebe

Jede Betriebsart ist durch eine bestimmte Anlage, Einrichtung und Ausstattung der Betriebsräume und allfälligen sonstigen Betriebsflächen und durch eine bestimmte Betriebsführung gekennzeichnet. Die vielen Arten der Beherbergungsbetriebe ergeben sich aus den verschiedenen Wünschen und Bedürfnissen der Gäste und aus den unterschiedlichen Angeboten.

Einteilung der Beherbergungsbetriebe

Zur Unterscheidung der Beherbergungsbetriebe und vor allem zur leichteren Orientierung für den Gast gibt es verschiedene Einteilungen.

Verschiedene Häuser ...

Grundsätzlich wird unterschieden zwischen
- Betriebsarten der Beherbergung mit Verpflegung und
- Betriebsarten der Beherbergung ohne Verpflegung.

Diese wiederum unterscheiden sich durch
- ihre Lage und ihren Standort,
- ihre Größe,
- ihre Rechtsform,
- die Betriebsdauer und
- ihre zusätzlichen Leistungsangebote.

... vermitteln unterschiedliche Eindrücke.

Beherbergungsbetriebe mit Verpflegung

Hier wird den Gästen neben der **Übernachtung** auch **Verpflegung** angeboten. Es gibt für die Gäste mehrere Möglichkeiten – sie können zwischen Voll- oder Halbpension oder einer All-inclusive-Verpflegung wählen oder nur ein Zimmer mit Frühstück buchen, im Haus à la carte speisen oder auch auswärts essen.

Betrieb	Beschreibung
Hotel	Beherbergungsbetrieb, in dem die Gäste neben dem Frühstück auch Voll- oder Halbpension buchen können. Die Hotelrestaurants werden unterteilt in ▪ Luxusrestaurant, ▪ regionales Restaurant, ▪ Spezialitätenrestaurant etc.
Gasthof	Gasthaus mit Beherbergung.
Pension	Kleinerer Beherbergungsbetrieb mit unterschiedlichem Verpflegungsangebot.
Erholungs- und Ferienheime	Unterschiedlich groß; nur einem bestimmten Personenkreis zugänglich, z. B. Ferienheime von Firmen, Gewerkschaften, Vereinen.

Beherbergungsbetriebe ohne Verpflegung

In diesen Betrieben werden den Gästen Zimmer für die **Übernachtung** zur Verfügung gestellt. Dazu zählen alle Inn-Betriebe, wie z. B. Holiday-Inn. In manchen dieser Betriebe wird jedoch den Gästen ein Frühstück in einem dafür vorgesehenen Raum angeboten.

Betrieb	Beschreibung
Hotel garni	Beherbergungsbetrieb mit Frühstück.
Frühstückspension	Beherbergungsbetrieb mit Frühstück; mit ca. 20 Betten; längere Aufenthaltsdauer der Gäste.
Appartement- oder Bungalowanlage	Beherbergungsbetrieb, meist mit Selbstversorgung.

Jugendherberge	Beherbergungsbetrieb meist mit Mehrbettzimmern; einfache Ausstattung.
Schutzhütte	Beherbergungsbetrieb meist mit Matratzenlagern; in den Bergen oder auf Wanderrouten.
Parahotellerie	Ferienwohnung, Ferienappartement, Campingplatz, Privatzimmer.

Schutzhütten zählen zu den Beherbergungsbetrieben ohne Verpflegung.

Betriebe nach dem Standort

Weitere Betriebsarten ergeben sich aus dem Standort des Beherbergungsbetriebes. Standortentscheidungen werden von Hotelkonzernen anhand einer konkreten geografischen Lage, durch die Auswahl einer Region oder eines Landes und nach der Festlegung der Betriebsgröße (z. B. Zimmerzahl, Bettenanzahl, Seminarräume, Anzahl der Mitarbeiter) getroffen.

Betrieb	Beschreibung
Stadthotel	Stadthotels befinden sich in Städten, meist im Zentrum; mit Gästeparkplätzen oder mit Tiefgarage. Die Zahl der Nächtigungen pro Gast beträgt meist ein bis zwei Nächte. Die Anreise der Gäste kann mit dem eigenen Auto oder mit Bussen erfolgen; Gäste werden vom Bahnhof oder Flughafen auch abgeholt. Die Gästezimmer sind meist etwas kleiner als in Ferienhotels (außer in Palaishotels), dafür sind die Halle und andere Aufenthaltsräume meist geräumiger. Das hoteleigene Restaurant wird nur von circa zehn bis 15 Prozent der Gäste in Anspruch genommen.
Terminalhotel	Diese Hotels liegen in Flughafen- bzw. Bahnhofsnähe. Hier können Zimmer auch für kurzfristige Zwischenstopps gebucht werden.
Motel	Motels sind an Autobahnen und Überlandstraßen zu finden. Zimmer werden meist nur für eine Nacht gebucht.
Land- bzw. Ferienhotel	Diese Beherbergungsbetriebe befinden sich in Urlaubsregionen. Die Aufenthaltsdauer ist sehr unterschiedlich, sie kann einige Tage, eine oder auch mehrere Wochen betragen. Hier gibt es Pauschalangebote, wie Halb- oder Vollpension, oder All-inclusive-Angebote. Die Anreise der Gäste kann mit dem eigenen Auto oder mit Bussen erfolgen. Eine Abholung der Gäste vom Bahnhof ist möglich. Gästeparkplätze oder Garagen sind vorhanden.
See- und Strandhotel	Sie sind direkt an einem See oder einem Strand gelegen. Weitere Merkmale siehe Land- bzw. Ferienhotel.
Golfhotel	Hotels, die eine eigene Golfanlage haben oder sich in unmittelbarer Nähe einer solchen befinden.
Kurhotel, Kurhaus	Sie sind in Orten mit guter klimatischer Lage, mit Heilquellen, Moorbädern etc. zu finden. Geboten werden medizinische Behandlungen, Massagen, Bäder etc. Die Anreise der Gäste kann mit dem eigenen Auto erfolgen; Bustransfer vom Bahnhof wird oft angeboten.

Terminalhotels werden meist für kürzere Zwischenstopps in Anspruch genommen.

Betriebe nach der Größe

Nach der Größe werden **Hotelkette** (Zusammenschluss mehrerer Betriebe eines regionalen oder internationalen Unternehmens), **Groß-, Mittel- und Kleinbetrieb** unterschieden.

Betriebe nach der Rechtsform

Unabhängig von der Lage, der Größe und der Art des Betriebs unterscheiden sich die Betriebe auch durch ihre Rechtsform; die wichtigsten sind hier angeführt.

Betrieb	Beschreibung
Einzelfirma, Einzelunternehmung	Ein Privatunternehmer, der mit seinem persönlichen Vermögen haftet, führt diesen Betrieb.
Personengesellschaft	Dazu zählen die OG (offene Handelsgesellschaft) und KG (Kommanditgesellschaft).
Kapitalgesellschaft	Dazu zählen die GmbH (Gesellschaft mit beschränkter Haftung) und die AG (Aktiengesellschaft).

Betriebe nach der Betriebsdauer

Beherbergungsbetriebe werden auch nach Öffnungsdauer und Öffnungszeitpunkt unterteilt.

Betrieb	Beschreibung
Einsaisonbetrieb	Beherbergungsbetrieb, der nur im Winter oder nur im Sommer geöffnet ist.
Zweisaisonenbetrieb	Beherbergungsbetrieb, der im Winter und im Sommer geöffnet ist.
Ganzjahresbetrieb	Beherbergungsbetrieb, der das ganze Jahr über geöffnet ist.

Betriebe in Wintersportorten sind meist Einsaisonbetriebe.

Betriebe nach dem Angebot

Beherbergungsbetriebe werden außerdem nach ihrer Leistung und nach ihrem zusätzlichen Angebot unterteilt.

Betrieb	Beschreibung
Sporthotel	Angebote für sportliche Betätigung: Tennisplatz, Schwimmbad, Golfplatz, Reitstall, Wintersportanlagen, Seen, Flüsse und Bäche für Rafting, Canyoning, Radwege und Mountainbikestrecken etc.
Kurhotel, Kurpension, Kurhaus	Dient in erster Linie der Rehabilitation. Angebote für alle Kuranwendungen, wie Bäder, Gymnastik, Massagen etc., mit ärztlicher Betreuung.
Wellnesshotel, Schönheitsfarm, Gesundheitshotel	Dient der Prävention von Krankheiten und dem Wohlfühlen, der Pflege von Körper, Geist und Seele unter fachlicher Anleitung, z. B. Whirlpool, Sauna, Massage, Kosmetik.
Seminarhotel	Seminar-, Tagungs- und Konferenzräume mit technischer Ausstattung.
Biohotel	Speisenangebot aus kontrolliert biologischem Anbau, Möbel aus Naturmaterialien.
50-plus-Hotel	Spezielle Angebote für Gäste ab 50.
Kinderhotel	Spezielle Angebote für Familien mit Babys und/oder Kleinkindern.
Designhotel	Architektonisch interessantes Haus mit individuell gestalteten Zimmern zu vertretbaren Preisen.

Betriebe nach Zusammenschlüssen – Themenhotels

Um eine **konkrete Zielgruppe** besser bedienen zu können, schließen sich eigenständige Hotels zu **Dachmarken** zusammen. Ebenso werden wirtschaftliche Synergien hergestellt und genutzt. Dachmarken sind z. B. Relais & Château, G'sund und Vital, Austria Kuschelhotels, Landhotels, Romantik Hotels & Restaurants, Schlosshotels & Herrenhäuser, Schlank und schön, Mountain Bike Holidays.

Kennzeichnungen

Um den Gästen die Auswahl aus den vielfältigen Angeboten und Betriebsarten zu erleichtern, gibt es Kennzeichnungen, die auf Homepages und in Katalogen die Betriebe und ihre Angebote näher beschreiben. Hier eine Auswahl:

Hotelklassifizierung

Bei den Klassifizierungskriterien für Beherbergungsbetriebe sind die Gästewünsche maßgeblich. Freundlichkeit, Sauberkeit, gutes Essen sowie der Erhaltungszustand des Betriebes spielen eine wesentliche Rolle. Weitere Kriterien bei der Klassifizierung sind die Lage des Betriebes, die Ausstattung und das Angebot. Die Klassifizierung bietet den Gästen ein Orientierungsschema. Sie ist auch den verschiedenen Reservierungssystemen zugrunde gelegt. Hotelführer wie Michelin, ADAC, Gault Millau etc. übernehmen die Klassifizierungsmerkmale ebenfalls.

Eine kurze Einführung in den Sterndschungel

Vorreiter waren die skandinavischen Länder, die Schweiz und Deutschland mit der Einführung einer **nationalen Hotelklassifizierung**. Bald folgten weitere europäische Länder diesem Beispiel. Eine europaweite Vereinheitlichung der nationalen Klassifizierungssysteme ist aufgrund der unterschiedlichen Regionen und Gästegruppen kaum möglich. Eine weltweite Norm würde wegen der Breite des Spektrums diffus oder könnte sogar ungewünschte Verwirrung stiften, wenn sie als zusätzliche Norm neben den bestehenden nationalen Klassifizierungsschemen eingesetzt würde.

So wird z. B. in Griechenland eine Klimaanlage gefordert, die in Deutschland oder in Österreich für die Klassifizierung nicht erforderlich ist. In Österreich ist eine Auswahl von 30 verschiedenen Qualitätsweinen für einen Fünfsternebetrieb erforderlich – nicht so in Großbritannien etc. Aufgrund dieser Unterschiede könnten mit einem einzigen Fünfsterneraster niemals alle Hotels erfasst werden.

Die Hotelklassifizierung dient den Gästen zur Orientierung.

Nach der Deutschen Hotelklassifizierung mit fünf Sternen bewertet – das Hotel Taschenbergpalais Kempinski in Dresden.

Die Deutsche Hotelklassifizierung

Der Deutsche Hotel- und Gaststättenverband (DEHOGA) bietet mit dem Markenprodukt „Deutsche Hotelklassifizierung" ein bundesweit einheitliches Klassifizierungssystem an, das ein aussagekräftiges Raster über den gesamten Bestand an Beherbergungsbetrieben in Deutschland legt.

Durch diese Klassifizierung wird das Angebot für den Gast transparenter. Er weiß bereits bei der Buchung eines klassifizierten Betriebes, welche **objektiven Leistungen und Angebote** er erwarten kann. Für die Deutsche Hotelklassifizierung besteht markenrechtlicher Schutz.

Die Klassifizierung erfolgt **freiwillig**, d. h., jeder Betrieb kann selbst entscheiden, ob er sich dieser Bewertung unterziehen möchte. Der Betrieb kann jederzeit aus der Klassifizierung aussteigen. Da die Kriterien bekannt sind, kann jeder Betrieb schon im Voraus ermitteln, in welche Kategorie er eingestuft werden wird. Beteiligen können sich alle konzessionierten Beherbergungsbetriebe mit mehr als acht Betten.

Kriterien

Die Klassifizierung erfolgt nach **Mindestpunkten** und nach **Mindestkriterien.** Diese Kriterien sind

- Gebäude/Raumangebot,
- Einrichtung/Ausstattung,
- Service,
- Freizeit,

- Angebotsgestaltung und
- hauseigener Tagungsbereich.

Die Anforderungen an die Betriebe steigen mit jedem Stern, d. h., je mehr Sterne, umso mehr Merkmale müssen vorhanden sein.

Deutsche Hotelklassifizierung

Körperpflegemittel gibt es in deutschen Luxushotels in Einzelflakons.

Die Bewertungskriterien und -modalitäten werden vom Fachbereich Hotellerie im DEHOGA verbindlich festgelegt. Der Fachbereich Hotellerie gewährleistet eine in ganz Deutschland einheitliche Anwendung.

Kategorien

Die Beherbergungsbetriebe werden in fünf Sternekategorien eingeteilt:

★ Tourist
Unterkunft für einfache Ansprüche

- Einzelzimmer 8 m², Doppelzimmer 12 m²
- Alle Zimmer mit Dusche/WC oder Bad/WC
- Alle Zimmer mit Farb-TV-Gerät samt Fernbedienung
- Tägliche Zimmerreinigung
- Empfangsdienst
- Telefax am Empfang
- Dem Hotelgast zugängliches Telefon
- Restaurant
- Erweitertes Frühstücksangebot
- Ausgewiesener Nichtraucherbereich im Frühstücksraum
- Getränkeangebot im Betrieb
- Depotmöglichkeit

★★ Standard
Unterkunft für mittlere Ansprüche

- Einzelzimmer 12 m², Doppelzimmer 16 m²
- Frühstücksbuffet
- Sitzgelegenheit pro Bett
- Nachttischlampe oder Leselicht am Bett
- Badetücher
- Wäschefächer
- Angebot von Hygieneartikeln (Zahnbürste, Zahncreme, Rasierset etc.)
- Kartenzahlung möglich

★★★ Komfort
Unterkunft für gehobene Ansprüche

- Einzelzimmer 14 m², Doppelzimmer 18 m²
- 10 % Nichtraucherzimmer
- 14 Stunden besetzte separate Rezeption, 24 Stunden erreichbar
- Zweisprachige Mitarbeiter, Sitzgruppe am Empfang, Gepäckservice
- Getränkeangebot auf dem Zimmer
- Telefon auf dem Zimmer, Internetzugang
- Heizmöglichkeit im Bad, Haartrockner, Papiergesichtstücher
- Ankleidespiegel, Kofferablage, Safe
- Nähzeug, Schuhputzutensilien, Waschen und Bügeln der Gästewäsche
- Zusatzkissen und -decke auf Wunsch
- Systematischer Umgang mit Gästebeschwerden

★★★★ First Class
Unterkunft für hohe Ansprüche

- Einzelzimmer 16 m², Doppelzimmer 22 m²
- 18 Stunden besetzte separate Rezeption, 24 Stunden erreichbar
- Lobby mit Sitzgelegenheiten und Getränkeservice, Hotelbar
- Frühstücksbuffet mit Roomservice
- Minibar oder 24 Stunden Getränke im Roomservice
- Sessel/Couch mit Beistelltisch
- Bademantel, Hausschuhe auf Wunsch
- Kosmetikartikel (z. B. Duschhaube, Nagelfeile, Wattestäbchen), Kosmetikspiegel, großzügige Ablagefläche im Bad
- Internet-PC/Internet-Terminal
- À-la-carte-Restaurant
- Systematische Gästebefragung

★★★★★ Luxus
Unterkunft für höchste Ansprüche

- Einzelzimmer 18 m², Doppelzimmer 26 m², Suiten
- 24 Stunden besetzte Rezeption mit Concierge, mehrsprachige Mitarbeiter
- Doorman- oder Wagenmeisterservice
- Empfangshalle mit Sitzgelegenheiten und Getränkeservice
- Personalisierte Begrüßung mit frischen Blumen oder Präsent auf dem Zimmer
- Minibar und 24 Stunden Speisen und Getränke im Roomservice
- Körperpflegeartikel in Einzelflakons
- Internet-PC auf dem Zimmer und qualifizierter IT-Supportservice
- Kopfkissenauswahl, zentrale Bedienbarkeit der Zimmerbeleuchtung vom Bett aus, Safe im Zimmer
- Bügelservice (innerhalb einer Stunde), Schuhputzservice
- Abendlicher Turndownservice
- Mystery Men Checks

Sonderformen – Garni und Superior

Darüber hinaus gibt es noch die Bezeichnung **garni** (Beherbergung, Frühstück, Getränke und höchstens kleine Speisen werden angeboten) sowie den Zusatz **Superior**, der innerhalb einer Kategorie jene Spitzenbetriebe kennzeichnet, die wesentlich mehr Wertungspunkte als erforderlich haben, jedoch die Mindestkriterien der nächsthöheren Kategorie nicht erreichen.

Garni – Schlichtheit auf Französisch

Der Begriff „garni“ stammt aus dem Französischen und bedeutet „mit dem Nötigen versehen“. Der Zusatz garni drückt damit aus, dass der Betrieb das Nötigste zum Übernachten und Frühstücken anbietet, darüber hinaus jedoch keine Annehmlichkeiten vorzuweisen hat. Garni – Komfort reduziert auf das, was man zum Übernachten braucht.

Klassifizierungsablauf

Der Betriebsinhaber füllt einen **Erhebungsbogen** aus, der elektronisch ausgewertet wird; daraus erfolgt die Zuordnung. Die Klassifizierung **gilt für drei Jahre** und kann dann wieder neu beantragt werden. Die Betriebe werden von eigenen Kommissionen überprüft, die aus Vertretern der zuständigen Tourismusverbände und den regionalen Industrie- und Handelskammern bestehen.

Die klassifizierten Betriebe erhalten die Erlaubnis, ein repräsentatives **Schild**, das den Schriftzug der Deutschen Hotelklassifizierung und die Anzahl der verliehenen Sterne aufweist, im Außenbereich anzubringen. Ebenso erhält der Betrieb zur Dokumentation eine Urkunde.

Das Schild für Viersterne-Superior-Betriebe der Deutschen Hotelklassifizierung.

Die Sterne im Detail

Bereich/Mindestkriterien	★	★★	★★★	★★★★	★★★★★
Gebäude/Raumangebot					
Sauberkeit/Hygiene allgemein					
Sauberkeit und ein hygienisch einwandfreies Angebot	x	x	x	x	x
Erhaltungszustand					
Alle Einrichtungen und Ausstattungen sind funktionstüchtig und in mangelfreiem Zustand.	x	x	x	x	x
Gesamteindruck					
Der Gesamteindruck des Hotels genügt einfachen Ansprüchen. Insbesondere Möblierung und Ausstattung sind zweckmäßig und gepflegt.	x				
Der Gesamteindruck des Hotels genügt mittleren Ansprüchen. Insbesondere Möblierung und Ausstattung sind gepflegt und aufeinander abgestimmt.		x			
Der Gesamteindruck des Hotels genügt gehobenen Ansprüchen. Insbesondere Möblierung und Ausstattung sind durchgängig in Form und Farbe aufeinander abgestimmt. Der Gesamteindruck ist geprägt von gehobenem Komfort und Wohnlichkeit.			x		
Der Gesamteindruck des Hotels genügt hohen Ansprüchen. Insbesondere Möblierung und Ausstattung sind qualitativ hochwertig und bieten erstklassigen Komfort. Der optische Gesamteindruck ist durchgängig in Form, Farbe und Materialien aufeinander abgestimmt.				x	
Der Gesamteindruck des Hotels genügt höchsten Ansprüchen. Insbesondere Möblierung und Ausstattung sind luxuriös und bieten höchsten Komfort. Der optische Gesamteindruck ist durchgängig in Form, Farbe und Materialien aufeinander abgestimmt.					x
Rezeption					
Abgetrennter Bereich	x	x			
Separate, eigenständige Rezeption			x	x	x
Zimmer					
▪ Einzelzimmer 8 m² (exklusive Bad/WC) ▪ Doppelzimmer 12 m² (exklusive Bad/WC)	x				

■ Einzelzimmer 12 m² (inklusive Bad/WC) ■ Doppelzimmer 16 m² (inklusive Bad/WC)		x			
■ Einzelzimmer 14 m² (inklusive Bad/WC) ■ Doppelzimmer 18 m² (inklusive Bad/WC)			x		
■ Einzelzimmer 16 m² (inklusive Bad/WC) ■ Doppelzimmer 22 m² (inklusive Bad/WC)				x	
■ Einzelzimmer 18 m² (inklusive Bad/WC) ■ Doppelzimmer 26 m² (inklusive Bad/WC) ■ Mindestens zwei Suiten					x
10 % der Zimmer als Nichtraucherzimmer			x	x	x
Öffentlicher Gästebereich					
Ausgewiesener Nichtraucherbereich im Frühstücksraum	x	x	x	x	x
Sitzgruppe am Empfang			x		
Lobby mit Sitzgelegenheit und Getränkeservice				x	
Empfangshalle mit Sitzgelegenheit und Getränkeservice					x
Hotelbar (geöffnet an mindestens sechs Tagen pro Woche)				x	
Hotelbar (geöffnet an sieben Tagen pro Woche)					x
Sonstiges					
Lift (bei mehr als drei Volletagen inklusive EG)				x	x
Einrichtung/Ausstattung					
Sanitärkomfort					
Zimmer mit Dusche/WC oder Bad/WC Ist ein geringer Anteil der Zimmer ohne Dusche/WC oder Bad/WC – also nur mit Etagendusche/-WC – vorhanden, muss der Gast vor Abschluss des Beherbergungsvertrages auf das Unterschreiten des Standards und diesen Umstand bei diesen Zimmern ausdrücklich hingewiesen werden.	x	x			
Zimmer mit Dusche/WC oder Bad/WC			x	x	x
Duschvorrichtung mit Duschvorhang/-wand Sollte durch die räumliche Gestaltung der Dusche sichergestellt sein, dass der Sanitärbereich vor Spritzwasser geschützt ist, ist das Vorhandensein eines Duschvorhangs oder einer Duschwand entbehrlich.	x	x	x	x	x
Regulierbarer Duschkopf			x	x	x
Waschbecken	x	x	x	x	x
Zusätzliches Waschbecken in Suiten					x
Vorlage (Badvorleger) am Waschbecken		x	x	x	x
Beleuchtung am Waschbecken	x	x	x	x	x
Spiegel	x	x	x	x	x
Beweglicher Kosmetikspiegel				x	x
Steckdose in Spiegelnähe	x	x	x	x	x
Handtuchhalter oder -haken	x	x	x	x	x
Heizmöglichkeit im Bad			x	x	x
Ablagefläche	x	x	x		
Großzügige Ablagefläche				x	x
Zahnputzbecher	x	x	x	x	x
Seife oder Waschlotion	x	x	x	x	x
Schaumbad oder Duschgel		x	x	x	x
Shampoo			x	x	x
Körperpflegeartikel in Einzelflakons					x
Diverse Kosmetikartikel (z. B. Duschhaube, Nagelfeile, Wattestäbchen)				x	x
Papiergesichtstücher			x	x	x

Handtücher	x	x	x	x	x
1 Badetuch pro Person		x	x	x	x
Bademantel auf Wunsch				x	
Bademantel					x
Hausschuhe (Slipper) auf Wunsch				x	
Hausschuhe (Slipper)					x
Haartrockner			x	x	x
Abfallbehälter	x	x	x	x	x
Schlafkomfort					
▪ Einzelbetten von mindestens 90 cm x 190 cm ▪ Doppelbetten von mindestens 180 cm x 190 cm	x	x	x		
▪ Einzelbetten von mindestens 90 cm x 200 cm ▪ Doppelbetten von mindestens 180 cm x 200 cm				x	x
Zeitgemäße und gepflegte Matratzen	x	x	x	x	x
Vorlage am Bett (Bettvorleger)					x
Weckvorrichtung	x	x	x	x	x
Zusatzkopfkissen auf Wunsch			x	x	
2 Kopfkissen pro Gast					x
Kopfkissenauswahl (unterschiedliche Typen von Kopfkissen stehen dem Gast zur Wahl)					x
Zusatzdecke auf Wunsch			x	x	x
Verdunklungsmöglichkeit (z. B. Rollladen oder Vorhänge)	x	x	x	x	x
Zimmerausstattung					
Kleiderschrank oder -nische angemessener Kapazität	x	x	x	x	x
Wäschefächer		x	x	x	x
Kleiderbügel Simple Drahtgestelle erfüllen das Kriterium „Kleiderbügel“ nicht.	x	x			
Angemessene Anzahl einheitlicher Kleiderbügel			x	x	x
Garderobenhaken	x	x	x	x	x
Aufhängemöglichkeit für Kleidersack			x	x	x
1 Stuhl	x				
1 Sitzgelegenheit pro Bett, davon mind. 1 Stuhl		x	x	x	x
1 Sessel/Couch mit Beistelltisch				x	x
Zusätzlicher Sessel/Couch im Doppelzimmer					x
Tisch	x	x	x	x	x
Freie Netzsteckdose im Zimmer	x	x	x	x	x
Zusätzliche, freie Netzsteckdose in Tischnähe			x	x	x
Zimmerbeleuchtung	x	x	x	x	x
Nachttischlampe oder Leselicht am Bett		x	x	x	x
Zusätzliche Beleuchtung auf/über dem Tisch			x	x	x
Zentrale Bedienbarkeit der Zimmerbeleuchtung vom Bett aus					x
Freie Netzsteckdose in Bettnähe			x	x	x
Ankleidespiegel			x	x	x
Kofferablage			x	x	x
Feuerfester oder schwer entflammbarer Papierkorb		x	x	x	x
Safe/Depotmöglichkeit					
Depotmöglichkeit (z. B. am Empfang)	x	x			
Zentraler Safe (z. B. am Empfang) oder Safe im Zimmer			x	x	
Zentraler Safe (z. B. am Empfang) und Safe im Zimmer					x

Unterhaltungselektronik					
Farb-TV-Gerät samt Fernbedienung auf dem Zimmer	x	x			
Farb-TV-Gerät samt Fernbedienung und Programmbelegungsübersicht auf dem Zimmer			x		
Farb-TV-Gerät samt Fernbedienung und Programmbelegungsübersicht und aktuelles TV-Programmheft auf dem Zimmer				x	x
Radioprogramme			x	x	x
Lautsprecher im Bad					x
Telekommunikation					
Telefax am Empfang	x	x	x	x	x
Dem Hotelgast zugängliches Telefon	x	x	x	x	x
Telefon auf dem Zimmer samt mehrsprachiger Bedienungsanleitung und Direktwahlmöglichkeit			x	x	x
Internetzugang im öffentlichen Bereich oder auf dem Zimmer			x		
Internetzugang auf dem Zimmer				x	x
Dem Hotelgast zugänglicher Internet-PC oder zugängliches Internetterminal				x	
Internet-PC auf dem Zimmer auf Wunsch					x
Sonstiges					
Hotelinformation Der Hotelinformation sind mindestens die Frühstückszeiten, Öffnungszeiten von Hoteleinrichtungen und Check-out-Zeiten zu entnehmen.	x	x			
Serviceleitfaden von A bis Z			x	x	x
Schreibgerät und Notizblock			x	x	x
Korrespondenzmappe				x	x
Wäschebeutel			x	x	x
Nähzeug auf Wunsch oder Nähservice			x		
Nähzeug auf dem Zimmer				x	x
Schuhanzieher auf dem Zimmer					x
Schuhputzutensilien auf Wunsch oder Schuhputzservice oder Schuhputzgerät auf der Etage			x		
Schuhputzutensilien auf dem Zimmer				x	x
Schuhputzgerät auf der Etage oder Schuhputzservice				x	x
Service					
Zimmerreinigung/Wäschewechsel					
Tägliche Zimmerreinigung	x	x	x	x	x
Täglicher Handtuchwechsel auf Wunsch	x	x	x	x	x
Bettwäschewechsel mindestens einmal pro Woche	x	x			
Bettwäschewechsel mindestens zweimal pro Woche			x	x	x
Täglicher Bettwäschewechsel auf Wunsch				x	x
Getränke					
Getränkeangebot im Betrieb	x	x			
Getränkeangebot auf dem Zimmer			x		
Minibar oder 24-Stunden-Roomservice der Getränke				x	x
Frühstück					
Erweitertes Frühstücksangebot Besteht mindestens aus einem Heißgetränk (wahlweise Tee oder Kaffee), einem Fruchtsaft, einem Obstsalat/Obst, einem Ei/einer Eierspeise und einer Auswahl an Brot/Brötchen, Butter, Marmelade, Wurst, Käse und Müsli.	x				

Frühstücksbuffet Selbstbedienungsangebot mit mindestens dem Umfang eines erweiterten Frühstücksangebots.		x			
Frühstücksbuffet			x		
Frühstücksbuffet mit Roomservice				x	
■ Frühstücksbuffet oder gleichwertige Frühstückskarte mit Roomservice ■ Frühstückskarte im Roomservice					x
Speisen					
Gesamtzahl Restaurant (eins)	x	x			
Mindestens ein Restaurant muss an mindestens fünf Tagen pro Woche geöffnet sein.			x		
Mindestens ein À-la-carte-Restaurant muss an mindestens sechs Tagen pro Woche geöffnet sein.				x	
Mindestens ein À-la-carte-Restaurant muss an sieben Tagen pro Woche geöffnet sein.					x
Speisenangebot im Roomservice bis 22:00 Uhr				x	
24 Stunden Speisenangebot im Roomservice					x
Empfang/Rezeption					
Empfangsdienst, Erreichbarkeit durch Telefon von innen und außen	x	x			
Rezeption 14 Stunden besetzt – 24 Stunden telefonisch von innen und außen erreichbar			x		
Rezeption 18 Stunden besetzt und 24 Stunden telefonisch von innen und außen erreichbar				x	
Rezeption 24 Stunden besetzt und 24 Stunden telefonisch von innen und außen erreichbar					x
Zweisprachige Mitarbeiter (Deutsch/Englisch)			x	x	
Mehrsprachige Mitarbeiter (Deutsch und Englisch sowie eine weitere Fremdsprache)					x
Gepäckservice auf Wunsch			x	x	
Gepäckservice					x
Doorman- oder Wagenmeisterservice					x
Concierge					x
Hotelpagen/Hoteldiener					x
Wasch-/Bügelservice					
Waschen und Bügeln der Gästewäsche (Rückgabezeitpunkt nach Absprache)			x		
Waschen und Bügeln der Gästewäsche (bei Abgabe vor 9:00 Uhr Rückgabe am gleichen Tag, außer am Wochenende)				x	
Waschen und Bügeln der Gästewäsche (bei Abgabe vor 9:00 Uhr Rückgabe innerhalb von 12 Stunden)					x
Zahlungsart					
Kreditkarten		x	x	x	x
EC-Cash		x	x	x	x
Elektronisches Lastschriftverfahren (ELV)		x	x	x	x
Sonstiges					
Angebot von Hygieneartikeln (z. B. Zahnbürste, Rasierset, Zahncreme)		x	x	x	x
Nähservice				x	x
Qualifizierter IT-Supportservice					x
Personalisierte Begrüßung eines jeden Gastes mit frischen Blumen oder Präsent auf dem Zimmer (keine Bildschirmbenachrichtigung)					x
Abendlicher Turndownservice					x

Angebotsgestaltung					
Systematischer Umgang mit Gästebeschwerden			x	x	x
Systematische Gästebefragung				x	x
Mystery Men Checks					x

Zu erreichende Gesamtpunktezahl	Vollhotel	Vollhotel „Superior“	Hotel „garni“	Hotel „garni Superior“
★	90 Punkte	170 Punkte	70 Punkte	170 Punkte
★★	170 Punkte	250 Punkte	140 Punkte	250 Punkte
★★★	250 Punkte	380 Punkte	220 Punkte	380 Punkte
★★★★	380 Punkte	570 Punkte	350 Punkte	570 Punkte
★★★★★	570 Punkte	650 Punkte		

Die Österreichische Hotelklassifizierung

Die Österreichische Hotelklassifizierung ist ein österreichweit gültiges, einheitliches System, nach dem eine unabhängige Kommission auf Antrag des jeweiligen Betriebes die Einstufung vornimmt. Regelmäßige Überprüfungen und ein System der jährlichen Selbstkontrolle sichern die Qualität.

Die Klassifizierung dient den Gästen als **Orientierungshilfe.** Mehr als die Hälfte der Gäste merkt sich schon beim Angebotsvergleich die Sternekategorie. Bild, Name und Preisspanne sind weitere Entscheidungskriterien.

Primäre Voraussetzungen für die Aufnahme in die Österreichische Hotelklassifizierung sind

- der Gesamteindruck,
- der Erhaltungszustand und die Sauberkeit des Betriebes,
- die Qualität der Dienstleistung, z. B. Auftreten, Kleidung, Freundlichkeit und Kompetenz von Geschäftsführung und Mitarbeitern,
- das äußere Erscheinungsbild des Betriebes, wie Beschilderung, Zufahrt, Parkplätze, Gartenanlage etc.,
- hoteleigene Freizeit- und Zusatzeinrichtungen, z. B. Hallenbad, Sauna, Tagungsräume, Garagenparkplätze,
- Ausstattung der Zimmer und Sanitärräume etc.,
- Gästezufriedenheit: Häufigkeit von Beschwerden und Umgang mit Beschwerden (aus der Gästebefragung).

Sterne für fünf Kategorien

Grundsätzlich unterscheidet die Richtlinie für die Klassifizierung von Hotel- und Beherbergungsbetrieben zwischen **Vollbetrieben** (Hotel, Pension, Gasthof) und **Garnibetrieben** (Hotel garni, Frühstückspension). Unterschiede in der Bewertung zwischen Voll- und Garnibetrieb gibt es nur im Gastronomiebereich. Für **Appartementhäuser** und Betriebe, die keine oder nur geringe Dienstleistungen anbieten, gibt es spezielle Richtlinien.

AUCH DIE AUSSENANLAGEN WERDEN BEI DER KLASSIFIZIERUNG BERÜCKSICHTIGT.

Die Einstufungskriterien basieren auf aktuellen Marktforschungsergebnissen und spiegeln die Gästeerwartungen an die jeweilige Kategorie wider. Die Kriterien verstehen sich als **Mindestmerkmale**, d. h., jeder Betrieb muss diese vollständig erfüllen, um in die entsprechende Kategorie eingestuft zu werden.

Hotel- und Beherbergungsbetriebe werden grundsätzlich in **fünf Kategorien** eingeteilt, die mit einem Stern, mit zwei, drei, vier oder fünf Sternen symbolisiert werden. Garnibetriebe und Appartementbetriebe gibt es nur in den Ein- bis Viersternekategorien. Die entsprechenden Sternembleme der Österreichischen Hotelkategorisierung – übrigens markenrechtlich geschützt und im Eigentum des Fachverbandes Hotellerie verbleibend – dürfen jeweils für **zwei Jahre** angebracht werden.

Definition der einzelnen Kategorien

Kategorie	Merkmale
★	Einfache Ausstattung, d. h., die für die übliche Aufenthaltsdauer im Betrieb erforderlichen Einrichtungen werden sauber und in tadellosem Erhaltungszustand angeboten. Angesprochen wird damit vor allem die sehr preisbewusste Gästeschicht, die hauptsächlich die Nächtigungsleistung beansprucht.
★★	Für preisbewusste Gäste, die neben der Nächtigung auch ein eingeschränktes Angebot (TV-Gerät, Getränke etc.) suchen, wird eine zweckmäßige Ausstattung mit Komfort geboten. Im Gegensatz zum Einsternbetrieb sind hier die Zimmer komfortabler und mit Farb-TV-Gerät und Nasszellen ausgestattet. Die Qualität wird an ihrer Funktionalität und Sauberkeit gemessen, die verwendeten Materialien sind weniger von Bedeutung.
★★★	Hotel, Gasthof, Pension, Frühstückspension etc. mit gehobener und einheitlicher Ausstattung und wohnlichem Charakter. Gäste dürfen bereits ein gehobenes Dienstleistungsangebot (Empfang/Rezeption, Getränke, Imbiss etc.) erwarten. Von der Zweisternekategorie hebt sich der Dreisternebetrieb durch gediegenere Materialien, größeres Raumangebot, Aufenthaltsmöglichkeiten im Zimmer (Sitzecke, Schreibtisch etc.) sowie durch einen allgemeinen Aufenthaltsraum ab. Vom Viersterneniveau trennen diese Kategorie die kleineren Flächen und (möglicherweise) eine ältere Ausstattung, allerdings in gutem Erhaltungszustand.
★★★★	Geboten wird erstklassige Ausstattung, d. h. großzügige Raumflächen mit qualitativ hochwertiger, zeitgemäßer Ausstattung sowie guter Schallschutz. Vor allem in der Ferienhotellerie darf der Gast hier auf ein umfangreiches betriebliches Angebot (z. B. Wellness, Sport, Gastronomie, Seminareinrichtungen) und hohes Dienstleistungsniveau bauen. Sehr guter Zustand, hohe Qualität der Einrichtungen und großzügiges Raumangebot sind wesentliche Abgrenzungskriterien zur darunterliegenden Dreisternekategorie.
★★★★ Superior	Ist keine eigene Kategorie; geboten wird neben den Kriterien der Viersternekategorie, die auf höchstem Niveau zu erfüllen sind, vor allem eine außergewöhnliche Dienstleistung.
★★★★★	Edle, hochwertige und elegante Materialien mit durchgängiger Gestaltung sorgen ebenso wie Architektur und Ausstattung für ein exklusives, luxuriöses Ambiente. Im Zimmerbereich dominiert räumliche Großzügigkeit, etwa durch baulich getrennte Schlaf- und Wohnbereiche (Suiten). Natürlich gehört auch ein hochwertiges Dienstleistungsangebot zum Niveau dieser internationalen Luxushotellerie. Diesen Standard der Exklusivität erreichen in Österreich nur einige Dutzend Hotels.

Darf's ein bisserl mehr sein? Die Viersterne-Superior-Klasse
Zur Unterscheidung der zahlreichen Viersternebetriebe gibt es in Österreich seit 1. Januar 2006 die Möglichkeit für Top-Betriebe, von der Wirtschaftskammer in die „Viersterne-Superior-Klasse" eingestuft zu werden. Beurteilt wird zusätzlich zu den bestehenden Kriterien ein außergewöhnlich guter **Service**, der mit Punktesystem und Mystery Check die besonderen Qualitäten eines Betriebes bestätigt.

Die Superior-Klasse gibt es in Deutschland bereits seit 2002 (siehe auch S. 59), Südtirol kennzeichnet Hotels der Drei- und Viersternekategorie mit dem Zusatz Superior (siehe auch S. 71) und in der Schweiz gibt es Superior-Klassen für die Drei- bis Fünfsternekategorien (siehe auch S. 69).

Gemeinsames Ziel ist es, dem Gast eine weitere Orientierungshilfe zu geben, ohne dabei eine neue Kategorie einführen zu müssen.

Die Sterne im Detail

Mindestkriterien	★	★★	★★★	★★★★	★★★★★
Empfang, Rezeption					
Für alle Kategorien: Deutschsprachige Mitarbeiter im Empfang, 24 Stunden erreichbare und verantwortliche Person, Aufenthaltsraum, zentrales Depot für Wertgegenstände (oder Zimmersafes)	x	x	x	x	x
Funktioneller Empfangsbereich: ab 15 Zimmern erforderlich			x		
Empfangsbereich, Rezeption: während 15 von 24 Stunden besetzt			x	x	
Rezeption mit zeitgemäßer Ausstattung				x	
Erstklassiger Empfangsbereich (Foyer, Halle): Für Stadtbetriebe Aufenthaltsbereich zusätzlich zum Speisesaal mit Sitzplätzen für mindestens 15 % der maximalen Gästezahl. Für Ferienbetriebe Aufenthaltsbereich zusätzlich zum Speisesaal mit Sitzplätzen für mindestens 40 % der maximalen Gästezahl.				x	
Exklusiver und großzügiger Empfangsbereich (Foyer, Halle): Für Stadtbetriebe Aufenthaltsbereich zusätzlich zum Speisesaal mit Sitzplätzen für mindestens 15 % der maximalen Gästezahl. Für Ferienbetriebe Aufenthaltsbereich zusätzlich zum Speisesaal mit Sitzplätzen für mindestens 60 % der maximalen Gästezahl.					x
Rezeption oder Portierloge: 24 Stunden von Mitarbeitern mit sehr guten Fremdsprachenkenntnissen besetzt; Gepäcktransport 24 Stunden gewährleistet, Verhältnis von Mitarbeitern zu Zimmern beträgt 1 : 2.					x
Zimmersafes				x	x
Lift					
Für alle Kategorien: Als Geschoß gilt jedes von Gästen benützte Stockwerk (inklusive Keller und Erdgeschoß). Ausnahmen bei Denkmalschutz möglich, oder wenn die festgesetzten Erfordernisse um höchstens eine Etage mit maximal 10 % der Gesamtzimmeranzahl überschritten werden.	x	x	x	x	x
Neubauten: Lift bei mehr als drei Geschoßen		x			
Altbauten: Lift bei mehr als drei Geschoßen, Untergeschoße zählen nicht; bis 12 Zimmer ist unabhängig von der Anzahl der Geschoße der Gesamtflächenanzahl kein Lift erforderlich			x		
Lift bei mehr als zwei Geschoßen				x	x
Lift bei mehr als einem Geschoß					x
Gastronomie					
Speiseraum					
Ferienbetriebe: Verhältnis Zimmer zu Tischen 3 : 2			x	x	
Ferienbetriebe: Verhältnis Zimmer zu Tischen 1 : 1					x
Frühstück					
Frühstücksangebot	x	x			
Frühstücksbuffet			x		
Frühstücksbuffet mit Service für heiße Aufgussgetränke				x	x
Speisenangebot (entfällt bei Garnibetrieben)					
Dreigängiges Menü oder à la carte oder Buffet	x	x			
Dreigängiges Menü mit Wahlmöglichkeit beim Hauptgang oder à la carte oder Buffet			x		

Viergängiges Menü mit Wahlmöglichkeit bei drei Gängen oder à la carte oder Buffet				x	x
Imbisskarte (entfällt bei Garnibetrieben) 10 von 24 Stunden			x	x	x
Gastronomie					
Getränkeservice (entfällt bei Garnibetrieben)					
12 von 24 Stunden, statt Getränkeservice auch Minibar möglich			x		
16 von 24 Stunden, statt Getränkeservice auch Minibar möglich				x	
24 Stunden					x
Hausbar oder Theke mit Sitzgelegenheit (für Dreisterne-Garnibetriebe nicht nötig)			x	x	x
Parkplätze und Garagen					
Hoteleigene Garage oder Abstellplätze mit Garagierungsdienst					x
Zimmer					
Für alle Kategorien: Bettmindestmaß: 90 x 200 cm (Altbau: 90 x 190 cm), hygienisch einwandfreie Matratze und Bettzeug (Decken, Kissen, Überzüge) in gutem Zustand und auf die Jahreszeit abgestimmt; einwandfreier Betteinsatz; pro Bett ein Nachtkästchen oder eine Ablage mit Leselampe, eine Sitzgelegenheit, Kleiderschrank oder -nische, Zimmerbeleuchtung. Bad und WC sind in der Mindestfläche inkludiert. Für Zimmer mit mehr als zwei Betten kommen pro Bett 5 m² zur Mindestfläche hinzu. Heizung (Temperatur individuell einstellbar), Sichtschutz (Vorhänge, Jalousien), einheitliche Kleiderbügel (nicht Draht), Papierkorb, Betriebs- und Ortsinformationsmaterial, Schuhputzlappen im Zimmer bzw. -maschine (im Betrieb).	x	x	x	x	x
Mindestzimmerflächen					
Altbau: EZ 11 m², DZ 17 m²				x	
Neubau: Stadthotel: EZ 12 m², DZ 18 m², Ferienhotel: EZ 14 m², DZ 20 m²			x		
Neubau: Stadthotel: EZ 14 m², DZ 19 m², Ferienhotel: EZ 17 m², DZ 22 m²				x	
Altbau: EZ 13 m², DZ 19 m²					x
Neubau: Stadthotel: EZ 16 m², DZ 22 m², Ferienhotel: EZ 18 m², DZ 24 m²					x
Bettwäschewechsel					
Mindestens einmal pro Woche	x	x			
Mindestens zweimal pro Woche			x	x	
Auf Wunsch täglich				x	
Jeden zweiten Tag, auf Wunsch täglich					x
Zimmerausstattung					
Radio und Farbfernsehgerät (mit Fernbedienung)		x			
Radio und Farbfernsehgerät mit Satelliten- oder Kabelprogrammen			x	x	x
Schreibmappe			x	x	x
Hausinterne technische Kommunikationsmöglichkeit (z. B. Telefon, interaktive Hotelfernseher)			x	x	x
Modemanschluss im Betrieb (bzw. gleichwertiger Internetzugang für den Gast verfügbar)				x	x
Kofferablage, Fauteuil					x
Wasch-, Bügelservice					
Wasch-, Bügelservice			x	x	x

Rückgabe der Wäsche innerhalb von 24 Stunden				x	x
Aufbügeln auch am Wochenende				x	x
Bad, WC					
Für alle Kategorien: zeitgemäßer Standard mit ausreichender Beleuchtung und Ablagemöglichkeit, Seife (Seifenspender oder verpackte Einzelstücke), 1 Handtuch und 1 Badetuch pro Person, WC-Reserverolle, Abfallbehälter, Badvorleger aus Textil	x	x	x	x	x
Neubauten: Alle Zimmer mit Bad und WC oder Dusche und WC **Altbauten:** 50 % der Zimmer mit Bad und WC oder Dusche und WC. Jedes Gästezimmer ohne Nasszelle muss mit einem Waschbecken mit fließendem Kalt- und Warmwasser und einer ausreichenden Ablage ausgestattet sein. In jedem Stockwerk, in dem sich Gästezimmer ohne Nasszelle und WC befinden, für je angefangene 10 Betten 1 Etagennasszelle und 1 Etagen-WC.	x				
Neubauten: alle Zimmer mit Bad und WC oder Dusche und WC **Altbauten:** 70 % der Zimmer mit Bad und WC oder Dusche und WC. Jedes Gästezimmer ohne Nasszelle muss mit einem Waschbecken mit fließendem Kalt- und Warmwasser und einer ausreichenden Ablage ausgestattet sein. In jedem Stockwerk, in dem sich Gästezimmer ohne Nasszelle und WC befinden, für je angefangene 4 Betten 1 Etagennasszelle und 1 Etagen-WC.		x			
Neubauten: Alle Zimmer mit Bad und WC oder Dusche und WC **Altbauten:** 90 % der Zimmer mit Bad und WC oder Dusche und WC. Jedes Gästezimmer ohne Nasszelle muss mit einem Waschbecken mit fließendem Kalt- und Warmwasser und einer ausreichenden Ablage ausgestattet sein. In jedem Stockwerk, in dem sich Gästezimmer ohne Nasszelle und WC befinden, für je angefangene 4 Betten 1 Etagennasszelle und 1 Etagen-WC			x		
Alle Zimmer mit Bad und WC oder Dusche und WC, Kosmetikspiegel, Duschwand (hochwertiger Duschvorhang) **75 % der Zimmer:** Mindestgröße 4 m², wenn nicht exklusiv ausgestattet				x	
Alle Zimmer mit Bad und WC oder Dusche und WC in exklusiver Ausstattung. Bei Neubauten WC räumlich getrennt; alle Mehrbettzimmer mit Bad, Dusche, Bidet und Doppelwaschtischen.					x
Wechsel von Hand-, Badetuch und Badvorleger täglich bzw. Handtuchkleber (Wechsel des Hand- bzw. Badetuchs, wenn am Boden hinterlassen), Haarföhn				x	x
Zusätzlich 1 Handtuch, Duschgel, Papiergesichtstücher (Tissues)			x	x	x
Zusätzlich 1 Bademantel pro Person, Haarshampoo, Personenwaage, beleuchteter Kosmetikspiegel, Duschwand					x

Die Schweizer Hotelklassifizierung

Im Dienst von Transparenz und Sicherheit für den Gast und zur Förderung und Kontrolle des Qualitätsmanagements sowie für einen hohen Bekanntheitsgrad der Schweizer Hotellerie hat der Verband hotelleriesuisse vor circa 30 Jahren eine Schweizer Hotelklassifikation eingeführt, die auch Vorbild für die Entwicklung der Sternekategorien anderer europäischer Länder wurde. Der Verband garantiert Glaubwürdigkeit und Aussagekraft der Hotelsterne und bürgt damit für die Qualität der Schweizer Hotellerie.

DIE SCHWEIZER HOTELLERIE HAT WELTWEIT EINEN AUSGEZEICHNETEN RUF.

Grundzüge des Klassifikationsverfahrens

Das Klassifikationsverfahren erfolgt gemeinsam mit dem Hotelbetrieb und den zuständigen Kommissionen der hotelleriesuisse. Mitglieder der Kommissionen sind Hoteliers aller Betriebskategorien – wobei auf ein ausgewogenes Verhältnis geachtet wird – sowie Vertreter des Konsumentenschutzes. Inspiziert wird nach Voranmeldung bzw. als Mystery Check durch die Inspektoren der Société Générale de Surveillance (SGS).

Übersicht über die Sterne- und weitere Basiskategorien

Die Sternebetriebe werden mit Sternen, die übrigen Betriebe mit Hotellogos gekennzeichnet. Neben der **Betriebsdefinition** müssen bestimmte **Normen** (gilt nicht für Berggasthaus/Passantenunterkunft und Backpacker Lodge) erfüllt werden.

Ein- bis Fünfsternehotels (mit Restauration)

Das sind Betriebe mit mindestens fünf Zimmern, die über eine vollständige Einrichtung für die Unterkunft und die Verpflegung der Gäste verfügen. Sie zeichnen sich durch einen der Kategorie und der Spezialisierung entsprechenden Wohn- und Aufenthaltsstandard und durch entsprechende Dienstleistungen aus.

Sterne	Kategorien
★★★★★	Luxus
★★★★	Erstklassig
★★★	Gute Mittelklasse
★★	Komfortabel
★	Einfach

Fünf Schweizer Sterne zeichnen dieses Haus aus.

Für die Drei- bis Fünfsternehotels gibt es noch den **Zusatz „Superior“**, wenn sich das Leistungsangebot entsprechend der Kategorie deutlich abhebt, eine Einstufung in die nächsthöhere Kategorie jedoch aufgrund der Ausstattung und der Infrastruktur des Betriebes nicht möglich ist. Darüber hinaus gibt es noch die Kategorien **Null- bis Viersternehotels „nur mit Frühstück“**.

Nullsternehotel

Eine Klassifikation ist bei diesen Betrieben nicht möglich, weil entweder die Mindestanzahl von fünf Zimmern nicht erreicht wird oder die Anforderungen an die Kategorie Einsternhotel aufgrund der Infrastruktur nicht erreicht werden können oder weil der Betrieb aufgrund seiner speziellen Struktur bei der Klassifikation nicht berücksichtigt werden kann (z. B. Kliniken).

Apparthotel/Appartementhaus SHV

Das sind Hotels, die vor allem aus großzügigen Wohneinheiten mit Kochgelegenheiten bestehen. Minimal- und Standardnormen gewährleisten Sicherheit und hohen Standard im Bereich der Ausstattung.

Hotel Kategorie Unique

Dabei handelt es sich um einen Hotel- oder Restaurationsbetrieb, der wegen seiner unvergleichbaren Infrastruktur und/oder seiner außergewöhnlichen Dienstleistungen in keine der möglichen Kategorien eingestuft werden kann. Zimmer und Badezimmer müssen zumindest den Anforderungen der Dreisternekategorie entsprechen.

Berggasthaus/Passantenunterkunft

Dieser Beherbergungsbetrieb verfügt über Zimmer mit oder ohne fließendes Wasser und kann auch Matratzenlager haben. Aufenthaltsräume sind ebenso vorhanden wie für die Verpflegung der Gäste gesorgt wird.

Backpacker Lodge

Dieser Beherbergungsbetrieb hat vor allem Mehrbettzimmer mit sechs bis maximal acht Betten. Es gibt darüber hinaus einen Aufenthaltsraum und die Möglichkeit selbst zu kochen oder das Angebot einer preiswerten Verpflegung. Eingecheckte Gäste habe rund um die Uhr Zutritt.

Restotel

Restotels bieten Restauration und Übernachtungsmöglichkeit unter einem Dach. Es gibt bis zu 15 Zimmer unterschiedlichen Komforts. Diese Häuser werden üblicherweise vom Besitzer geführt. Restotels werden eingeteilt in Komfort-A-, Komfort-B- und Komfort-C-Betriebe.

Die Sterne im Detail

Kategorie	Merkmale
★	▪ Einfach, sauber ▪ Fließend Kalt- und Warmwasser in allen Zimmern ▪ Zimmer ohne Nasszellen haben Etagenbäder oder Dusche und WC ▪ Organisatorische Sicherheitsvorkehrungen ▪ Jederzeit öffentlich zugängliches Notfalltelefon, Telefonkabine ▪ Farbfernsehen/Radio im Zimmer oder im Empfangsbereich/Aufenthaltsraum ▪ Einfache, zweckmäßige Ausstattung ▪ Einfaches Frühstück ▪ Dienstleistungsangebot auf ein Minimum beschränkt ▪ Niedriger Preis steht im Vordergrund
★★	▪ Einfach, aber komfortabel eingerichtet ▪ 60 % aller Zimmer mit Dusche oder Bad/WC ▪ Zimmer ohne Nasszellen haben Etagenbäder oder Dusche und WCs ▪ Organisatorische Sicherheitsvorkehrungen ▪ Jederzeit öffentlich zugängliches Notfalltelefon, Telefonkabine ▪ Farbfernsehen/Radio im Zimmer oder im Empfangsbereich ▪ Einfaches Frühstück ▪ Beschränktes Dienstleistungsangebot ▪ Hotel bietet ansprechende Qualität
★★★	▪ Mittelklassehotellerie ▪ Mehrsprachiger, funktionstüchtiger Empfang ▪ Zimmer mit Bad oder Dusche/WC ▪ Komfortable Einrichtung der Zimmer mit Farb-TV-Gerät und Radio sowie Telefon ▪ Frühstücksbuffet ▪ Dienstleistungsangebot entspricht mittleren Ansprüchen ▪ Betrieb deckt die grundlegenden Bedürfnisse im Bereich Empfang und Service ab
★★★★	▪ Erstklassehotels ▪ Mehrsprachiger Empfang für Informationen und Portierdienste ▪ Sehr komfortable Zimmer ▪ Ausstattung in erstklassiger und gepflegter Qualität ▪ Umfangreiches Dienstleistungsangebot ▪ Reichhaltiges Frühstücksbuffet
★★★★★	▪ Luxushotels ▪ Mehrsprachiger Empfang, 24 Stunden besetzt ▪ Großzügige, elegante Räumlichkeiten ▪ Luxuriös eingerichtete Zimmer und Suiten ▪ Hochwertige Gesamtausstattung mit exklusiven Materialien ▪ Umfassende Dienstleistungen auf höchstem Niveau ▪ Zwei verschiedene Verkaufspunkte, davon ein Luxusrestaurant

Ein TV-Gerät im Empfangsbereich ist für Betriebe der Ein- und Zweisternekategorie ausreichend.

Die Südtiroler Hotelklassifizierung

Die für Südtirol geltenden Einstufungskriterien für gastgewerbliche Beherbergungsbetriebe ordnen wie die anderen deutschsprachigen Regionen die Betriebe in Ein- bis Fünfsternekategorien.

FÜR GARNIBETRIEBE GELTEN SPEZIELLE BESTIMMUNGEN.

Einteilung der Betriebe

Betriebe werden in **Residences** und andere **gastgewerbliche Beherbergungsbetriebe** eingeteilt. Für Residences gibt es eine eigene Einstufung in Zwei-, Drei- und Viersterneresidences (siehe Tabelle ab S. 77). Betriebe, die über Zimmer **und** Wohneinheiten verfügen, werden als Residences eingestuft, wenn das Angebot **vorwiegend aus Wohneinheiten** besteht. Überwiegen die **Zimmer**, werden sie wie die anderen gastgewerblichen Beherbergungsbetriebe klassifiziert.

Für die Einstufung in eine bestimmte Klasse muss der Beherbergungsbetrieb über die obligatorischen Merkmale verfügen, welche für die betreffende Klasse vorgesehen sind. Das Fehlen eines obligatorischen Merkmals ist zulässig.

Folgende Merkmale sind unabdingbar:

- die Größe der Zimmer (für Residences die Mindestgröße der Wohneinheiten einschließlich des Privatbadezimmers und der Küche bzw. Kitchenette [Kochnische]),
- die Mitarbeiteranzahl.

Wenn die den obligatorischen Merkmalen entsprechenden Zuordnungen für verschiedene Kategorien zutreffen, kann die für eine bestimmte Einstufungsklasse vorgeschriebene Kategorie durch eine andere, höher bewertete Kategorie ersetzt werden.

Folgende Hoteltypen werden unterschieden (gilt nicht für Residences):

- **Hoteltyp A:** Betriebe mit Jahres- oder Saisonlizenz und einem durchschnittlichen Aufenthalt der Hausgäste von mehr als drei Tagen.
- **Hoteltyp B:** Betriebe mit Jahreslizenz und einem durchschnittlichen Aufenthalt der Hausgäste bis zu drei Tagen.

Sonderformen

Als Sonderformen gibt es den Zusatz „**Superior**“ für die Drei- und die Viersternekategorie sowie **Garnibetriebe.**

Die Sterne im Detail

Obligatorische Merkmale für die Einstufung der gastgewerblichen Beherbergungsbetriebe (Residences ausgenommen)

Bereich/Obligatorische Kriterien	★	★★	★★★	★★★-S	★★★★	★★★★-S	★★★★★
Ausstattung							
Die Qualität der Ausstattung, Anlagen und Einrichtung muss dem üblichen Standard der jeweiligen Einstufungsklasse entsprechen.							
Standardausstattung der Badezimmer							
Ein Badezimmer ist vollständig, wenn es mit Waschbecken, WC, Badewanne oder Dusche, Spiegel mit Steckdose, kaltem und warmem Fließwasser, Badetuch, Handtuch und Toilettenpapierreserve ausgestattet ist.							
Standardausstattung der Zimmer							
Bett, Tisch, Schrank, Nachttisch oder Ähnliches, Abfallkübel und in Zimmern ohne Privatbadezimmer Spiegel mit Steckdose und Waschbecken mit kaltem und warmem Fließwasser.							
Mindestgröße der Zimmer							
Hoteltyp A							
In bestehenden Betrieben müssen mindestens 80 % der Zimmer die nachfolgenden Nettoflächen aufweisen:							
Einbettzimmer/Zweibettzimmer einschließlich Privatbadezimmer							
13 m²/17 m²			x				
14 m²/19 m²				x			

15 m^2/21 m^2					x		
17 m^2/25 m^2						x	
20 m^2/30 m^2							x
Zimmer, für die keine Mindestflächen vorgesehen sind, müssen den Hygiene- und Gesundheitsvorschriften entsprechen.							
Zimmer in Neubauten sowie Zimmer in bestehenden Betrieben, deren Um- oder Ausbau baukonzessionspflichtig ist, müssen einschließlich des Privatbadezimmers zu 100 % die nachfolgenden Nettoflächen aufweisen.							
Einbettzimmer/Zweibettzimmer einschließlich Privatbadezimmer							
12 m^2/15 m^2	x	x					
15 m^2/20 m^2			x				
16 m^2/23 m^2				x			
17 m^2/25 m^2					x		
20 m^2/30 m^2						x	
25 m^2/35 m^2							x
Hoteltyp B							
In bestehenden Betrieben müssen mindestens 80 % der Zimmer die nachfolgenden Nettoflächen aufweisen:							
Einbettzimmer/Zweibettzimmer einschließlich Privatbadezimmer							
13 m^2/15 m^2			x				
14 m^2/17 m^2				x			
14 m^2/19 m^2					x		
15 m^2/23 m^2						x	
18 m^2/26 m^2							x
Zimmer, für die keine Mindestflächen vorgesehen sind, müssen den Hygiene- und Gesundheitsvorschriften entsprechen.							
Zimmer in Neubauten sowie Zimmer in bestehenden Betrieben, deren Um- oder Ausbau baukonzessionspflichtig ist, müssen einschließlich des Privatbadezimmers zu 100 % die nachfolgenden Nettoflächen aufweisen:							
Einbettzimmer/Zweibettzimmer einschließlich Privatbadezimmer							
12 m^2/15 m^2	x	x					
15 m^2/18 m^2			x				
16 m^2/20 m^2				x			
16 m^2/22 m^2					x		
18 m^2/27 m^2						x	
22 m^2/30 m^2							x
Größe der Zimmer ohne Privatbadezimmer							
Einbettzimmer 9 m^2		**Zweibettzimmer** 12 m^2					
Sind zusätzlich zu den Zimmern auch Wohneinheiten vorhanden, so müssen diese jene Fläche aufweisen, die für einen Residencebetrieb derselben Einstufungsklasse vorgesehen ist. In Betrieben der Einstufungsklassen „Superior“ finden hingegen jene Flächen Anwendung, die für einen Residencebetrieb der unmittelbar darunter liegenden Einstufungsklasse vorgesehen ist (★★★S = Residence mit 3 Sternen und ★★★★S = Residence mit 4 Sternen).							
Mitarbeiter einschließlich der vollzeitbeschäftigten Familienmitglieder							
Sind auch Wohneinheiten vorhanden, so werden 40 % davon bei der Berechnung der Mitarbeiterzahl berücksichtigt. Bei 40 Zimmern und 10 Wohneinheiten sind beispielsweise Mitarbeiter für 44 Einheiten notwendig.				x	x	x	x
Die vorgesehene Mitarbeiterzahl muss für wenigstens 100 Tage im Laufe eines jeden Fremdenverkehrsjahres (1. November bis 30. Oktober) erreicht werden.				x	x	x	x

Hoteltyp A							
Es zählen nur jene Personen, die im Empfangsdienst, im Portier- und Auskunftsdienst, auf den Etagen, in der Küche, in der Bar und im Restaurant beschäftigt sind, und zwar im Verhältnis zu den Zimmern bzw. Wohneinheiten (von diesem Verhältnis sind jene Personen ausgeschlossen, die Dienste versehen, welche nicht für Hausgäste erbracht werden):							
1 : 8 (Garni 1 : 15)		x					
1 : 4 (Garni 1 : 12)			x				
1 : 3 (Garni 1 : 10)				x			
1 : 2,5 (Garni 1 : 6)					x		
1 : 2 (Garni 1 : 5)						x	
1 : 1,5 (Garni 1 : 4)							x
Hoteltyp B							
Anzahl der Mitarbeiter im Empfangs-, Portier-, Auskunfts- und Nachtdienst:							
2				x			
2 in Betrieben mit bis zu 40 Zimmern					x	x	
3 in Betrieben mit mehr als 40 Zimmern					x	x	
3							x
Außerdem Mitarbeiter im Etagenservice (Zimmerreinigung, Wäschewechsel) im Verhältnis zu den Zimmern:							
1 : 12 in Betrieben, in denen die Wäschereinigung extern erfolgt				x	x	x	x
1 : 10 in Betrieben, in denen die Wäschereinigung intern erfolgt				x	x	x	x
Dienstleistungen							
Empfangsdienst sowie Portier- und Auskunftsdienst							
12 Stunden täglich durch eine diensttuende Person gewährleistet	x	x	x				
16 Stunden täglich durch eine diensttuende Person gewährleistet				x	x		
24 Stunden täglich durch eine diensttuende Person gewährleistet						x	
24 Stunden täglich durch Personal gewährleistet, das ausschließlich diesen Dienst versieht							x
Nachtdienst							
Person, die bei Bedarf zur Verfügung steht	x	x	x	x	x		
Durch diensttuende Person gewährleistet						x	
Durch Personal gewährleistet, das ausschließlich diesen Dienst versieht							x
Aufbewahrung von Wertsachen							
Tresor im Hotel			x				
Schließfach in jedem bzw. für jedes Zimmer				x	x	x	x
Gepäckbeförderung im Haus							
Auf Wunsch			x				
16 Stunden täglich gewährleistet				x	x		
24 Stunden täglich gewährleistet						x	x
Verabreichung des Frühstücks							
In Gemeinschaftsräumen, die auch anderen Zwecken dienen		x					
In einem eigenen Frühstückszimmer oder im Restaurant			x	x	x	x	x

Das Frühstück wird auf Wunsch auf dem Zimmer serviert					x	x	x
Frühstückszeit							
Von 7:30 Uhr bis 10:00 Uhr		x	x	x			
Von 7:30 Uhr bis 11:00 Uhr					x	x	
Unbegrenzt							x
Speisenservice für 7 Tage die Woche gewährleistet (nicht für Garnis)							
Mittagessen: 2 Stunden Abendessen: 2 Stunden			x	x			
Mittagessen: 2 Stunden Abendessen: 2,5 Stunden					x		
Mittagessen: 2 Stunden und Angebot kleiner Imbisse für mindestens 2 Stunden am Nachmittag Abendessen: 2,5 Stunden						x	
Von 11:00 Uhr bis 23:00 Uhr, wobei die Speisenauswahl außerhalb der Essenszeiten auch begrenzt sein kann							x
Menüwahl (nicht für Garnis und nicht für Hoteltyp B)							
Auswahl zwischen wenigstens 2 Menüs			x				
Auswahl zwischen wenigstens 2 Menüs zu je 4 Gängen				x			
Auswahl zwischen wenigstens 3 Menüs zu je 4 Gängen					x		
Auswahl zwischen wenigstens 3 Menüs mit jeweils mindestens 4 Gängen und À-la-carte-Angebot mit mindestens 10 verschiedenen Gerichten						x	
À-la-carte-Angebot mit mindestens 5 Gerichten für jeden Gang							x
Getränkeservice							
12 Stunden täglich durch diensttuendes Personal gewährleistet			x				
16 Stunden täglich durch diensttuendes Personal gewährleistet				x	x		
16 Stunden täglich, auch in den Zimmern und Wohneinheiten, durch Personal gewährleistet, das ausschließlich diesen Dienst versieht						x	x
Minibar							
In allen Zimmern und Wohneinheiten					x	x	x
Von den diensttuenden Personen des Empfangs-, Portier- und Auskunftsdienstes fließend gesprochene Sprachen							
2 Sprachen: Deutsch, Italienisch			x				
3 Sprachen: Deutsch, Italienisch, Englisch				x	x		
4 Sprachen, davon Deutsch, Italienisch, Englisch						x	x
Wäschewechsel							
Leintücher und Bezüge							
Einmal wöchentlich	x	x					
Jeden vierten Tag			x				
Jeden dritten Tag				x	x		

Jeden zweiten Tag, auf Wunsch täglich						x	x
(Größerer Abstand, wenn vom Gast aus Gründen des Umweltschutzes gewünscht)							
Hand- und Badetücher							
Zweimal wöchentlich	x						
Jeden zweiten Tag		x	x				
Jeden Tag				x	x	x	x
(Größerer Abstand, wenn vom Gast aus Gründen des Umweltschutzes gewünscht)							
Waschen und Bügeln der Gästewäsche							
Service muss gewährleistet sein						x	
Rückgabe innerhalb von 24 Stunden							x
Reinigung der Zimmer und Wohneinheiten							
Einmal täglich	x	x	x	x			
Zweimal täglich					x	x	x
Ausstattung, Anlagen und Einrichtung							
Anzahl der (vollständigen) Privatbadezimmer im Verhältnis zur Anzahl der Zimmer oder Wohneinheiten							
Bei neu zu eröffnenden Betrieben 100 %	x	x	x				
Wenigstens 80 %		x					
Wenigstens 90 %			x				
100 %				x	x	x	x
Anzahl der (vollständigen) gemeinsamen Badezimmer							
Eines je 8 Betten, die nicht über ein Privatbadezimmer verfügen	x	x	x				
Heizung							
Im ganzen Betrieb	x	x	x	x	x	x	x
Personenaufzug für die Gäste							
In Betrieben mit mehr als drei Geschoßen			x				
In Betrieben mit mehr als zwei Geschoßen				x	x	x	x
Bei Altbauten sind Abweichungen zulässig, wenn aus Gründen des Denkmalschutzes kein Aufzug eingebaut werden kann.							
Suiten							
Falls vorhanden, Schlaf- und Wohnzimmer getrennt und mit einer Gesamtfläche im Ausmaß der jeweils vorgeschriebenen Zimmermindestfläche + 10 m^2			x	x	x	x	
Schlaf- und Wohnzimmer getrennt, mit einer Gesamtfläche von mindestens 40 m^2							x
TV-Gerät							
Ein TV-Gerät zur allgemeinen Benützung, falls die Zimmer oder Wohneinheiten nicht alle mit einem TV-Gerät ausgestattet sind			x				
In allen Zimmern oder Wohneinheiten				x	x	x	x
Telefon und Telefax							
Telefon in den Zimmern und Wohneinheiten							
In allen Zimmern und Wohneinheiten, mit Direktwahl			x	x	x	x	x
Externe Telefonleitung							
Ein Telefon zur allgemeinen Benützung	x	x	x	x	x	x	x
Telefax und den Gästen zugänglicher Internetanschluss			x	x	x	x	x

Speisesaal und Aufenthaltsräume							
Hoteltyp A (nicht für Garnis):							
Ein Gemeinschaftsraum, der auch gleichzeitig als Speisesaal oder Bar benützt werden kann (wenn der Betrieb nur über einen Raum verfügt, muss dieser den Hausgästen auch außerhalb der Essenszeiten zur Verfügung gestellt werden)	x						
Ein Speisesaal, in dem die Anzahl der Sitzplätze zu 100 % der Anzahl an Betten entspricht, und ein Aufenthaltsraum, der auf die Beherbergungskapazität des Betriebes abgestimmt ist		x					
Ein Speisesaal, in dem die Anzahl der Tische zu 80 % der Anzahl an Zimmern entspricht, und ein Aufenthaltsraum, der auf die Beherbergungskapazität des Betriebes abgestimmt ist			x				
Ein Speisesaal, in dem die Anzahl der Tische zu 80 % der Anzahl an Zimmern entspricht, und ein Aufenthaltsraum, der auf die Beherbergungskapazität des Betriebes und auf die gehobenen Ansprüche der Hausgäste abgestimmt ist				x			
Ein Speisesaal, in dem die Anzahl der Tische zu 100 % der Anzahl an Zimmern entspricht, und Aufenthaltsräume, welche auf die Beherbergungskapazität des Betriebes und auf die gehobenen Ansprüche der Hausgäste abgestimmt sind					x	x	x
Hoteltyp B (nicht für Garnis):							
Ein Gemeinschaftsraum, der auch gleichzeitig als Speisesaal oder Bar benützt werden kann (wenn der Betrieb nur über einen Raum verfügt, muss dieser den Hausgästen auch außerhalb der Essenszeiten zur Verfügung gestellt werden)	x	x					
Ein Speisesaal und ein Aufenthaltsraum, welche auf die Beherbergungskapazität des Betriebes abgestimmt sind			x	x			
Ein Speisesaal und Aufenthaltsräume, welche auf die Beherbergungskapazität des Betriebes abgestimmt sind					x	x	
Ein Speisesaal und Aufenthaltsräume, welche auf die Beherbergungskapazität des Betriebes und auf die gehobenen Ansprüche der Hausgäste abgestimmt sind							x
Garnis							
Ein Gemeinschaftsraum	x						
Ein Frühstücksraum, in dem die Anzahl der Sitzplätze zu 100 % der Anzahl an Betten entspricht und der außerhalb der Frühstückszeit als Gemeinschaftsraum zur Verfügung steht		x	x				
Ein Frühstücksraum, in dem die Anzahl der Sitzplätze zu 100 % der Anzahl an Betten entspricht, und ein Aufenthaltsraum, der auf die Beherbergungskapazität des Betriebes abgestimmt ist				x			

Ein Frühstücksraum, in dem die Anzahl der Sitzplätze zu 100 % der Anzahl an Betten entspricht, und Aufenthaltsräume, welche auf die Beherbergungskapazität des Betriebes abgestimmt sind			x	x	
Ein Frühstücksraum, in dem die Anzahl der Sitzplätze zu 100 % der Anzahl an Betten entspricht, und Aufenthaltsräume, welche auf die Beherbergungskapazität des Betriebes und auf die gehobenen Ansprüche der Hausgäste abgestimmt sind					x
Bar (nicht für Garnis)					
Bartheke im Gemeinschaftsraum (nicht obligatorisch, falls zusätzlich zum Aufenthaltsraum eine öffentliche Bar mit direktem Zugang vom Betrieb besteht)	x	x			
Eigene Hausbar in einem dafür ausgestatteten Raum (nicht obligatorisch, falls eine öffentliche Bar mit direktem Zugang vom Betrieb besteht)			x	x	x

Obligatorische Merkmale für die Einstufung der Residencebetriebe

Bereich/Obligatorische Merkmale	★★	★★★	★★★★
Ausstattung			
Die Qualität der Ausstattung, Anlagen und Einrichtung muss dem üblichen Standard der jeweiligen Einstufungsklasse entsprechen.			
Standardausstattung der Badezimmer			
Ein Badezimmer ist vollständig, wenn es mit Waschbecken, WC, Badewanne oder Dusche, Spiegel mit Steckdose, kaltem und warmem Fließwasser, Badetuch, Handtuch und Toilettenpapierreserve ausgestattet ist.			
Standardausstattung der Küchen oder der Kochnischen			
Küchenschrank, Herd, Waschbecken, Kühlschrank, Abfallkübel			
Standardausstattung der Zimmer			
Bett, Schrank, Nachttisch oder Ähnliches, Nachttischlampen oder Wandleuchten, übliche Beleuchtung			
Standardausstattung der Wohnungen (im Verhältnis zur Anzahl der Betten)			
Esstisch, Stühle, Koch- und Tafelgeschirr, Besteck sowie übliches Putzzeug			
Größe der Wohneinheiten einschließlich Privatbadezimmer und Küche bzw. Kochnische			
Bis zu 2 fixe Betten			
28 m²	x		
32 m²		x	
36 m²			x
Bis zu 4 fixe Betten			
38 m²	x		
42 m²		x	
50 m²			x
Für jedes zusätzliche Bett weitere			
5 m²	x	x	
6 m²			x
80 % der Wohneinheiten einschließlich Privatbadezimmer und Küche bzw. Kochnische müssen obengenannte Nettofläche aufweisen. Wohneinheiten, die nicht unter diese 80 % fallen, müssen mindestens die für Zweisterneresidences vorgesehene Nettofläche aufweisen.		x	x

Die Mindestfläche der Schlafzimmer in den Wohneinheiten muss in jedem Fall der für Zimmer ohne Privatbadezimmer vorgesehenen Fläche entsprechen:			
Einbettzimmer 9 m² **Zweibettzimmer** 12 m²			
Falls zusätzlich zu den Wohneinheiten auch Zimmer vorhanden sind, dann müssen diese jene Fläche aufweisen, die für einen Betrieb derselben Einstufungsklasse laut oben stehender Tabelle (siehe S. 71, 72) vorgesehen ist.			
Wohneinheiten in Neubauten und Wohneinheiten in bestehenden Betrieben, deren Um- oder Ausbau baukonzessionspflichtig ist, müssen ein zweites WC aufweisen, falls sie mit mehr als 3 fixen Betten ausgestattet sind.			x
Mitarbeiter einschließlich der vollzeitbeschäftigten Familienmitglieder (nur für Betriebe, die auch über Zimmer verfügen und wenn diese mindestens 40 % der gesamten Einheiten ausmachen)			
Je nach den im Betrieb angebotenen Leistungen gilt die für ein Hotel bzw. Garni vorgesehene Mitarbeiterzahl. Bei der Berechnung der Mitarbeiterzahl werden die Zimmer zu 100 % und die Wohneinheiten zu 40 % berücksichtigt. Bei 20 Wohneinheiten und 15 Zimmern sind beispielsweise Mitarbeiter für 23 Einheiten notwendig.			
Die vorgesehene Mitarbeiterzahl muss für wenigstens 100 Tage im Laufe eines jeden Fremdenverkehrsjahres (1. November bis 30. Oktober) erreicht werden.			
Es zählen nur jene Personen, die im Empfangsdienst, im Portier- und Auskunftsdienst, auf den Etagen, in der Küche, in der Bar und im Restaurant beschäftigt sind, und zwar im Verhältnis zu den Wohneinheiten bzw. Zimmern (von diesem Verhältnis sind jene Personen ausgeschlossen, die Dienste versehen, welche nicht für Hausgäste erbracht werden):			
1 : 2,5 (Garni 1 : 6)			x
Dienstleistungen			
Empfangsdienst sowie Portier- und Auskunftsdienst			
6 Stunden täglich durch eine diensttuende Person gewährleistet	x		
8 Stunden täglich durch eine diensttuende Person gewährleistet		x	
12 Stunden täglich durch eine diensttuende Person gewährleistet			x
Nachtdienst			
Person, die bei Bedarf zur Verfügung steht	x	x	x
Aufbewahrung von Wertsachen			
Schließfach für jede bzw. in jeder Wohneinheit		x	x
Gepäckbeförderung im Haus			
Auf Wunsch		x	x
Verabreichung des Frühstücks			
Auf Wunsch werden Brot, Milch etc. zur Verfügung gestellt		x	
In einem Gemeinschaftsraum, der eventuell auch anderen Zwecken dienen kann			x
Das Frühstück wird auf Wunsch in der Wohneinheit serviert			x
Frühstückszeit			
Von 7:30 Uhr bis 10:00 Uhr			x
Von den diensttuenden Personen des Empfangs-, Portier- und Auskunftsdienstes fließend gesprochene Sprachen			
2 Sprachen: Deutsch, Italienisch		x	
3 Sprachen: Deutsch, Italienisch, Englisch			x
Wäschewechsel			
Leintücher und Bezüge			
Wenigstens zweimal wöchentlich			x
Wenigstens einmal wöchentlich	x	x	
(Größerer Abstand, wenn vom Gast aus Gründen des Umweltschutzes gewünscht)			

Hand- und Badetücher			
Wenigstens zweimal wöchentlich	x	x	
Jeden zweiten Tag			x
(Größerer Abstand, wenn vom Gast aus Gründen des Umweltschutzes gewünscht)			
Geräte zum Wäschewaschen			
Waschmaschine, Wäschetrockner, Bügelzubehör		x	x
Reinigung der Wohneinheiten			
Wenigstens einmal wöchentlich	x		
Wenigstens zweimal wöchentlich		x	x
Ausstattung, Anlagen und Einrichtung			
Heizung			
Im ganzen Betrieb	x	x	x
Personenaufzug für die Gäste			
In Betrieben mit mehr als drei Geschoßen		x	
In Betrieben mit mehr als zwei Geschoßen			x
Bei Altbauten sind Abweichungen erlaubt, wenn aus Gründen des Denkmalschutzes kein Aufzug eingebaut werden kann.			
TV-Gerät			
In allen Wohneinheiten		x	x
Telefon und Telefax			
Telefon in den Wohneinheiten			
In allen Wohneinheiten, mit Direktwahl		x	x
Externe Telefonleitungen			
Ein Telefon zur allgemeinen Benützung	x	x	x
Telefax und den Gästen zugänglicher Internetanschluss		x	x
Gemeinschaftsräume			
Ein Gemeinschaftsraum		x	x
Schlafzimmer und Wohnküche in getrennten Räumen			
In wenigstens 50 % der Wohneinheiten			x
In wenigstens 80 % der Wohneinheiten in Neubauten sowie Wohneinheiten in bestehenden Betrieben, deren Um- oder Ausbau baukonzessionspflichtig ist			x

Zufahrt, Außenanlagen

Um den Aufenthalt für die Gäste wirklich zu einem Erlebnis zu machen, müssen bereits der Weg zum Hotel, die Außenanlagen und der Eingang einen positiven Eindruck machen. Noch bevor der Gast das Haus betritt, sollen die ersten Eindrücke jenes Flair, jene Stimmung vermitteln, die er im gesamten Haus erwartet und dann tatsächlich erleben wird.

Beschilderung der Zufahrt

Viele Gäste reisen mit dem eigenen Auto an und sind froh, wenn die **Zufahrt gut beschildert** ist. Im städtischen Bereich ist ein gutes **Leitsystem** wichtig, das den Autofahrer bereits von den großen Haupteinzugsstraßen zum Hotel führt.

Direkt bei der Zufahrt zum Hotel soll nochmals ein Schild mit dem Logo des Betriebes darauf hinweisen, wo der Gast während des Check-in das Auto abstellen kann. Beim Check-in wird der Gast dann erfahren, ob sein Wagen von einem Wagenmeister oder von ihm selbst auf den für ihn vorgesehenen Parkplatz gebracht wird (siehe auch Kapitel Mitarbeiter, S. 106).

Ein Tipp vom Profi
Lassen Sie die Anfahrt zu Ihrem Betrieb von einem Ortsunkundigen testen.

WEITHIN SICHTBAR SOLLTE DER HOTELBETRIEB BESCHILDERT SEIN.

Parkplätze und Garagen

Für alle Gäste des Hauses müssen **genügend Autoabstellflächen** vorhanden sein, die auch leicht erreichbar sind. Sind die Parkplätze zu weit entfernt oder ist es überhaupt schwierig, einen Parkplatz in der Nähe des Beherbergungsbetriebes zu finden, könnte dies potenzielle Gäste abhalten, diesen Betrieb zu wählen.

Besonders zu beachten

- Beschilderung des Parkplatzes bzw. der Garagenzufahrt.
- Gut sichtbare Bodenmarkierungen.
- Hinweis auf die Straßenverkehrsordnung.
- Gute Beleuchtung.
- Tadelloser Zustand der Gehwege von und zu den Parkplätzen.
- Tägliche Reinigung der Parkplätze und Garagen.
- Keine Benützung der Gästeparkplätze durch Mitarbeiter.
- Bereitstellen von Tüchern und Wasser für die Scheibenreinigung oder
- Angebot der Scheibenreinigung (mit Hinweisschild).
- Müllcontainer.
- Gekennzeichnete Damenparkplätze in der Nähe des Eingangs.
- Gekennzeichnete Behindertenparkplätze in der Nähe des Eingangs.

Eingang – Entree

Ein überdachter **Windfang** bietet den Gästen bei schlechtem Wetter Schutz. Ebenso dient der Windfang als Schmutzschleuse für die Halle.

Der Eingang soll einladend gestaltet, leicht zugänglich und behindertengerecht sein. Hier muss das spürbar werden, was dem Gast durch die Werbung vermittelt wurde. Beim Eintreten wird in Sekundenschnelle der Stil des Betriebes wahrgenommen. Da hier die Verweildauer des Gastes sehr kurz ist, sollen visuelle Anreize geboten werden.

Beispiele visueller Anreize

- Blumenarrangements, Trockengestecke.
- Bilder und Dekoration dem Stil des Hauses entsprechend (z. B. ein Bauernschrank, eine dekorierte Heugabel in einem rustikalen Betrieb).
- Schaukasten oder Displaytisch zur Produktpräsentation.

Über den Eingangsbereich gelangt der Gast in den **Front-of-the-House-Bereich.**

Front of the House – Back of the House

Im Beherbergungsbetrieb werden zwei Bereiche unterschieden:
Front of the House: Das sind die Gästebereiche, also die **Schauseite** des Betriebs, die Bühne, auf der sich der gesamte Aufenthalt des Gastes abspielt.

Back of the House: Das sind die Mitarbeiterbereiche, also alle Bereiche **hinter den Kulissen,** die dem Gast einen angenehmen Aufenthalt ermöglichen: Housekeepingdepartment, Technik, Küche, Buchhaltung, Personalbüro etc.

Die Front-of-the-House- oder Gästebereiche

Die Front-of-the-House-Bereiche stehen allen Gästen und den für den Gästeservice zuständigen Mitarbeitern zur Verfügung. Daher ist diesen Bereichen besondere Aufmerksamkeit hinsichtlich Gestaltung, Instandhaltung, Ambiente und Sauberkeit zu schenken.

Folgende Räumlichkeiten sind Front-of-the-House-Bereiche:

- Die Halle
- Der Empfangsbereich (Frontoffice, Rezeption)
- Der Aufenthalts- und gastronomische Bereich
- Die Gästezimmer
- Garderoben für Gäste
- Gästetoiletten
- Telefonzellen
- Boutique, Kiosk, Zeitungsstand, Friseur, Tabakladen etc.
- Seminar- und Veranstaltungsräume
- Treppenhäuser, Gänge und Lifte
- Wellnesseinrichtungen

Die Wellnesseinrichtungen gehören zu den von den Gästen genutzten Front-of-the-House-Bereichen.

DIE HALLE IM HOTEL INTER-CONTINENTAL WIEN

Die Halle

Die Halle lässt sich am besten mit dem Begriff vom „Haus im Haus“ beschreiben. Dieser Bereich, der als Foyer und Lobby, als Salon oder Piazza dient, wird auch **Empfang** oder **Lounge** genannt.

Die Halle ist Treffpunkt und als öffentlicher Bereich vom Gästewohntrakt und von allen Arbeitsräumen getrennt. Hier soll Kommunikation stattfinden, das Serviceangebot genutzt werden, hier soll Begegnung möglich sein und gut gelingen.

Diese öffentliche Zone ist Teil der Repräsentation des Hauses. Die Halle ist der eigentliche Mittelpunkt des Hotels, da optisch und funktional alle Bereiche auf diesen Raum bezogen werden.

Die räumliche Gliederung der Halle soll Gästen und Mitarbeitern die Orientierung erleichtern, um Service, Gästebetreuung und -information sowie die Überwachung zu gewährleisten.

Im **europäisch** geführten Hotel ist die Halle **überschaubar,** der Portier hat einen guten Überblick über die ein- und ausgehenden Gäste.

In **amerikanisch** geführten Großhotels hingegen sind viele **Nebenbetriebe** in die Halle integriert, was die Überschaubarkeit beeinträchtigt.

Die Halle ist je nach Größe und Ausstattung des Betriebs meist gegliedert in einen

- **Empfangsbereich (1)** und einen
- **Aufenthaltsbereich (2).**

Zum Empfangsbereich gehört die Rezeption, an der Check-in und Check-out stattfinden. Im Aufenthaltsbereich können ein Café, eine Brasserie und/oder eine Hotelbar untergebracht sein.

In großen Hotels befinden sich in der Halle auch Geschäfte, wie Souvenirläden, Zeitungskioske, Friseur sowie Touroffices (z. B. für Mietwagenverleih) und ein Business-Service-Center.

Der Aufenthaltsraum lädt zum Relaxen ein, eignet sich aber auch für geschäftliche Meetings.

Skizze einer Hotelhalle eines europäisch geführten Hotels

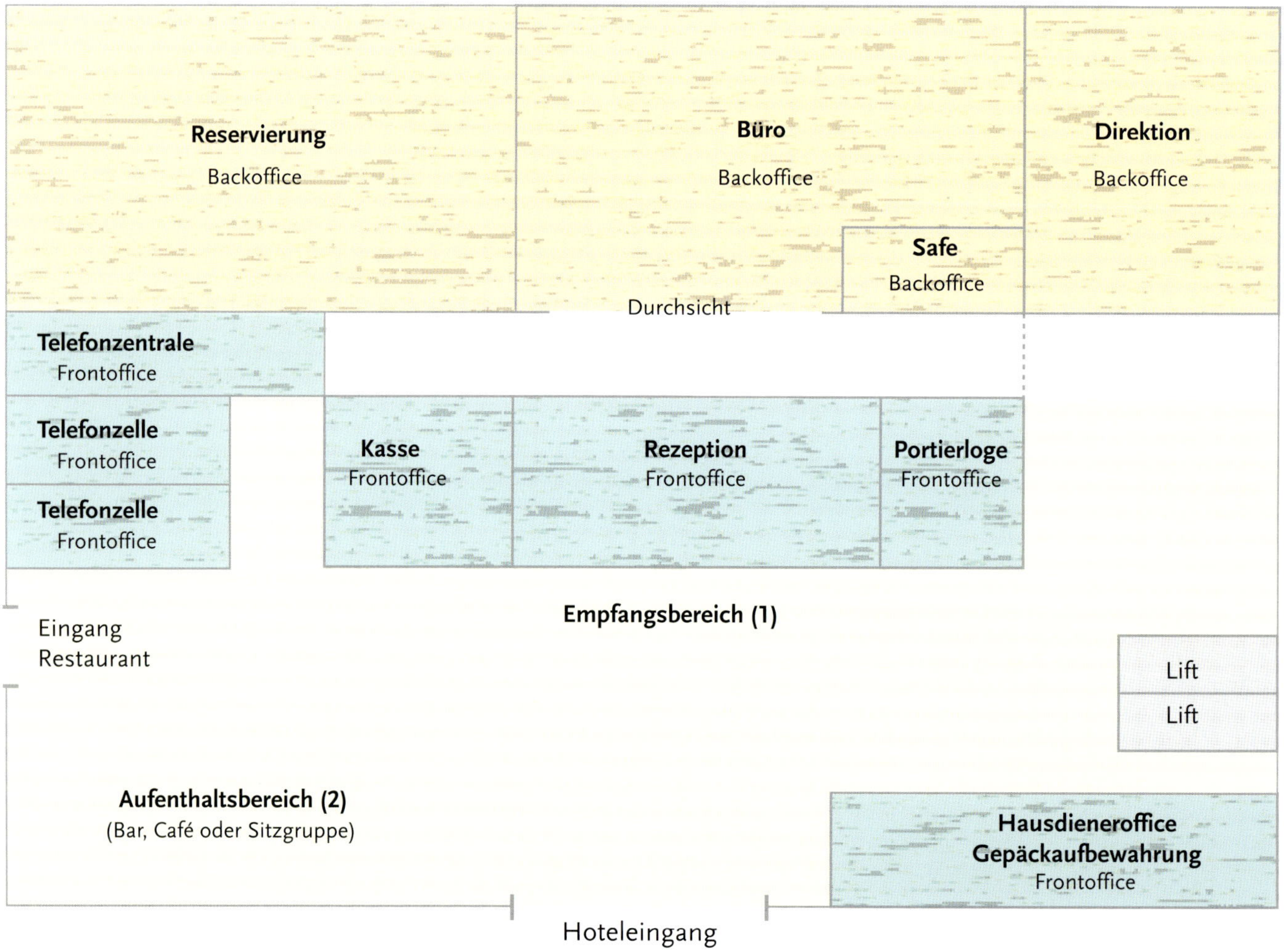

Skizze einer Hotelhalle eines amerikanisch geführten Hotels

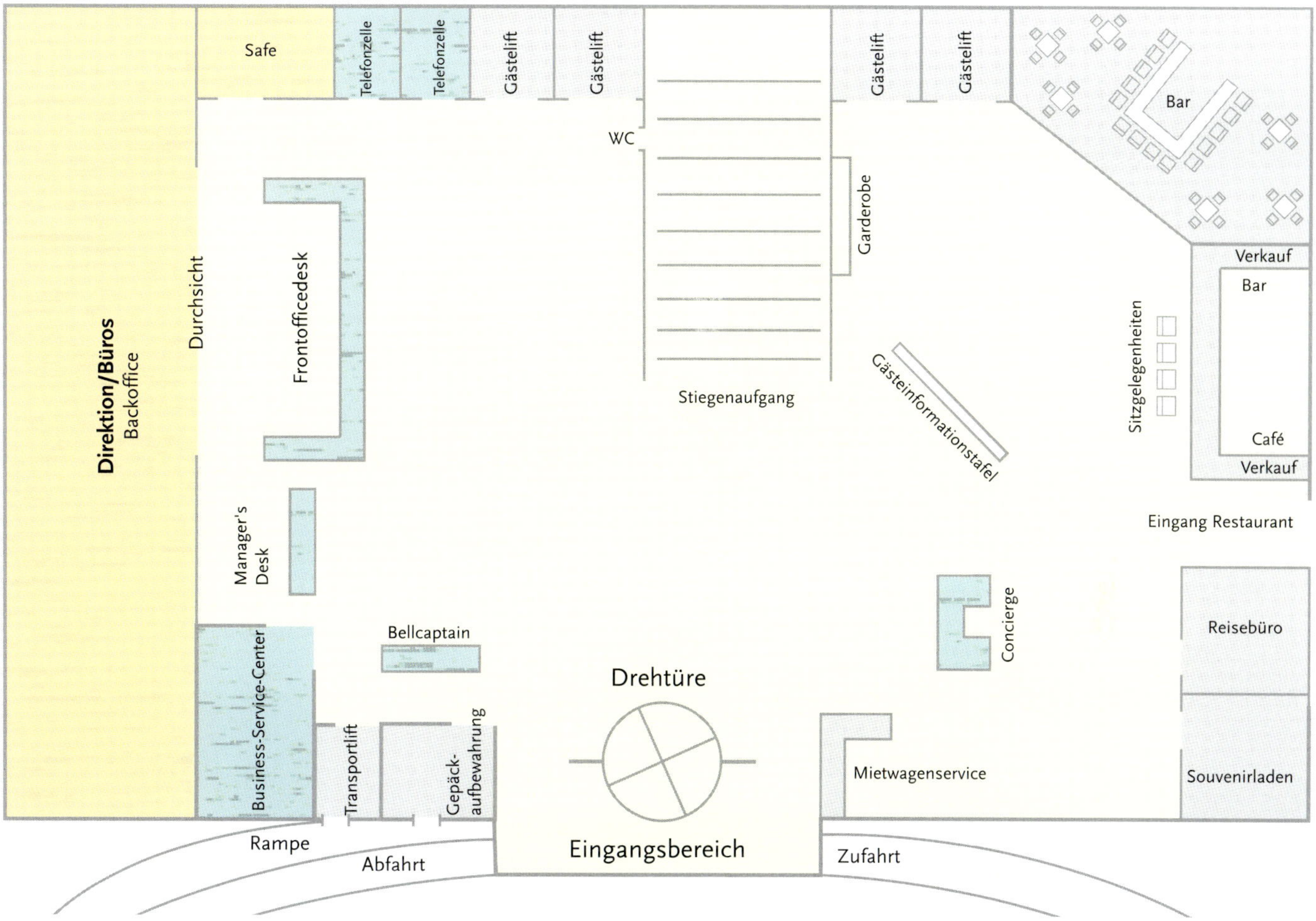

Die Gestaltung der Halle

Das Ambiente und die Stimmung in der Hotelhalle sollen Anziehungspunkt für Ihre Gäste sein. Abgeschirmt von außen präsentiert sich hier eine eigene Welt.

Das Innere des Hotels soll verzaubern, zumindest jedoch überraschen.

Der Gast soll neugierig gemacht und fasziniert werden. Durch die Gestaltung mit bewusst gewählten Materialien, durch Formen, besonders auch durch Farben und durch die Lichtinszenierung kann ein einladendes Umfeld entstehen. Das Ambiente soll den **Erwartungshaltungen Ihrer Zielgruppen** entgegenkommen. Erlebt der Gast bereits beim Eintritt negative Eindrücke, sind diese auch mit perfektem Service nur schwer wieder auszugleichen.

Der erste Eindruck ist entscheidend. Das Bild, das die Gäste sich beim Betreten des Betriebes machen, bleibt im Gedächtnis. Haben Sie Ihre Gäste positiv überrascht, ist der erste Schritt in Richtung **Kundenbindung** getan. Der Gast erhält das Gefühl von Professionalität und Wohlbefinden.

Ein Tipp vom Profi
Machen Sie bewusst einen Schritt vors Haus und nehmen Sie beim Eintreten ganz objektiv Ihre Eindrücke wahr: Was, denken Sie, sieht Ihr Gast? Entwerfen Sie anschließend für Ihren Betrieb mit Ihren Mitarbeitern einen Fragebogen und versuchen Sie, den ersten Eindruck kritisch zu hinterfragen. Was kann ganz einfach und kostengünstig verbessert werden? Es sind meist keine großen Aufwendungen erforderlich, um Gäste positiv zu beeindrucken.

Ambiente und Servicequalität müssen stimmen, damit der erste Eindruck positiv ist.

Beispiel eines Fragenkatalogs

Fragestellungen	ja	nein
Ist unser Eingangsbereich attraktiv gestaltet?	☐	☐
Ist die Eingangstür sauber und frei von Aufklebern?	☐	☐
Wie sieht der Schaukasten aus, ist er aktualisiert und sauber?	☐	☐
Ist der Zustand der Einrichtung in Ordnung?	☐	☐
Werden ankommende Gäste mit positiven Blickfängen, mit Blumen oder Ähnlichem überrascht?	☐	☐
Gibt es etwas, von dem man sagen könnte: „Das schaut schrecklich aus"?	☐	☐
Sind die Pflanzen und Blumen im Eingangsbereich gepflegt?	☐	☐
Gibt es ein Kioskangebot und ist dieses für die Gäste lukrativ?	☐	☐
Gibt es beim Check-in einen Welcomedrink für den Gast?	☐	☐
Sind die Gästetoiletten in einem tadellosen Zustand?	☐	☐
Ist der Gepäckraum ordentlich?	☐	☐
Ist die Beschilderung der einzelnen Hotelbereiche ausreichend, gut sichtbar und in einem einheitlichen Design?	☐	☐
Würden Sie unser Haus weiterempfehlen, wenn Sie Gast bei uns wären?	☐	☐

Alle Abteilungen sollten mithilfe eines Fragebogens regelmäßig gecheckt werden. Je mehr Ja-Antworten der Betrieb quer durch alle Abteilungen erhält, desto besser ist der Betrieb. Damit würde auch die **Mitarbeiterleistung** überprüft und den Mitarbeitern wäre dies auch bewusst.

Dufte Ideen?
Findige Hoteliers setzen für den perfekten ersten Eindruck beim Gast auf Psychologie: Front-of-the-House-Bereiche werden gezielt mit speziellen Farben versehen, die dem Gast je nach Angebot Wohlgefühl, Entspannung, Action oder Gemütlichkeit vermitteln sollen. Auch halten asiatische Methoden wie Feng-Shui in manch modernem Betrieb Einzug. Brunnen plätschern, Vögel zwitschern – all das soll die Gäste schon im Empfangsbereich auf einen angenehmen Aufenthalt einstimmen.

Andere Betriebe versuchen, mit speziellen Duftnoten Harmonie im Eingangsbereich zu versprühen. Da manch Nase sich jedoch dabei auch rümpft, ist diese Idee mit Vorsicht zu genießen – ein parfümierter Empfang ist nicht jedermanns Geschmack. Und: Brunnenplätschern und Vogelgezwitscher, Vanilleduft und Winterzauber ersetzen kein persönliches Willkommen freundlicher Mitarbeiter.

Der Empfangsbereich

Zum Empfangsbereich gehören die Bereiche

- Rezeption,
- Portiersloge (Concierge Counter) und
- Kasse.

Die Rezeption ist der Kernbereich und das Schaltzentrum eines Beherbergungsbetriebes und soll daher **zentral** gelegen und für die Gäste leicht erreichbar sein. Sie ist die Drehscheibe der Gästeverkehrswege und der Mittelpunkt der Hotelhalle. Von hier führen **Wegverbindungen**, wie Treppenhäuser, Korridore oder Lifte,

- zum Beherbergungsbereich: Etagen/Zimmer,
- zum Verpflegungsbereich: Restaurant, Gaststube, Café, Bar etc.,
- zum Seminarbereich: Konferenzräume etc.,
- und zu den Freizeitanlagen: Schwimmbad, Sauna, Fitnessraum etc.

Die genaue Beschreibung des Empfangsbereichs finden Sie im Kapitel „Die Rezeption – Ihr Arbeitsplatz", S. 124.

Das Zentrum der Halle ist der Frontofficedesk.

In der VIP-Lounge sind die Gäste ungestört und haben eine eigene Betreuung.

Der Aufenthalts- und gastronomische Bereich

Lounge – Aufenthaltszone

Der Gast findet in der Lounge einen Platz zum Verweilen, um Zeitung zu lesen, einen Kaffee zu trinken oder nur kurz auf jemanden zu warten.

Gemütliche Sitzgruppen laden zum Entspannen, Plaudern und Ausruhen ein und bieten außerdem eine gute Möglichkeit, dem Hotelgeschehen als Zuseher beizuwohnen. Manchmal ist auch eine eigene **VIP-Lounge** vorhanden.

Lobbybar

Sie gilt als Klassiker unter den Bars. Entweder für den Welcomedrink oder als Treffpunkt hat sich die Lobbybar über Jahrzehnte und Baustile gehalten und gilt als der unbestrittene Favorit unter den Hotelbars.

Ein Drink ist im richtigen Ambiente angesagt.

Hotelbar

Die Hotelbar erfüllt mehrere Funktionen: Sie dient als Aperitif- oder Cocktailbar genauso wie als Kaffeehaus. Man zieht sich hier auch zum Chill-out nach Meetings zurück. Ebenso wird abends diskrete Musik geboten. Zu dieser Zeit werden die Bargetränke hauptsächlich im Stehen eingenommen, doch gibt es auch bequeme Sitzgelegenheiten, da diese Bar auch ein beliebter Treffpunkt größerer Gruppen ist. Ebenso bekommen die Gäste beim Check-in hier einen Welcomedrink. Sehr oft läuft dezente Hintergrundmusik aus der Konserve oder es wird Klavier gespielt. Die Hotelbar befindet sich in der Nähe des Hotelrestaurants.

Hotelrestaurant

Das Hotelrestaurant befindet sich meist in der Nähe der Halle. Ferienhotels haben oft zusätzlich einen eigenen Speisesaal. Die Pensionsgäste essen hier die vorbestellten Menüs. In vielen Klein- und Mittelbetrieben wird auch das Frühstück im Restaurant serviert, in größeren Betrieben gibt es einen Frühstücksraum.

Kaffeehaus

Sehr viele Hotels haben kein Kaffeehaus im üblichen Sinn, sondern eine Art Kaffeerestaurant bzw. eine **Brasserie** – meist von 6:00 Uhr bis 24:00 Uhr geöffnet. Angeboten werden sowohl Frühstück als auch Mittag- und Abendessen sowie kleine Snacks für zwischendurch. Man kann auch nur Getränke konsumieren.

Touroffice

Es ist meist in der Nähe des Haupteingangs. Hier kann der Gast Ausflüge und Touren buchen, Autos mieten etc.

Die Gästezimmer

Unabhängig von der Kategorie des Beherbergungsbetriebes müssen Gästeräume Wohnlichkeit und Funktionalität vereinen. Das Design vermittelt, wofür der Betrieb steht, z. B. Sachlichkeit in einem Seminarhotel oder familiäres Ambiente in einem Ferienhotel. Die Zimmerbezeichnungen und Zimmerarten richten sich in Bezug auf Größe, Anzahl und Ausstattung der Räume, Lage sowie Größe und Anzahl der Betten nach den **Klassifizierungsrichtlinien.**

Zimmergröße und Ausstattung haben Einfluss auf die Sternekategorie.

Die Anordnung der Möbel, vor allem der Betten, richtet sich nach der Gästestruktur. Ein Familienhotel wird bei der Raumgestaltung andere Aspekte bei der Erstellung des Möblierungskonzeptes berücksichtigen als ein Seminarhotel.

Zimmerarten

Vom Singleroom bis hin zur Präsidentensuite gibt es zahlreiche Möglichkeiten, die Gästebedürfnisse Schlafen, Wohnen, Entspannen, Waschen, Verpflegen, Arbeiten und Aufbewahren der persönlichen Dinge zu erfüllen.

Zimmerart	Beschreibung	Bettgröße
Einzelzimmer/Singleroom	Für eine Person mit einem oder mehreren Betten.	90 x 200 cm
Economy-Zimmer	Zimmer in nicht sehr günstiger Lage oder ohne besonderen Ausblick.	90 x 200 cm
Komfortzimmer	Größeres Einbettzimmer mit besonders schönem Ausblick in ruhiger Lage, mit Internetanschluss; evtl. Differenzierung durch Leistung: z. B. Minibar.	100 x 200 cm
Doppelzimmer/ Doubleroom	Für zwei Personen mit einem (140 x 190) oder zwei (je 80 x 190) Betten, die nebeneinander stehen und das klassische Doppelbett bilden.	140 x 190 cm oder je 80 x 190 cm
Doppelzimmer bzw. Zweibettzimmer mit getrennten Betten/Twin Room 	Für eine oder zwei Personen mit zwei getrennt voneinander stehenden Betten.	je 100 x 200 cm
Dreibettzimmer/ Triple Room	Für drei Personen mit zwei oder mehreren Betten.	
Vierbettzimmer/ Quad Room	Für vier Personen mit zwei oder mehreren Betten.	
Doppelzimmer mit Doppelbett/Queen Size	Für eine oder zwei Personen mit Queensize-Bett.	160 x 200 cm
Doppelzimmer mit sehr großem Doppelbett/King Size 	Für eine oder zwei Personen mit Kingsize-Bett.	200 x 200 cm
Doppelzimmer mit Grandlit/ King Size oder Queen Size	Für eine oder zwei Personen mit Grandlit.	160 x 200 cm oder 200 x 200 cm
Vierbettzimmer mit zwei Doppelbetten/Double-Double	Für eine bis vier Personen mit zwei Queensize- oder Kingsize-Betten.	160 x 200 cm oder 200 x 200 cm
Studio	Ein großer Raum mit Bett, Sitzecke und Couch, die zu einem Bett ausgezogen werden kann.	
Minisuite oder Juniorsuite	Großes Zimmer mit Bett und Sitzecke bzw. Wohnbereich, der vom Schlafbereich optisch abgetrennt sein muss.	
Suite	Zwei oder mehr Zimmer: ein Wohnbereich, der mit einem oder mehreren Schlafzimmern verbunden ist.	
Appartement	Ein Wohnraum, ein Schlafraum und eine kleine Küche (Kitchenette).	
Studio/Connecting Rooms	Zimmer mit Verbindungstüre; für Familien, die nicht über den Hotelgang ins benachbarte Zimmer gehen möchten. Diese zusammenhängenden Zimmer können auch als Appartement verkauft werden.	
Nebeneinanderliegende Zimmer/Adjoining Rooms	Zimmer, die nebeneinanderliegen, d. h. eine gemeinsame Wand haben (für Familien oder Gruppen).	
Two Storey Room	Zimmer auf zwei Ebenen, meist befindet sich der Schlafraum oberhalb des Wohnraumes.	

Wie man sich bettet, so liegt man ...
... sagt schon ein altes Sprichwort. Ob man königlich im Kingsizebed schläft oder eher wie Gott in Frankreich in einem französischen Bett, die Bettgröße spielt in jedem Fall eine entscheidende Rolle, wie erholsam man die Nacht verbringt. Hier ein Einblick in die Vielfalt an Bettenangeboten:
Französisches Bett: Breite 140–200 cm; Länge 200–220 cm
Kingsizebed: Breite und Länge je 200 cm
Queensizebed: Breite mindestens 160 cm, Länge 200 cm
Grandlit: Kingsize- oder Queensize-Betten werden auch als Grandlit bezeichnet
Doppelbett: Breite 160–200 cm, Länge 200 cm
Einzelbett: Breite 90–100 cm, Länge 200 cm
Die Betthöhe soll der Sitzhöhe entsprechen, d. h., dass der Abstand vom Boden zur Matratzenoberkante 44–48 cm betragen soll, für ältere Menschen bis zu 55 cm.

Zimmer- und Suitenpläne

Die meisten Hotels haben **Zimmer- und Suitenpläne** mit einer Ausstattungsbeschreibung, die bei der Gästeberatung hilfreich sein können.

Bucht ein Gast ein Zimmer, kann er sich hinsichtlich Qualität und Preis an der länderspezifischen Hotelklassifizierung orientieren.

Beispiel Zimmerplan

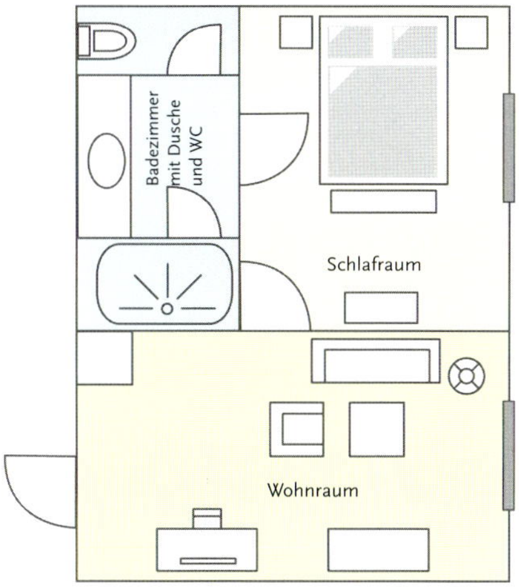

Ein Tipp vom Profi
Damit Sie wissen, was Sie Ihren Gästen „verkaufen", müssen Sie Ihr Produkt – also Zimmer, Ausstattung und Arrangements – ausgezeichnet kennen. Informieren Sie sich selbst eingehend über die verschiedenen Zimmerarten in Ihrem Haus, achten Sie auf die Unterschiede, die Verkaufsvorteile, die Möglichkeiten und Ausstattungsvarianten. Am besten ist eine Begehung der Zimmer oder auch eine Nächtigung in allen unterschiedlichen Zimmerkategorien. Nur so kennen Sie die Unterschiede und können gezielt verkaufen. Danach ist ein Feedbackbogen für den Betrieb auszufüllen (siehe auch S. 120) und das Anfertigen einer Liste, die Ihnen hilft, Ihre Gäste optimal zu beraten. Denn der Gast merkt, ob Sie wissen, wovon Sie sprechen. Und nur mit umfassender Information ausgestattet, können Sie ein gutes Verkaufsgespräch führen und überzeugend sein.

Zimmerausstattung

Eingangsbereich
- Garderobe, Schrank
- Gepäck- und Kofferablage
- Schirmständer
- Ganzkörperspiegel
- Türhänger „Bitte nicht stören"
- Zimmerpreisliste
- Hinweisschild für Notfälle: für Brandschutz, Telefonnummern, Fluchtplan

Wohnbereich
- Tisch mit Gästeinformationsmappe, Telefon und Verzeichnis der wichtigsten Telefonnummern
- Evtl. Schreibtisch mit Stuhl, Lampe, Papierkorb
- TV-Gerät mit Fernsehprogramm (Senden und Abrufen von E-Mails und Surfen im Internet kann über das TV-Gerät auf dem Gästezimmer möglich sein)
- Radio (Radiowecker)
- Sessel, Couch, Leselampe, Ablagetischchen
- Zusatzausstattung je nach Kategorie: Zimmersafe, Minibar, Internetanschluss, Pay-TV, Hosenpresse, Bügeleisen, Tee- bzw. Kaffeekocher mit Zubehör, Bademantel etc.

Schlafbereich
- Bett mit integrierter Ablage oder frei stehendem Nachtkästchen
- Betteinsatz, Matratze, Bettwaren (abgestimmt auf die Jahreszeit)
- Leselampe
- Netzfreischaltung
- Wäschekommode

Sanitärbereich
- Handwaschbeckeneinheit
- Spiegel, Kosmetikspiegel
- Etageren, Stellagen
- Seifenablage, Zahnputzglas, Shampoonspender
- Föhn
- Wäschekorb oder -sack
- Kleiderhaken mit Bademänteln
- Dusche mit Trennwand und Etagere
- Badewanne mit Brausekopf
- Gästegaben: Duschhaube, Badepantoffeln, Kosmetikartikel etc.
- Handtuchhalterung, evtl. Handtuchtrockner
- WC mit Papierrollenhalterung, Konsole für Reserverollen, Toilettenbürste
- Evtl. Bidet
- Notrufklingel mit Hinweis in mehreren Sprachen

Weitere Front-of-the-House-Bereiche

Garderoben für Gäste
In der Nähe des Cafés oder der Bar soll eine Garderobe untergebracht sein. Außerdem ist für Veranstaltungen im Haus eine **zentrale Garderobe** in der Nähe der Veranstaltungsräume von großer Wichtigkeit.

Gästetoiletten
Die Toiletten im Gästebereich müssen behindertengerecht ausgestattet sein. Auf die Beschilderung ist besonderer Wert zu legen. In die im Vorraum ausgehängten Inspektionslisten wird die regelmäßige Kontrolle und Reinigung entsprechend der Umsetzung des betriebseigenen **HACCP-Konzepts** eingetragen (HACCP bedeutet: Hazard Analysis Critical Control Points – das HACCP-Konzept ist ein Hygienekontrollsystem, das Betriebe verpflichtend einzuführen haben und das die Sicherheit von Gästen und Mitarbeitern gewährleistet).

Telefonzellen
Im Zeitalter der Mobiltelefone erscheint eine Telefonzelle beinahe überflüssig. Umso mehr wird dieses Raumangebot von Gästen geschätzt, da sie ihnen Gelegenheit bietet, ungestört telefonieren zu können. Die Telefonzelle kann auch als Haustelefon genutzt werden.

Hier kann der Gast ungestört sprechen.

Boutique, Kiosk, Zeitungsstand, Friseur, Tabakladen
Diese Einrichtungen bieten den Gästen vielfältige Möglichkeiten, alltägliche Dinge zu besorgen, aber auch Geschenke und Souvenirs zu kaufen. In manchen Hotels gibt es große Shoppingarkaden. In Vier- und Fünfsternebetrieben muss den Gästen eine Möglichkeit zum Erwerb diverser Artikel geboten werden.

VERANSTALTUNGSRÄUME SIND MEIST VARIABEL UND KÖNNEN DEN ANFORDERUNGEN ENTSPRECHEND UMGESTALTET WERDEN.

Seminar- und Veranstaltungsräume
Sie sind von den übrigen Gästeräumen getrennt. In größeren Betrieben findet man für Veranstaltungen meist ein System von variablen, miteinander in Verbindung stehenden Räumen, die der Größe und Art der Veranstaltung angepasst werden können. Meist gibt es einen großen Saal, der durch **Raumteiler** in mehrere kleinere Räume geteilt werden kann. Das Fassungsvermögen und die Bestuhlung sind in **Plänen** festgehalten, die den Rezeptionsmitarbeitern zugänglich sein müssen, um Gästen Auskünfte geben zu können (siehe dazu auch das Kapitel „Veranstaltungen“, S. 195).

Für Veranstaltungen wie Seminare, Kongresse oder Präsentationen ist eine **technische Grundausstattung** unbedingt erforderlich. Es ist für eine ausreichende Anzahl von Stromanschlüssen sowie für störungsfreie Anschlüsse für Fernsehen, Radio, PC, Internet, Videoanlagen, Film- und Diaprojektoren mit den dazugehörenden Kabeln sowie Einrichtungen wie Leinwand, Beamer, Verdunkelungsmöglichkeiten zu sorgen.

Treppenhäuser, Gänge und Lifte
Einladende **Treppenhäuser** und imposante Stiegenaufgänge zeigen den Stil des Hauses. Treppen und Gänge gehören zu den Verkehrswegen eines Hotels. Sie dürfen nicht durch Stühle, Pflanzen, Truhen oder ähnliche Gegenstände verstellt sein, da sie auch als Fluchtwege dienen. Die Treppenbreite soll mindestens 120 cm betragen. Stufen und Gänge müssen gut beleuchtet sein.

Treppen und Gänge spiegeln den Stil des Hauses wider.

Die **Gästelifte** sollen von der Hotelhalle gut erreichbar und leicht zugänglich

Rückzugsmöglichkeit für den Gast – die Bibliothek.

sein. Sie sollen geräumig sein und müssen den Sicherheitsvorschriften entsprechen. Für die technische Wartung der Lifte wird ein Servicevertrag mit der Herstellerfirma abgeschlossen. Im Brandfall dürfen Lifte nicht benutzt werden. Die Gästelifte sollen nach Möglichkeit nicht von Hotelmitarbeitern benutzt werden. In den Liften können Informationen für Gäste angebracht werden. In Großbetrieben gibt es meist eigene **Gepäck- bzw. Transportlifte** und Lifte für die Mitarbeiter.

Wellnesseinrichtungen

Ihnen wird von den Gästen bereits bei der Auswahl des Quartiers besondere Bedeutung beigemessen. Daher ist bei der Ausstattung darauf zu achten, dass sie eine angenehme Atmosphäre – eine Wohlfühlatmosphäre – vermitteln. Ebenso sollte der **Sicherheit** der Gäste, z. B. bei der Wahl der Bodenbeläge, bei Treppenläufen, in Nassräumen, besondere Aufmerksamkeit geschenkt werden. Darüber hinaus soll die Ausstattung besonders pflegeleicht sein.

Weitere Aufenthaltsräume wie Bibliothek, Schreibecke oder Spielzimmer

Um den Gästen den Aufenthalt so angenehm wie möglich zu gestalten, sollen ihnen neben der Hotelhalle weitere öffentliche Bereiche für verschiedene Tätigkeiten geboten werden. Dadurch sind die Gäste nicht nur auf ihr Hotelzimmer beschränkt.

Beschilderung und Gästeinformationstafeln

Orientierungshilfen

In weitläufigen Baulichkeiten müssen leicht wahrnehmbare Orientierungssysteme vorgesehen werden. Orientierungstafeln und Hinweise sollten

- farblich kontrastierende Buchstaben haben,
- in einer gut lesbaren Schrift sein,
- so angebracht werden, dass sie vom Betrachter leicht zu lesen sind,
- gut ausgeleuchtet und entspiegelt sein.

Ein **Farbleitsystem** bietet den Gästen eine gute Orientierungshilfe. Durch farbliche Akzente werden Emotionen geweckt, z. B. weckt die Farbe Blau die Assoziation mit Wasser. Blau könnte also für die Beschilderung des Weges zum Hallenbad verwendet werden.
Die Beschriftung der Zimmertüren, Türklinken, Lifttüren etc. entspricht dem Corporate Design des Betriebes.

Gästeinformationstafeln

Gästeinformationstafeln können **herkömmliche Tafeln** sein, die mit Kreide beschrieben werden.

Stecktafeln und Pinntafeln sind professioneller, da hier Änderungen ordentlich vorgenommen werden können und die Lesbarkeit in jedem Fall gegeben ist. Auf diesen Tafeln stehen die für die Gäste notwendigen Informationen, wie Hinweise auf Seminare, Veranstaltungen, Ausflüge etc.

Dient der Gästeinformation

Noch professioneller sind **Bildschirme.** Darauf kann z. B. die im Haus tagende Firma aufscheinen.

Eine weitere Möglichkeit ist die **interaktive Bildschirminformation.** Hierbei handelt es sich um **Terminals,** auf denen verschiedene Informationen über Aktivitäten in der Umgebung oder Öffnungszeiten des Restaurants, Hinweise auf Themenwochen, auf Veranstaltungen im Haus, auf Nachrichtendienste etc. aufscheinen und die auch zum **Internetsurfen** geeignet sind. Die Gäste können mit einem Touchscreen selbstständig nach bestimmten Themen suchen. Dies kann auch über das TV-Gerät auf dem Gästezimmer möglich sein.

Es gibt auch Monitore, auf denen ein Programm – ähnlich einem kurzen Werbefilm – über einen hauseigenen Kanal selbstständig abläuft. Auch kann der Monitor als Wegweiser eingesetzt werden.

Die Back-of-the-House- oder Mitarbeiterbereiche

Als Back of the House wird jener Bereich bezeichnet, in dem die Mitarbeiter alle Tätigkeiten ausführen, die für einen reibungslosen Ablauf des Gästeservices erforderlich sind. Zu diesem Bereich haben die Gäste keinen Zutritt, da es sich hier um reine Arbeitsbereiche handelt.

IM HINTERGRUND WIRD ALLES FÜR DEN GAST GETAN, WAS SEINEN AUFENTHALT NOCH ANGENEHMER MACHT.

Hier wird die Büroarbeit erledigt, hier werden Waren angeliefert, gelagert und verarbeitet, Möbel und andere Gegenstände transportiert und Müll entsorgt. Die Verkehrswege zu diesen Räumen sollen sich nicht mit jenen der Gäste kreuzen. Folgende Räume zählen zu diesem Bereich:

- Büros
- Küche
- Lagerräume
- Mitarbeiterräume
- Laundry (Wäscherei) und Reinigung
- Haustechnik
- Müllräume

Büros

In Großbetrieben gibt es Büros für die Generaldirektion, für den Food-and-Beverage-Manager, den Salesmanager, den Publicrelationsmanager, für die Buchhaltung und dazugehörige Mitarbeiterbüros.

Küche

Die Küche ist ein wichtiger Bereich eines Verpflegungsbetriebes. Von ihr hängt meist der Ruf des gesamten Hauses ab. Die **Hauptküche** trägt die Hauptlast bei der Speisenproduktion. Die Finalisierung der Speisen kann aus organisatorischen Gründen auch in **Neben- oder Satellitenküchen** erfolgen. Meist befinden sich diese Küchen neben Bankett- und Frühstücksräumen. **Vorbereitungsküchen** gibt es meist nur in Großbetrieben. Je nach Betriebsgröße und Anzahl der Restaurants kann es auch mehrere eigene **Restaurantküchen** geben.

Lagerräume

Viele Betriebe beschränken sich heute auf ein kleines Lager und lassen die Waren frisch anliefern, da die Lagerhaltung aufwendig und teuer ist. Je nach Betriebsgröße gibt es ein Hauptlager, verschiedene Magazine und Handmagazine, Lagerräume, Kühlräume, Weinkeller und Getränkelager sowie Müllräume. Weitere Lager bzw. Depots sind für Möbel, Seminarraumeinrichtungen, Dekorationen etc. erforderlich.

Im Bauch des Hotels ist alles, was Küche und Keller zu bieten haben, optimal aufbewahrt.

Mitarbeiterräume

In Saisonbetrieben gibt es meist Mitarbeiterunterkünfte. Eigene Speiseräume für Mitarbeiter gibt es hauptsächlich in Großbetrieben. Garderoben, Umkleideräume, Waschräume und Toiletten, die nur den Mitarbeitern zur Verfügung stehen, sind in den meisten Betrieben selbstverständlich. Alle Mitarbeiterräume sollen von den Bereichen, zu denen die Gäste Zutritt haben, **getrennt** sein.

Laundry (Wäscherei) und Reinigung

Nicht jeder Betrieb hat eine eigene Wäscherei. Ist jedoch eine solche vorhanden, kann neben der gesamten **Hotelwäsche** (Bettwäsche, Handtücher, Restaurant- und Küchenwäsche, Mitarbeiterkleidung) auch die **Gästewäsche** übernommen werden. Evtl. ist diesem Bereich auch eine Näherei angegliedert.

Service in Perfektion
Im Hotel InterContinental in Wien werden in der Laundry jährlich mehrere tausend Hemdknöpfe angenäht. Auch das ist ein Service, den dieser Backofficebereich für den Gast übernimmt.

Haustechnik

Abhängig von der Betriebsgröße gibt es eine Werkstatt, in der Ersatzteile, Glühbirnen, Werkzeuge, Verteilersteckdosen und Ähnliches aufbewahrt werden.

Müllräume

Für den Speisenabfall gibt es eigene, getrennte und gekühlte Müllräume. Für die Entsorgung des weiteren Abfalls gibt es Müllcontainer mit Trennsystem für Papier, Glas, Kunststoff etc.

Sicherheit im Hotelbetrieb

Der Gast muss darauf vertrauen können, dass alle erforderlichen technischen Vorsorgemaßnahmen zum Schutz seiner Gesundheit, seiner Privatsphäre und seiner Sicherheit im Hotel getroffen wurden und im Bedarfsfall auch funktionieren. Dies bezieht sich einerseits auf den Schutz im Brandfall, bei Stromausfall oder bei Störungen der Aufzuganlagen, andererseits auf Hotelsicherheitssysteme, die dem Schutz des Gastes dienen.

Brandschutz

Niemand wünscht sich, dass es brennt. Gefeit ist man trotzdem nicht davor. Daher ist der Brandschutz auch laut Gesetz eine der wichtigsten Komponenten der Sicherheit im Hotelbetrieb. Der Gast verlässt sich darauf, dass alle Maßnahmen zur Verhütung eines Brandausbruchs getroffen wurden.

FLUCHTWEGE MÜSSEN GUT GEKENNZEICHNET UND UNVERSTELLT SEIN.

Ursachen für Brände

- Defekte, falsch bediente elektrische Geräte und Anlagen
- Leicht brennbare Materialien bei der Einrichtung, bei Textilien etc.
- Rauchen
- Reparaturen: Schweißarbeiten etc.
- Geräte im Küchenbereich. Überhitzung von Geräten oder Speisen (Öl)
- Blitzschlag
- Fahrlässigkeit
- Brandstiftung

Brandschutzmaßnahmen

Die Brandschutzmaßnahmen haben den gesetzlichen Anforderungen zu entsprechen. Die **Brandschutzanlagen** müssen behördlich regelmäßig überprüft werden. Brandschutzanlagen sind Feuerlöscher, Rauch- bzw. Brandmelder, automatischer Rauchabzug, Sprinkleranlagen und Blitzschutzanlagen.

Bei Brandschutz und Sicherheit unbedingt auf die Landesgesetze achten!

Zu überprüfen sind auch die **Fluchtwege.** Die Fluchtwege über Stiegenhäuser müssen gut gekennzeichnet sowie schnell und leicht erreichbar und mit einem automatischen Rauchabzug ausgestattet sein. Die Kennzeichnung der Fluchtwege muss mit **netzunabhängiger Notbeleuchtung** erfolgen. **Druckknopfmeldeanlagen** müssen gut sichtbar in den Gängen montiert sein. **Automatische Brandmeldeanlagen** setzen sich selbstständig in Betrieb. **Alarmpläne** sind auszuarbeiten und die **Mitarbeiter regelmäßig zu schulen,** was im Falle eines Brandes zu tun ist. Für all diese Maßnahmen ist der **Brandschutzbeauftragte** des Betriebes zuständig. Er übernimmt interne Unterweisungen während der regelmäßig abgehaltenen Brandschutzübungen.

Orientierungsplan

Ein Orientierungsplan dient den Gästen zur Information wie sich der Gast im Brandfall zu verhalten hat. Der Orientierungsplan ist in allen Gästezimmern anzubringen. Meist hängt er an der **Türinnenseite.** Er ist leicht verständlich, geografisch eindeutig (mit Standortangabe) und mehrsprachig zu gestalten. Der Plan soll gleichzeitig den **hohen Sicherheitsstandard des Hauses** demonstrieren.

Das muss der Orientierungsplan enthalten:

- Die Sicherheitsstandards des Hauses (Brandschutzmaßnahmen bzw. -einrichtungen, z. B. Feuermelder, Brandschutztüren).
- Standort.

- Fluchtweg und Notausgänge, vom jeweiligen Standort ausgehend.

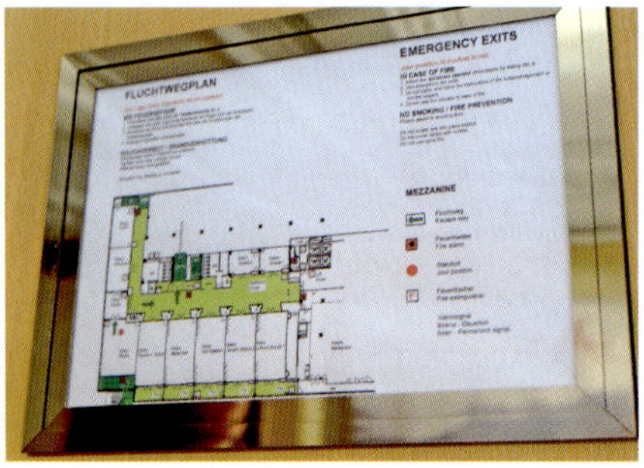

So ist die Sicherheit für den Gast gewährleistet.

- Platzierung der nächstgelegenen Feuermelder und Feuerlöscher.
- Telefonnummern von Zentrale und Feuerwehr.
- Maßnahmen zur Brandverhütung.
- Verhalten im Brandfall.
- Eine kurze Formulierung zur Vermittlung der Verantwortung, die der Gast für die Sicherheit aller Anwesenden im Haus trägt. Am besten sind eine höfliche, persönliche Formulierung und ein Dankeschön im Namen aller Gäste und Mitarbeiter sowie eine Unterschrift.

Maßnahmen zur Brandverhütung für den Gast

- Im Bett nicht rauchen.
- Keine offene Flamme im Gästezimmer.
- Keine Rauchreste, Streichhölzer, Zigarettenkippen oder Ähnliches in den Papierkorb werfen.
- Keine Heiz- und Wärmegeräte (z. B. Heizdecken, Tauchsieder) in Betrieb nehmen, die nicht auf dem Zimmer zur Verfügung stehen.

Verhalten der Gäste im Brandfall

- Sie werden im Brandfall informiert – Ruhe bewahren.
- Brandausbruch sofort melden; Türen schließen – Ruhe bewahren.
- Den Anweisungen des Personals folgen.
- Unter keinen Umständen den Aufzug benützen.
- Bei starker Rauchentwicklung in den Gängen im Zimmer bleiben – es bietet Schutz.
- Sich am geschlossenen Fenster bemerkbar machen.
- Das Eintreffen der Feuerwehr abwarten.

Verhalten der Mitarbeiter im Brandfall

Informieren Sie sich vorab eingehend über freie (!) Fluchtwege, Feuerlöscher, Notfallnummern, Erreichbarkeit eines Telefons und über das richtige Verhalten im Brandfall: **Alarmieren – Retten – Löschen.** Die Betriebsleitung muss Sie vor Arbeitsbeginn einweisen.

- Im Brandfall ruhig handeln – Hektik führt meist zu Fehlverhalten.
- Sofort Feuerwehr verständigen, falls keine Feuermelder vorhanden sind.
- Verletzte in Sicherheit bringen, gefährdete Personen warnen.
- Mitarbeiter, andere Abteilungen und Gäste informieren.
- Brandherd ausfindig machen; absichern und, falls möglich, Feuer mit vorhandenen Löschgeräten von unten bekämpfen. Mehrere Feuerlöscher gleichzeitig, nicht nacheinander einsetzen!

Für die **Brandschutzkontrolle** ist im Betrieb der **Brandschutzbeauftragte** zuständig. Er überprüft anhand **behördlich freigegebener Checklisten** die Gegebenheiten im Betrieb u. a. in Bezug auf Bausubstanz (Brandabschnitte, Schließvorrichtungen an Brandschutz- und Rauchabschlusstüren), Ausstattung (Notbeleuchtung, Brandmelder, Löscheinrichtungen, Lüftungsanlagen, Wärmegeräte, elektrische Anlagen etc.) und Organisation und Instruktionen im Brandfall.

Er ist auch für die regelmäßige Durchführung und Dokumentation von Brandschutzübungen für alle Mitarbeiter und die Einschulung auf die Brandmeldeanlage zuständig.

Ausschnitt einer möglichen Brandschutz-Checkliste für die Eigenkontrolle in Hotelbetrieben

Kriterien	Überprüfung	
Brandabschnitte	Ja	Nein
■ Weisen brandabschnittsbildende Wände und Decken unzulässige Öffnungen auf (z. B. durch Umbau- oder Installationsarbeiten)?	☐	☐
Brandschutzabschlüsse		
■ Sind Brandschutz- und Rauchabschlusstüren funktionstüchtig (Schließvorrichtungen etc.)?	☐	☐
Fluchtwege, Notausgänge		
■ Sind Fluchtwege und Ausgänge freigehalten?	☐	☐
■ Ist das Öffnen der Notausgangstüren jederzeit sichergestellt?	☐	☐
Lüftungsanlagen		
■ Sind die Rauchabzugsöffnungen betriebsbereit?	☐	☐
■ Werden Fettfilter regelmäßig gereinigt bzw. ausgetauscht?	☐	☐
Notbeleuchtung		
■ Sind Fluchtwege und Notausgänge ausreichend beleuchtet und gekennzeichnet?	☐	☐
■ [illegible]	☐	☐

Die Notbeleuchtung muss netzunabhängig sein und jederzeit funktionieren.

Viele Aufzüge haben verspiegelte Flächen, um kleine Kabinen optisch größer erscheinen zu lassen. Dies ist gerade im Fall einer Störung von Bedeutung.

Sonstige Notfälle

Neben Bränden kann es im Hotelbetrieb zu weiteren für den Gast mehr oder minder bedrohlichen Notsituationen kommen.

Sicherheit bei Stromausfall

Jedes Hotel muss mit einer **Notbeleuchtung** ausgestattet sein, mit der die Zeit des Stromausfalls überbrückt wird.

Manche Hotels haben eigene Dieselaggregate, die bei Stromausfall in Betrieb genommen werden.

Medizinische Notfälle

Bei einem medizinischen Notfall sind sofort ein **in Erster Hilfe ausgebildeter Mitarbeiter** und ein **Notarzt** zu informieren. Es ist besonders auf die Privatsphäre des Gastes zu achten.

Schützen Sie die erkrankte oder verunfallte Person vor neugierigen Blicken. Lassen Sie den Verunglückten nicht allein, beruhigen Sie ihn.

Sicherheit im Aufzug

Der Aufzug ist regelmäßig von der Technikabteilung zu warten. Bleibt der Aufzug dennoch einmal stecken, sind dafür folgende Maßnahmen zu treffen:

- Die Kabine muss über eine Klingel verfügen, mit der sich der Gast entweder an der Rezeption oder beim Aufzugwart bzw. Nachtportier bemerkbar machen kann.
- In der Aufzugkabine ist eine Informationstafel mit dem richtigen Verhalten im Notfall anzubringen (Ruhe bewahren, Klingel bzw. Notrufnummer betätigen).
- Von Vorteil ist eine Telefonverbindung, damit man den eingeschlossenen Personen Informationen durchgeben kann.
- Die Schaltknöpfe moderner Aufzuganlagen sind auch in Blindenschrift auszuführen.

Schaltknöpfe mit Blindenschrift

Im Betrieb können noch weitere Notfälle auftreten oder Situationen entstehen, die zu einem Sicherheitsrisiko für Gäste und Mitarbeiter werden können. Hierunter fallen z. B. höhere Gewalt, Bedrohungsszenarien, Notsituationen mit Kindern oder Evakuierungen.

Um zu wissen, wie man sich in **Krisensituationen richtig verhält** bzw. wie den Gästen Sicherheit vermittelt wird und wem Auskunft zu erteilen ist, muss man sich im Vorfeld eingehend informieren. Im Regelfall gibt es dazu betriebsinterne Schulungen, die in regelmäßigen Abständen zu wiederholen sind.

Unterstützung bieten dabei auch **Notfallhandbücher** (z. B. das Hotel Safety Manual, das über die ÖHV angefordert werden kann), die über das richtige Verhalten informieren.

Hotelsicherheitssysteme

Die Gewährleistung der Sicherheit des Gastes wird – neben einem umsichtigen Verhalten der Mitarbeiter – auch durch eine geeignete technische Ausstattung unterstützt.

DER SAFE AUF DEM ZIMMER WIRD VON GÄSTEN SEHR GESCHÄTZT.

Safes

Der Hotelier ist verpflichtet, Gegenstände für den Gast sicher aufzubewahren. Dafür muss ein Safe zur Verfügung stehen. Zugang haben üblicherweise nur die Geschäftsführung, der Cashier und die Mitarbeiter an der Rezeption, die für die Verwahrung der Gegenstände zuständig sind. Der Safe ist im Backofficebereich untergebracht und muss fix montiert und feuerfest sein. Größere Hotels bieten den Gästen auch **Zimmersafes.** Sie können entweder mit **Zahlencodes** oder **Keycard** bzw. Zimmerschlüssel betätigt werden. Die Zimmersafes sind fix montiert und feuerfest.

Vergisst der Gast den Code oder verliert er Keycard oder Zimmerschlüssel, so muss gewährleistet sein, dass ein Mitarbeiter im Dienst die Möglichkeit hat, den Safe zu öffnen. Untertags ist dafür meist der Resident Manager oder der Empfangschef verantwortlich, in der Nacht seine Vertretung. Die Hinweise zur Haftung des Betriebs bei der Verwahrung von Wertsachen findet der Gast in der **Gästeinformationsmappe.** Über die Haftungsbedingungen informieren die Hotel- und Gaststättenverbände.

Ruf- und Suchanlagen

Sie ermöglichen ein rasches Auffinden von Personen (z. B. Chief Engineer, Resident Manager) im Gebäudekomplex. Nicht nur im Notfall, sondern auch zur optimalen Gästebetreuung sind diese Anlagen in großen Häusern unentbehrliche Betriebsmittel geworden. Auch Pager oder Mobiltelefone sind für diesen Zweck geeignet. Manche Zimmer sind mit eigener Videokameraüberwachung ausgestattet, mit der der Gast sehen kann, wer vor der Zimmertüre steht.

Auch haben Zimmertüren in Großhotels Spione, durch die der Gast sehen kann, was vor seiner Tür passiert.

Alarmanlagen

Das rechtzeitige Erkennen von Gefahren ist einerseits eine Schutzmaßnahme für den Betrieb, andererseits bietet es auch Sicherheit für den Gast. Alarmanlagen schrecken entweder durch Lärmverursachung ab oder sind direkt mit Einsatzzentralen verbunden. Innerhalb weniger Minuten ist ein Einsatzwagen vor Ort.

Verschiedene Alarmanlagen	
Telefonnotrufsystem	Es dient zur schnellen, lautlosen Alarmierung der Notrufzentrale. Das Gerät ist vom Stromnetz unabhängig, die Gesamtsteuerung ist elektronisch. Bei Alarm wird die Notrufzentrale (die Telefonnummer ist bei der ersten Inbetriebnahme einzuspeichern) automatisch mehrmals angewählt.
Alarmzentrale	Die elektronische Alarmzentrale überwacht zu sichernde Objekte mit Alarmkreisen. An den Objekten oder Bereichen sind Alarmgeber angebracht, die Störungen sofort an die Zentrale weitergeben.
Radarbewegungsmelder	Er eignet sich vor allem zur Bewachung abgegrenzter Bereiche, wie z. B. Tresorraum, Büro, Direktion. Jede Bewegung im Raum wird registriert und mithilfe eines Senders an die Alarmzentrale oder die Notrufzentrale gemeldet.
Raumfalle	Bei Bewegungen innerhalb eines Strahlenfeldes wird Alarm ausgelöst. Die Ausbreitung des Strahlungsfeldes sollte nicht durch Möbel o. Ä. behindert werden, daher eignet sie sich nur für unverstellte Räume und Bereiche. Vorteil der Raumfalle ist die einfache Montage.

Notruf- und andere Signalanlagen

Notrufsignalanlagen können im Gästebadezimmer – in der Nähe der Dusche – oder auf Gästetoiletten montiert sein. Bei Übelkeit oder bei einem Unfall kann der Gast einen Knopf betätigen oder an einer leicht erreichbaren Schnur ziehen und Hilfe holen.

Es gibt auch Anlagen mit der Funktion **„Bitte nicht stören“**. Der Gast kann dieses Signal auf Knopfdruck von seinem Bett aus aktivieren. Vor der Zimmertüre leuchtet dann der Hinweis auf. Zu kennzeichnen sind diese Signale mit eindeutigen Piktogrammen.

Hotelzutrittssysteme

Schlüssel oder Keycard – das ist hier die Frage. Soll der Schlüssel nur das Zimmer sperren oder soll er weitere Funktionen erfüllen? Die technischen Möglichkeiten sind vielseitig und jeder Betrieb wird sein Schlüsselsystem den Anforderungen entsprechend auswählen. Wichtig ist in jedem Fall die leichte Bedienbarkeit für den Gast.

Konventionelles Schlüsselsystem

Die gebräuchlichsten Schlüssel sind die sogenannten **Bartschlüssel.** Jedem Schlüssel sind bestimmte Zugangsberechtigungen zugeordnet – vom einfachen Zimmerschlüssel bis zum Masterkey oder Zentralschlüssel, der sämtliche Schlösser im Betrieb sperrt.

Vorteil

- Minimale technische Anfälligkeit (z. B. Klemmen in Schlössern).

Nachteile

- Beim Abhandenkommen oder Abbrechen muss das Schloss – wenn es ein Masterkey ist, müssen sämtliche Schlösser des Betriebes – ausgetauscht werden.
- Der Schlüsselanhänger ist meist groß und unhandlich. In Betrieben, in denen die Rezeption nachts unbesetzt ist und der Zimmerschlüssel auch den Nachteingang sperrt, muss der Gast auch außer Haus den Schlüssel bei sich tragen.

Traditionelle Sicherheit ...

Keycard

Die Keycard ist eine **Magnetkarte,** auf der Informationen verschlüsselt gespeichert sind, die von Lesegeräten erkannt werden. In erster Linie dient sie als **Schlüssel.** Die Codierung besteht aus **Zimmernummer** und **letztgültigem Datum** (Abreisetag) und kann neben der Funktion als Zimmerschlüssel **bis zu acht zusätzliche Berechtigungen** für Dienstleistungseinrichtungen im Hotel enthalten (z. B. Öffnen der Eingangstüre und des Zimmersafes, Zugang zum Wellnessbereich, zur Garage, zum Skistall).

Weitere Einsatzbereiche der Keycard

- Der Gast kann einen Geldbetrag auf die Karte buchen, der ihm für Zahlungen mit der Keycard im Betrieb zur Verfügung steht.
- Alle Käufe und Inanspruchnahmen von Leistungen im Haus – angefangen vom Zimmerpreis – werden auf die Karte gebucht und beim Check-out abgerechnet. Dafür sind in den entsprechenden Abteilungen **Lesegeräte** installiert, die die Daten erfassen. Diese werden auf dem Konto des Gastes verbucht. Meist sind die Geräte online über die Telefonleitung verbunden.
- Zutrittsüberwachung: Ein Kartenlesegerät am Hoteleingang ermöglicht es, nur Besitzer registrierter Karten in das Haus zu lassen. Dieses System ist besonders auch für Klein- und Mittelbetriebe, die keinen Nachtportier haben, sinnvoll und auch finanzierbar.
- Mit der Keycard kann die Stromversorgung des Gästezimmers geregelt werden. Beim Betreten des Zimmers steckt der Gast die Karte in den Energiesparschalter, beim Verlassen zieht er sie wieder ab – währenddessen ist der Raum mit Strom versorgt.

> Die Einsatzmöglichkeiten können erweitert oder eingeschränkt werden. Ein einfaches Schließsystem kann jederzeit um Sicherheits- und Organisationslösungen erweitert werden.

Die Karte wird **beim Check-in** für den Gast je nach Ansprüchen codiert. Nach Rückgabe wird die Keycard für den nächsten Gast neu codiert und **wiederverwendet.**

Vorteile

- Die Keycard ist anonym – Hotel und Zimmernummer scheinen nur auf dem Kuvert auf, das bei der Übergabe zusammen mit der Keycard ausgehändigt wird.
- Bei Verlust ist weder ein Schloss auszutauschen noch ein Schlüssel nachzubestellen. Es wird lediglich eine neue Karte programmiert.

Nachteile

- Der Gast kann seine Zimmernummer vergessen.
- Schadhafte Karten müssen aussortiert, die Verlässlichkeit überprüft werden.

... versus moderne Sicherheit

Funkchips

In manchen Wellnessbetrieben wird den Gästen ein **Armband** ausgehändigt, das mit einem Funkchip ausgestattet ist. Der Funkchip besitzt sämtliche Eigenschaften einer Keycard, verlangt aber keine direkte Berührung mit den Lesegeräten (Türschloss, Restaurantkasse, Schwimmbad etc.) und ist daher – gerade in Wellnessbereichen – für die Gäste besonders praktisch.

Die Mitarbeiter im Frontoffice

„You never have a second chance to make a first impression."
Ein freundlicher Empfangsmitarbeiter kann dem in die Hotellobby eintretenden Gast einen guten, vielleicht bleibenden Eindruck durch das Gefühl, herzlich willkommen zu sein, vermitteln. Ausschlaggebend für positive Eindrücke sind ein angenehmes äußeres Erscheinungsbild, gewandtes Auftreten, Freundlichkeit, Kompetenz, Aufmerksamkeit, Flexibilität, Menschenkenntnis und Erfahrung. Höflichkeit und Diskretion sowohl im Umgang mit dem Gast als auch abteilungsintern sind oberstes Gebot.

Entscheidend für die optimale Gästebetreuung ist auch die gelungene Zusammenarbeit aller Abteilungen des Betriebes. Denn wenn hinter den Kulissen alles reibungslos läuft, ohne dass der Gast etwas davon mitbekommt, ist ein angenehmer Aufenthalt gewährleistet.

Außerordentlich wichtig ist es, dass sich alle Mitarbeiter wohlfühlen, um verantwortungsbewusst und kompetent die ihnen übertragenen Arbeiten durchzuführen. Werden die Mitarbeiter in Entscheidungsprozesse einbezogen, identifizieren sie sich in weitaus höherem Maße mit dem Betrieb – ihre Loyalität ist gegeben.

Organisation

Die Organisation und Führung von Beherbergungsbetrieben orientiert sich grundsätzlich an zwei Systemen, dem amerikanischen und dem europäischen System. Die Aufgabenbereiche werden im amerikanischen System in den Abteilungen eines Beherbergungsbetriebes etwas anders aufgeteilt als im europäischen System. In Klein- und Mittelbetrieben werden die Aufgaben – die ja grundsätzlich in jedem Betrieb die gleichen sind – auf wenige Mitarbeiter verteilt. In jedem Fall müssen die Arbeitsbereiche für jeden Mitarbeiter klar definiert und nachvollziehbar sein.

Amerikanisches System

Internationale Hotelketten – aber auch große und mittelgroße Einzelbetriebe – sind nach dem amerikanischen System organisiert.

Rooms Division

Diesem Bereich sind **Frontoffice** und **Housekeepingdepartment** zugeordnet. Verantwortlicher Leiter ist der **Rooms-Division-Manager.** In Großbetrieben werden die Aufgabenbereiche im Frontoffice unterteilt in Arbeiten, die direkt an der Rezeption erledigt werden (Frontofficebereich), und in Arbeiten, die nicht in direktem Gästekontakt geschehen (Backofficebereich). Die Telefonzentrale wird auch dem Frontofficebereich zugeordnet.

Der **Rooms-Division-Manager** ist für den reibungslosen Ablauf im gesamten Rooms-Division-Bereich zuständig und muss für eine optimale Auslastung des Hotels sorgen, das Reisebüro-, Gruppen- und Individualgeschäft koordinieren sowie ein geordnetes Berichtswesen in seinem Bereich führen.

Manager on Duty, so wird der diensthabende Manager genannt. Er vertritt den General Manager, wenn dieser nicht im Haus ist.

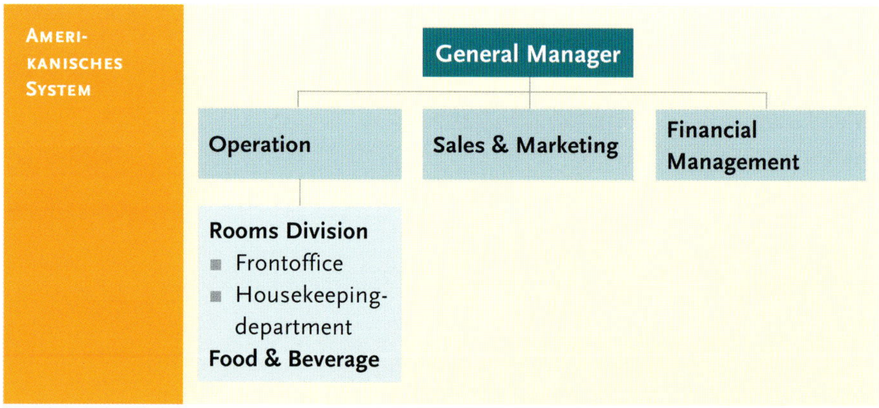

Rooms-Division-Manager	
Frontofficemanager/Empfangschef/Rezeptionschef	**Executive Housekeeper**
■ **Assistant Frontoffice Manager:** In Mittelbetrieben der Senior Room Clerk (Chief Receptionist) ■ **Guest Relation Manager** (früher: Assistant Manager): Ist erste Ansprechperson für Gästewünsche, Beschwerden etc. ■ **Night Manager:** Ist der Manager on Duty in der Nacht ■ **Chief Receptionist:** Ist für das Frontoffice verantwortlich ■ **Receptionist** (früher: Room Clerk) ■ **Shiftleader:** Senior Room Clerk; ist für die jeweilige Schicht im Frontoffice verantwortlich ■ **Chief Cashier:** Ist für die Kasse verantwortlich ■ **Reservation Manager:** Ist für die Reservierungsabteilung verantwortlich ■ **Chief Concierge:** Ist verantwortlich für Schlüssel, Post, Gepäck und Informationsdienste ■ **Concierge:** Portier ■ **Night Auditor:** Nachtportier ■ **Bellcaptain:** Ist für den Gepäcktransport verantwortlich ■ **Porter:** Gepäckträger, Lohndiener ■ **Bellboy:** Page ■ **Doorman:** Türsteher ■ **Driver:** Fahrer	

Europäisches System

Das europäische System wurde im 19. Jahrhundert von Cäsar Ritz in Paris für die individuelle Betreuung von Gästen entwickelt. Es kommt in Betrieben verschiedenster Größenordnung zur Anwendung, weshalb hier eine Unterteilung nach Groß-, Mittel- und Kleinbetrieben gemacht wird.

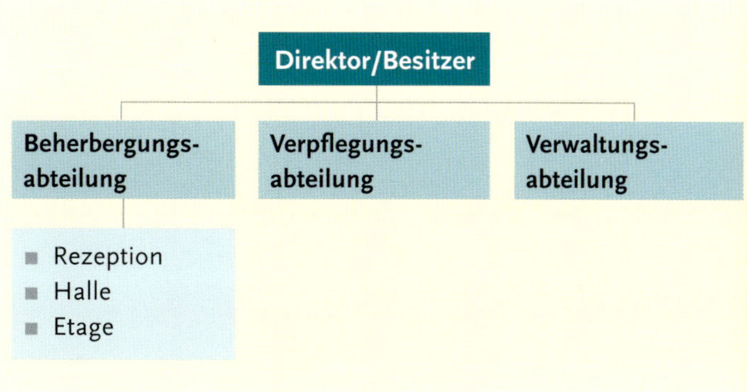

Europäisches System

Organisationsbeispiele

Empfang im Großbetrieb

Empfangschef		
Rezeption	**Halle**	**Etage**
▪ Rezeptionist: Auch Schichtführer in Vertretung des Empfangschefs ▪ Reservierungsleiter ▪ Sekretär ▪ Telefonist ▪ Kassier ▪ Lehrling/Auszubildender	▪ Portier ▪ Hilfsportier ▪ Nachtportier ▪ Cheflohndiener: Erster Hausdiener ▪ Lohndiener ▪ Page ▪ Türsteher ▪ Fahrer	

Empfang im Mittelbetrieb

Betriebsinhaber
Rezeption
▪ Rezeptionist (= Kassier) ▪ Sekretär ▪ Portier

Die Rezeptionistin eines Mittelbetriebes ist Ansprechpartnerin in allen Gästebelangen.

Empfang im Kleinbetrieb

In Kleinbetrieben ist die Rezeption nicht durchgehend besetzt und wird von einer Person neben anderen Tätigkeiten mitbetreut. Meist werden die Aufgaben vom Besitzer oder von Familienangehörigen selbst übernommen.

Ein Tipp vom Profi
Unterschätzen Sie im Kleinbetrieb die Bedeutung der Betreuungsaufgaben am Empfang nicht. Geben Sie Ihren Gästen das Gefühl, dass jemand für sie da ist, auch wenn Sie nicht immer am Empfang erreichbar sind. Ein Schild mit dem Hinweis, wo Sie zu finden sind (z. B. im Büro, im Restaurant), gibt dem Gast das Gefühl, dass er sich jederzeit an Sie wenden kann, ohne Sie zu stören.

Die Mitarbeiter am Empfang

Alle Mitarbeiter bringen vom Dienstbeginn bis zum Betriebsschluss in alle Betriebsbereiche durch ihren Arbeitseinsatz Qualität ein. Im Mittelpunkt der Arbeit stehen der Respekt vor dem Menschen und die Überlegung, dass die Zukunft des Unternehmens von der Bereitschaft der Mitarbeiter abhängt, die Qualitätsstandards zu halten und zu verbessern. Erfolgreiche Betriebe zeichnen sich unter anderem auch durch ihre positive Ausstrahlung aus. Betriebsinhaber(in) oder Geschäftsführer(in) müssen sich ebenso wie die Mitarbeiter mit dem Produkt, mit der Leistung des Betriebes identifizieren.

Anforderungen an Empfangsmitarbeiter – Stellenbeschreibungen

Jobdescriptions

Die jeweiligen Positionen im amerikanischen und im europäischen System haben zum Teil sehr unterschiedliche Bezeichnungen, ihnen sind auch jeweils unterschiedliche Tätigkeiten zugeordnet. Andererseits gibt es in vielen Betrieben Mischformen beider Systeme, sodass Sie hier alle Aufgaben, Verantwortungsbereiche und Zuständigkeiten finden, diese aber variabel den einzelnen Positionen zugeordnet sein können. Manche Arbeitsschritte sind auch durch Branchensoftware ersetzt und/oder unterstützen den Mitarbeiter bei seinen Tätigkeiten.

Wie die Mitarbeiter ihre Gäste empfangen, zeigt ihre Identifikation mit dem Betrieb.

In Klein- und Mittelbetrieben werden die Aufgaben auf die vorhandenen Mitarbeiter aufgeteilt.

Wichtig ist in jedem Fall, dass bei der Einstellung neuer Mitarbeiter die Strukturen und die **Aufgaben klar definiert** sind. Bei bereits länger im Betrieb tätigen Mitarbeitern sind in gewissen Abständen Struktur und Aufgabenverteilung in Erinnerung zu rufen bzw. eventuell neu festzulegen (siehe auch Kapitel „Mitarbeitermanagement", S. 112).

Ein Tipp vom Profi
Auch wenn Ihre Aufgaben klar strukturiert sind, braucht das den Gast nicht zu interessieren. Sind Sie für eine bestimmte Aufgabe nicht zuständig, werden Sie das nicht dem Gast mitteilen, sondern trotzdem behilflich sein bzw. den zuständigen Mitarbeiter informieren.

In der Jobdescription werden die persönlichen Voraussetzungen und die fachlichen Qualifikationen beschrieben.

Persönliche Voraussetzungen

- **Kommunikationsfähigkeit:** kontaktfreudig, offen auf Menschen zugehen, eventuelle Hemmschwellen überwinden; Informationen aufnehmen und weitergeben.
- **Kooperationsfähigkeit:** Lösungen bei Problemstellungen erarbeiten.
- **Verhandlungsgeschick:** die Gäste zufriedenstellen, ohne die betrieblichen Ziele zu vernachlässigen.
- **Motivationsfähigkeit:** sich selbst und andere motivieren können.
- **Kontrollfähigkeit:** Ziele und Vorgaben überprüfen und werten.
- **Koordinationsfähigkeit:** die richtige Entscheidung zum richtigen Zeitpunkt treffen.
- Selbstständiges Arbeiten und selbstbewusstes Auftreten.
- **Zielstrebigkeit:** unternehmensdefinierte Ziele vor Augen haben.
- Verantwortungsbewusstsein und -bereitschaft sowie Entscheidungskompetenz.

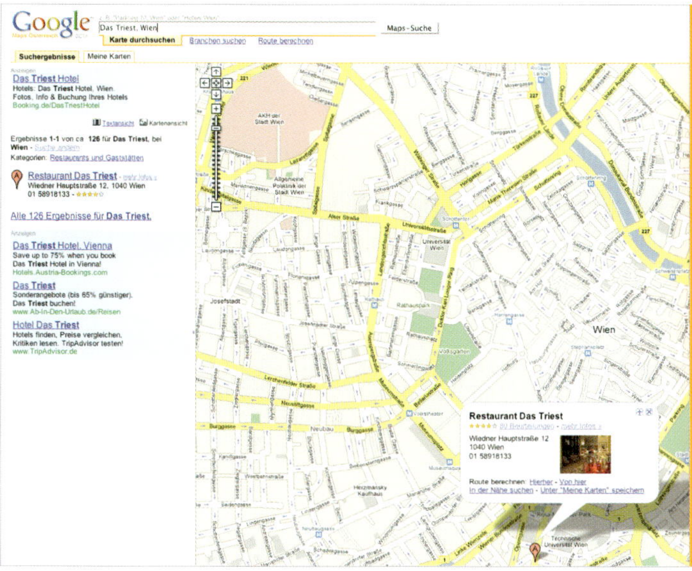

Die Umgebung muss man als Rezeptionist gut kennen. Hilfreich ist z. B. die Google-Seite http://maps.google.at, .de, .ch, .it.

- **Kritikfähigkeit:** konstruktive Kritik üben, Kritik an der eigenen Person aushalten und Lösungen umsetzen.
- Identifikation mit dem Betrieb.
- **Risikobereitschaft:** innerhalb des Kompetenzrahmens Risiko übernehmen.
- **Belastbarkeit:** Selbstsicherheit und Professionalität auch bei erhöhtem Arbeitsaufkommen.
- **Vitalität:** geistige und körperliche Fitness.
- **Lernfähigkeit:** Neuem gegenüber aufgeschlossen sein, Aufstiegsmöglichkeiten anstreben.
- **Zuverlässigkeit:** bei Vorgesetzten und Mitarbeitern Vertrauen in die eigene Person bilden.
- Selbstdisziplin.

Freude im Team und an der Arbeit entsteht auch durch Ihre persönlichen Stärken und Ihre fachlichen Qualifikationen.

- Diskretion.
- Gute Menschenkenntnis.
- Gutes Gedächtnis.
- Ehrlichkeit.
- Pünktlichkeit.
- Beherrschung gesellschaftlicher Umgangsformen.
- Gute Allgemeinbildung.
- **Durchhaltevermögen:** Bewusstsein dafür haben, dass der Dienst nicht pünktlich um 17:00 Uhr endet.
- **Frustrationstoleranz:** nicht sofort die Flinte ins Korn werfen.
- Erfolgsorientierung.
- **Arbeitseffizienz:** bewusst gesteuerter Arbeitseinsatz und Optimierung der Arbeitsabläufe.
- **Kreativität:** Es gibt verschiedene Wege zum Ziel.

Fachliche Qualifikationen

- **Ausbildung:** Abschluss einer entsprechenden Tourismus- oder Hotelfachschule bzw. einer anderen berufsbildenden Schule oder Lehrabschluss im Hotel- und Gastgewerbe (HGA-Lehre).
- **Beruflicher Werdegang:** Praktikum während der Schulausbildung bzw. Praxis im Lehrbetrieb.
- **Branchenkenntnisse, Berufserfahrung:** allgemeine Kenntnisse der Branche.
- **Kenntnisse der und Umgang mit Branchensoftware** (Reservierungs-, Buchungs- und Organisationssysteme).
- **Gastronomische Kenntnisse** in Bezug auf Küche, Service, Keller, Bar, Speisenkarten etc.
- **Fremdsprachenkenntnisse:** mindestens zwei Fremdsprachen.
- Umfassende kaufmännische Kenntnisse.
- Sichere Bedienung der in der Rezeption verwendeten Geräte und Anlagen.
- Sicherer Umgang mit den verschiedenen Zahlungsmitteln.
- **Produktkenntnisse:** Die angebotene Produktpalette kennen, um sie bewerben und verkaufen zu können (z. B. Sport- und Wellnessangebote, geführte Wanderungen).

- Exakte Durchführung der Planungs- und Organisationsaufgaben.
- **Betriebsinterne Kenntnisse:** gute Kenntnis der anderen Abteilungen, besonders Art, Lage und Ausstattung der Zimmer.
- **Gute Kenntnisse der näheren Umgebung:** Sehenswürdigkeiten, kulturelle Angebote, Ausflugsziele, kulinarische Angebote, Sportmöglichkeiten, Wetter, Straßenverbindungen, öffentlicher Verkehr, Zufahrt zum Betrieb.

Trotz der Bedeutung der fachlichen Qualifikationen darf jedoch nie die **Qualität der Serviceleistung** im gesamten Hotelgeschehen außer Acht gelassen werden. Sie macht damit den Mitarbeiter zum wichtigsten Faktor im Betrieb.

Empfangschef/ Rezeptionschef

Chef de Réception, Frontoffice Manager/ FO-Manager/FOM

Die Position des Rezeptionschefs entspricht einer Abteilungsleiterposition. Der Empfangschef vertritt die Direktion und ist verantwortlich für die optimale Hotelbelegung.

Der kaufmännische Erfolg eines Unternehmens hängt in hohem Maße mit der Zufriedenheit der Gäste zusammen. Und dafür trägt der FO-Manager einen großen Teil der Verantwortung.

Die geschlechtsneutrale Bezeichnung für die Leitung der Empfangsabteilung lautet **Frontofficemanager.** Die Aufgaben sind in erster Linie dispositiver Art, d. h. Planung, Anordnung, Durchführung und Kontrolle der gestellten Aufgaben für den gesamten Beherbergungsbereich. Dadurch wird ein **reibungsloser Arbeitsablauf im Empfangsbereich** gewährleistet, der dem kaufmännischen Erfolg und der optimalen Gästebetreuung zugrunde liegt.

Ein wesentliches Kriterium für die optimale Bewältigung der Anforderungen im Beherbergungsbereich ist die **Führung der Mitarbeiter** (siehe „Mitarbeitermanagement", S. 112).

Regelmäßige Schulungen schaffen optimale Voraussetzungen zum Wohle des Gastes, wobei die besonderen Gegebenheiten des Betriebes zu berücksichtigen sind. Die Aufgaben jedes einzelnen Empfangsmitarbeiters müssen vom Frontofficemanager klar festgelegt werden. Ebenso sind die Verantwortlichkeiten und die Vertretung bereits in der Stellenbeschreibung definiert.

Eine enge **Zusammenarbeit mit anderen Abteilungen**, wie Housekeepingdepartment, Food-and-Beverage-Abteilung, Sales- und Marketingabteilung, Banketting, ist unbedingt erforderlich (siehe „Zusammenarbeit mit anderen Abteilungen", S. 121).

Der Empfangschef ist zuständig und verantwortlich für

- den reibungslosen Ablauf in den Bereichen Rezeption, Reservierung, Kasse, Halle und Telefonzentrale sowie die bestmögliche Zusammenarbeit mit allen anderen Abteilungen.
- die Durchführung der wöchentlichen Abteilungsmeetings.
- Mitarbeitereinstellung, -führung, -beurteilung und -schulung: Dienstplanerstellung, Erstellen von Anforderungsprofilen für die Einstellung neuer Mitarbeiter sowie Erstellung der wöchentlichen Dienstpläne unter Berücksichtigung der zu erwartenden Gäste unter Einhaltung der gesetzlichen Vorschriften und der Urlaubsplanung.
- die Erreichung bzw. das Halten des innerbetrieblich festgelegten Standards.
- die Zimmer- und Pauschalpreisgestaltung.
- das Controlling.
- die Zimmerbelegkontrolle.
- die Erstellung des Forecasts (der Buchungsvorschau) für die nächsten Monate.
- die optimale Auslastung und Erreichung des maximalen Umsatzes bei den Zimmererlösen.
- den Tages-, Monats- und Jahresabschluss.
- die Abrechnung der Restaurantkassen.
- Kassenbuch, Handkasse und Bankeinzahlungen.
- die Kontrolle und regelmäßige Anpassung der Wechselkurse.
- die Kontrolle der Monats- und Jahresberichte.
- die Einhaltung der gesetzlich vorgeschriebenen Meldeformalitäten.
- den Empfang und die Verabschiedung von VIPs.
- die Kontrolle der Liste aller In-house-VIP-Gäste.
- Beschwerden.
- die Kontrolle von Check-in und Check-out.
- die vollständige Guesthistory (Gästekartei) mit Vermerk von speziellen Wünschen.

Regelmäßiger Austausch untereinander ist besonders wichtig, um Unstimmigkeiten zu vermeiden.

Der Rezeptionist ist die Anlaufstelle Nummer eins für den Gast.

Mitarbeiter an der Rezeption

Die vielfältigen Aufgaben, die an der Rezeption zur Gästebetreuung anfallen, werden je nach Betriebstyp und -größe folgenden Positionen zugeordnet:

Rezeptionist

Réceptioniste, Receptionist, Room Clerk

Der Rezeptionist unterstützt den Empfangschef bei allen Tätigkeiten. Gleichzeitig hat er auch immer direkten Kontakt mit den Gästen. Er ist für die **optimale Gästebetreuung** zuständig. Diese Position kann auch noch in **Junior Room Clerk** und **Shiftleader** bzw. **Schichtführer** unterteilt werden. Der Shiftleader vertritt in der jeweiligen Schicht vollverantwortlich den Frontofficemanager außerhalb von dessen Dienstzeit.

Allgemeine Aufgaben

- Gästebetreuung: Anlaufstelle für Auskünfte, Hilfestellungen, Problemlösungen etc.
- Unterstützung des Reservierungsleiters und des Kassiers.
- Freihaltung der Zufahrten für Einsatzwagen.
- Warenannahme nach Rücksprache mit dem zuständigen Abteilungsleiter (Einkauf, Direktion).
- Depotverwaltung von Medikamenten, Hygieneartikeln und Rauchwaren für Gäste (evtl. auch für Mitarbeiter).
- Eintragung von Problemen und Besonderheiten in das Logbuch und Weiterleitung von Nachrichten.
- Halle: Bei technischen Mängeln wird die Haustechnikabteilung informiert.

Aufgaben und Verantwortungsbereiche im Frühdienst

- **Check-in und Check-out** der Gäste mittels Reservierungsprogramm unter Beachtung des Meldegesetzes.
- Kontrolle der zu erwartenden Check-outs aufgrund der abgeschlossenen Rechnungen sowie der zu erwartenden Check-ins.
- **Reservierungsannahme und -bestätigung:** bei Reservierungen, die das Restaurant oder die Bankett- bzw. Veranstaltungsabteilung betreffen, Kontakt zwischen Gast und zuständigem Mitarbeiter herstellen.
- Gästekorrespondenz in Absprache mit dem Reservierungsleiter.
- Kassenausgänge, Bezahlung von Aushilfen (nur nach Rücksprache mit der Direktion oder dem Frontofficemanager).
- Betreuung der Telefonzentrale.
- Dienstübernahme vom Nachtdienst, Kassenkontrolle und -übernahme.
- Übernahme der Tageslosung des Vortags vom Night Auditor.
- Erstellung des Logisplans.
- Erstellung der VIP-Liste und Weitergabe der Information an das Housekeepingdepartment.
- Erstellung der Zeitungsliste für VIPs.
- Erstellung der Zimmerdebitorenrechnungen und Weiterleitung zur Kontrolle an den Frontofficemanager.
- Ablage der Logispläne, der Anreise- bzw. Abreiselisten, der Rechnungen, der Reservierungsblätter etc. in die jeweiligen Ordner.
- Schichtübergabe an den Spätdienst.
- Eintragung des Posteingangs und Weiterleitung an die zuständigen Stellen.
- Evtl. Kontrolle der Anreisezimmer bei Abwesenheit der Hausdame.
- **Speziell zugeteilte Sonderaufgaben:** Kassenbuchführung und Verwaltung der Hauptkasse; Debitorenrechnungen für Seminare und Veranstaltungen; Reservierungskontrolle; Nachtdienst im Bedarfsfall.

Aufgaben und Verantwortungsbereiche im Spätdienst

- Kassenübernahme vom Frühdienst.
- Late-Check-outs und Late-Check-ins.
- Schichtübergabe und Kassenübergabe an den Frühdienst.

Neben der perfekten Erfüllung der Aufgaben ist das A und O an der Rezeption, dass man freundlich ist und mit ganzem Herzen bei der Sache. Nur, wer seinen Beruf gern hat, wird ihn auch zur Zufriedenheit der Gäste – und damit des Betriebs – machen.

Reservierungsleiter

Chef de Réservation, Reservation Manager

Diese Position ist nicht im unmittelbaren persönlichen Gästekontakt. Der Reservierungsleiter ist für die Reservierungsabteilung verantwortlich.

Aufgaben

- **Gästebezogene Korrespondenz:** Angebotserstellung, Reservierungsbestätigung, Änderungsvorschläge, Stornos.
- Entgegennahme der Reservierungen laut Belegungsplan in Absprache mit dem Empfangschef.

- Organisation des Büromanagements in der Reservierungsabteilung: Ablage der Korrespondenz etc.
- Verwaltung und Pflege der Online-Buchungssysteme und -plattformen.
- **Kontingentverwaltung:** Zusammenarbeit mit Reisebüros, Kurverwaltungen, Gemeinden und anderen Veranstaltern sowie Internetbuchungsplattformen (Tiscover, eigene Homepage etc.). In Großbetrieben wird dies von der Salesabteilung gemacht.
- Anzahlungsverwaltung.
- Erstellen des Zimmerplans.
- Mitverantwortlich für die optimale Zimmerauslastung.
- Mailings (in Großbetrieben werden diese von der Salesabteilung gemacht).
- Dienstplanerstellung für die ihm unterstellten Mitarbeiter.

Sekretär

Secrétaire, Secretary

Aufgaben

- Unterstützung des Reservierungsleiters.
- Erledigung der Gästekorrespondenz und der Korrespondenz mit Reisebüros, Lieferanten, Kurverwaltungen etc.
- Versand von Prospekten oder anderen Werbematerialien.
- Evtl. auch zuständig für die Telefonzentrale und für die Bedienung der technischen Geräte.
- Herstellung der Tages- und Menükarten für das Restaurant.

Telefonist

Téléphoniste, Telephone Operator = TO

Die Telefonzentrale ist eine Schlüsselstelle im Haus. **Professionelles Verhalten am Telefon** und umfassendes Wissen über den Betrieb sind für diese Position unbedingt erforderlich, da der erste Kontakt oft über das Telefon hergestellt wird.

In großen Hotels, die nach amerikanischem System geführt werden, ist die Telefonzentrale nicht dem Empfang zugeordnet, sondern übergeordnet und für den ganzen Betrieb zuständig.

DIE TELEFONZENTRALE IST EINE SCHLÜSSELSTELLE IM HAUS.

Will ein Gast telefonieren, so greift er heutzutage meist zu seinem Handy. Braucht er jedoch Unterstützung, so ist ebenfalls der Telefonist seine Ansprechperson. Inländische wie ausländische Hausgäste sind meist gut informiert über die kostengünstigsten Verbindungen. Die Gäste haben meist ihre persönlichen Telefonnummern notiert, aber nicht jene von regionalen touristischen Einrichtungen, wie Theater etc. Diese finden sie in der Gästeinformationsmappe. Wenn sie dennoch Hilfe brauchen, dann benötigen die Gäste die Telefonnummern der meistgenutzten Fernnetzbetreiber, die sie von der Rezeption bekommen sollten, wie z. B. AT&T (in Österreich: 0800 200 288), manchmal MCI Worldcom (in Österreich: 0800 200 235), manchmal USA International Collect (in Österreich: 0800 231 433). Sehr selten möchte sich jemand über die Post mit dem Ausland verbinden lassen (Ferngesprächsanmeldung in Österreich: 11 816).

Aufgaben

- Verantwortlich für die Betreuung der Telefonzentrale.
- Schnelle und kompetente Verbindung der Gesprächsteilnehmer.
- Vermittlung der eingehenden Gespräche zu den Gästen und zu anderen Abteilungen.
- Gesprächsnotizen für Gäste, Vorgesetzte oder zuständige Mitarbeiter.
- Vermittlung von ausgehenden Telefonaten zu Lieferanten, Firmen, Geschäftspartnern etc.
- Vermittlung von Kreditkartengesprächen: Das Gespräch wird direkt über die Kreditkarte des Gastes abgebucht, nicht über das Hotel.
- Vermittlung von Telefonwertkartengesprächen: Der Gast verfügt über eine Codekarte zu einem bestimmten Wert, von der der Betrag des Telefonats abgezogen wird.
- Manche Betriebe stellen ihren Gästen auf Wunsch auch Wertkartenmobiltelefone für die Zeit ihres Aufenthalts zur Verfügung, deren Verwendung bei der Abreise abgerechnet wird.
- Verantwortlich für die Weckrufe, wenn kein anderes Wecksystem angeboten wird.

Kassier/Journalführer

Caissier, Chief Cashier, Cashier

Aufgaben

- Aufbuchung der in Anspruch genommenen Leistungen auf die Zimmerrechnung.
- Tätigt Barauslagen für Gäste (Blumen, Taxi, Sightseeingtouren) oder z. B. kann Gästen eine Börse mit Klein- und Wechselgeld im Wert von circa 25,00 Euro übergeben werden, damit sie für Trinkgelder oder Automaten Kleingeld bei sich haben.
- Führung des Kassenbuchs.

Der Hotelportier trägt die Clefs-d'or – die Insignien seines Berufsstandes.

- Abwicklung der Kreditkartenabrechnung.
- Inkasso der Zimmerrechnungen.
- Geldwechsel.
- Depot: Wertsachenverwaltung.
- Führung des Hoteljournals.

Lehrling/Auszubildender

Apprenti(e) de Réception, Hotel and Restaurant Trade Commercial Assistant-Apprentice, HGA (Hotel- und Gastgewerbeassistent)-Lehrling

Auszubildende werden in allen Bereichen der Beherbergungsabteilung, wie Reservierung, Rezeption, Portiersloge, Etage, eingesetzt. Die Aufgaben entsprechen an sich genau jenen Positionen, denen sie zugeteilt sind, allerdings sind sie nicht voll verantwortlich. Die Ausbildung muss nach dem jeweiligen **Berufsbild** erfolgen. An der Rezeption werden auch Hotelfachmänner/-frauen und Hotelkaufmänner/-frauen ausgebildet.

Mitarbeiter in der Halle

Die Hallenmitarbeiter sind die ersten, die mit dem Gast direkt in Verbindung treten und haben ihn somit entsprechend zu empfangen.

Portier

Chef de Halle, Chief Concierge

Einen Concierge gibt es in **Großbetrieben der gehobenen Klasse**, vor allem in der Stadthotellerie. In Ferienbetrieben werden die Aufgaben oft auch von anderen Rezeptionsmitarbeitern übernommen. Erkennbar ist der Hotelportier an den **Clefs-d'or** (vergoldete Schlüssel als Anstecknadel, die am Jackett befestigt ist). Je nach Betriebsart sind die Aufgaben sehr unterschiedlich. Der Hotelportier ist der Chef der Halle. Er soll ein gutes Personengedächtnis haben und sprachgewandt sein. Er ist für die unmittelbare Gästebetreuung zuständig und eine Informationsstelle für die Gäste.

Aufgaben

- Anmeldung der Gäste zu Sightseeingtouren, Ausflügen etc.
- Organisation von Taxis für die Gäste.
- Organisation des Transfers der Gäste.
- Reservierung von Tischen in Restaurants, Greenfee-Reservierung (Golfplatz-Reservierung).
- Vereinbarung von Beauty-, Wellness- und Friseurterminen, Terminvereinbarung für Animationsaktivitäten und Veranstaltungen im Ort.
- Besorgung von Eintrittskarten, Theaterkarten, Skipässen etc.
- Zug- und Flugauskünfte.
- Besorgung von Blumen, Medikamenten etc. für die Gäste.
- Beobachtung der ein- und ausgehenden Personen.
- Ausgabe der Zimmerschlüssel (nach Identifikation des Gastes).
- Erledigung des Postverkehrs (ein- und ausgehende Post).
- Organisation der Gepäckverteilung für die Lohndiener.

Gibt es nur einen Concierge im Haus, erübrigt sich die Bezeichnung Chief Concierge.

Hilfsportier

Concierge

Der Hilfsportier unterstützt in Großbetrieben den Portier bei allen Aufgaben.

Nachtportier

Concierge de Nuit, Night Auditor

Der Nachtportier hat dieselben Aufgaben wie der Portier, allerdings erst ab ca. 22:00 Uhr. Er übernimmt auch Aufgaben des Rezeptionisten und des Kassiers. Er muss gute Rezeptionskenntnisse und Erfahrung mit den **Hotelreservierungsprogrammen** haben, da er die Statistiken erstellt, die Zimmerpreise überprüft, die Gästelisten an die anderen Abteilungen (z. B. an das Housekeepingdepartment mit der Information der Gästeankünfte am nächsten Tag) schickt und die Tagesabrechnung kontrolliert.

Aufgaben

- Dienstübernahme vom Abenddienst.
- Erfassung aller Daten.
- Durchführung der Late-Check-ins und Early-Check-outs. Überprüfung noch ausständiger Ankünfte.
- Erledigung schriftlicher Arbeiten: Gästelisten, An- und Abreiselisten, Menüpläne und -karten.
- Aufbuchung der Leistungen auf die Zimmerrechnung mittels EDV.
- Kassenkontrolle.
- Nach Schließen der letzten Outlets Beginn mit dem Tagesabschluss:

Übernahme der Tageslosungen (der Umsätze) und Abrechnungen.
- Datensicherung.
- Eintragung evtl. notwendiger Reparaturen in die entsprechende Liste.
- Eingabe der Weckrufe.
- Abschließen aller Außentüren zu den vereinbarten Zeiten.
- Mithilfe bei Mailings oder anderen Sales- und Marketingaktivitäten.
- Evtl. Bezahlung von Aushilfskräften.
- Morgens Verteilung der Zeitungen an die Besteller.
- Eintragung von Problemen (Tagesabschluss, Sicherung, Gästebeschwerden) in das Logbuch bzw. Informationen an den Frühdienst.
- Ausdruck der erforderlichen Reports (Berichte).
- Dienstübergabe an den Frühdienst.
- Verantwortung für Ruhe im Betrieb.
- Erstellung der Abreiseliste.
- Kontrollgänge in der Nacht.

Cheflohndiener

Bellcaptain

Der Cheflohndiener ist verantwortlich für die Organisation des **Gepäcktransports.** Ihn unterstützen Lohndiener und Bellboys.

Lohndiener, Kofferträger, Gepäckträger

Bagagiste, Porter

Lohndiener erledigen den Gepäcktransport zu und von den Zimmern. In Absprache mit der Technikabteilung können sie auch zu körperlich anstrengenden Arbeiten in der Etage herangezogen werden. Sie erledigen auch **Botengänge** und fahren mit den betriebseigenen Taxis, soferne es keinen eigenen Fahrer gibt.

Pagen

Chasseurs, Bellboys, Grooms

Meist auszubildende junge Mädchen und Burschen, die Botengänge und Besorgungen für Gäste, für den Portier, für die Direktion und für die Rezeption übernehmen. Sie überbringen Nachrichten, begleiten die Gäste zu den Zimmern und sind manchmal auch Begleiter im Lift.

Der Doorman ist in großen Fünfsternehotels der erste Vertreter des Hotels, der den Gast bei seiner Ankunft empfängt.

Türsteher

Portier, Doorman

Der Doorman stellt den ersten persönlichen Kontakt zum Gast her. Er ist der erste und auch der letzte Mitarbeiter, den ein Gast sieht, deshalb soll er durch sein Auftreten und sein äußeres Erscheinungsbild den **Stil des Betriebes** besonders darstellen. Vor dem Eingang erwartet er die Gäste, öffnet Autotüren und hilft ihnen beim Ein- und Aussteigen. Er regelt die Zu- und Abfahrt der Autos, ruft Taxis für die Gäste, weist auf Garagen und Parkplätze hin, hilft beim Gepäcktransport und verständigt den Lohndiener von der Ankunft des Gastes.

Fahrer/Wagenmeister

Chauffeur, Driver

Meist holen die Fahrer Gäste vom Flughafen oder Bahnhof ab. Sie chauffieren sie aber auch zum Theater und zurück, oder sie fahren sie durch die Stadt oder die Umgebung. Die Fahrer sind darüber hinaus mit der Übernahme und dem Parken der Gästeautos betraut.

Auftreten der Empfangsmitarbeiter

Wie wichtig das äußere Erscheinungsbild der Empfangsmitarbeiter ist, kann gar nicht genug betont werden. Dieses Erscheinungsbild lässt gute Rückschlüsse auf den Zustand der Räumlichkeiten zu.

Dem Stil bzw. der Art des Betriebes entsprechend wird die Kleidung der Mitarbeiter gewählt. Betriebe in Urlaubsregionen auf dem Land, die den Gästen ihre Tradition durch Einrichtung und Ambiente vermitteln möchten, werden ihre Mitarbeiter in Tracht kleiden, Betriebe der Stadthotellerie werden klassische Uniformen bevorzugen. Gute Umgangsformen runden den positiven Eindruck ab. Viele Betriebe, besonders Betriebe von Hotelketten, haben für ihre Mitarbeiter sogenannte **Grooming Standards** festgelegt.

Berufsbekleidung

- Saubere, faltenfreie und dem Stil des Hauses entsprechende Privatkleidung oder Uniform.
- Herren: Anzug mit Krawatte oder Fliege.
- Damen: Kostüm, Hosenanzug, Kleid.
- Passender, dezenter Schmuck.

So ist das Auftreten perfekt.

- Keine sichtbaren Piercings und Tattoos und nicht mehr als ein Ohrstecker oder -ring.
- Namensschild mit dem Logo des Betriebes.
- Bequeme, saubere, ordentliche Schuhe.

Hygiene

- Ordentliche und gepflegte Frisur, guter Haarschnitt.
- Ausreichende Körperhygiene, dezenter Duft.
- Leichtes Make-up.
- Gepflegte Hände; farbloser Nagellack für Damen.
- Gepflegte Zähne.
- Glatte Rasur oder gepflegter Bartschnitt.

Ein Tipp vom Profi
Die angeführten Richtlinien zu erfüllen kann nur in Ihrem eigenen Interesse sein. Entspricht dieses Auftreten nicht Ihrem Naturell, so ist es besser, den Job an den Nagel zu hängen.

Umgangsformen

- Beherrschung der allgemeinen gesellschaftlichen Umgangsformen: Freundlichkeit, aufmerksames Zuhören, Anrede des Gastes mit Namen und Titel etc.
- Deutliche, gut verständliche Sprache (gehobene Umgangssprache, kein übertriebener Dialekt).

Grooming Standards

Der Begriff Grooming Standards kann wohl am ehesten mit **„Pflegemaßstab“** übersetzt werden. Gemeint sind Richtlinien, die ein Betrieb für seine Mitarbeiter hinsichtlich Reinlichkeit und Auftreten festlegt. In vielen Betrieben erhält jeder neue Mitarbeiter zu Beginn seiner Tätigkeit eine Liste der hoteleigenen Standards, nach denen er sich zu richten hat. Die vorher erwähnten üblichen Standards werden durch diese Grooming Standards noch besonders hervorgehoben und detailliert aufgelistet.

Ausschnitt aus hoteleigenen Grooming Standards

Jeder, der mit unseren Gästen Kontakt hat oder sich im Gästebereich aufhält, ist Repräsentant unseres Betriebes. Wir erwarten daher ein dem Standard des Hotels entsprechendes Auftreten – „gepflegt vom Scheitel bis zur Sohle“.

Bedenken Sie bitte, dass hübsches, gepflegtes Aussehen der Mitarbeiter von unseren Gästen als wesentlicher Beitrag zu ihrem Wohlbefinden in unserem Haus angesehen wird. Guter Service und Topqualität beginnen damit, wie wir uns unseren Gästen präsentieren. Daher ersuchen wir Sie, nachstehende Hinweise zu berücksichtigen:

Frisur
Sauber, gepflegt, ordentlicher Haarschnitt. Langes Haar muss zusammengebunden sein und darf nicht ins Gesicht fallen. Haarspangen, -maschen oder Ähnliches müssen dezent und schlicht sein und zur Kleidung passen; kein Gel; Herren: kurzer Haarschnitt.

Hände/Nägel
Saubere, ordentlich geschnittene bzw. gefeilte Nägel in passender Länge; nur dezenter Nagellack, der nie abgesplittert sein darf.

Hosenträger
Nur unter dem Jackett tragen – sie dürfen nie sichtbar sein.

Krawatte
Zur Kleidung passend, gut gebundener Knoten, keine Lederkrawatten!

Kugelschreiber
Innen an der Uniform zu tragen, maximal zwei Stück. Verwenden Sie ausschließlich Kugelschreiber mit unserem Hotellogo.

Make-up
Dezentes Make-up, das farblich zur Kleidung passt und nicht aufdringlich wirkt, ist erwünscht.

Namensschild
Im Gästebereich ist immer das Namensschild zu tragen. Stecken Sie das Namensschild am obersten Bekleidungsstück an der linken Seite gerade an. Keine anderen Anstecker (Badges oder Pins) außer den hauseigenen Pins oder vom Hotel angeordneten [illegible] Sprachenflaggen [illegible]

Parfum/Deodorants
Dezenter, nicht aufdringlicher Duft. Schweiß und Geruch stoppende Deodorants sind vorzuziehen.

Bitte pflegen Sie Ihre Kleidung und achten Sie auf ihren tadellosen Zustand. Für kleinere Reparaturen, die während der Arbeitszeit notwendig werden (abgerissene Knöpfe, aufgerissene Nähte), stehen Ihnen die Mitarbeiter im Uniformraum hilfreich zur Seite.

Die Mitarbeiter als Qualitätsbotschafter

Die Qualität eines Hauses kann an der Auslastung und am Gewinn gemessen werden. Das luxuriösest ausgestattete Hotel ist ohne seine Mitarbeiter nur ein Bauwerk, eine unbelebte Hülle. Die Mitarbeiter prägen das Leben und das Flair eines Betriebes.

OHNE DIE MENSCHEN BLEIBT DAS SCHÖNSTE HAUS EINE UNBELEBTE HÜLLE.

Ein Gast ist zufrieden, wenn seine Bedürfnisse und seine Erwartungen mehr als erfüllt werden. Dies ist aber noch lange kein Garant für das Wiederkommen des Gastes. **Der Gast ist kritischer geworden.** Er hat Erfahrungen aus anderen Betrieben und kann das **Preis-Leistungs-Verhältnis** recht gut beurteilen.

Die Quellen für erfolgsbestimmende Unterschiede im Qualitätserlebnis liegen weniger in der Ausstattung (diese wird vom Gast weitgehend als selbstverständlich vorausgesetzt) als vielmehr im **Stil der Führung, in der Art des Umgangs mit den Mitarbeitern** und im Durchdenken und schriftlichen Festlegen ganz bestimmter Situationen mit dem Gast. Unter verschärften Wettbewerbsbedingungen und bei zunehmend ausgereiften Angeboten wird diese **Dienstleistungsqualität** zum entscheidenden Erfolgsfaktor im Wettbewerb.

Qualitatives Handeln beginnt mit einer positiven Einstellung und mit Qualitätsbegeisterung. Das Motto lautet: Wenn der Gast abreist, soll er nicht nur zufrieden, sondern loyal sein und gerne wiederkommen.

Was sollten sich die Mitarbeiter fragen?

- Was erwartet mein Gast jetzt?
- Was denkt sich mein Gast gerade?
- Sieht mein Gast das anders als ich?
- Was könnte mein Gast jetzt gehört und verstanden haben?
- Wie kommt meine Botschaft bei meinem Gast an?
- Fühlt sich der Gast von mir anerkannt?
- Kann sich der Gast bei uns wohlfühlen und seinen Aufenthalt genießen?

Gast und Gastgeber

Machen Sie sich bewusst: Jeder Gast trägt zur Sicherung und Schaffung von Arbeitsplätzen bei.

Der Gast weiß, was er will – Sie müssen es auch wissen.

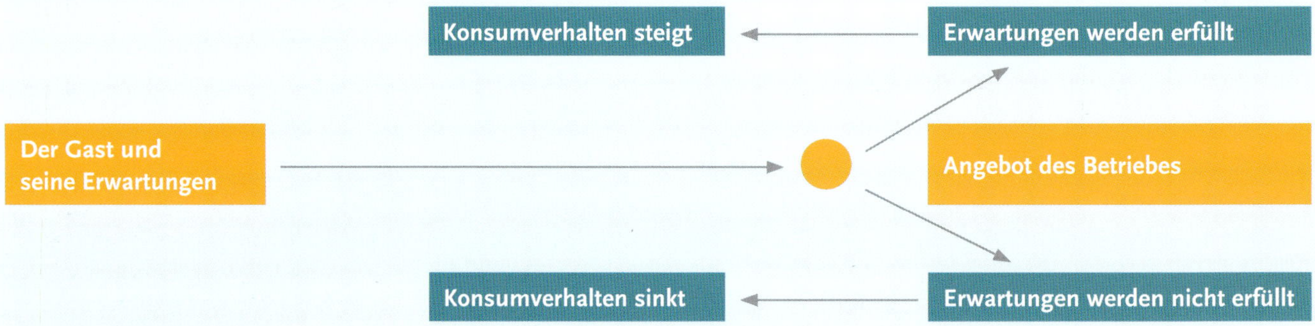

Gäste sind preisbewusst, informiert, anspruchsvoll und bei Versäumnissen und Fehlern nicht besonders tolerant. Die Herausforderung lautet, den Gast mehr als hundertprozentig zufriedenzustellen, um ihn an das Unternehmen zu binden. Das bedeutet,

- den Gast zu verstehen und seine Bedürfnisse zu erkennen,
- vorbereitet zu sein,
- einen verärgerten Gast rasch wieder zu einem zufriedenen zu machen,
- dem Gast aufmerksam zuzuhören,
- Verantwortung für das eigene Handeln zu zeigen,
- den Gast zu überraschen (Wow-Effekt),
- jede Kritik ernst zu nehmen und zu hinterfragen, Negatives in Positives zu verwandeln.

Jeder Mitarbeiter soll sich als **Verkäufer** sehen. Es wird das Produkt Service verkauft – die Botschafter der zu bietenden Qualität sind die Mitarbeiter auf allen Ebenen.

Der schwierige Weg zum loyalen Gast

Eindruck	Der Gast kommt ...	Der Gast empfiehlt ...	Der Gast erzählt ...	Der Gast ist ...
Topservice	immer wieder.	aktiv.	jedem, auch jenen, die nicht fragen.	**loyal.**
Guter Service	gelegentlich wieder.	einigen Leuten.	einigen Leuten.	**sehr zufrieden.**
Okay	wenn es keine Alternative gibt.	vielleicht, wenn er danach gefragt wird.	möglicherweise, wenn er gefragt wird.	**zufrieden.**
Nicht erwähnenswert	vielleicht, vielleicht auch nicht.	wahrscheinlich niemandem.	niemandem.	**gleichgültig.**
Schlechter Service	nach einigen Jahren vielleicht.	definitiv niemandem.	mindestens zehn Personen.	**unzufrieden.**
Miserabler Service	nur, wenn ihm nichts anderes übrig bleibt.	ganz bestimmt nicht!	mindestens fünfundzwanzig Personen.	**sehr unzufrieden.**
Eine Zumutung	niemals mehr – nicht einmal, wenn es in der Hölle schneit.	100%ig niemandem.	erzählt es jedem, der zuhört.	**äußerst verärgert.**
Eine bodenlose Frechheit	unter gar keinen Umständen – auch wenn die Welt untergehen sollte.	nur, um Rechtsanwälten zu Aufträgen zu verhelfen.	... davon der Presse.	**so verärgert, dass er eine Klage einreicht.**

Es gibt kein höheres Ziel als den **loyalen Gast.** Zufriedenheit ist der mindeste zu akzeptierende Zustand. Und: Der beste Weg, loyale Gäste zu bekommen, ist, selber loyal zu sein.

Was könnten sich die Gäste fragen?

- Anerkennung: Werden meine Bedürfnisse, Wünsche und Anliegen ernst genommen und respektiert?
- Gefühl der Sicherheit: Werde ich mich hier garantiert wohlfühlen?
- Preisbewusstsein: Bekomme ich für mein Geld das, was ich bezahlt habe?
- Ansehen: Steigt mein Ansehen durch meinen Aufenthalt in diesem Haus?
- Relaxen: Werde ich umsorgt und behütet? Kann ich ausspannen? Muss ich mich um nichts kümmern?
- Gastfreundschaft: Werde ich mich hier als Gast und Freund wiederfinden und mich wie zu Hause fühlen?
- Ich bin neugierig, mal sehen, was auf mich zukommt.

Qualitätskontrolle

Qualitätskontrolle bedeutet

- Erhaltung der Stammgäste und Gewinnung neuer Gäste,
- schnelle Erfassung von Qualitätsproblemen und sofortige Abhilfe,
- Aufzeigen von Qualitätsverbesserungen und -verschlechterungen in den Abteilungen,
- übereinstimmendes Verständnis in Bezug auf Qualitätsanforderungen,
- qualitätsbewusste betriebliche Mitarbeiteraus- und -fortbildung,
- neutrale Messung der qualitativen Leistungen in allen Gastkontaktbereichen des Hotels.

Tägliche Infragestellung der gebotenen Leistung

Die hier aufgelisteten Fragen dienen als Überprüfung der **betrieblichen Qualitätssicherung.** Die Fragen können als interne Checkliste, als Gästebefragung oder auch als Hinweis bezüglich der Erwartungshaltung der Gäste aufbereitet werden.

Fragebogen zur betrieblichen Qualitätssicherung	☺	😐	☹
Auftreten der Mitarbeiter			
Machen die Mitarbeiter einen gepflegten und adretten Eindruck?	☐	☐	☐
Tragen die Mitarbeiter Uniformen, die der Corporate Identity des Betriebes entsprechen?	☐	☐	☐
Sind die Schuhe der Mitarbeiter in Ordnung?	☐	☐	☐
Tragen die Mitarbeiter Namensschilder und sind diese gut lesbar?	☐	☐	☐
Beachten die Mitarbeiter alle hygienischen Richtlinien?	☐	☐	☐
Sprechen die Mitarbeiter deutlich mit den Gästen und in einem angemessenen Tonfall?	☐	☐	☐
Wird im Sichtfeld der Gäste weder gegessen, geraucht oder getrunken?	☐	☐	☐
Werden Unterschiede zwischen Stammgästen und regulären Gästen gemacht?	☐	☐	☐
Halten die Mitarbeiter angemessene Distanz zu den Gästen?	☐	☐	☐
Werden die Gäste von betriebsinternen Problemen ferngehalten?	☐	☐	☐
Verhalten sich die Mitarbeiter bei Reklamationen hilfsbereit?	☐	☐	☐
Verfügen die Mitarbeiter über die erforderlichen Sprachkenntnisse?	☐	☐	☐
Ist die Freude der Mitarbeiter an ihrer Arbeit sichtbar und spürbar?	☐	☐	☐
Wird persönlicher Service geboten?	☐	☐	☐
Steht immer die Gästebetreuung im Vordergrund?	☐	☐	☐
Verhalten sich die Mitarbeiter vor dem Gast korrekt?	☐	☐	☐
Verhalten sich die Vorgesetzten gegenüber ihren Mitarbeitern vor dem Gast korrekt?	☐	☐	☐
Ist das Verhältnis zwischen Mitarbeitern und Vorgesetzten gut?	☐	☐	☐
Ist eine gute Arbeitsatmosphäre spürbar?	☐	☐	☐
Ist Teamgeist vorhanden?	☐	☐	☐
Telefonkontakt			
Läutet das Telefon öfter als dreimal?	☐	☐	☐
Wirkt die Musik in der Warteschlange positiv auf den Anrufer?	☐	☐	☐
Werden die Gäste freundlich begrüßt und empfangen?	☐	☐	☐
Sind die Mitarbeiter telefonisch geschult?	☐	☐	☐
Hinterlassen die Mitarbeiter einen kompetenten Eindruck?	☐	☐	☐
Werden die Gäste immer mit Namen angesprochen?	☐	☐	☐
Werden alle Reservierungseckdaten wiederholt?	☐	☐	☐
Wird nach der ungefähren Ankunftszeit gefragt?	☐	☐	☐
Wird der Gast gefragt, wie er anreist und ob er den Weg zum Hotel findet?	☐	☐	☐
Bedanken sich die Mitarbeiter für den Anruf bzw. die Reservierung?	☐	☐	☐
Gästeanreise und Gästeaufenthalt			
Werden die Gäste bei der Ankunft prompt bedient und freundlich begrüßt?	☐	☐	☐
Suchen die Mitarbeiter beim Gespräch mit dem Gast den Augenkontakt?	☐	☐	☐
Ist das Frontofficeteam aufmerksam?	☐	☐	☐
Werden bei Ankunft der Zimmerpreis und das Abreisedatum wiederholt?	☐	☐	☐
Wird bei Reservierungen das Meldeblatt vorbereitet ausgefüllt?	☐	☐	☐
Wird den Gästen bei Ankunft Hilfe beim Gepäck angeboten?	☐	☐	☐

Werden die Gäste auf das Zimmer begleitet?	☐	☐	☐
Werden die Gäste über die hauseigene Infrastruktur informiert?	☐	☐	☐
Werden die Gäste über die hauseigenen Restaurants informiert?	☐	☐	☐
Informieren die Mitarbeiter die Gäste über spezielle Tagesaktivitäten?	☐	☐	☐
Sind alle Mitarbeiter freundlich, motiviert und hilfsbereit?	☐	☐	☐
Sind die Mitarbeiter fachlich kompetent?	☐	☐	☐
Werden die Gäste während des Aufenthalts gebeten, einen Gästefragebogen auszufüllen?	☐	☐	☐
Werden Gästewünsche und Bedürfnisse prompt erfüllt?	☐	☐	☐
Gästeabreise			
Können die Mitarbeiter die Gästerechnungen prompt und korrekt erstellen?	☐	☐	☐
Werden Fragen der Gäste zur Rechnung kompetent beantwortet?	☐	☐	☐
Bekommen die Gäste von den Rezeptionsmitarbeitern nach der Rechnungslegung Informationen über spezielle Angebote oder Packages?	☐	☐	☐
Werden alle Gäste von allen Mitarbeitern persönlich mit ihrem Namen verabschiedet?	☐	☐	☐

Mut zu mehr?
Die David Campbell Trophy
Die AICR (Amicale Internationale des Sous-Directeurs et Chefs de Réception des Grands Hôtels), der elf Mitgliedsländer angehören, vergibt an die beste Rezeptionistin/den besten Rezeptionisten des Jahres die „David Campbell Trophy“. Nach einer landesweiten Ausscheidung stellen sich die besten Rezeptionisten, um in den Bereichen persönliches Auftreten, Präsentation des Betriebes, fachliche Kompetenz und Behandlung von Zimmerreservierungen, Gästeankünften und -abreisen sowie Beschwerden und Problemen fachliche und persönliche Kompetenz unter Beweis zu stellen.

Den Namen trägt die Trophy übrigens vom Gründer des Wettbewerbs und damaligen Rezeptionschef im Pariser Hotel Ritz sowie früheren internationalen Präsidenten ders AICR – David Campbell.

Mit dem Titel „Bester Rezeptionist des Jahres“ in der Tasche oder der David Campbell Trophy im Regal, aber auch schon mit dem Engagement, sich diesem Bewerb zu stellen, haben Sie im beruflichen Umfeld sicherlich die Nase vorn.

Verkaufsgespräche richtig führen

Das **Kaufmotiv** eines Kunden – hier das des zukünftigen Gastes – entsteht zu mehr als zwei Dritteln **aus dem Bauch** heraus. Die Entscheidung basiert also großteils auf Gefühlen und nicht auf dem Verstand. Das heißt, dass das **Ansprechen der Emotionsebene** im Verkaufsgespräch besonders wichtig ist. Beim ersten telefonischen Kontakt mit dem Gast ist er also auf den Geschmack zu bringen, ansprechende Bilder von Wohlgefühl, Erholung und Entspannung sollen vor seinem inneren Auge entstehen. Um dies zu erreichen, muss der Rezeptionist erstklassige Kenntnisse über den Betrieb haben. Der **Nutzen eines Aufenthalts im Hotel** muss ganz **klar formuliert** werden können und ist dem Gast zu vermitteln.

Drei Punkte sind dafür entscheidend:

- Der Anbieter muss die **Wünsche**, Bedürfnisse, Sorgen und Nöte seines prospektiven Gastes genau **kennen.** Diese erfährt er am besten durch Stellen offener Fragen, die den Gesprächspartner zum Sprechen bringen.
- Er muss dem Gast diese **Wünsche bewusst machen**, damit dieser weiß, was ihm bisher gefehlt hat. Dazu eignen sich sehr gut sogenannte Suggestivfragen, die zu einer Übereinstimmung führen sollen (Finden Sie nicht auch, dass ...? Haben Sie sich nicht längst verdient, dass ...? Ist es nicht an der Zeit ...?).
- Und schließlich, nachdem der Gast erkannt hat, was er möchte, muss ihm **das richtige Angebot** unterbreitet werden. Am besten stellt man dazu halboffene Fragen zur sachlichen Abklärung der Eckdaten (Wie lange ...? Wie viele ...?) und geschlossene Fragen, die mit Ja oder Nein zu beantworten sind, zur Fixierung einer Reservierung (Darf ich ...? Können Sie ...?).

Mitarbeitermanagement, Mitarbeiterführung

Unternehmungsführung bedeutet vor allem auch Mitarbeiterführung. Der Mensch steht im Mittelpunkt jedes auf das Erbringen einer bestimmten Leistung zweckgerichteten Systems, das Unternehmung genannt wird. Das beste Konzept, der schönste Standort, die günstigste Kostenstruktur sind die eine Seite des Erfolgs. Ebenso mitentscheidend für den Erfolg sind aber auch die Mitarbeiter. Besonders die Mitarbeiter im Gästekontakt müssen neben der fachlichen Kompetenz auch mit der Dienstleistungsphilosophie des Unternehmens vertraut sein.

Mitarbeitermanagement bedeutet, die **entsprechende Anzahl an Mitarbeitern** in den jeweiligen Positionen **zum richtigen Zeitpunkt** einzusetzen. Diese Mitarbeiter müssen eine Qualifikation aufweisen, die den auf die Unternehmensziele ausgerichteten Aufgaben adäquat ist.

Durch das Mitarbeitermanagement und die Mitarbeiterführung wirkt der Vorgesetzte direkt und indirekt auf die Mitarbeiter ein, die entsprechend geschult und weitergebildet werden. Treten bei diesem Prozess Konflikte auf, kann ein gutes Mitarbeitermanagement Lösungen finden, die beiden Seiten entsprechen.

Immer wieder wird auch der Begriff **Coaching** in diesem Zusammenhang verwendet. Dieser aus dem Bereich des Sports kommende Begriff bedeutet „Betreuung während des Wettkampfes", übertragen auf die Arbeitswelt spricht man auch von **Staffcoaching.**

Wichtige Punkte für gelungenes Mitarbeitermanagement

- Gute Mitarbeiterführung und dadurch Motivation der Mitarbeiter.
- Gutes Betriebsklima.
- Neue (flexible) Arbeitsformen.
- Weiterbildungsmöglichkeiten.

Ein gutes Klima ist Goldes wert.

Motivation der Mitarbeiter

Motivation ist die Lust, etwas **von sich aus bewegen** zu wollen. Das heißt, motivierte Mitarbeiter sind von sich aus bereit, die ihnen gestellten Aufgaben sehr gut zu bewältigen. Viele verschiedene Faktoren führen zur Motivation – oder aber auch zur Demotivation – der Mitarbeiter.

- Wunsch nach flexiblen Arbeitszeiten.
- Wunsch nach persönlicher Entfaltung bei der Arbeit.
- Wunsch nach einem Weiterbildungsangebot.
- Übertragung von Verantwortung.
- Kür des Mitarbeiters des Monats.
- Gutes Betriebsklima, Teamarbeit soll selbstverständlich sein.
- Gute Karrieremöglichkeiten.

Ein Tipp vom Profi
Als Chef sollten Sie sich bewusst sein, dass fehlendes Lob für den Mitarbeiter Tadel bedeutet. Darum gilt: Reden Sie mit Ihren Leuten, teilen Sie Ihnen mit, was Ihnen positiv auffällt, und motivieren Sie sie, so weiterzumachen.

Incentives, Lob, Gratifikationen können Mitarbeiter motivieren, ihre Leistungen zu steigern. Betriebsausflüge, Gutscheine etc. können solche Anreize sein. Ein gut geführtes und gut strukturiertes Gespräch mit den einzelnen Mitarbeitern über Stärken und Schwächen ist für beide Seiten informativ und gibt dem Vorgesetzten die Möglichkeit, die besonderen Leistungen der vergangenen Monate nochmals hervorzuheben.

Hier liegt das Geheimnis des Erfolgs.

Was können Vorgesetzte tun, damit ihre Mitarbeiter das, was sie tun, mit Freude tun?

- Sich für die Mitarbeiter Zeit nehmen, wenn sie Fragen haben.
- Konzentration beim Mitarbeitergespräch.
- Eingehen auf die gestellten Fragen, Interesse dafür zeigen.
- Gemeinsame Ziele für einen bestimmten Zeitraum festlegen und Follow-up-Gespräche dazu führen.
- Feedback geben: sachliche Kritik und ehrliches Lob aussprechen.

Die Mitarbeiter sollen ein motiviertes Team sein. Durch ständige Information und durch Erfahrungsaustausch wird die Motivation zum qualitativ hochwertigen Arbeitseinsatz geweckt und auf hohem Niveau gehalten. Das Rollenverständnis des Unternehmers, der Führungspersonen spiegelt sich also in den Mitarbeitern wider. Schlecht oder nicht motivierte Mitarbeiter leisten weniger, sind häufiger krank, verschlechtern das Betriebsklima und kündigen schneller. Ein ständiger Mitarbeiterwechsel ist ein Zeichen für ein schlechtes Management (siehe Fluktuation, S. 115).

„Jeder Chef hat die Mitarbeiter, die er verdient."

Betriebsklima

Dieses wirkt sich einerseits auf die Mitarbeiter aus, andererseits spüren auch die Gäste die Stimmung, das Klima im Betrieb. Fühlen sich die Mitarbeiter wohl, erfüllen sie die ihnen gestellten Aufgaben besser. Freundliche Begrüßung und ein angenehmer Umgangston tragen wesentlich zu einem guten Betriebsklima bei. Befragen Sie Ihre Mitarbeiter oder Kollegen, wie sie folgende Punkte bewerten würden, und bilden Sie sich ein Urteil über das vorhandene Betriebsklima.

Vorschlag für einen Mitarbeiterfragebogen	☺	😐	☹
Bereitet Ihnen Ihre Arbeit Freude?	☐	☐	☐
Besteht eine gute Gesprächsebene mit den Kollegen und mit den Vorgesetzten?	☐	☐	☐
Werden von der Betriebsleitung spezielle Veranstaltungen für die Mitarbeiter durchgeführt?	☐	☐	☐
Werden die gesetzlichen Vorschriften der Arbeitszeitregelung eingehalten?	☐	☐	☐
Wird auf Dienstplanwünsche eingegangen?	☐	☐	☐
Erfolgt eine gute Einschulung neuer Mitarbeiter?	☐	☐	☐
Ist der Arbeitsplatz sauber?	☐	☐	☐
Sind die Arbeitsflächen ausreichend und mit Tageslicht versehen?	☐	☐	☐
Gibt es gute und versperrbare Ablagemöglichkeiten für die persönlichen Unterlagen jedes Mitarbeiters?	☐	☐	☐
Gibt es Grünpflanzen im Arbeitsbereich?	☐	☐	☐
Sind Bilder, die Ihnen gefallen, im Eingangs- und Hallenbereich?	☐	☐	☐
Sind Sie mit der Uniform, falls es eine solche gibt, zufrieden?	☐	☐	☐
Wie sind Verpflegung und Unterkunft?	☐	☐	☐
Wie sind die sanitären Einrichtungen?	☐	☐	☐

Flexible Arbeitsformen

Für immer mehr Mitarbeiter gewinnt die **Flexibilität der Arbeitszeit** an Bedeutung. Gerade Teilzeitarbeit kann für Unternehmer und Arbeitnehmer sehr sinnvoll sein. So können Arbeit, Freizeit und Kinderbetreuung sinnvoll kombiniert werden.

Arbeit auf Projektbasis

Neue, multifunktionale Dienstleistungsjobs und die Bedeutung von Personalleasingfirmen nehmen zu, weshalb auch die Entlohnungssysteme variabler und erfolgsorientierter gestaltet werden.

Teilzeitarbeit/Jobsharing

Teilzeitjobs mit bis zu 30 Wochenstunden nehmen zu. Dazu müssen die entsprechenden rechtlichen Rahmenbedingungen geschaffen werden. Für das Unternehmen bringt der Einsatz von Teilzeitkräften ein Mehr an Flexibilität und erlaubt das leichtere Abdecken von Spitzenzeiten. Voraussetzung dafür ist eine genaue Mitarbeiterplanung.

Telearbeit

Diese wird von zu Hause aus über eine Onlineverbindung zum Betrieb erledigt. Im Dienstleistungsbetrieb wird Telearbeit kaum möglich sein, aber auf dem Gebiet der Organisation der Tourismus- und Freizeitwirtschaft gewinnt sie an Bedeutung.

Ein Rezeptionist hat auch ein Privatleben – darauf muss bei den Arbeitszeiten Rücksicht genommen werden. Dann kommt er umso relaxter wieder in den Dienst.

Jobrotation

Dies ist eine flexible Arbeitsform, bei der die Mitarbeiter innerhalb des Betriebes nach dem Teilzeitprinzip verschiedene Tätigkeiten wahrnehmen. Ein Mitarbeiter kann z. B. vormittags an der Rezeption, nachmittags oder abends im Restaurantbereich arbeiten.

Mitarbeitermarketing

Neue Ideen sind gefragt, um einerseits neue Mitarbeiter anzuwerben und andererseits die schon länger im Betrieb arbeitenden Mitarbeiter an den Betrieb zu binden, um eine **geringe Fluktuation** (Mitarbeiterwechsel) zu erreichen.

Tipps für Mitarbeitermarketing

- Aus- und Weiterbildungsprogramme.
- Lehrlingsaustausch mit anderen Betrieben.
- Überprüfen des Führungsstils.
- Intensive Mitarbeiterbetreuung.
- Flexible Dienstzeiten.
- Mitarbeitern zu bestimmen Zeiten die Möglichkeit bieten, hausinterne Freizeiteinrichtungen zu benutzen.
- Broschüre für die Mitarbeiter, die die Philosophie des Betriebes vermittelt.
- Verbesserung der betrieblichen Voraussetzungen: z. B. Abbau der Teilschichten, Optimierung der Dienstpläne, Einsatz moderner Arbeitsgeräte, Verbesserung der Ar-

Mitarbeitermarketing mit System

Täglich	Fünf-Minuten-Besprechung für die Morgen-, Mittags- und Abendschicht zur Abteilungskoordination und als Dienstübergabe	▪ Probleme von gestern ▪ Ziele für heute ▪ Verkaufsempfehlungen ▪ Spezielle Aufgaben ▪ Diensteinteilung ▪ Sonstiges
Wöchentlich	Teambesprechung, Kadermeeting	Zum Beispiel jeden Freitag um 15:00 Uhr für alle Rezeptionsmitarbeiter.
Monatlich	Mitarbeiterbesprechung	Zum Beispiel jeden ersten Montag im Monat von 14:00 bis 15:00 Uhr für alle Rezeptionsmitarbeiter oder alle Mitarbeiter des Betriebes.
Jährlich	Ein Seminar pro Mitarbeiter	Innerbetriebliche und außerbetriebliche Weiterbildung.
Ständig bzw. bei anstehenden Problemen	Qualitätszirkel	Wie können die Erwartungen der Gäste noch besser erfüllt werden?

WEITERBILDUNG DER MITARBEITER IST FÜR EINEN MODERNEN BETRIEB UNERLÄSSLICH.

beitsabläufe, Bezahlung, Jobsharing, echter Überstundenausgleich.
- Informationsveranstaltungen für Jugendliche und für neue Mitarbeiter.
- Lehrling des Jahres (Bericht in der Lokalpresse).
- Freistellung der Mitarbeiter für nationale und internationale facheinschlägige Bewerbe.

Strategisches Mitarbeitercontrolling = „Die richtigen Dinge tun", eine gute Strategie zur Erlangung der langfristigen Unternehmensziele.

Operatives Mitarbeitercontrolling = „Die Dinge richtig tun", um die kurz- bis mittelfristigen Unternehmensziele zu erreichen.

Weiterbildung

Investitionen in die Weiterbildung sind **hundertprozentig gewinnbringend.** Die Mitarbeiter sollen zu Schulungen nicht verpflichtet werden, es sollen ihnen aber regelmäßig **Weiterbildungsmöglichkeiten angeboten** werden. Weiterbildungsangebote sollen einen Anreiz bieten, sich auch persönlich weiterzuentwickeln. Lehnt ein Mitarbeiter diese Angebote häufig ab, sind die Gründe dafür zu klären. Viele Mitarbeiter sehen aber Weiterbildungsangebote der Vorgesetzten auch als **Anerkennung** an.

Was man heute weiß und kann, ist möglicherweise morgen schon veraltet.

Fluktuation

Ein gewisser **Wechsel an Mitarbeitern** ist in jedem Betrieb natürlich. Sei es, dass Mitarbeiter aufgrund der privaten Situation den Wohnort wechseln, einen zweiten Bildungsweg einschlagen oder einfach neue Erfahrungen sammeln wollen. Von manchen Mitarbeitern muss sich zuweilen die Geschäftsführung eines Unternehmens aus verschiedenen Gründen trennen. Der Betriebsinhaber bzw. der jeweilige Vorgesetzte wird aber darauf achten, die Fluktuation der Mitarbeiter in einem vernünftigen Rahmen zu halten.

Einstellung neuer Mitarbeiter

Vor der Suche nach einem neuen Mitarbeiter muss die Stelle genau beschrieben vorliegen. Nur so kann die richtige Person für die zu besetzende Position gefunden werden.

Stellenbeschreibung für Empfangschef, Rezeptionist, Rooms-Division-Manager

Stellenbezeichnung	Empfangschef
Stellenziel	Führung und Organisation der gesamten Rezeption.
Eingliederung	▪ Berichtspflicht und Weisungsgebundenheit an die Direktion. ▪ Kooperation mit allen Abteilungen. ▪ Unterstellt sind der stellvertretende Rezeptionist, der Reservierungsleiter, die Mitarbeiter der Telefonzentrale sowie das Hallenpersonal.
Vertretung	▪ Die dieser Stelle unmittelbar unterstellten Mitarbeiter übernehmen die Vertretung. ▪ Der Empfangschef übernimmt die Vertretung des Rezeptionisten.
Ziele der Stelle	Optimale Organisation im Mitarbeiterbereich sowie der Zimmerorganisation und Auslastung des Hotels.
Aufgabenbereiche	Laut Jobdescription (siehe S. 102).
Aufgaben	Kontakt zu Gästen, Reisebüros und Firmen, Kalkulieren der Zimmerpreise, Packages etc., Beurteilung der Mitarbeiter seiner Abteilung, Einteilung der Zimmerreservierungen, Gruppen, Reisebürogäste.
Befugnisse	▪ Weisungsbefugnis gegenüber den Rezeptionsmitarbeitern. ▪ Einstellung neuer Rezeptionsmitarbeiter. ▪ Auflösung von Arbeitsverhältnissen. ▪ Vergabe von bestimmten Schlüsseln. ▪ Selbstständige Beschaffung des laufenden Bedarfs bis zu einer bestimmten Höhe.
Fachliche Anforderungen	▪ Facheinschlägige Berufsausbildung. ▪ Zweijährige Assistententätigkeit in einschlägigen Betrieben. ▪ Fundiertes Fachwissen. ▪ Umfassende Allgemeinbildung. ▪ EDV-Kenntnisse. ▪ Organisationstalent. ▪ Sprachkenntnisse: Englisch, Französisch, evtl. dritte Fremdsprache. ▪ Sprachgewandtheit in der Muttersprache, Gesprächskompetenz.
Persönliche Anforderungen	▪ Beste Umgangsformen. ▪ Teambildungsfähigkeit. ▪ Bereitschaft zur Übernahme von Verantwortung. ▪ Menschenkenntnis und Einfühlungsvermögen. ▪ Bereitschaft zur Konfliktlösung. ▪ Genauigkeit. ▪ Einsatzfreude.
Datum	________ **Unterschrift** ________

Stellenbezeichnung	Rezeptionist
Stellenziel	Verantwortlich für seinen Aufgabenbereich im Rahmen der Rezeption.
Eingliederung	Berichtspflicht und Weisungsgebundenheit an den Empfangschef. Kooperation mit allen Abteilungen.
Vertretung	Rezeptionisten.
Ziele der Stelle	Gästeempfang, Vergabe der Zimmer, Kassieren der Gästerechnung.
Aufgabenbereiche	Check-in, Gästeinformation, Check-out.
Aufgaben	Vorbereitung und Durchführung des täglichen Check-in und Check-out, Geldwechsel, Informationen über das Hotel und Umgebung.
Befugnisse	Eingeschränkte Befugnisse bezüglich Beschwerden, Gestaltung der Zimmerpreise, Überbuchungen, VIP-Treatments etc.

Fachliche Anforderungen	■ Facheinschlägige Berufsausbildung (Absolvent von Hotelfachschulen oder gelernter Hotel- und Gastgewerbeassistent, Hotelfachmann/-frau, Hotelkaufmann/-frau). ■ EDV-Kenntnisse. ■ Organisationstalent. ■ Sprachkenntnisse: Englisch, Französisch, evtl. dritte Fremdsprache. ■ Sprachgewandtheit in der Muttersprache, Gesprächskompetenz.
Persönliche Anforderungen	■ Beste Umgangsformen. ■ Teambildungsfähigkeit. ■ Menschenkenntnis und Einfühlungsvermögen. ■ Bereitschaft zur Konfliktlösung. ■ Genauigkeit. ■ Einsatzfreude.
Datum	______________ **Unterschrift** ______________

Stellenbezeichnung	Rooms-Division-Manager
Stellenziel	Der Rooms-Division-Manager leitet verantwortlich die gesamte Hauptabteilung Beherbergung eines Großhotels mit folgenden unterstellten Abteilungen: Empfang, Reservierung, Hausdamenabteilung und Haustechnik.
Eingliederung	■ Berichtspflicht und Weisungsgebundenheit an die Direktion. ■ Kooperation mit allen Abteilungen. ■ Unterstellt sind der FO-Manager und die Rezeptionisten, der Reservierungsleiter, die Mitarbeiter der Telefonzentrale sowie das Hallenpersonal und die Hausdamenabteilung.
Vertretung	FO-Manager.
Ziele der Stelle	Optimale Organisation im Mitarbeiterbereich sowie die Zimmerorganisation und Auslastung des Hotels. Enge Zusammenarbeit mit der Sales- und PR-Abteilung.
Aufgabenbereiche	Laut Jobdescription.
Aufgaben	Er koordiniert die Tätigkeiten in den Abteilungen, führt regelmäßige Besprechungen mit den unterstellten Abteilungsleitern und -leiterinnen durch und überwacht die Arbeitsdurchführung und die Arbeitsabläufe.
Befugnisse	■ Weisungsbefugnis gegenüber den Rezeptionsmitarbeitern. ■ Der Rooms-Division-Manager wirkt auch bei der Auswahl, Einstellung und Anweisung von Mitarbeitern im Bereich der Hauptabteilung Beherbergung mit.
Fachliche Anforderungen	■ Facheinschlägige Berufsausbildung: Als Rooms-Division-Manager sollten Sie über eine Ausbildung in der Hotellerie verfügen. Vorteilhaft sind auch entsprechende Fortbildungen und die Berufspraxis, während der Sie auch Erfahrung in vergleichbaren Leitungspositionen gesammelt haben. Der Zugang zur Tätigkeit steht Ihnen auch offen, wenn Sie z. B. ein Studium der Betriebswirtschaft in den Bereichen Tourismus, Hotel- und Gaststättenwesen absolviert haben. ■ EDV-Kenntnisse. ■ Organisationstalent. ■ Sprachkenntnisse: Englisch, Französisch, evtl. dritte Fremdsprache. ■ Sprachgewandtheit in der Muttersprache, Gesprächskompetenz.
Persönliche Anforderungen	■ Beste Umgangsformen. ■ Teambildungsfähigkeit. ■ Menschenkenntnis und Einfühlungsvermögen. ■ Bereitschaft zur Konfliktlösung. ■ Genauigkeit. ■ Einsatzfreude.
Datum	______________ **Unterschrift** ______________

Der Bewerbungsbrief

Als Empfangschef ist man auch zuständig für die Auswahl neuer Mitarbeiter an der Rezeption. Aussagekräftige Bewerbungen erkennt man an folgenden Kriterien:

- Ist die Bewerbung persönlich an den richtigen Ansprechpartner gerichtet oder wurde sie ins Blaue gesendet?
- Sind die Unterlagen klar formuliert, übersichtlich und aussagekräftig?
- Kann mit dem Bewerbungsschreiben Interesse geweckt werden?
- Sind die Unterlagen optisch einwandfrei?
- Ist das Bewerbungsschreiben sachlich, ohne Selbstanpreisungen des Bewerbers und ohne Gründe, warum man gerade ihn nehmen sollte?
- Sind alle erforderlichen Unterlagen wie Lebenslauf, Foto, Zeugnisse etc. beigefügt?
- Meldet sich der Bewerber nach einigen Tagen unaufgefordert beim Ansprechpartner des Schreibens?

Die Bewerbung kann auch einen handschriftlichen Teil enthalten, wenn die Handschrift ausdrucksstark ist.

Das Bewerbungsgespräch – Fragen, die für den Betrieb und für den Bewerbenden wichtig sind

- War es für Sie schwierig, sich für das heutige Gespräch freizunehmen? Der Vorgesetzte will überprüfen, ob sich der Bewerber dann und wann einfach eine Auszeit nimmt. Wer klipp und klar sagt, dass er sich für dieses Gespräch einen Urlaubstag genommen hat, liegt goldrichtig.

- Warum haben Sie sich ausgerechnet bei unserem Unternehmen beworben? Hier kann der Bewerber wirkliches Interesse am Unternehmen zeigen. Wer sich vorher auf der Hotelhomepage oder durch Prospekte informiert hat, kann mit Argumenten wie „Sie sind der innovativste Betrieb der Region" oder „In Ihrem jungen und hoch motivierten Team möchte ich bei der Festigung Ihrer Position als größter Betrieb mitwirken" punkten.

- Was interessiert Sie an dieser Position am meisten? Der zukünftige Arbeitgeber will wissen, wie realistisch die Vorstellungen von der angebotenen Position sind. Betonen Sie selbstbewusst Ihre Motivation und Ihr Interesse an den zukünftigen Aufgaben.

- Was waren Ihre Schwerpunkte in Ihrem bisherigen Lebenslauf? Sofern die Schwerpunkte mit der zukünftigen Aufgabe zu tun haben, können Fortbildungen, Auslandsaufenthalte, Schwerpunkte beim Studium und besondere Interessen hervorgehoben werden.

- Welche Weiterbildungsmöglichkeiten haben Sie bisher in Anspruch genommen, welche Seminare wollen Sie in Zukunft noch besuchen? Wissensdurst und Interesse sind gut, es muss aber noch Zeit bleiben, um den neuen Job erfüllen zu können.

- Was war der größte berufliche Erfolg? Nur Beispiele wählen, die mit dem neuen Job zu tun haben, z. B. Verbesserungsvorschläge in einer alten Firma, die aufgenommen wurden, akquirierte Kunden. Der zukünftige Arbeitgeber will testen, wie ambitioniert Sie sind.

- Ihre Fremdsprachenkenntnisse haben Sie mit „gut" bewertet. Ist das realistisch? Geben Sie ehrlich zu, wenn Ihre Sprachkenntnisse auffrischungsbedürftig sind.

- Weshalb haben Sie so häufig die Stelle gewechselt? Bei dieser Frage ist es wichtig zu zeigen, dass die bisherigen Wechsel nicht planlos waren, sondern zur Erweiterung des Wissens- und Erfahrungsspektrums gedient haben.

- Welches Verhältnis haben Sie zu Ihren Kollegen? Jetzt kommt es auf die Formulierung an: Wer sagt, dass alles super und toll abgelaufen ist, dem wird unterstellt, zu viel Privates in den Job einfließen zu lassen und mehr am Spaßhaben als am Arbeiten interessiert zu sein. Ein harmonisches Arbeitsklima anzustreben, wo ein konstruktives Schaffen möglich ist, ist die bessere Antwort.

- Weshalb möchten Sie Ihren derzeitigen Arbeitgeber verlassen? Der Grund für Ihren Wechsel muss nachvollziehbar sein. Ein gutes Argument ist die positive Zukunftsperspektive, dass man sich weiterentwickeln möchte, Negatives darf nicht im Vordergrund stehen.

- Arbeiten Sie lieber in einem Team oder sind Sie ein Einzelkämpfer? Wer sich für das Team entscheidet,

Wie, wo, was? Hilfe in den ersten Tagen ist für neue Mitarbeiter wichtig.

läuft Gefahr, als unselbstständig eingestuft zu werden. Ein eingefleischter Einzelkämpfer wiederum ist schlecht für das Betriebsklima. Die Antwort ist unbedingt von der zu besetzenden Position abhängig.

- Was tun Sie, wenn Sie sich entspannen möchten? Hinter dieser Frage verbirgt sich, wie Sie mit Stress umgehen, welche Methoden Sie zum Stressabbau anwenden. Freizeitaktivitäten sind hier am richtigen Ort.

- Sind Sie in Vereinen oder sonst irgendwie nebenbei aktiv? Die eine oder andere Nebentätigkeit zeugt von Geselligkeit, zu viel Engagement für eine außerberufliche Tätigkeit lenkt jedoch ab.

- Sind Sie verheiratet? Haben Sie Kinder? Der zukünftige Vorgesetzte will wissen, ob sein neuer Mitarbeiter innerlich ausgeglichen ist. Egal, ob Sie verheiratet sind oder nicht, betonen Sie Ihre harmonische und ausgeglichene Persönlichkeit.

- Sind Kinder und Beruf vereinbar für Sie oder ein sehr hoher Stressfaktor? Ein „Alles kein Problem" ist fehl am Platz. Beruhigender ist es für den Chef, dass z. B. im Krankheitsfall eines Kindes die Großeltern helfend einspringen.

- Wie werden Sie von Freunden und Kollegen eingeschätzt? Geben Sie im Gespräch kritisch Stärken und Schwächen zu.

- Welche Werte im Berufsleben sind für Sie besonders wichtig? Begriffe wie Teamgeist, gute Kommunikation und Loyalität sind positiv belegt. Durchsetzungsvermögen oder Kampfgeist können negativ ausgelegt werden.

- Bevorzugen Sie Gleitzeit oder feste Arbeitszeiten? Zu viel Begeisterung für feste Arbeitszeiten legt den Schluss nahe, dass Überstunden eher abgelehnt werden. Wenn es die Aufgabe aber erfordert, sind Überstunden notwendig.

- Was verdienen Sie in Ihrem alten Job – welches Gehalt streben Sie in Zukunft an? Ehrlichkeit ist unbedingt notwendig, da sich der zukünftige Arbeitgeber innerhalb der Branche über das alte Gehalt erkundigen kann. Bestimmen Sie selbstbewusst, aber realistisch Ihren Marktwert.

- Was möchten Sie von uns wissen? Jetzt ist es an der Zeit, durch gezielte Fragen einerseits Interesse kundzutun, andererseits Infos zu bekommen. Mit „Wann ist die Mittagspause" schießt man sich ins Out, mit „Wie ist das Betriebsklima" oder „Wohin bewegt sich das Unternehmen" liegt man schon besser.

Der erste Tag

Die Professionalität eines Unternehmens zeichnet sich unter anderem dadurch aus, wie neue Mitarbeiter in ihre Aufgaben eingeführt werden. Dabei kann eine **Checkliste** sehr hilfreich sein, die sowohl dem neuen Mitarbeiter als auch dem Vorgesetzten Richtlinien gibt und in der alle Aufgaben klar definiert angeführt sind. Damit ist ihre Durchführung auch leicht zu überprüfen.

Der neue Mitarbeiter wird den anderen Mitarbeitern im Betrieb vorgestellt, es werden kurz die **Unternehmensstruktur** und die **Unternehmensphilosophie** erklärt, evtl. wird die **Dienstkleidung** oder Uniform übergeben, das **Namensschild** wird angefertigt, der **Garderobenplatz** oder die Mitarbeiterunterkunft zugeteilt, das **Mitarbeiterhandbuch**, **Merkblätter** etc. werden übergeben, eine für den neuen Mitarbeiter bestimmte **Kontaktperson** wird genannt, die wichtigsten **Betriebsabläufe** werden vorgestellt, der **Dienstplan** wird erstellt.

Ein Tipp vom Profi

Nehmen Sie sich für Ihren neuen Mitarbeiter Zeit. Stellen Sie ihm eine Vertrauensperson gleichen Ranges vor, an die er sich jederzeit wenden kann. Achten Sie darauf, dass der Eintrittstag und die Uhrzeit nicht mit der stärksten Betriebszeit kollidieren. In der Ferienhotellerie ist z. B. ein Freitag nicht unbedingt ideal, in der Stadthotellerie hingegen kann das ein guter Starttag sein. Achten Sie auch darauf, dass alles, was der neue Mitarbeiter braucht (Uniform, Namensschild etc.), bereits vorbereitet ist, damit er sich willkommen und zugehörig fühlt.

Checkliste: Unterweisungen für neue Mitarbeiter

Name des Mitarbeiters: ______________________

Zuständig für die Einschulung: ______________________

Eintrittsdatum: ______________________

Folgende Unterweisungen sind im Laufe der ersten Woche der Neuanstellung eines Mitarbeiters durchzuführen und von der jeweils verantwortlichen Person gegenzuzeichnen:

Unterweisungen	Datum	Unterschrift
Betriebsführung		
Vorstellung aller Abteilungsleiter		
Übergabe der Mitarbeiteruniform		
Information über Ausgabe und Reinigung der Mitarbeiteruniform		
Zuteilung der Personalunterkunft		
Zuteilung des Spindes		
Aushändigung des Namensschildes		
Regeln im Umgang mit dem Gast		
Dienstplanerläuterungen/Stundenaufzeichnungen		
Übernahme der Schlüssel		
Unterweisung in der Handhabung technischer Geräte		
Einweisung in den Brandschutzplan		
Begehung der Fluchtwege		
Besichtigung der sicherheitstechnischen Vorrichtungen (Strom, Wasser)		
Erste-Hilfe-Schulung		
Vorgehensweise in der Zusammenarbeit mit den anderen Abteilungen		
Klare Aufgabendefinition		

Ein Tipp vom Profi
Als Einschulung neuer Mitarbeiter, aber auch als Incentive für Mitarbeiter, die schon länger im Betrieb beschäftigt sind, eignet sich folgendes Angebot: Der Mitarbeiter wird vom Betrieb eingeladen, gemeinsam mit seinem Partner im Hotelbetrieb zu übernachten und zu frühstücken. In diesem Rahmen ist von ihm bzw. seinem Partner ein Fragebogen über die Ausstattung, Benutzerfreundlichkeit der technischen Geräte, Schlafkomfort, Geräusche, Geruch etc. auszufüllen. So lernt einerseits der Mitarbeiter den Betrieb aus der Sicht des Gastes kennen und kann andererseits dem Betrieb ähnlich einer Mystery Guest Analysis Feedback geben.

Zusammenarbeit mit anderen Abteilungen

Die Mitarbeiter des Frontoffice arbeiten mit allen Abteilungen eng zusammen, sie befinden sich sozusagen an der Schnittstelle des Unternehmens. Alle Abteilungen müssen Gästezufriedenheit gewährleisten, deshalb muss die Zusammenarbeit reibungslos funktionieren.

Zusammenarbeit mit dem Housekeepingdepartment

Zum **Rooms-Division-Department**, dem der Empfangsbereich zugeteilt ist, zählt auch das Housekeepingdepartment, da zwischen diesen Abteilungen die Zusammenarbeit am intensivsten ist. Über das **Reservierungs- und Zimmerverwaltungsprogramm** ist diese Abteilung mit dem Empfang vernetzt.

Die Arbeiten in beiden Bereichen finden zwar örtlich getrennt statt, sie sind jedoch sehr voneinander abhängig.

> **Ein Tipp vom Profi**
> Achten Sie auf eine ausgezeichnete Zusammenarbeit mit dem Housekeepingdepartment. Sorgen Sie dafür, dass ein steter Informationsaustausch gepflegt wird, denn mit den Zimmern wird der meiste Profit gemacht, und wenn hier etwas nicht klappt, lässt dies der Gast Sie spüren.

Die Hausdame ist auf Informationen angewiesen und gibt ihrerseits ihr Wissen an die anderen Abteilungen weiter.

Das **Frontoffice meldet** die aktuellen Reservierungs- oder Zimmerbelegungspläne an das Housekeepingdepartment, teilt die Sonderwünsche der Gäste mit, gibt bekannt, ob es sich um einen Gast mit Behinderung handelt oder um Gäste mit Kleinkindern oder mit Haustieren.

Das **Housekeepingdepartment meldet** die freien und gereinigten Zimmer, jene, die momentan grundgereinigt werden, den Verbrauch der Minibar etc. Ist ein Gast hilfsbedürftig oder krank, wird dies vom Housekeepingdepartment an das Frontoffice gemeldet. Auch wenn ein Gast auf der Etage einen Schaden verursacht hat, der entweder von seiner Versicherung übernommen oder vom Gast selbst bezahlt werden muss, ist dies unbedingt dem Frontoffice zu melden. Weiters werden Informationen über Verlust oder Fund von Wertsachen und Gegenständen der Gäste zwischen diesen Abteilungen ausgetauscht.

Für diesen **Informationsaustausch** gibt es verschiedene **Formulare**, wie Reservierungsvorschau, Zimmerbelegungsplan, Mitteilung für die besondere Ausstattung eines Gästezimmers, Sanierungsplan, Out-of-Order-Liste, Lost-and-found-Formular, Konsumations- oder Verbrauchsliste der Minibar etc.

Zusammenarbeit mit der Bankettabteilung

Zwischen Bankettabteilung und Frontoffice findet ein steter Informationsaustausch statt, das Zusammenspiel sollte eng verknüpft sein. Die Bankettabteilung ist zuständig für die Reservierungen von Veranstaltungen, für Feiern (Weihnachtsfeiern, Hochzeiten etc.), für das Catering, sofern es keine eigene Cateringabteilung gibt, und für Seminare, Konferenzen etc.

Feiern werden von der Bankettabteilung organisiert. Das Frontoffice muss darüber Bescheid wissen.

Bei **Anfragen zu Veranstaltungen**, die an das Frontoffice gerichtet werden, bzw. wenn die Bankettabteilung nicht erreichbar ist, müssen die Frontofficemitarbeiter exakt Auskunft erteilen können. Anfragen sind sorgfältig zu notieren und weiterzugeben. Änderungswünsche des Veranstalters bei der Speisenfolge, der Personenanzahl etc. werden an die Bankettabteilung umgehend weitergeleitet. Vor der Zusage von Änderungen an den Veranstalter müssen diese erst mit den entsprechenden Abteilungen geklärt werden. Entstehen dadurch Kosten, sind diese schriftlich festzuhalten und dem Veranstalter mitzuteilen.

Ein Tipp vom Profi
Professionelles Agieren ist gefragt – den Gast interessiert es nicht, wofür Sie zuständig sind oder nicht. Sie sind für ihn die Kontaktperson, von der er erwartet, dass alles hundertprozentig erfüllt wird und funktioniert.

Ergeben sich bei Veranstaltungen auch **Zimmerbuchungen**, werden der Bankettabteilung eigene frei verfügbare **Zimmerkontingente** zur Verfügung gestellt. Sind diese Kontingente ausgeschöpft, werden weitere benötigte Zimmerkontingente mit dem Frontofficemanager abgesprochen. Veranstaltungsleiter, Seminartrainer und -teilnehmer können z. B. im Frontoffice Wünsche deponieren, die von hier aus an die entsprechenden Stellen prompt weitergeleitet werden müssen.

Für die Anfrageaufnahme und die richtige Auskunft ist es selbstverständlich, dass die Mitarbeiter der Rezeption über die **Gegebenheiten ihres Hauses informiert** sind.

Ein Tipp vom Profi
Geben Sie alle Informationen sofort weiter und holen Sie regelmäßig Informationen der anderen Abteilungen ein. Nur so sind Sie immer up to date.

DAMIT EIN BANKETT IN DIESER FORM GELINGT, MÜSSEN ALLE PERFEKT ZUSAMMENSPIELEN.

Es gibt dafür in jedem Betrieb das notwendige Unterstützungsmaterial, wie
- Bankettmappen,
- Cateringmappen,
- Anfrage- und Aufnahmebögen,
- spezielle Telefonnotizbögen,
- Functionsheets.

(Siehe dazu auch das Kapitel „Veranstaltungen", S. 195.)

Von der Rezeption ist den Gästen darüber hinaus während der Veranstaltung **Hilfestellung** zu geben: Die Gäste benötigen z. B. Kopien oder Hilfe bei technischen Geräten, sie brauchen evtl. zusätzliches Arbeitsmaterial, wie Flipchartstifte oder Overheadfolien.

Zusammenarbeit mit der Food-and-Beverage-Abteilung

Die Food-and-Beverage-Abteilung benötigt korrekte Daten **zur genauen Anzahl der Frühstücksgäste sowie der Gäste mit Halb- oder Vollpension.** Evtl. werden auch Menüänderungswünsche im Frontoffice vorgebracht, die weiterzuleiten sind. Änderungen, die Veranstalter betreffend die Speisenfolge und Personenanzahl mitteilen, müssen ebenfalls rechtzeitig weitergeleitet werden (in Rücksprache mit der Bankettabteilung).

Der Informationsfluss muss funktionieren, damit Veranstaltungen reibungslos ablaufen können.

In manchen Betrieben werden die **Speisen- und Menükarten** in der Rezeption hergestellt. Dazu sind von der Food-and-Beverage-Abteilung die Informationen einzuholen und die Karten termingerecht zu übermitteln.

Zusammenarbeit mit der Sales- und Marketingabteilung

Die Sales- und Marketingabteilung **betreut Firmen und Reisebüros großteils außer Haus.** Sie trifft Firmenvereinbarungen und bringt wichtige Informationen über die Firmen und die Personen, die die Buchungen vornehmen. Die **Preisgestaltung** erfolgt meist

Damit alles in vollem Glanz erstrahlt, ist die technische Abteilung bestrebt, jeden Defekt sofort zu beheben.

in Zusammenarbeit von Frontoffice und Sales- und Marketingabteilung.

Folgende Informationen werden zwischen beiden Abteilungen ausgetauscht:

- Neue Anfragen von noch nicht buchenden Firmen und Reisebüros.
- Reservierungsprobleme.
- Buchungsausfall.
- Abgelaufene Reisebürokontingente.
- Geplante Firmenbesuche.
- Reservierungsprobleme: z. B. keine verfügbaren Zimmer, Fehler bei einer Reservierung.
- Preisvereinbarungen.
- Informationen über Neukunden.
- Informationen über Zimmerkontingente für Sonderpreise, für Reisebüros, Unterstützung bei Spezialterminen der Kundenbetreuung etc.

Ein Tipp vom Profi

Die Mitarbeiter in der Rezeption erkennen meist ihre Bucher an der Stimme, bringen aber damit keine Person in Verbindung. Ein persönlicher Kontakt ist jedoch sehr wichtig. Den haben im Vorfeld meist Mitarbeiter der Salesabteilung, die mit Firmen und Reisebüros in Kontakt sind. Sie finden in einem persönlichen Gespräch meist sehr viel mehr über die Gästezufriedenheit und über die Gästewünsche heraus, als es am Telefon möglich ist. Darum ist ein gegenseitiger Austausch der Informationen über Kundenwünsche hier so unerlässlich.

Zusammenarbeit mit der technischen Abteilung

Die technische Abteilung ist ebenfalls mit der Rezeption vernetzt. Sie muss möglichst schnell über technische Defekte informiert werden, um sie sofort beheben zu können.

Folgende Aufgaben werden von dieser Abteilung durchgeführt bzw. in Auftrag gegeben:

- Behebung elektrischer Defekte.
- Installationsarbeiten.
- Instandhaltung der Lüftung, der Heiz- und der Klimaanlage.
- Brandschutzmaßnahmen: Durchführung und Kontrolle.
- Wartung der Transport- und Gästelifte.
- Entsorgung von Gefahrgütern.
- Sofortiger Austausch oder sofortige Reparatur defekter Geräte in den Gästezimmern, z. B. Fernseher, Föhn, Minibar.
- Wartung der hausinternen Medienausstattung.
- Administration der Computerhardware.
- Schlüsseldienst bzw. Keycardservice.
- Austausch und Reparatur von defektem Mobiliar.

Die Rezeption – Ihr Arbeitsplatz

Die Rezeption mit ihren Mitarbeitern ist und soll die erste Anlaufstelle für den Gast sein. Dies ist sowohl für den Gast als auch für das Hotel entscheidend. Denn der Gast kennt den Betrieb bisher nur aufgrund einer Empfehlung, von Prospektfotos oder von Informationen aus dem Internet. Nun betritt er erstmals den Betrieb. Er ist vielleicht von der Reise erschöpft, ist im Stau stecken geblieben ... und will jetzt seinen Aufenthalt genießen. Und natürlich erwartet er Freundlichkeit, einen netten Empfang, das bestellte Zimmer und viel Service – vom Koffertragen über die ersten Informationen über Haus und Umgebung bis hin zum genussvollen ersten Essen.

Frontoffice – Backoffice

Die Rezeption kann man sich wie einen Theaterbetrieb vorstellen: mit einer Bühne – das sind jene Räumlichkeiten, die der Gast sehen darf und auch benützt (der Frontofficebereich) – und mit den Abteilungen hinter den Kulissen. Das sind jene Bereiche, die dem Gast verschlossen bleiben, die er weder sehen noch betreten wird (das Backoffice).

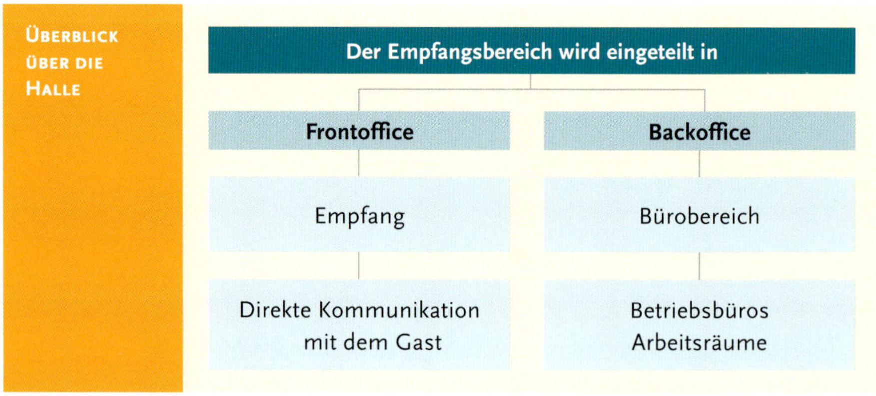

Frontoffice

Das Frontoffice ist der Empfangsbereich des Beherbergungsbetriebes. Er ist dem Gast zugänglich und dient der **direkten Kommunikation** mit ihm.

Das Frontoffice umfasst

- die Rezeption,
- die Portiersloge (den Concierge Counter),
- die Kasse,
- den Manager's Desk,
- das Empfangsbüro,
- das Business-Service-Center,
- die Telefonzentrale,
- das Hausdieneroffice oder -büro.

Im Frontoffice finden Gästeempfang, Check-in, Check-out, Informationsaustausch, Geldwechsel etc. statt. Hier ist die Anlaufstelle für alle Bedürfnisse, die die Beherbergungsabteilung und den Aufenthalt des Gastes betreffen.

Backoffice

Das Backoffice hingegen umfasst die **Betriebsbüros und die dazugehörigen Arbeitsräume.** Dieser Bereich ist für den Gast nicht sichtbar und auch nicht zugänglich.

Die Frontofficebereiche

In der Hotelorganisation ist das Frontoffice ein eigener Bereich der Beherbergungsabteilung, der perfekt funktionieren muss. Daher sind eine klare Struktur und eine perfekte Organisation wichtig. Hier die Bereiche im Detail:

Die Rezeption – der Frontdesk

An der Rezeption reserviert der Gast – so er persönlich bucht – sein Zimmer, hier meldet er sich im Hotel an und hier bezahlt er seine Rechnung. Hier bekommt der Gast Auskünfte aller Art, kann Theaterkarten, Sightseeingtouren, Flugtickets, einen Tisch in einem Restaurant etc. buchen oder auch Geld wechseln. In größeren Betrieben steht für diese Aufgaben der **Concierge** (Hotelportier) bzw. der **Kassier** zur Verfügung. In Kleinbetrieben werden die Verwaltungstätigkeiten von der Rezeption mitbetreut.

Der Concierge Counter – die Portierloge

In gehobenen Großbetrieben steht unweit der Rezeption ein Bereich **ausschließlich für Gästeinformation und Dienstleistungen aller Art** zur Verfügung. Dieser Bereich schließt im Regelfall unmittelbar an den Frontofficebereich. Der Concierge Counter benötigt folgende Ausstattung: Computer mit Internetanschluss, damit der Portier einschlägige Homepages als Favoriten anlegen und Informationen recherchieren kann (z. B. www.clefsdor.at, de), Buspläne, Fahrpläne, Flugpläne (Timetables), Veranstaltungskalender, Theater- und Kinoprogramme, Sightseeingtour-Unterlagen, wichtige Telefonnummern (Ärzte, Taxi, Apotheke, Kinderbetreuung), Autovermietung (wenn kein eigener Leihwagenservice in der Halle ist), An- und Abreiseliste (Gäste im Haus), Hotelführer, Restaurantführer.

Der Concierge ist die Anlaufstelle für alle Servicebelange.

Hier ist der Guest Relation Manager jederzeit für seine Gäste erreichbar.

Die Kasse

Die Kasse grenzt idealerweise an den Frontdesk und an die Portierloge an, damit die Gäste unmittelbar Zugang dazu haben. Ausgestattet ist sie mit einem Computerarbeitsplatz mit Frontofficemanagement-Software, versperrbaren Schubladen und Kassen, Kreditkarten- und Bankomatterminal, An- und Abreiseliste, Karteikästen oder Fächern, in denen die Belege nach Zimmernummern sortiert aufbewahrt werden; in Businesshotels ist evtl. noch ein Bildschirm mit Börsennotizen zu finden.

Der Manager's Desk

Nach amerikanischem Vorbild hat der **Guest Relation Manager** einen Schreibtisch am Rande oder sogar direkt in der Halle. Für die Gäste ist dies ein sichtbares Zeichen, dass im betreffenden Haus das Management jederzeit erreichbar ist. Hier werden z. B. heikle Gespräche mit Gästen geführt, für die Ruhe benötigt wird. Dazu zieht man sich von der Rezeption an diesen Tisch zurück. Darüber hinaus kann der Guest Relation Manager das gesamte Geschehen in der Hotelhalle mitverfolgen. Wird der Tisch nicht benötigt, steht er auch manchmal als Internet-Service-Stelle für die Gäste zur Verfügung. In manchen großen Hotelbetrieben steht der Manager's Desk dem **Manager on Duty** (Vertretung des General Manager) zur Verfügung.

Das Empfangsbüro

Neben der eigentlichen Rezeption sollte idealerweise ein Raum zur Verfügung stehen, der als Empfangsbüro für Kundenbesprechungen genutzt werden kann. In einigen Betrieben ist dies gleichzeitig das **Business-Service-Center.**

Das Business-Service-Center

Das Business-Service-Center ist ein mit gängigen Kommunikationsmitteln ausgestattetes Büro für Geschäftsreisende. Die Palette der gebotenen Dienstleistungen kann vielfältig sein, angefangen vom **Sekretärservice (Secretary Service)** über Internetzugang mit Videokonferenz bis hin zum Verleih von Notebooks bzw. Stand-PCs, Mobiltelefonen oder Pagern.

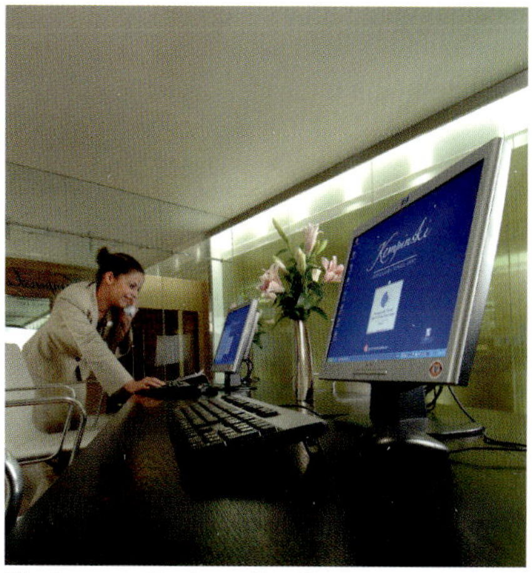

Ein Secretary Service – also die Unterstützung eines Mitarbeiters im Business-Service-Center – wird von Businessgästen sehr geschätzt.

Die Telefonzentrale

Dieser Bereich befindet sich in unmittelbarer Nähe der Rezeption; in Spitzen- oder Pausenzeiten können so Mitarbeiter als Verstärkung bzw. Ersatz wechselweise eingesetzt werden. Viele Betriebe haben keine eigene Telefonzentrale mehr, da durch den vermehrten Gebrauch von Handys die Notwendigkeit von Gesprächsvermittlungen nicht mehr gegeben ist. In diesem Fall werden ein- und ausgehende Telefonate von der Rezeption mitbetreut.

In großen Betrieben ist die Telefonzentrale ausgelagert und befindet sich im Backoffice-Bereich.

Das Hausdieneroffice

Es befindet sich unmittelbar neben dem Haupteingang und dient auch der **Gepäckaufbewahrung.**

Die Backofficebereiche

Zum Backoffice zählen die Büros des Betriebes. Hier werden alle **Schreibtischarbeiten** ausgeführt.

IM DEPOT WERDEN DIE WERTSACHEN DER HOTELGÄSTE SICHER VERWAHRT.

Das Backoffice oder der Bürobereich sollte sich unmittelbar neben, noch besser **hinter der Rezeption** befinden, um die Mitarbeiterkommunikation zu beschleunigen. Im Backoffice können folgende Abteilungen untergebracht sein:

- Reservierungsabteilung (in kleineren Betrieben – in Großbetrieben eine eigene Abteilung)
- Gruppenreservierungsabteilung (Group Coordination, Tour Coordination)
- Manager Office bzw. Direktion
- Büros der Sales- und Marketingabteilung, Public-Relations-Abteilung (Verkaufsabteilung, Abteilung für Öffentlichkeitsarbeit) etc.
- Hotelsafe/Saferaum
- Buchhaltung und Personalverrechnung

Die Reservierungsabteilung

In der Reservierungsabteilung werden sämtliche **Anfragen entgegengenommen, bearbeitet und beantwortet.** Hier liegt auch der Zimmerplan auf (neben der EDV). Die Reservierungsabteilung liegt in unmittelbarer Nähe des Frontdesk, um eine rasche, direkte Kommunikation zwischen Frontoffice und Reservierungsabteilung zu gewährleisten. In großen Hotels gibt es eine eigene **Gruppenreservierungsabteilung.**

Das Manager Office bzw. die Direktion

Hier hat der diensthabende Manager seinen Backofficebereich, wenn er sich nicht in der Halle am Manager's Desk (siehe S. 127) aufhält.

Die Sales- und Marketingabteilung, die Public-Relations-Abteilung

Ebenfalls im Backofficebereich zu finden sind Abteilungen wie die **Sales-, die Marketing- oder die PR-Abteilung.** Auch mit diesen Abteilungen arbeiten die Rezeptionisten zusammen (siehe auch Kapitel „Marketing“, S. 201).

Der Hotelsafe

Er dient den Gästen als **Depot** für Geschäftsunterlagen, Bargeld, Schecks etc.

Die Buchhaltung und die Human-Resource-Abteilung

Diese Abteilungen zählen ebenfalls zum Backoffice. Die gesamte Buchhaltung des Betriebs und die Mitarbeiterverrechnung werden hier durchgeführt.

Die Ausstattung der Rezeption

Der Rezeptionsbereich dient nicht nur der Kommunikation mit den Gästen, sondern er stellt auch die zentrale Schaltstelle eines Betriebes dar, die sowohl funktionell als auch optisch dem Corporate Design (also den Richtlinien der Gestaltung) des Unternehmens entsprechen soll. Der Gast erwartet von diesem Betriebsbereich, dass sein Informationsbedürfnis während seines Aufenthaltes gestillt wird. Diesen Anforderungen muss die Rezeption auch von baulicher Seite und von ihrer Ausstattung her entsprechen.

Bauliche Erfordernisse der Rezeption

Die Form der Rezeption wird bestimmt von ihrer Funktion. Die räumliche Strukturierung, die Ausstattung sowie die Optik werden den Erfordernissen des Betriebes (z. B. Ferienhotel oder Businesshotel) angepasst.

HIER IST DER GAST IN GUTEN HÄNDEN.

Die Rezeption besteht aus einem Rezeptionspult, Regalen, Fächern und Schubladen, Ablageflächen und einem Schlüsselfach bzw. einer Schlüsselschublade oder einem Schlüsselboard mit integrierten Ablageflächen für die Gästepost.

- Die Rezeption soll im Blickfeld des eintretenden Gastes liegen. Sie ist das Dienstleistungs- und Vermittlungszentrum – das Herz der Hotels.
- Die Hotelauffahrt soll von der Rezeption oder von der Portiersloge einsehbar sein.
- Vom Hotelbüro zum Rezeptionspult soll eine Durchsicht sein.
- Die Rezeption soll im Bereich des Haupteingangs liegen, sodass Eingang, Treppenaufgang, Lift, Telefonzellen, Gepäckablage, Garderobe und Kiosk von der Rezeption aus überschaubar sind.
- Die Zentralisierung aller technischen Kontrollanlagen soll im Bereich der Rezeption gesichert sein (Telefon, Beleuchtung, Musik, Brandmelder etc.).
- Die Rezeption soll versperrbar sein, wenn sie über Nacht nicht besetzt ist.
- Die Gestaltung der Arbeitsplätze an der Rezeption soll ergonomischen Anforderungen entsprechen.
- Eventuell kann ein Kiosk an die Rezeption angeschlossen sein.

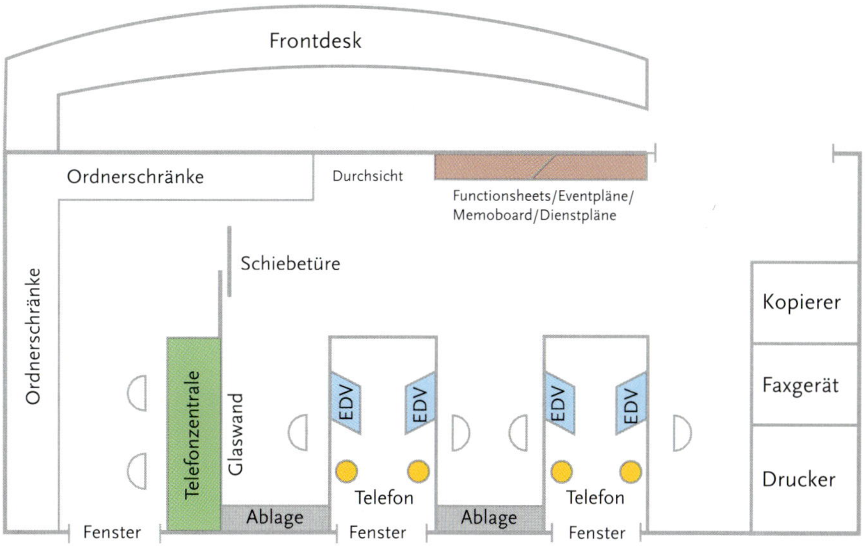

1. Reservierungsformulare
2. Gästeinformationen
3. Kuverts
4. Meldeblätter
5. Telefon
6. Digibox (Kreditkartenlesegerät)
7. Banknotentestgerät
8. Rechenmaschine
9. Notizblätter

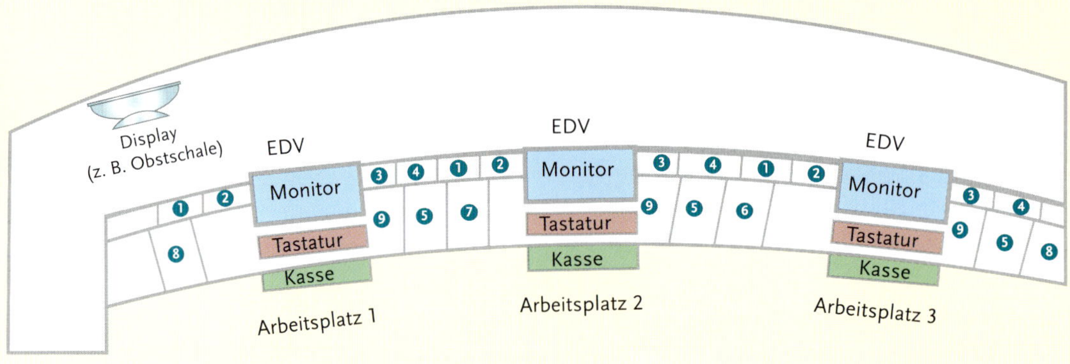

Der Frontdesk

Optische Anforderungen

Das Rezeptionspult – auch Frontdesk genannt – stellt die Anlaufstelle für die Gäste dar und sollte überschaubar, ordentlich und selbstverständlich einladend wirken. Nicht versteckt oder verwinkelt, sondern großzügig und geräumig, hell und freundlich gestaltet sind die Merkmale, die eine professionelle Rezeption auszeichnen.

Arbeitstechnische Anforderungen

Aus funktionellen Gründen besteht eine Barriere zwischen Gast und Mitarbeiter, und die sollte nicht größer sein als notwendig. Als schlechtestes Beispiel kann das Sitzen der Mitarbeiter hinter einer Rezeption genannt werden – dies wirkt wie ein offensichtliches Verstecken vor dem Gast. Um dieses und anderes Fehlverhalten auszuschalten, sind alle Arbeiten vom Rezeptionsmitarbeiter, der im direkten Gästekontakt steht, **im Stehen** zu erledigen. Dementsprechend muss der Frontdesk baulich gestaltet sein. Die Unterlagen sind meist in Fächern unter dem Rezeptionspult untergebracht.

Die technische Ausstattung der Rezeption

Zur technischen Ausstattung zählen Telefonanlage, Faxgerät, Hard- und Software, Steuerpulte für Facility Management (Haustechnik) und evtl. zentrale Administration von unternehmensweitem Multimedia-Equipment.

Die Zukunft der technischen Ausstattung liegt in der Integration von Kommunikationssystemen, also einer technischen Kommunikationsgesamtlösung für den ganzen Betrieb, und in der ebenfalls zentralen Steuerung des Facility Managements.

Unified Messaging (UMS) und Voice over IP (VoIP)

Unified Messaging (UMS): Darunter versteht man die Zusammenführung von Nachrichten unterschiedlicher Formate (E-Mail, SMS, Fax, Telefonie, Video) **in eine zentrale elektronische Kommunikationsplattform.** Diese gewinnt seit Jahren kontinuierlich an Bedeutung. War UMS anfangs aus Kosten- und Organisationsentwicklungsgründen Großunternehmen vorbehalten, hält die Technologie nun auch in mittelständischen Betrieben Einzug.

Der Nutzen von UMS zeigt sich zum einen in beträchtlichen Kosteneinsparungen (Gesprächskosten in Verbindung mit Internet-Telefonie [VoIP]), Effizienzsteigerung von Kommunikations- und Serviceprozessen), zum anderen im Potenzial, welches UMS in der Neugestaltung bzw. Bereicherung von Gästeinformation und -betreuung offenlegt. Im Zusammenspiel mit CRM-Software (Customer Relationship Management = Kundendaten- und Betreuungsprogramm, siehe S. 221) kann so etwa jedwede Kommunikation mit Gästen lückenlos erfasst und auch ausgewertet werden.

In weiterer Folge wird das gesammelte Datenmaterial für die Konzeption maßgeschneiderter automatisierter Angebotsprozesse genutzt.

Vereinzelt werden endbenutzerfreundlich ausgelegte UMS-Plattformen bereits in die Ausstattung von Hotelzimmern einbezogen. Hotelbetriebe sind damit in der Lage, ihren Gästen z. B. kostenlose Sprach- und/oder Videotelefonie in alle Welt zu bieten oder den Hörgenuss Tausender Internet-Radiostationen und die Betrachtung von digitalen Urlaubsfotos inklusive des unmittelbaren Versands an Verwandte und Freunde zu ermöglichen.

Voice over IP (VoIP) – die Telefonie über Internet: verdrängt zusehends die klassische Festnetztelefonie. Wesentliche Triebfedern für die rasante Verbreitung der Internettelefonie sind die im Vergleich zu bisherigen Gebührenstrukturen geradezu radikal geringen Gesprächstarife und die hohe Verbreitung von Breitband-Internetanschlüssen in Betrieben und Privathaushalten.

Für Hotels von Interesse: VoIP-Telefonanlagen verfügen über weitaus vielfältigere Funktionen als konventionelle Telefonanlagen und sind außerdem kostengünstiger in Anschaffung und Betrieb. Bereits vorhandenen Telefonanlagen kann ein sogenannter **„Least-Cost-Router“** vorgeschaltet werden, der ausgehende Anrufe in das jeweils günstigste Betreibernetz umleitet.

Achtung: Sowohl VoIP-Anlagen als auch multimediale Internetangebote setzen Breitbandanschlüsse voraus!

Welches Ausstattungspaket, welche Technologien geeignet sind bzw. ob eine Zentralsteuerung sinnvoll ist, hängt von der Größe des Betriebes und den genauen individuellen Anforderungen ab. Eine Basis an technischer Ausstattung wird aber in jedem Hotelbetrieb zu finden sein – egal, ob zentral gesteuert oder nicht.

Telefonanlage

Das Telefon ist im Frontoffice das Kommunikationsmittel schlechthin. Betriebsgröße und -art geben die Art der Telefonanlage vor: Mit einer **halbautomatischen Anlage** können die Gäste direkt vom Zimmer ohne Vermittlung selbst wählen. Dazu ist für jedes Zimmer ein eigener Telefonzähler in der Rezeption erforderlich. Diese Anlagen sind jedoch nicht mehr zeitgemäß.

Ein Tipp vom Profi
Man kann heute keinem Betrieb mehr den Kauf einer klassischen Telefonanlage empfehlen. Die VoIP-Anlagen erobern den Markt, viele Großbetriebe haben bereits umgestellt. Die VoIP-Anlagen sind nicht nur wesentlich kostengünstiger, sondern bieten auch ein großes Plus an Funktionalität.

Mit einer **vollautomatischen Anlage** kann der Gast ebenfalls direkt vom Zimmer aus wählen und im Zimmer ohne Vermittlung durch die Rezeption angerufen werden. Die Kosten werden der Zimmernummer zugebucht. Bei diesen Anlagen können Zimmernummern auch gesperrt werden, z. B., um ein Durchwählen zu verhindern, wenn der Gast nicht gestört werden will.

Bei der **digitalen vollautomatischen Anlage** werden von einem Tonband die Durchwahlnummern für die verschiedenen Hotelbereiche angesagt, der Gast im Haus oder außer Haus wählt die gewünschte Stelle.

Die modernste und wahrscheinlich auch kostengünstigste Variante einer Telefonanlage ist wie oben beschrieben das VoIP-Telefoniesystem. Sie ist konventionellen Anlagen in puncto Funktionalitätsvielfalt und Flexibilität weit überlegen.

Ein Tipp vom Profi
Bei der Ankunft kann den Gästen auch ein hoteleigenes Mobiltelefon ausgehändigt werden, um die Kommunikation zwischen ihnen und dem Betrieb zu perfektionieren. Es können SMS (Short Message Service zum Weiterleiten eines Textes) und MMS (Multimedia Messaging Service zum Verschicken von Bildern, Sound- und Textdateien) gesendet und empfangen werden. Ausländischen Gästen kann damit bei regionalen Gesprächen eine Kostenreduktion ermöglicht werden.

Netzwerk

Die Planung des **Netzwerkes** soll den Gegebenheiten des Betriebes angepasst werden, wobei folgende Überlegungen zu berücksichtigen sind:

- Für ein Seminarhotel muss eine Konferenzschaltung mit Internetanschlüssen oder ISDN in jedem Zimmer Voraussetzung sein, evtl. kann auch eine Videokonferenzanlage zweckmäßig sein. Ferienhotels oder Wellnessbetriebe benötigen vielleicht weniger Internetanschlüsse, dafür aber telefonische Vernetzungen mit allen Hotelbereichen.
- Die Telefonanlage soll – besonders in den Gästezimmern – einfach zu bedienen sein.
- Besonders wichtig bei der Entscheidung für eine Anlage sind die wirtschaftlichen Aspekte. Zu berücksichtigen sind die Anschaffungs- und die laufenden Kosten. Es müssen mehrere Angebote eingeholt und verglichen werden.
- Da es mehrere Telefonnetzbetreiber gibt und damit die Telefongebühren sehr unterschiedlich sein können, ist die Anschaffung eines **Routers,** der den jeweils kostengünstigsten Anbieter für ein Gespräch auswählt, zu überlegen.
- Telefonanlagen können gekauft, gemietet oder geleast werden. Die

Die Telefonanlage muss den Betriebsanforderungen entsprechen.

Entscheidung hängt von der technischen Entwicklung, von finanziellen Überlegungen sowie von Betreuung und Wartung ab. Ferner sollten Preisvergleiche der Telefonanbieter eingeholt werden, um die für den jeweiligen Betrieb kostengünstigsten Nutzungsmöglichkeiten zu ermitteln.

Das Faxgerät

Ein Telefax ist ein **Fernmeldedienst,** der den elektrischen Austausch von Texten, Bildern und Zeichnungen ermöglicht. Die Übertragung erfolgt als Kopie über das Telefonnetz. Dieses Kommunikationsmittel ist in jedem Hotelbetrieb vorhanden. Für die Übertragung fallen entsprechend den geltenden Tarifen **Telefongebühren** an. Der Telefaxversand ist auch vom Computer aus möglich.

Im täglichen Schriftverkehr hat die **E-Mail** das herkömmliche Telefax weitgehend verdrängt. Verwendet wird das Fax vor allem dann noch, wenn **Originaldokumente und Originalunterschriften** benötigt werden bzw. die Vorlage nicht elektronisch verfügbar ist. Da es dennoch ein Kommunikationsmittel unserer Zeit ist und sämtliche öffentliche Einrichtungen und auch viele Privathaushalte über ein Faxgerät verfügen, ist es selbstverständlich notwendig, dass auch an einem Hotelempfang ein Faxgerät – auch für die Gäste im **Business-Service-Center** – zur Verfügung steht.

Zugangscodes können die Benützung durch Unbefugte unterbinden. Mit Abteilungscodes lassen sich die anfallenden Kosten auf verschiedene Bereiche umlegen.

Neben der herkömmlichen Faxübertragung besteht die Möglichkeit, Faxvorlagen auch elektronisch zu übermitteln – der Sender schickt das Dokument vom Computer ab, der Empfänger kann das Dokument auf einem herkömmlichen Faxgerät empfangen bzw. ausdrucken.

Elektronische Datenübertragung

Datenübertragung ist die zweckgerichtete Übermittlung von Zeichen. Bei der elektronischen Datenübertragung werden die einzelnen Zeichen durch Intervalle voneinander getrennt und in vorgegebenen Formaten, also einheitlich codiert, übertragen. Ein Gerät zur Datenübertragung ist beispielsweise ein **Modem**, das über Telefon- oder ISDN-/ADSL-Leitung eine Internetverbindung und eine Datenübertragung ermöglicht. Die Datenübertragung ist aber auch z. B. über Glasfaserkabelverbindung, die regionale Telekabelbetreiber anbieten, möglich.

Vorteile der EDV im Hotelbetrieb sind, dass sie die Verteilung und Verwaltung von Informationen entlastet und das Controlling von Arbeitsprozessen unterstützt. So haben der Hotelier, der Servicemitarbeiter, die Rezeptionsmitarbeiter mehr Zeit, das zu tun, was ihr grundsätzliches Anliegen ist, nämlich sich um die Gäste zu kümmern. Und dabei unterstützt die EDV mit

- Hotelprogrammen (z. B. Gastrodat, Fidelio, Protel),
- CRM-Programmen (die auch in das Frontoffice-Programm integriert sein können [siehe S. 221]) und
- CRS-(Zentralreservierungs-)Programmen (siehe S. 227).

Wahl der passenden EDV-Anlage

Die Entscheidung für eine EDV-Lösung hängt von der Betriebsform, -größe und -organisation ab. **Große Kettenhotels** haben fertige Gesamtlösungen, die im Detail nur mehr an den jeweiligen Standort angepasst werden. **Mittelgroße Hotels** werden mithilfe einer Fachberatung den für ihren Bereich sinnvollen EDV-Einsatz planen.

Auch für **Kleinbetriebe** ist der Einsatz eines Computers mittlerweile selbstverständlich, da allein die Erstellung von Schriftstücken mit der Schreibmaschine längst nicht mehr zeitgemäß wäre – und ein Brief ist die „Visitenkarte des Hauses“, die beim Gast einen ersten Eindruck hinterlässt. Abgesehen davon würde der durchschnittliche Gast heute wohl keine briefliche Anfrage stellen oder gar per Postsendung buchen. Außerdem ermöglicht die moderne Kommunikation eine schnelle Reaktion.

Das ist vor der EDV-Anschaffung in einem Klein- oder Mittelbetrieb zu prüfen:	
Nutzen	Wie kann EDV in den täglichen Arbeitsprozessen Unterstützung bieten? Wofür kann der Betrieb die EDV nutzen?
Kosten	Welche Kosten entstehen, wo kann eingespart werden? Was kostet der Nichteinsatz von EDV (Personalkosten, Fehlerkosten, entgangenes Geschäft z. B. wegen zu langsamer oder inadäquater Kommunikation? Abwägen des Preis-Leistungs-Verhältnisses.
Gästezielgruppe	Welches elektronische Angebot erwarten die Gäste in meinem Haus?
Anforderungen	Was soll die EDV-Anlage leisten? Soll eine Einzelplatzlösung oder ein vernetztes System eingerichtet werden?
Beratung	Ist eine professionelle Beratung hilfreich?
Schulung	Welche Mitarbeiter sind einzuschulen? Wer kann die Schulung übernehmen? Wie kann das bestehende Wissen trotz Personalfluktuation im Unternehmen gehalten werden?
Service	Wer wartet die EDV-Anlage? Zum Beispiel ein Provider mit Servicevertrag (Viren-Scan, Updates etc.).
Sicherheit	Welche Sicherheitslösung ist anzustreben? Wie können die wertvollen Hoteldaten optimal geschützt werden?

Aus einer modernen Rezeption nicht mehr wegzudenken – der Computer.

Ein Internetanschluss – der Zugang zum World Wide Web
Dass alle Groß- und Mittelbetriebe mittlerweile im Internet vertreten sind, ist schon eine Selbstverständlichkeit. Aber auch Kleinbetriebe werden wohl in den nächsten Jahren einen Internetzugang anschaffen und einen Internetauftritt planen müssen. Denn einerseits ist die Eintragung in gemeinsame Buchungsplattformen (wie z. B. Tiscover) mittlerweile unerlässlich, andererseits möchten **viele Gäste bereits online informiert werden.**

Außerdem scheiden Betriebe, die nicht im Internet zu finden sind bzw. zu denen kein elektronischer Kontakt möglich ist, von vorneherein aus der engeren Auswahl aus. Mittlerweile wird z. B. in Deutschland fast ein Viertel aller Buchungen über das Internet getätigt.

Ebenso ist an den Auftritt des Hauses nach außen zu denken. Ein Betrieb wirkt heute veraltet, wenn er nicht im World Wide Web vertreten ist – und das lässt negative Rückschlüsse auf die gesamte Betriebsführung und die Ausstattung des Hauses zu.

Empfohlene Mindestausstattung einer EDV-Anlage für einen Mittelbetrieb

- Netzwerklösung mit Zentralserver und Rechnern auf zeitgemäßem Stand.
- Sicherungslaufwerk bzw. eigener Server für Stammdaten, elektronische Dokumente und die Gästekartei. Bei Vorhandensein eines Zentralservers (Fileservers) ist ein Sicherungslaufwerk nicht notwendig, da es integriert ist oder als externes Gerät zur Verfügung steht.
- Branchenspezifische Software.
- Breitbandanschluss, wenn von der Infrastruktur der Anbieter her möglich, auf jeden Fall Internetanschluss.
- WLAN oder herkömmliches Netzwerk. Unter WLAN versteht man ein kabelloses Netzwerk über Funkverbindung; es ist auch für die Gästezimmer von Relevanz. Evtl. gibt es Probleme mit der Funkverbindung in Altbauten wegen zu dicker Mauern. Dies ist vor Anschaffung zu überprüfen.
- Farblaserdrucker.

Frontoffice-Programme

Da im Logisbereich mit sehr vielen Daten, Listen und Informationsmaterial gearbeitet wird, kann eine Frontoffice-Software helfen, die Arbeitsabläufe zu optimieren. Es wird eine Vielzahl von Softwarepaketen mit unterschiedlichen funktionalen Schwerpunkten angeboten (z. B. Fidelio, Gastrodat [wird vor allem in der Ferienhotellerie eingesetzt], Protel, Hospitality 3000, Star for Windows, GMS, Hogatex oder Casablanca), die den Arbeitsalltag erleichtern und unterstützen kann.

Die wichtigsten Funktionen, über die eine Frontoffice-Software verfügen sollte, sind:

- **Zimmerbelegungsplan.**
- **Gästekartei:** Gästedaten wie An- und Abreisedatum, getätigte Umsätze, bevorzugte Zimmerkategorie, Sonderwünsche, Guesthistory, Zuordnung der Gäste zu Zielgruppen in Form von **Selektionscodes** (Motiv- und Interessenscodes) für zielgruppengerechte Aussendungen.
- **Reservierung:** Onlinebuchungen und automatische Anfragen, No-Shows.
- **Buchung** (Individual-, Gruppenbuchung).
- **Check-in:** Registrierung, Wartung der Stammdaten, E-Registration (elektronisches Gästeblatt), Vorautorisierung der Kreditkarten bei Walk-in-Gästen.
- **Gästebetreuung:** Weckrufservice, elektronische Übermittlung von Nachrichten auf das Gästezimmer.
- **Check-out:** Abrechnung der Gästekonsumationen (des Gästeverzehrs) oder in Anspruch genommener Dienstleistungen, Gesamtrechnungserstellung, Abmeldung.
- **Tagesabschluss** (ist nicht für alle Mitarbeiter freigegeben).
- **CRM** (Customer Relationship Management, siehe S. 221).
- Erstellen von **Reports** für das Management.
- **Textverarbeitungs- und Mailing-Modul:** E-Mail, Direct Mail, Fax.
- **Schnittstellen:** Telefon, Keycard, Pay-TV, Meldebehörde, Kassensysteme, Minibar, Kreditkartenterminal, Facility Management.
- Erstellen von täglichen **Listen** für andere Abteilungen.

Siehe dazu auch Seite 225.

Folgende **Abteilungen** arbeiten mit dem Frontoffice-Programm bzw. mit Personalmanagement-Software, die über Schnittstellen mit dem Frontoffice-Programm verbunden ist:

- **Housekeepingabteilung:** Zimmerbelegungspläne, Reinigungspläne, Wäscheverwaltung.
- **Concierge:** Gästekartei.
- **Empfangsabteilung:** Gästedaten- und Zimmerverwaltung.
- **Food-and-Beverage-Abteilung:** Tischreservierung, Bestellannahme, Warenwirtschaft (Lagerverwaltung und Warenbestellung), Rezeptverwaltung, Kellerlagerverwaltung, Speisenkalkulation, Abrechnung.
- **Personalabteilung:** Dienstpläne, Lohnverrechnung, Krankenstände, Urlaubsplanung (Personalmanagementsoftware).
- **Salesabteilung:** Gästedaten, CRM, Forecast, Belegungsgrafik.
- **Gruppenreservierung:** Zimmerbelegungspläne, Belegungsgrafik, Forecast (Buchungsvorschau).

Weitere Einsatzbereiche der EDV im Frontoffice- und Backofficebereich

- **Verwaltung:** Zeiterfassung, Verwaltung der Mitarbeiterdaten, Finanzbuchhaltung, Kostenrechnung, Telebanking.
- **Controlling:** systematische Erfassung von Daten für Statistiken und Prognosen.
- **Kommunikation mit anderen Abteilungen:** Verbindung mit Housekeepingabteilung, F-&-B-Abteilung, Bankettabteilung, Sales- und Marketingabteilung etc.
- **Schriftverkehr:** Officeprogramme ermöglichen die elektronische Abwicklung der Büroorganisation (Serienbriefe, Etikettendruck, Tabellenkalkulation etc.).
- **Ablagesystem:** In elektronischen Ordnern wird der elektronische Schriftverkehr verwaltet (Guesthistory).
- **Adressverwaltung:** Eine elektronische Adressdatei vereinfacht die Verwaltung von Adressen, Telefonnummern, Internetlinks, CRM etc.
- **Terminüberwachung:** Ein elektronischer Terminkalender mit Erinnerungsfunktion hilft bei der Termineinhaltung und -planung.
- **Internetzugang:** rasche, einfache Informationsmöglichkeit und Auskunftsrecherche.
- **Telekommunikation:** Sämtliche Informationsübertragungen (wie z. B. Telefonieren, Fax versenden, Nachrichten an Pager und Bildschirme in Gästezimmern versenden) sind auch mithilfe des Computers möglich.
- **E-Mail-Versand:** Modernes Kommunikationsmittel, das den täglichen Schriftverkehr vereinfacht und eine besonders schnelle Nachrichtenübermittlung ermöglicht.
- **Erstellen des Layouts:** Erstellen von Werbematerialien, Foldern, Gästeinformation mithilfe von Grafik- und Bildbearbeitungsprogrammen (DTP).
- Anbindung an **Reservierungssysteme.**
- **Abrechnung der Minibar:** Es gibt Minibarterminals zur Kontrolle der Minibarentnahme. Das Terminal registriert die Konsumation (den Verzehr) des Gastes und bucht den Artikel automatisch auf seine Zimmerrechnung. Terminals sind jedoch in der Anschaffung sehr teuer.

Organisationsmittel

Die Organisationsmittel zählen ebenso zur Ausstattung der Rezeption. Auch wenn sie durch den **Einsatz der EDV mit Frontoffice-Programmen** in den Hintergrund gerückt sind, sind sie noch von Bedeutung, da der Schriftverkehr nach wie vor auch in Papierform abgelegt wird. So dienen die Ordner als **zusätzliches Datenarchiv.** Außerdem ist anhand der Beschreibung der Ablage per Hand besser nachvollziehbar, wie ein Ablagesystem zu funktionieren hat. Wichtig: Alle Ordner sind regelmäßig durchzusehen und zu bearbeiten.

Organisationsmittel an der Rezeption	
Ordnersysteme	Für die Ablage von Schriftverkehr etc.
Pläne	Zimmerplan, Reservierungsplan, Dienstplan (sind v. a. elektronisch im Einsatz).
Gesetzlich vorgeschriebene Organisationsmittel	Gästeblatt (Meldeschein) und Statistikbögen (in Deutschland), Preislisten für alle angebotenen Leistungen im Hotel laut Preisauszeichnungsgesetz (Preisangabenverordnung). Außerdem Depotschein, Fundbuch und (in Österreich) aushangpflichtige Gesetze.
Formulare	Gästekartei (wird in den meisten Betrieben elektronisch geführt), Zimmerausweis, Antwortkarte, Vordruck für Garagenplatzvergabe, Mitteilungsblätter, Telefonnotiz, Vordruck Minibar, Functionsheet, Memo, Reservierungsformular (Telefonnotiz für Reservierungen; wird elektronisch erfasst), Formular für Barauslagen für Gäste, Zimmerwechselbeleg, Übergabebuch (meist elektronisch).
Listen	Wechselkursliste, An- und Abreise- sowie Stayoverliste (Bleibeliste), Weckliste, Wäscheliste, Gruppenliste, aktuelles Hotelverzeichnis (werden meist elektronisch geführt).
Organisationsmittel für die Gästebetreuung	Liste mit Internetadressen, Liste mit wichtigen Telefonnummern und Informationen, evtl. Telefonbücher, Ausflugsangebote, Fahrpläne, Verbandkasten, Notfallapotheke, Sonstiges (z. B. Spiele, Zündhölzer).

DIE ABLAGE IN DEN ORDNERN MUSS ORDENTLICH DURCHGEFÜHRT WERDEN, DAMIT ALLE MITARBEITER JEDERZEIT ZUGRIFF AUF ALLE INFORMATIONEN HABEN.

Ordnersysteme

Ordner für Anfragen

Fordert ein Gast Informationsmaterial über den Betrieb an, wird eine Kopie des Antwortschreibens mit Vermerk, wie der Gast auf den Betrieb aufmerksam wurde, abgelegt. Für ein erfolgreiches Marketing kann diese Sammlung eine wertvolle Information sein. Die Ablage erfolgt alphabetisch. Die Anfragen sind sofort bzw. im weiteren Verlauf in regelmäßigen Abständen zu betreuen.

Ordner für laufende Angebote

Alle laufenden Angebote (z. B. einer Saison) werden hier gesammelt. Die Angebote sind mit Optionsdatum zu versehen und auch im Zimmerplan zu vermerken. Die Angebote werden alphabetisch abgelegt. Die Ordner werden täglich überprüft und mit dem Zimmerplan abgeglichen, damit keine Optionsbuchung über das Optionsdatum hinaus im Zimmerplan verbleibt.

Ordner für offene Reservierungen

Die Reservierungen werden alphabetisch pro Tag abgelegt und mit den Angeboten und Buchungen abgeglichen.

Ordner für bestätigte Buchungen

Pro Monat wird ein Ordner mit Trennblättern für jeden einzelnen Tag angelegt. Sobald eine Buchung stattfindet, werden Angebot, Reservierung mit Reservierungsbestätigung und gesamter Schriftverkehr inklusive Anzahlungsbeleg und Änderungen im Buchungsordner tageweise abgelegt. Falls **Post** für den Gast eingeht, bevor er im Hotel eintrifft, wird sie ebenfalls in diesem Ordner aufbewahrt. Auch die Inhalte dieses Ordners sind immer mit dem Zimmerplan abzustimmen.

Ordner für Reisebürovereinbarungen

Darin liegen die aktuellen Reisebüroverträge und die gesamte Korrespondenz vor, z. B. über Kontingente (Rückforderungen, Aufstockungen, Überbuchungen etc.). Ebenso sind darin die Reisebürokatalogseite und die dazugehörige Preisliste aufzubewahren. Bei mehreren Reisebüropartnern empfiehlt sich die Anlage mehrerer Ordner.

Ordner der Stayover (Bleibeliste, Kartei der Gäste im Haus)

Darin befinden sich – nach Zimmernummern geordnet – alle Unterlagen, die den Aufenthalt des Gastes betreffen: Anfrage, Angebot, Reservierungsbestätigung, Änderungen zu Reservierungen, Kopien von Depotscheinen, Kopien der Anzahlungsbelege (das Original liegt in der Buchhaltung auf) etc.

> Alle Rechnungsbelege müssen vom Gast unterschrieben sein.

Ordner für Fundsachen

Darin werden die Begleitschreiben abgelegt, wenn Gästen vergessene Utensilien nachgeschickt werden. Diese Informationen können auch von der Housekeepingabteilung gesammelt werden. Auch Frontoffice-Programme können diese Informationen speichern, damit alle Abteilungen darauf Zugriff haben können.

Ordner für Reklamationen und nicht erfüllbare Gästewünsche

Darin bewahrt man den gesamten Schriftverkehr über Reklamationen – eingeteilt in die Kategorien **erledigt** und **nicht erledigt** und **alphabetisch gereiht** – bzw. sämtliche Reklamationen von Gästen, die im Haus sind, in Form von Notizen auf. Nicht vergessen werden darf, die anfallenden Reklamationen auch zu behandeln (siehe dazu das Kapitel „Beschwerdemanagement", S. 181).

Ebenso gesammelt werden hier **nicht erfüllbare Gästewünsche.** Diese sind durchzusehen, wenn größere Veränderungen wie Renovierung, Umbau, personelle Neustrukturierung etc. anstehen. Hier werden auch alle Gästebewertungen aus den Online-Buchungs- und -Bewertungsportalen (booking.com, hrs.de, holidaycheck.de, tripadvisor.com) abgelegt.

Reklamationen sind schriftlich zu dokumentieren, mit Bearbeitungsstatus zu versehen und im Frontoffice aufzubewahren.

Von A bis Z gut organisiert

Ordner der Abreisen

Die gesamte Korrespondenz der abgereisten Gäste wird darin alphabetisch abgelegt. Dieser Ordner dient damit als **Archiv.**

Ordner der Absagen, Stornoordner

Optionen auf Reservierungen, die vom Gast nicht bestätigt werden, werden darin alphabetisch abgelegt. Nicht vergessen werden darf, die verfallene Option aus dem Zimmerplan zu löschen.

Ordner für Listen

Die Kopiervorlagen von sämtlichen Listen (z. B. Memos oder Functionsheets) werden darin alphabetisch aufbewahrt.

Sonstige Ordner

Sie werden je nach Bedarf zusätzlich angelegt.

- Ordner für Firmen (z. B. EDV, Telefonanlagen, Blumenhändler, Bedienungsanleitungen, Servicenummern).
- Postordner für die Gästepost und für die allgemeine Hotelkorrespondenz.
- Ordner für Fahrpläne, Prospekte etc. Hier kann z. B. vermerkt werden, auf welches Prospekt Gäste reagiert haben.
- Mailordner: Ablage von Mailing-Musterbriefen inklusive Zielgruppenvermerk (Mailing-Codes, siehe S. 222).
- Ordner für Werbung.
- Personalordner für Verträge, Zeugnisse und Bewerbungen.
- Lieferantenordner (für Food & Beverage, Kostenvoranschläge).
- Ordner für Banken.
- Ordner für Versicherungen.
- Ordner für Behörden (Gemeinde, Bezirkshauptmannschaft, Wirtschaftskammer).
- Ordner für sonstige Kontakte (Tourismusverbände, Kooperationspartner etc.).

Der Ordner – letzte Ruhestätte für „herrenlose Hunde"?

Ordner scheinen kurzfristig eine echte Alternative, dem Chaos zu entgehen. Achten Sie aber unbedingt darauf, dass nur wirklich benötigte Ordner und keine „Sammelmappen für allerlei" angelegt werden. Es ist mühsam, jahrelang angesammeltes Informationsmaterial zu sichten und auszusortieren. Besser: Immer wieder zwischendurch die Ordner durchforsten und nicht jeden Werbeprospekt gesondert aufbewahren. Vielleicht sind auch einfach manche Rubriken infrage zu stellen und neu zu definieren.

Keine „Sammelmappen für allerlei" anlegen, sondern nur wirklich benötigte Ordner.

Verwahrung von Schriftstücken

Offizielle Schriftstücke (Rechnungen, Zahlungsbelege etc.), die in rechtlichen Belangen als Nachweis dienen, sind in **Österreich** sieben Jahre aufzubewahren, in **Deutschland** Belege für Buchungen zehn Jahre und Handelsbriefe sechs Jahre. **Südtiroler Hotelbetriebe** sind unterschiedlichen Fristen unterworfen, je nachdem, auf welche Bestimmungen Bezug genommen wird. Generell gilt: Jegliche Geschäftskorrespondenz (auch E-Mails!) unterliegt einer Aufbewahrungsfrist von 15 Jahren aus abgabenrechtlicher, zehn Jahren aus zivilrechtlicher, fünf Jahren aus steuerrechtlicher Sicht (ab Abgabefrist der betreffenden Erklärung). Zu den generellen Bestimmungen existieren eine Reihe bedeutender Ausnahmen.

Die **Schweiz** kennt eine generelle Aufbewahrungspflicht für Geschäftskorrespondenz von zehn Jahren.

E-Billing

Die Zukunft der Rechnungslegung ist elektronisch. Bereits jetzt sind in Österreich alle technologischen und rechtlichen Voraussetzungen gegeben, den gesamten Rechnungsverkehr elektronisch abzuwickeln. Elektronische Rechnungen unterscheiden sich in den gesetzlich vorgeschriebenen Rechnungsbestandteilen und der Vorsteuerabzugsfähigkeit nicht von ihren Papierpendants, sind jedoch gegen nachträgliche Manipulation mittels einer digitalen Signatur gesichert. Die digitale Signatur ist unbedingte Voraussetzung für die Gleichstellung mit einer herkömmlichen Rechnung.

Wer digitale Rechnungen stellen möchte, braucht demnach eine digitale Signatur, einen Chipkartenleser (die digitale Signatur ist auf einer Karte in Kreditkartenformat gespeichert) und eine Signatursoftware. Das Rechnungsdokument wird wie gewohnt mit dem PC erstellt und unter Zuhilfenahme von Signatursoftware und Signaturkarte fälschungssicher gezeichnet. Anschließend kann das Dokument per E-Mail zugestellt werden. Achtung: Der Empfänger muss der elektronischen Übermittlung der Rechnung(en) zustimmen. Mit einem entsprechenden Eintrag in den Allgemeinen Geschäftsbedingungen des eigenen Unternehmens ist dem Gesetz jedoch Genüge getan.

DIE DREHSCHEIBE DER FRONTOFFICE-ORGANISATION IST DER ZIMMERPLAN.

Vorteile für den Rechnungsleger:

- Kosteneinsparungen (Papier, Druckkosten, Porto, Personalkosten, Kopierkosten, Lagerkosten).
- Schnellerer Rechnungsversand bzw. -erhalt.
- Ohne Medienbrüche in Warenwirtschaftssysteme zu übernehmen und zu archivieren.
- Online an Steuerberatung und Finanzamt weiterleitbar.

Pläne

Zimmerplansysteme

Der Zimmerplan ist eines der wichtigsten Organisationsmittel im Frontoffice. Er ist ein optisches Hilfsmittel, mit dem auf einen Blick freie und belegte Zimmer zu sehen sind. Er dient zur Übersicht über die derzeitige und die zukünftige Buchungssituation. Heute wird in den meisten Betrieben mit dem Zimmerplan der Frontoffice-Software gearbeitet.

Ein Zimmerplan ist eine Übersicht (auf dem Bildschirm oder ein Vordruck, eine Magnettafel, ein Steck- oder Faltplan), auf der **alle Zimmer mit Buchungsstatus** aufscheinen. Auch wenn mit dem Frontoffice-Programm gearbeitet wird, gibt es meist noch einen Plan, der per Hand ausgefüllt wird, der als Absicherung dient, falls die EDV ausfällt. Beides zu führen ist am sichersten und auch in der Praxis gebräuchlich. Man unterscheidet Tages- und Monatszimmerplan.

Tageszimmerplan, Zimmerliste oder Tagesspiegel

- Anwendung: hauptsächlich Stadthotels, Passantenhotels.
- Warum: kurze Aufenthaltsdauer.
- Erkennungsmerkmal: pro Tag ein Zimmerplan.

Der Tageszimmerplan wird jeweils am Vorabend erstellt. Er wird auch an die Housekeepingabteilung weitergegeben. Änderungen sind immer abzuklären, um die Abrechnung korrekt erstellen zu können.

Monatszimmerplan

- Anwendung: hauptsächlich Ferienhotels, Kurhotels, Saisonbetriebe.
- Warum: längere Aufenthaltsdauer.
- Monatlich (auf sechs Monate bzw. ein Jahr, als Übersicht).

Auch Tages- bzw. Monatszimmerpläne können im Frontoffice-Programm generiert werden. In Papierform sind sie ein Vordruck, in den die Eintragungen aufgenommen werden, oder eine Termintafel, die mit Magnetstreifen versehen wird.

Der Monatszimmerplan wird bei Saisonbetrieben für eine ganze Saison angelegt.

Funktionen des Zimmerplans
Man sieht auf einen Blick, ob Zimmer schon belegt sind, ob Zimmer noch frei sind, welche Zimmer reserviert sind, welche Reservierungen fix sind (definitive Reservierungen), welche Buchungen provisorisch sind, welche Zimmer fix für Stammgäste reserviert sind und wie lange der Aufenthalt der Gäste dauert.

Ein Zimmerplan – wozu?
Gästen wird bei der Buchung kein fixes Zimmer zugesagt, eine Ausnahme macht man evtl. bei Stammgästen. So besteht die Möglichkeit, das Hotel mithilfe des Zimmerplans ideal auszulasten. Gäste werden bis zu ihrer Anreise in ihrer bestellten Kategorie auf dem Plan variabel eingesetzt und es wird berücksichtigt, wie die beste Belegung des Hauses zu erreichen ist. Außerdem ist anhand des Zimmerplans jederzeit die Belegung ersichtlich.

Richtiges Ausfüllen des Zimmerplans
Als Grundlage für das Ausfüllen des Zimmerplans dient die Bestellung durch den Gast (persönlich, mittels Brief, E-Mail, Telefonanruf oder Fax).

Jede Reservierung wird nun – vom Ankunftstag bis zum Abreisetag – in den Zimmerplan eingetragen. Dies geschieht meist in einem **Frontoffice-Programm** elektronisch. Am oberen Rand des Zimmerplans sind die Wochentage mit Datum zu finden. Vertikal sind die Zimmernummern angeführt. Da der Plan sehr übersichtlich ist, sieht man auf einen Blick, welche Lücken mit Reservierungen optimal ausgefüllt werden können, damit eine optimale Belegung erreicht werden kann.

Wird ein Zimmerplan **per Hand** ausgefüllt, geschieht dies mit Bleistift, damit Optionen wieder entfernt werden können. Mit senkrechten Strichen oder Pfeilen werden Anfang und Ende des Aufenthaltes eines Gastes, einer Gästegruppe gezeichnet und mit einem waagrechten Strich verbunden. Auf diese Linie werden Name, Personenzahl in

Klammern (2) und Arrangement sowie Zusatzinformationen (z. B. Zweibettzimmer: ZB oder Gitterbett) oder das Reisebüro geschrieben. Wichtig ist das exakte Einzeichnen der Linien genau in der Mitte der Spalte, da auch die An- und Abreisen einzutragen sind und die Lesbarkeit gegeben sein muss. Fixe Reservierungen werden mit einer durchgehenden Linie dargestellt, nicht bestätigte Reservierungen oder Angebote werden strichliert dargestellt.

Erfahrungsgemäß wird ein kleiner Teil der Fixreservierungen wieder storniert. Deshalb können **Überbuchungen** vorgenommen werden, d. h., man nimmt mehr Gäste an, als Zimmer zur Verfügung stehen. Zu diesem Zweck werden **imaginäre Phantomzimmer** angelegt. Diese werden auch als **Dummyzimmer oder Paymaster bezeichnet**, siehe auch das Kapitel „Die Buchung“, S. 167.

Reservierungsplan

Im Reservierungsplan werden – ähnlich wie im Zimmerplan – die An- und Abreisen eingetragen. Er gilt für einen Monat und ist optisch dem Zimmerplan ähnlich. Sobald eine Reservierung bestätigt wird, wird sie in den Tages- bzw. Monatszimmerplan übertragen. Auf der Reservierungskontrolltafel ist die Jahresplanung zu ersehen. Anhand dieser kann überprüft werden, ob das Zimmer zur gewünschten Zeit frei ist. In vielen Häusern wird nur ein Zimmerplan geführt, in dem direkt die Reservierungen eingetragen werden. So spart man sich die Übertragung vom Reservierungsplan in den Zimmerplan. Im elektronischen System geschieht die Aktualisierung der Pläne automatisch.

Dienstplan

Der Dienstplan dient zur Mitarbeitereinsatzplanung. Er wird meist einen Monat im Voraus vom Empfangschef erstellt. Im Dienstplan werden alle Mitarbeiter und ihre Dienstzeiten übersichtlich erfasst.

Folgende Punkte sind bei der Dienstplanerstellung zu berücksichtigen:

- Fixe Betriebsabläufe im Frontoffice.
- Zimmerbelegung, Anreisen, Abreisen.
- Veranstaltungen (Mehraufwand an Personal).
- Einhaltung gesetzlicher Vorschriften (Ruhezeiten, zwei freie Tage hintereinander).
- Beachten der Stundenauslastung, damit nicht unnötig Überstunden anfallen.
- Gesamtübersicht für eine zeitlich lückenlose Besetzung des Frontoffice.
- Wünsche der Mitarbeiter.

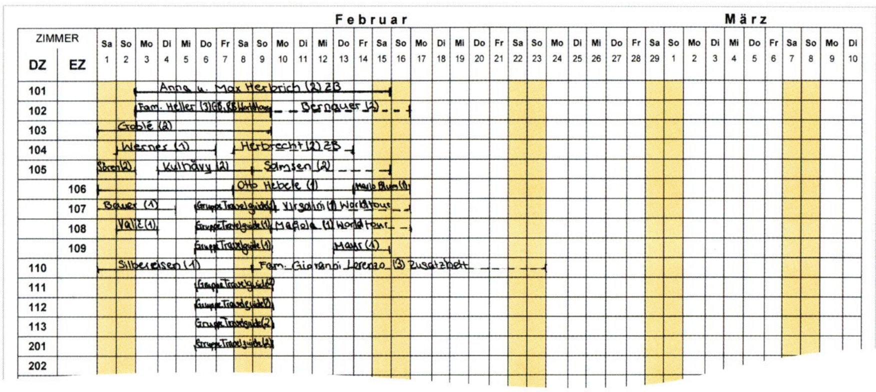

Per Hand ausgefüllter Zimmerplan

Das Gästeblatt wird vom Gast ausgefüllt.

Gesetzlich vorgeschriebene Organisationsmittel

Gesetzlich vorgeschriebene Organisationsmittel sind Unterlagen, in die der Gast auf Verlangen jederzeit Einsicht nehmen kann. Darum ist der Betrieb verpflichtet, sie entweder sichtbar anzubringen oder dem Gast jederzeit zur Einsicht vorzulegen. Dies dient der Sicherheit des Gastes (z. B., ob die ihm verrechneten Zimmerpreise tatsächlich stimmen) bzw. auch des Unternehmens (z. B. können genaue Aufzeichnungen im Gästeblatt helfen, Restanten [Gäste, die abgereist sind, die Rechnung ist noch offen] ausfindig zu machen).

Gästeblatt, Meldeschein

Das **Meldegesetz** schreibt vor, für jeden Gast (Individualreisenden) bzw. seine Angehörigen oder für eine Gästegruppe ein Gästeblatt bzw. einen Meldeschein auszufüllen (siehe auch Meldegesetz, S. 172). Darin sind Name, ordentlicher Wohnsitz, Staatsbürgerschaft sowie Beginn und Ende des Aufenthaltes erfasst.

Das Gästeblatt oder der Meldeschein wird der Gemeinde bzw. dem Tourismusverband vorgelegt und dient zur Erhebung der Tourismusabgabe, die sich nach der Aufenthaltsdauer errechnet. Ebenso wird es für statistische Zwecke (z. B. Anzahl der Nächtigungen im Monat September) verwendet.

Das Gästeblatt bzw. der Meldeschein wird auch zunehmend **elektronisch** verwaltet. Das Hotelprogramm des Betriebs ist in den meisten Fällen mit der Datenbank der Gemeinde verknüpft – die Daten für das elektronische Gästeblatt werden automatisch aus dem Frontoffice-Programm übernommen.

Das Formular ist in **Österreich** über das Zentrale Melderegister (www.zmr.bmi.gv.at) erhältlich, in **Deutschland** bei den Melderegistern im jeweiligen Bundesland. Es muss vom Betrieb ausgedruckt und vom Gast unterschrieben werden. Anschließend ist es von österreichischen Betrieben drei Jahre aufzuheben. In Deutschland gibt es ein Melderechtsrahmengesetz als Bundesgesetz. Die einzelnen Bundesländer haben aufgrund dieses Rahmengesetzes eigene Meldegesetze erlassen. Die Aufbewahrungsfrist für Meldescheine beträgt z. B. in Bayern ein Jahr. Aufgrund der Meldescheine wird der offizielle Statistikbogen für das Bundesamt für Statistik einmal monatlich erstellt.

Für Dauergäste bzw. Saisonmitarbeiter (die länger als zwei Monate im Betrieb beherbergt sind) ist ein **Meldezettel** auszufüllen.

In **Südtirol**, wo eine 24-Stunden-Meldefrist gilt, und in der **Schweiz** ist den örtlichen Polizeidienststellen mittels Meldeschein über Ankunft und Dauer des Verbleibs von Gästen Aufschluss zu geben. Die genauen Bestimmungen und operativen Modalitäten unterscheiden sich von Provinz zu Provinz (Italien) bzw. von Kanton zu Kanton (Schweiz). Die Meldepflicht für Mitarbeiter in Südtirol und der Schweiz variiert je nach Nationalität und Dauer der Anstellung, mitunter sind gesonderte Anträge zu stellen (Aufenthalts-, Arbeitsgenehmigung etc.).

Preisliste

Der Beherbergungsbetrieb ist nach dem Preisauszeichnungsgesetz **(Österreich)** bzw. der Preisauszeichnungsverordnung **(Deutschland)** verpflichtet, die Preise aller Leistungen ersichtlich zu machen, d. h., der Gast muss vor der Buchung über die Preise informiert sein und muss auf Verlangen Einsicht in die Preisliste bekommen. Daher ist in den Betrieben im Frontofficebereich oder im Gästezimmer die Zimmerpreisliste plus Bedienungspreis auszuhängen. Die Preise sind in Euro anzugeben und müssen Inklusivpreise sein, d. h., sie müssen sämtliche Steuern und Abgaben enthalten.

In **Südtirol** sind von Amts wegen gültige Preislisten in der Eingangshalle und in den Zimmern gut sichtbar auszuhängen, in der **Schweiz** nur in den Gästezimmern.

Werden in **Österreich** Preislisten von Tourismusverbänden erstellt, ist der Betrieb im eigenen Interesse und im Interesse des Tourismus angehalten, seine Preise bzw. die Preiskategorie dafür bekannt zu geben. In **Deutschland** gibt es regionale oder städtische Gastgeberverzeichnisse. Die Hoteliers sind nicht verpflichtet, dort Preisangaben zu machen, geben sie aber auch in ihrem eigenen Interesse an.

Depotschein

Als Hotelier ist man laut Allgemeinen Geschäftsbedingungen für die Hotellerie in **Österreich** verpflichtet, Wertgegenstände und Geld – wenn der Gast dies wünscht – für ihn zu verwahren.

In **Deutschland** ist der Wirt im Rahmen des BGB (Bürgerlichen Gesetzbuchs) verpflichtet, Wertgegenstände bzw. Geld anzunehmen, „es sei denn, dass sie im Hinblick auf die Größe oder den Rang der Gastwirtschaft von übermäßigem Wert oder Umfang oder dass sie gefährlich sind". Als Richtwert geht man vom 100-Fachen des Bettenpreises aus (wie bei der Haftung auch).

Es gibt drei Möglichkeiten, Wertgegenstände sicher zu verwahren:

Depotmöglichkeiten	
Schließfach	Meist ein eigener Raum in der Nähe der Rezeption. Der Gast erhält ein Schließfachblatt, das er unterschreibt. Aus Sicherheitsgründen können diese Schließfächer nur mit zwei Schlüsseln geöffnet werden (Gast und Rezeptionsmitarbeiter).
Zimmersafe	Er befindet sich, wie der Name schon sagt, in den Gästezimmern. Nur der Gast hat einen Schlüssel bzw. ein Passwort (Code). Den Versicherungswert und die Kosten für den Schlüsselverlust findet der Gast meist auf der Innenseite des Safes aufgeführt. Falls der Gast seinen Code vergisst, kann der Safe von einem leitenden Angestellten entriegelt werden. Dies sollte aber nur im Beisein des Gastes geschehen. Die Versicherungssumme bei Zimmersafes ist meist geringer als bei Schließfächern an der Rezeption, besonders dann, wenn diese 24 Stunden besetzt ist.
Allgemeiner Tresor	Diese Depotart ist nur noch in kleineren Hotels üblich. Die Wertgegenstände werden im Hotelsafe verwahrt – die Übernahme der Wertgegenstände erfolgt durch die Rezeptionsmitarbeiter, auf einem Depotschein werden die Übernahme und der exakte Inhalt festgehalten und durch Unterschrift bestätigt. Das Original behält der Gast als Quittung, ein Durchschlag bleibt bei der Rezeption. Gegen Vorlage des Depotscheins erhält der Gast die Gegenstände wieder ausgehändigt. Etwaige Änderungen müssen jeweils eingetragen werden.

Dem Gast ist nahezulegen, besonders wertvolle Gegenstände in einem Bankschliessfach zu deponieren.

Der Gast ist über die Möglichkeit, einen Safe beanspruchen zu können, zu informieren, weil

- der Hotelier damit gegen Schadenersatzforderungen abgesichert ist,
- der Versicherungsschutz gewährleistet ist, wenn die Gegenstände ordnungsgemäß deponiert sind, und
- der Gast sich wohler fühlt, wenn seine Wertgegenstände gut verwahrt sind.

Über die Depotmöglichkeit wird der Gast mündlich beim Check-in oder über einen Zimmeraushang bzw. einen Hinweis in der Informationsmappe informiert.

Weder die **Südtiroler (italienische)** noch die **Schweizer** Gesetzgebung verpflichten die Beherbergungsbetriebe, geeignete Maßnahmen zur sicheren Verwahrung von Wertgegenständen zu treffen. Allerdings haften Schweizer Hotels im Falle der Entwendung von Wertgegenständen für den erlittenen Vermögensschaden, soweit der Gast vergebens um sichere Verwahrung gebeten hat bzw. grobe Fahrlässigkeit vonseiten der Belegschaft nachgewiesen werden kann.

Fundbuch

Österreichische und deutsche Betriebe, nicht jedoch Schweizer oder Südtiroler Unternehmen sind verpflichtet, von Gästen vergessene Gegenstände an einem sicheren Ort und mit angemessener Sorgfalt aufzubewahren und den Gast darüber in Kenntnis zu setzen. Die Gegenstände werden im sogenannten Fundbuch oder in einem Lost-and-Found-Formular mit Durchschlag vermerkt. Verwaltet wird das Fundbuch vom Housekeepingdepartment – es liegt an der Rezeption oder im Housekeepingdepartment auf. Wie an anderer Stelle schon erwähnt, wird die Datei auch im Frontoffice-Programm geführt, damit alle Mitarbeiter Einblick haben und auf Nachfrage des Gastes schnell und effizient Auskunft geben können. Nach BGB gilt in **Deutschland** eine Verwahrungsfrist von einem halben Jahr, in **Österreich** sind die Gegenstände ein Jahr lang aufzubewahren. Der Schriftverkehr mit dem Gast wird im **Ordner für Fundsachen** abgelegt.

Im Fundbuch werden gefundene Gegenstände verzeichnet.

Aushangpflichtige Gesetze

Der **österreichische Unternehmer** ist verpflichtet, arbeitnehmerschutzrechtliche Vorschriften für die Mitarbeiter auszuhängen. Die Gesetze dienen dem Schutz der Mitarbeiter, z. B. Gesundheit und Sicherheit am Arbeitsplatz, Beschäftigungsbeschränkungen und -verbote für schwangere Mitarbeiterinnen, Arbeitsstättenverordnung, Jugendarbeitsschutzgesetz, Arbeitszeitgesetz, Mutterschutzgesetz, Allgemeines Gleichbehandlunggesetz.

Deutsche Hotelbetriebe müssen die Arbeitnehmerschutzgesetze nicht aushängen, wohl aber muss der Entgelttarifvertrag für alle im Betrieb Beschäftigten einsehbar sein.

Südtiroler Hotels müssen laut italienischer Gesetzgebung lediglich eventuelle Disziplinarstrafen und die Tabelle der verbotenen Spiele öffentlich und gut sichtbar aushängen. Der Verweis auf die Abrufbarkeit im Internet ersetzt den Aushang nicht.

Die **Schweiz** kennt keine aushangpflichtigen Gesetze.

Es besteht die Möglichkeit, die in **Österreich** aushangpflichtigen Gesetze elektronisch zur Verfügung zu stellen: www.hotelverband.at/down-Aushangpflichtige_Gesetze.doc. Dies darf jedoch nur angeboten werden, wenn den Mitarbeitern gleichzeitig der Zugang zu einem Computer mit Internetanschluss ermöglicht wird.

In **Deutschland** sind die Gesetze unter www.gesetze-im-internet.de nachzulesen, in der **Schweiz** findet man sie unter www.gesetze.ch. In **Südtirol** können die Landesgesetze und Durchführungsverordnungen zum Tourismus (Südtirol ist autonome Provinz mit gesonderten Gesetzgebungskompetenzen) im LexBrowser der Provinz Bozen nachgeschlagen werden (www.provinz.bz.it/ressorts/generaldirektion/lexbrowser_d.asp), die auch für Südtirol gültige Rahmengesetzgebung des italienischen Staates in der „Gazzetta Ufficiale della Repubblica Italiana“ (www.gazzettaufficiale.it/).

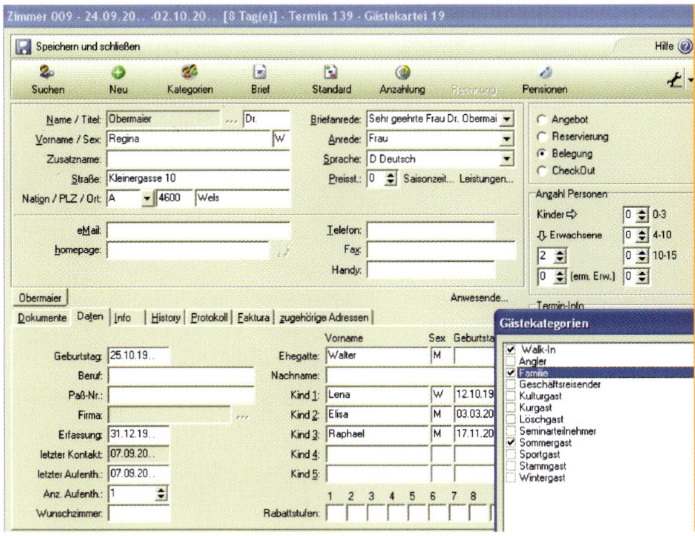

In der Gästekartei ruhen die Geheimnisse des Gastes – gehen Sie diskret damit um.

Formulare

Gästekartei

In der Gästekartei, die im Frontoffice-Programm geführt wird, werden alle **Informationen über den Gast** gesammelt. So hat jeder Mitarbeiter jederzeit die Möglichkeit, sich ein detailliertes Bild über einen Gast zu machen und dieses bei der Buchung, aber auch im Rahmen von **Kundenbindungsaktivitäten** zu berücksichtigen. Die Gästekartei enthält neben genauen Angaben zur Person (Name, Adresse, Geburtstag etc.) Informationen über Aufenthaltsdauer, Zimmernummer, Tischnummer, Hobbys, Vorlieben, Gewohnheiten und Extrawünsche, Preise (z. B. Discount für Stammgäste oder Company Rates [Firmenpreise]), aber auch Handicaps (z. B. Allergie) etc. Ebenso werden in der Gästekartei alle Mailingaktionen vermerkt. Dafür werden **interne Abkürzungen – sogenannte Selektionscodes** – vergeben, die die Zuordnung eines Gastes zu verschiedenen Segmenten erkennen lassen, z. B. Golfer (GO). Auch die gesamte Korrespondenz mit dem Gast wird hier vermerkt, um die Aktivitäten der Kundenbindung jederzeit ablesen zu können (siehe auch CRM, S. 221).

Die Informationen werden genutzt

- für die Korrespondenz (Angebot, Reservierungsbestätigung, Follow-up, Glückwunschschreiben, Mailings),
- zur Erledigung der Anmeldeformalitäten beim Check-in,
- als Grundlage für sämtliche Listen (An- und Abreiseliste, Gästeliste etc.),
- als Grundlage für Statistiken (Umsatzstatistik, Nationalitätenstatistik, Belegungsstatistik).

Eine möglichst umfangreiche Gästekartei gibt ein besonders detailliertes Bild. Es sollte aber darauf geachtet werden, dass die Kartei einheitlich strukturiert ist und Daten leicht auffindbar sind. Die meisten Betriebe führen deshalb die Gästekartei **elektronisch.** In den Karteikarten lassen sich alle Informationen übersichtlich speichern und mittels Suchfunktion rasch auffinden. Ebenso lassen sich Mailingaktionen über die elektronische Kartei abwickeln, indem man die Karteikarten nach bestimmten Suchkriterien (z. B. Golfspieler) filtert. Die Adresskartei lässt sich für Serienbriefe und Newsletter-Service (z. B. Einladung zum Golfturnier) verwenden. Ebenso lässt sich jederzeit ablesen, welcher Gast wann welche Zusendungen erhalten hat. Der Zugriff auf das elektronische Gästeblatt ist ebenfalls möglich.

Ein Tipp vom Profi
Wichtig ist, dass alle Mitarbeiter jede auch noch so kleine oder scheinbar nebensächliche Information in der Kartei eintragen, um so eine optimale Gästebetreuung zu gewährleisten. Beispiele sind: Daunenallergie, Zimmerwunsch, zweites Kopfkissen, härtere Matratze, Hundebesitzer, bevorzugter Wein, bevorzugte Mineralwasserart, gewünschte Dienstleistungen (wie z. B. Massage).

In der Gästekartei entsteht ein umfangreiches Bild des Gastes.

Gästekarteien werden **auch für Firmen und Reisebüros** angelegt. Sie enthalten sämtliche Verträge, Vereinbarungen, Modalitäten der Geschäftsabwicklung, Ansprechpartner, Kontingente etc.

Zimmerausweis

Der Zimmerausweis wird dem Gast bei seiner Ankunft übermittelt. Er dient als Nachweis, dass der Gast im Betrieb wohnt, und wird benötigt zur Schlüsselausgabe, zur Benützung der Garage, des Wellnessbereiches etc. Auf dem Zimmerausweis sind folgende Informationen vermerkt:

- Name, Adresse und Telefonnummer des Hotels.
- Name und Zimmernummer des Gastes.
- Zimmerpreis und/oder Arrangement.

Der Zimmerausweis eignet sich auch als Hülle für die Keycard, als **Werbeträger** (z. B. für Taxiunternehmen, Reisebüros) bzw. als Informationsträger (z. B. für Öffnungszeiten, Verkehrsverbindungen, Stadtpläne, Depothinweis).

Antwortkarte

Die Antwortkarte ermöglicht es dem Gast, so einfach wie möglich an gewünschte Informationen – und damit auch zu einer Buchung – zu kommen. Nachdem eine Anfrage erfolgt ist, sendet der Betrieb eine vorab ausgefüllte Antwortkarte an den Gast. Der Gast sucht sich daraufhin die von ihm gewünschten Informationen aus und sendet die Karte zurück an den Betrieb. Die Antwortkarte ist meist auch Teil oder Beilage eines Prospekts und als Faxantwort oder Postkarte gestaltet.

Die Antwortkarte ist eine gute Möglichkeit, mit dem Gast in direkten Kontakt zu treten. Auch wenn es zu keiner Buchung kommt, können Adresse und sonstige Daten in die Gästekartei eingepflegt und der potenzielle Gast in Zukunft seinen Wünschen gemäß informiert werden. Sie gilt als schnelles und für den Gast unkompliziertes Kontaktformular.

Jede Information über den Gast ist wichtig, um ihn seinen Wünschen gemäß zu informieren.

Magnetkarten oder Vordrucke für Garagenplatzvergabe

Vor allem Stadthotels verfügen über eigene Hotelgaragen. Damit ein **Überblick über die vergebenen Stellplätze** gewahrt bleibt, werden die Garagenplätze von der Rezeption vergeben. Dadurch ist gewährleistet, dass jedem Gast verlässlich der versprochene Platz zur Verfügung steht. Auch aus sicherheitstechnischen Gründen ist es wichtig zu wissen, von wem die Garage benützt wird. Meist

Beim Telefonieren ganz wichtig: sofort alle Informationen notieren. Sie dienen der Angebotserstellung und als Grundlage für die Reservierung am PC.

werden **Magnetkarten** zur Ein- und Ausfahrt ausgegeben. Damit ist elektronisch vermerkt, wer die Garage benützt. Gibt es keine Magnetkarten, so wird ein Zettel ausgefüllt. Der Vordruck für die Garagenplatzvergabe enthält neben dem Hotellogo und der Hoteladresse den Namen des Gastes, die Zimmernummer, den Zeitraum der Benutzung, Datum und Unterschrift sowie evtl. den Preis pro Garagenplatz und Tag. Der Gast erhält das Original sowie eine Karte, die hinter die Windschutzscheibe zu legen ist; ein Durchschlag wird an der Rezeption abgelegt.

Mitteilungsblätter

Das Mitteilungsblatt dient zur Übermittlung von **Nachrichten**, die **für den Gast** bestimmt sind. Der Gast wird über Telefongespräche, Besuche, Postsendungen, Fax- und E-Mail-Nachrichten informiert. Das ausgefüllte Mitteilungsblatt wird in ein Kuvert gegeben und auf einem Tablett im Gästezimmer deponiert.

Modern ausgestattete Großhotels informieren ihre Gäste über den Fernseher auf dem Zimmer. Auch das Quick-Check-out wird auf diese Weise abgewickelt.

> Mitteilungsblätter bekommen wieder mehr Bedeutung, da durch Online-Buchungen, den Einsatz von Keycards statt Schlüsseln und durch Quick-Check-in und -Check-out vor allem in Stadthotels der Kontakt zwischen Mitarbeitern an der Rezeption und Gast weniger notwendig geworden ist.

Betriebsinterne Formulare

Sie helfen, organisatorische Abläufe zu optimieren und transparent zu machen. Alle Formulare, Vordrucke und Listen müssen der **Corporate Identity** (siehe auch „Marketing", S. 204) des Betriebes entsprechen und sollten daher mit dem Hotellogo versehen sein. Es gilt: Weniger ist mehr, ein Vordruck für mehrere Verwendungszwecke ist vorteilhaft.

Reservierungsformular

Das Reservierungsformular wird auch als **Agenda** bezeichnet. Es enthält alle **tentativen** (vorläufigen) und **fixen** (bestätigten) Reservierungen **in Form einer Übersicht.**

Das Reservierungsformular wird während des Telefonats mit dem Auftraggeber als Notiz ausgefüllt, wenn die Reservierung nicht elektronisch durchgeführt wird. Sie dient als Grundlage für die elektronische Reservierung und für die Erledigung der anfallenden Korrespondenz (siehe auch Telefonnotiz). Gibt es kein elektronisches Reservierungssystem wird die Buchung aufgrund des Reservierungsformulars durchgeführt.

Des einen Freud, des andern Leid – die Minibar, die verwaltungstechnisch immer noch Sorgen macht.

Dieser Vordruck soll so gestaltet sein, dass alle notwendigen und wichtigen Informationen, die dem Anrufer bei Anfragen mitzuteilen sind, einfach entnommen und die Antworten eingetragen werden können. Ein bereits ausgefülltes Muster für Mitarbeiter könnte, in einer Klarsichtfolie geschützt, in der Nähe des Telefons angebracht sein. Das ausgefüllte Formular wird, ebenso wie ein Anfragebrief, in einer Mappe gemeinsam mit der Kopie der Antwort auf die Anfrage aufbewahrt. Eine mündliche Vereinbarung gilt im Falle eines Stornos als rechtliches Beweismittel.

Inhalte des Reservierungsformulars

- **Daten des Gastes:** Name, Vorname, Straße, Postleitzahl, Ort, Land, Telefon- bzw. Faxnummer, Mobiltelefonnummer, E-Mail-Adresse, Internetadresse.
- **Wünsche des Anrufers:** An- und Abreisetag; Art der Unterkunft (Zimmer, Ferienwohnung, Ferienhaus ...); Ausstattung mit Dusche/WC, Bad/WC, Kinderbett; Zimmer mit Frühstück, Halbpension, Vollpension; Personenanzahl für Erwachsene und Kinder, Alter der Kinder.
- **Preise:** Normalpreis, Ermäßigungen, Sonderkonditionen, Gruppentarife, Pauschalangebote (Golfwoche) etc.
- **Sonderwünsche:** Extras im Zimmer, Diät, Transfer vom Bahnhof, Skipass etc.
- **Fragenliste:** Genauer Ankunftstermin, Anreise mit Pkw, Bahn, Bus etc. Woher hat der Gast die Adresse (Kontrolle von Werbeaktionen)? Ist er Stammgast?
- **Organisationsdaten:** aktuelles Datum, Name des Mitarbeiters, Grund des Anrufs ...

Gestalten Sie das Formular speziell für Ihren Betrieb. Ständig wiederkehrende Fragen sollen bereits im Text vorhanden sein, damit sie nur mehr angekreuzt und nicht immer wieder geschrieben werden müssen. Ändern Sie das Formular nach Ihren Bedürfnissen.

Telefonnotiz

Telefonnotizen dienen als Vorlage zum Ausfüllen des Reservierungsformulars, das alle Reservierungen im Überblick zeigt und können auch gleichzeitig als **Mitteilungsblatt für Gäste** dienen, wenn die Formulierungen allgemein gehalten sind (z. B. Anrufer, Grund des Anrufs, Datum, Nachricht für ...).

Memo

Ein Memo ist ein Vordruck für **Kurzinformationen.** Es wird abteilungsintern bei der Dienstübergabe weitergegeben und anderen Abteilungen zur Kenntnisnahme übermittelt. Oft gilt es auch als abteilungsinterne Ergänzung für Veranstaltungen.

Ein Tipp vom Profi
Die Inhalte von Telefonnotiz, Mitteilungsblatt, Reservierungsformular und Memo können sich überschneiden. Es ist daher vom Betrieb zu entscheiden, welche Formulare sich am besten eignen und wie sie optimal gestaltet werden. Alle parallel einzusetzen wird eher verwirrend als nutzbringend sein.

Vordruck Minibar

So beliebt die Minibar bei den Gästen ist, so sehr stellt ihre Verwaltung eine Herausforderung für die Hotellerie dar: Ein enormer Aufwand steht meist hinter der Betreuung, der Kontrolle und der Abrechnung der konsumierten Getränke, sodass manche Großhotels schon Pauschalen und eine unbeschränkte Benutzung in den Zimmerpreis einkalkulieren, um eine Einzelabrechnung zu umgehen.

Nichtsdestotrotz sind eine **Erfassung der konsumierten Getränke** und eine Abrechnung üblicherweise durchzuführen. Dafür dient ein Vordruck, auf dem die in der Minibar befindlichen Getränke und Süßigkeiten aufgelistet sind. Der Gast notiert den Verbrauch auf diesem Vordruck, der in der Folge die Basis für die Abrechnung ist. Eine Überprüfung der Angaben ist meist erst nach dem Check-out möglich.

Functionsheet

Ein Functionsheet ist ein **Laufzettel,** der ausgefüllt wird, damit eine Abteilung weiß, was die andere tut. Dies ist besonders bei der Vorbereitung und Abwicklung von **Veranstaltungen bzw. Seminaren** von Bedeutung: Die Küche muss beispielsweise die Anzahl der Speisen und Gänge wissen, das Housekeepingdepartment die Anzahl der Übernachtungen, das Service die gewünschte Tischstellung, die Haustechnik die benötigte technische Ausstattung etc.

Die Reservierungen von Veranstaltungen müssen zentral durchgeführt werden, um Terminkollisionen zu verhindern. Dies ist Aufgabe der Bankettabteilung (siehe auch Kapitel „Veranstaltungen“, S. 198).

Formular Tagungstechnik

Ergänzend zum Functionsheet wird gemeinsam mit dem Gast (bzw. dem Auftraggeber) ein Formular für die benötigte Technik ausgefüllt.

Viele Betriebe, die auf Veranstaltungen und Seminare spezialisiert sind, haben eigene Informations- bzw. Konferenzmappen mit Ausstattungsbeschreibungen, Raumaufteilungsplänen, Möglichkeiten der Tischstellung, Checklisten für Verpflegung u. v. m. (siehe auch Kapitel „Veranstaltungen“, S. 195).

FÜR DIE DIENSTÜBERGABE BRAUCHT MAN DIE INFORMATIONEN AUS DEM LOGBUCH.

Formular für Barauslagen für Gäste

Paid-out-Formular

Wird für einen Gast eine Barzahlung (z. B. Taxirechnung, Blumenzustellung, Arzt- oder Apothekenrechnung) übernommen, so ist dafür ein Formular als Bestätigung auszufüllen. Üblicherweise übernimmt diese Aufgabe der Kassier. Das Formular wird dem Gast ausgehändigt und ist bei der Erstellung der Gästerechnung zu berücksichtigen. Meist enthält das Formular einen Hinweis, bis zu welcher Höhe ein Betrieb Barauslagen übernimmt bzw. ob es Limits für die Bezahlung mit Kreditkarten gibt.

Zimmerwechselbeleg

Damit Zimmer nicht versehentlich doppelt belegt werden, Gästewünschen nach anderen Zimmern aber Rechnung getragen werden kann, wird bei einem Zimmerwechsel vom Frontoffice ein Beleg ausgefüllt, der dem Housekeepingdepartment übergeben wird.

Die informierte Abteilung bestätigt den Erhalt mit Unterschrift.

Übergabebuch – Logbuch

Die Informationen, die an der Rezeption gesammelt werden, dürfen niemals personengebunden sein, sondern müssen für alle Frontofficemitarbeiter zugänglich sein. Im Frontoffice wird daher ein Übergabebuch geführt, in dem alle wichtigen Informationen und Ereignisse notiert werden. Jeder Mitarbeiter ist selbst dafür verantwortlich, auf dem letzten Stand der Informationen zu sein. Bei der **Dienstübergabe** dient es als **wichtiges Informationsmittel.** Es kann händisch erstellt oder elektronisch geführt werden.

Listen

Wechselkursliste

Seit der Einführung des Euro ist die Wechselkursliste nicht mehr so bedeutend. Dennoch ist sie ein wichtiges Hilfsmittel, um Tageskurse rasch bei der Hand zu haben. Die aktuellen Kurse erfährt man bei der Bank (am besten täglich per E-Mail oder Fax übermitteln lassen bzw. im Internet abfragen) oder aus der Tageszeitung.

An- und Abreise- bzw. Stayoverliste (Bleibeliste)

Auf der An- und Abreiseliste ist ersichtlich, wann welche Gäste ankommen bzw. ihren Besuch beenden. Sie wird im Frontoffice am Vorabend für den nächsten Tag vorbereitet und ist ein **wichtiges Informationsmittel für alle Abteilungen.** Ebenso hat die Liste Kontrollfunktion, ob alle An- und Abreisen plangemäß verlaufen.

Die An- und Abreiseliste enthält:

- die aktuellen Tageslisten (An- und Abreisen),
- Buchungspakete sowie Sonderwünsche, z. B. bevorzugter Zimmerwunsch,
- Begleitpersonen, Kinder (z. B., ob ein Zusatzbett benötigt wird),
- Gruppenname bzw. Reisebüro,
- einen Stammgastvermerk.

Weitere, genauere Informationen über die ankommenden Gäste finden die Rezeptionsmitarbeiter im Übergabebuch.

Weckliste

Auf der Weckliste werden Zimmernummer und Weckzeit eingetragen. Die **Pünktlichkeit** des Weckanrufs ist oberstes Gebot.

Viele Hotels haben bereits automatische Weckeinrichtungen über die Telefonanlage, bei der sich der Gast entweder die Weckzeit über das Zimmertelefon selbst einstellt oder sie an der Rezeption bekannt gibt.

Persönlich geweckt zu werden kann ein angenehmer Start in den Tag sein. Achten Sie jedoch darauf, dass dies auch dem Wunsch des Gastes entspricht.

> Ein besonderer Service ist es, den Gast persönlich (telefonisch) zu wecken, z. B. so: „Guten Morgen, Herr Müller, es ist 8:30 Uhr, dies ist Ihr persönlicher Weckruf. Wir haben blauen Himmel, Sonnenschein und eine Morgentemperatur von 17 °C. Ich wünsche Ihnen einen schönen Tag!"

Wäscheliste

Größere Hotels haben meist eine hauseigene Wäscherei. Gäste können hier ihre Kleidung reinigen und bügeln lassen. Damit sichergestellt wird, dass keine Verwechslungen der Kleidungsstücke auftreten, füllt der Gast eine Wäscheliste aus. Darauf werden die **Kleidungsstücke mit Stückanzahl und Rückgabedatum** notiert. Ebenso kann der Gast der Liste die Kosten für die Reinigung und die Haftung bei Schäden entnehmen. Da die Wäscheliste vom Gast ausgefüllt wird, ist sie mehrsprachig geführt. Manche Hotels haben zusätzlich eigene Listen für Bügelservice und chemische Reinigung.

Gruppenliste

Damit auf einen Blick sichtbar ist, welcher Gast zu welcher Reisegruppe gehört bzw. wer die Gruppe leitet, welche Arrangements gebucht wurden etc., wird eine Gruppenliste geführt. Sie liegt zur Einsicht im Frontoffice auf und ist bei Bedarf zu aktualisieren.

Aktuelles Hotelverzeichnis

Wenn der eigene Betrieb ausgebucht ist, sich **Walk-in-Gäste** aber dennoch für einen Aufenthalt interessieren, ist es angebracht, die Gäste nicht einfach wegzuschicken, sondern ihnen mit Auskünften über Nachbarhotels weiterzuhelfen. Dazu dient ein Hotelverzeichnis.

Organisationsmittel für die Gästebetreuung

Darunter versteht man alle Hilfsmittel, die benötigt werden, um dem Gast professionell Auskunft geben bzw. ihn optimal betreuen zu können.

Organisationsmittel für die Gästebetreuung an der Rezeption

- Liste mit Internetadressen (www.dastelefonbuch.de; www.telefonauskunft.de; www.bahn.de; www.flugplaene.de; www.taxi.de, www.etb.at, www.clefsdor.at, www.oebb.at, www.tel.search.ch, www.sbb.ch, www.suedtirol.info, www.virgilio.it, www.ferroviedellostato.it). Falls das Internet nicht zur Verfügung steht, müssen sämtliche Auskünfte entweder telefonisch eingeholt werden oder es liegen die Informationen schriftlich vor.
- Liste mit wichtigen Telefonnummern und Informationen (Taxi, Ärzte, Gottesdienstzeiten).
- Evtl. Telefonbücher.
- Ausflugsangebote.
- Fahrpläne (als Aushang).
- Flugpläne.
- Aktuelles Hotelverzeichnis.
- Verbandskasten, Notfallapotheke.
- Sonstige Ausstattung je nach Betriebstyp (Spiele, Zündhölzer, Schere, kleines Werkzeug, Leihwecker, Starterkabel etc.).

Organisationsmittel für die Gästebetreuung im Zimmer

Die **klassische Informationsmappe,** die auf dem Gästezimmer aufliegt, sollte folgende Informationen beinhalten:

- Öffnungszeiten sowie Telefonnummern der hotelinternen Abteilungen und Betriebe sowie der wichtigsten regionalen Gastronomiebetriebe und Sehenswürdigkeiten.
- Informationen über das Hotel und die Leistungen des Hotels.
- Tageskarte vom Restaurant bzw. Menüplaner.
- Verschiedene Werbemittel wie Hausprospekte, Ortsprospekte, Veranstaltungskalender, Kulturführer, Wanderführer und -karten.

Diese Informationen können alphabetisch nach Stichworten in der Mappe geordnet und – wenn es die technische Ausstattung des Zimmers erlaubt – natürlich auch über das Internet (Homepage des Betriebes) abrufbar sein.

Betriebsspezifische Organisationsmittel für die Gästebetreuung

- Wellnesshotel: Kosmetikartikel, Bademäntel etc.
- Seminarhotel: Schreibutensilien, Post-its, Medienkoffer mit Seminarzubehör etc.
- Kinderhotel: Babyfon etc.
- Golfhotel: Golfausrüstung.

Von der Anfrage bis zum Follow-up – der operative Ablauf der Gästebetreuung

Freundlichkeit ist oberstes Gebot an der Rezeption. Sie ist der Rahmen, in dem der Gästeaufenthalt verankert ist, der den Tätigkeiten das passende Gesicht gibt. Kompetentes Wissen um die zu erfüllenden Aufgaben ist aber natürlich von ebenso großer Bedeutung. Denn neben einem angemessenen Umgang darf der Gast natürlich Professionalität in der Ausführung aller Tätigkeiten erwarten.

Der Kontakt zwischen Gast und Betrieb

Das Zustandekommen einer Buchung ist die Grundlage für den Aufenthalt im Haus. Sie erfolgt über das Aufmerksamwerden des Gastes auf den Betrieb, seine anschließende Anfrage, das darauf folgende Angebot des Betriebs, die anschließende Reservierung durch den Gast und die Bestätigung durch den Betrieb.

Nun betritt der Gast zu Beginn seines Aufenthalts das Hotel. Er wird beim Check-in und bei allen Fragen und Belangen, bei Wünschen, Sorgen, in Notfällen und bei Beschwerden von den Mitarbeitern der Rezeption betreut. Sie sind die Gastgeber, die ihm den Aufenthalt angenehm machen, die ihn von Sorgen befreien und ihn mit Herzlichkeit und Charme betreuen. Nach Beendigung seines Aufenthalts – nach dem Check-out und der Verabschiedung – bleibt der Betrieb nach wie vor mit seinem Gast in Kontakt. Es folgt ein Follow-up, es folgen persönliche Schreiben und weitere Angebote für etwaige weitere Aufenthalte. Denn wenn Sie es wollen, bleibt Ihnen Ihr Gast erhalten und verschwindet nicht mit dem Check-out in der Versenkung.

Die Wahl des Betriebs

Bevor ein Kontakt zwischen Gast und Betrieb entstehen kann, muss dem zukünftigen Gast das Haus in irgendeiner Form ins Auge stechen.

So wird der Gast auf den Betrieb aufmerksam:

- Über Empfehlung, Mundpropaganda.
- Durch Erhalt eines Geschenkgutscheins.
- Über die Homepage des Betriebs, die in Suchmaschinen weit vorne gereiht ist.
- Über Buchungsplattformen.
- Über die Tourismusdestination oder den Tourismusverband.
- Über Reise- und Tourismusmessen.
- Über Werbung, z. B. Werbebeilagen in Zeitungen oder Werbeschaltungen in elektronischen Medien.

Egal, wie der Erstkontakt entsteht – sei es über eine Buchungsplattform, sei es über Empfehlung –, der erste Eindruck muss positiv sein und vor allem mit der Realität übereinstimmen. Sonst werden Erwartungen enttäuscht.

Der Hotelbetrieb muss den Erwartungen entsprechen.

Empfehlung, Mundpropaganda

Über Empfehlungen kommt es häufig zu **Folgebuchungen.** Aber: Nur gut betreute Gäste werden den Betrieb weiterempfehlen (siehe auch die Kapitel „Gast", S. 26, und „Die Mitarbeiter als Qualitätsbotschafter, S. 108). Mit speziellen Angeboten und Ideen wird man darüber hinaus – neben der persönlichen Empfehlung – für bestimmte Leistungen mittels Mundpropaganda bekannt. So spricht es sich rasch herum, wenn ein Haus ideal für Hochzeiten geeignet oder der Geheimtipp für ein „Auszeit-Wochenende" für zwei in der Nähe der Stadt ist. Auch Geschäftsreisende tauschen ihre Erfahrungen aus.

Damit ist ersichtlich, dass **einer Ihrer Hauptwerbeträger** überhaupt **Ihr Gast** ist. Er weiß, wovon er spricht, und kann Ihren Betrieb sehr gut – oder eben je nach Erfahrung weniger gut – beschreiben und vermarkten. Daher ist es wichtig, die Erinnerung der Gäste nach

ihrem Aufenthalt mit **Mailingaktionen** immer wieder wachzuhalten.

Geschenkgutschein

Der prospektive Gast lernt in diesem Fall den Betrieb anhand des Gutscheins kennen. Was soll ihm dieser im ersten Moment vermitteln? Neben der Leistungsbeschreibung, die der eines Angebots ähnelt, ist ein **persönlicher Bezug** herzustellen. Der Gutschein kann z. B. zum zehnten Hochzeitstag oder zum runden Geburtstag ausgestellt sein und spricht damit die Gäste direkt an. Wichtig ist daher, dass Sie bei einer Gutscheinbestellung nicht darauf vergessen, sich nach dem **Anlass** zu erkundigen. Achten Sie darüber hinaus darauf, bei der Bestellung alle Fragen abzuklären, die auch bei einer direkten Anfrage abzustimmen sind. Wichtig sind auch die Besprechung der Zahlungsmodalitäten und der Hinweis, dass der Gutschein erst nach Überweisung gültig ist. Erkundigen Sie sich, wem der Gutschein übermittelt wird – ob ihn der Besteller oder der Beschenkte erhalten soll.

Achten Sie beim Telefonat darauf, dass Sie das Gespräch führen und geben Sie dem Besteller Hilfestellung, indem Sie sich nach den **Anforderungen für den Gutschein** erkundigen. Nichts ist für einen Gast unangenehmer, als wenn er dem Mitarbeiter des Betriebes alles aus der Nase ziehen muss – und darüber hinaus vergisst ein Anfrager meistens ein paar wesentliche Details. Bedanken Sie sich zu Beginn und am Ende des Gespräches, dass ein Gutschein Ihres Hauses geschenkt wird.

Der Gutschein und seine wahren Werte

Die wahre Bedeutung des Gutscheins wird leider oft noch verkannt, doch birgt er eine gute Möglichkeit, um mehrere Gäste zu gewinnen. Geben Sie daher unbedingt neben dem Namen des beschenkten Gastes auch den des Bestellers in Ihre Gästekartei bzw. das Property Management System (siehe S. 225) ein, denn auch er kann ein Gast werden. Verwenden Sie für Besteller ein eigenes Kürzel, um zielgerechte Aussendungen machen zu können. Fragen Sie den Besteller während des Telefonats ganz unverbindlich nach seinen eigenen Reisegewohnheiten und Wünschen oder danach, ob er selbst schon einmal in der Region Urlaub gemacht hat. Mit diesen Informationen ist es zum Beispiel möglich, ihm zu Weihnachten oder zu einem anderen Anlass eine kleine Aufmerksamkeit und einen Dank für die Vermittlung zu senden und ihm für die nächste Saison gleich einen Vorgeschmack seinen Wünschen entsprechend zu geben.

Der persönlich gestaltete fertige Gutschein wird meist in **Briefform** übermittelt. Folder (Flyer) des Hauses und Ortsinformationen sind ebenso wie bei einem Angebot (siehe S. 156) beizulegen. Parallel dazu wird die Rechnung inklusive Zahlungsbedingungen und Gültigkeit des Gutscheins an den Besteller geschickt. Dies wird mit einem Dankschreiben an den Besteller ergänzt.

Eine andere Möglichkeit, über Gutschein auf einen Betrieb aufmerksam zu werden, ist jene, dass das Hotel in einem **Gutscheinblock** neben anderen Häusern beschrieben wird. Es werden z. B. unter dem Motto „Wellness und Lifestyle" Angebote vorgestellt, aus denen sich der Gast eines aussucht.

Homepage

Kein Betrieb kommt heutzutage ohne einen perfekten Internetauftritt aus. Das Wichtigste dabei sind das **einfache Auffinden von Informationen und die Aktualität** der Website. Nichts ist schlimmer als alte „News", die Einstiegsseiten zieren, und Frühlingsangebote, die laue Augustnächte Lügen strafen. Hat die Homepage auch noch eine kurze Ladezeit und benötigt zur Darstellung keine speziellen Programme, dann ist der Betrachter schon sehr froh.

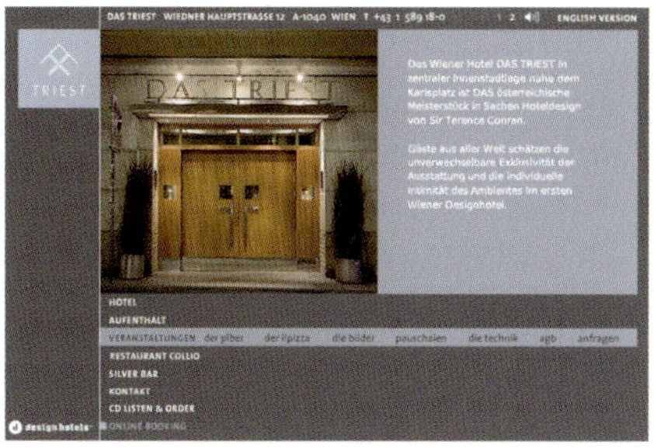

Der perfekte Internetauftritt ist heute in der Branche unerlässlich.

Wichtig für eine perfekte Homepage

- Gestaltung nach den CI-Richtlinien (Corporate Identity) des Hotels.
- Gut funktionierendes Suchsystem.
- Übersichtliche Navigation (am besten lassen Sie die Seite von einem Externen vor Inbetriebnahme testen und nehmen Sie sie in den Gästefragebogen auf).

- Leicht bedienbare Interaktionsflächen, z. B. für die Reservierung.
- Ständige Aktualisierung.
- Keine Musik auf der Startseite.
- Online-Anfrage- und -Reservierungstools ständig sichtbar halten.
- Klare Kompetenzverteilung in Bezug auf Wartung, Zugriffsrechte etc.

Ein Tipp vom Profi
Testen Sie Ihre Homepage auf unterschiedlichen Rechnern und mit unterschiedlichen Verbindungen bzw. lassen Sie dies von Betriebsfremden tun. Lässt sich die Website ohne Probleme öffnen? Finden Sie die gewünschten Informationen? Ist es leicht, eine Reservierung durchzuführen? Wie viel Zeit vergeht, bis Sie auf eine Anfrage ein Angebot erhalten?

WOHIN GEHT DIE REISE? VIELE URLAUBER FINDEN IHR REISEZIEL AUF EINER TOURISMUSMESSE.

Buchungsplattformen
Das ist der wohl modernste Weg, einen ersten Kontakt zum Betrieb herzustellen und sich ein Bild zu machen. Auch wird dieser der **Weg der Zukunft** sein und mehr und mehr an Bedeutung gewinnen (siehe dazu Kapitel „Webmarketing“, S. 226). Über Buchungsplattformen wird schnell und unkompliziert abgefragt, ob ein Zimmer verfügbar ist. Anschließend kann sofort gebucht werden.

Tourismusdestinationen und Tourismusverbände
Oft sind Tourismusdestinationen (Überbegriff für touristische Organisationen auf Orts- und Regionsebene), die die touristischen Interessen einer Region mit individuellen Lösungen vertreten (wie z. B. Pyhrn-Priel-Region, Dachstein West), oder Tourismusverbände und Tourismusinformationen die Schlüsselstelle zwischen Gast und Betrieb. Die Art, ein Land bzw. eine Region zu bewerben und die Betriebe vorzustellen – z. B. in Foldern (Flyern) und im Internet, auf gemeinsamen Internetplattformen und mit Direktbuchungssystemen –, ist mit ausschlaggebend für Buchungen. Mehr dazu lesen Sie im Kapitel „Zusammenarbeit mit Tourismusorganisationen“ ab Seite 256.

Reise- und Tourismusmessen
Einschlägige Fachmessen (siehe auch Kapitel „Marketing“, S. 213) sind ideal, sich dem Zielpublikum bzw. der Branche zu präsentieren. Hier entstehen zahlreiche wertvolle Erstkontakte zu neuen Gästen und zu Reiseveranstaltern.

- **Tourismus- und Reisemessen**, z. B. die ITB (Internationale Tourismusmesse Berlin), die Ferien-Messe Wien.
- **Zielgruppenspezifische Messen**, z. B. Hochzeitsmessen, Sportmessen.
- **Branchenmessen** für das Fachpublikum, z. B. die IGEHO in Basel (Internationale Fachmesse für Hotellerie, Gastronomie und Außer-Haus-Konsum), die actb (Austrian and Central European Travel Business – Zielgruppe dieser Messe sind die Reiseveranstalter).

Werbung
Neue Gäste können auch über Inserate, TV-Spots, Internet-Werbung und dergleichen mehr akquiriert werden (siehe auch „Werbung“ im Kapitel „Marketing“, S. 214).

Die Anfrage

Nachdem dem Gast nun der Betrieb – und wahrscheinlich zahlreiche weitere – bekannt ist, liegt es an ihm, eine Wahl zu treffen und Kontakt aufzunehmen. Dies geschieht in Form einer Anfrage. Egal, ob telefonisch, schriftlich mit E-Mail, Fax oder in Briefform – die korrekte und zeitgerechte Beantwortung in Form eines passenden Angebots entscheidet darüber, ob der Gast buchen wird oder nicht.

Anfragen sind für den Betrieb – auch wenn es nicht sofort zu einer Buchung kommt – sehr wichtig, da damit der erste Schritt, mit dem Betrieb in Kontakt zu kommen, vom potenziellen Gast unternommen wurde. Nun sind erste wichtige Daten von ihm im Haus, die in der **Gästedatenbank** erfasst werden und für **Mailings** verwendet werden können. Er hat sein Interesse bekundet, dem nun zu entsprechen ist. Auch wird ihm dieser Erstkontakt – in positiver oder negativer Weise – in Erinnerung bleiben, was für einen eventuellen Aufenthalt im Betrieb von großer Bedeutung ist.

Ist der Erstkontakt, z. B. die Beantwortung einer schriftlichen Anfrage mit

Das Telefonat ist oft der Erstkontakt zwischen Gast und Betrieb.

E-Mail oder ein Telefonat, positiv ausgefallen, konnten Gästewünsche erkannt, formuliert und ein dementsprechendes Angebot gemacht werden, ist bereits Wesentliches in Richtung Buchung getan. Darum ist es wichtig für Sie zu wissen, wie Sie adäquat auf Anfragen – in welcher Form auch immer – reagieren.

Die Aufnahme und Bearbeitung von Anfragen bzw. Buchungen erfolgt

- mit Telefon,
- mit Fax,
- mit Post- bzw. Antwortkarte,
- mit E-Mail,
- mit GDS (Global Distribution Systems) wie Sabre, Amadeus, Worldspan,
- mit CRS (Central Reservation Systems)
- mit IDS (Internet Distribution Systems) oder
- durch eine persönliche Vorsprache.

Die telefonische Anfrage

Die Anfrage des Gastes – insbesondere die telefonische – ist der erste Berührungspunkt zwischen Gast und Hotel. Damit aus einer Anfrage eine tatsächliche Buchung wird, ist ihr von den Mitarbeitern des Betriebes größtmögliche Aufmerksamkeit zu schenken.

Telefonische Verkaufsgespräche sind zeitsparend. Es ist aber nicht so leicht, den Gast umfassend zufriedenzustellen. Die persönliche Ausstrahlung beschränkt sich auf die Stimme. Das Telefonat ist eine **akustische Visitenkarte** und somit eine sehr wichtige Chance, die bestmöglich genutzt werden muss. Hier finden Sie deshalb einige Tipps für das richtige Telefonieren.

Erfolgreiches Telefonieren

Die Wirkung eines persönlichen Gespräches ist abhängig von:

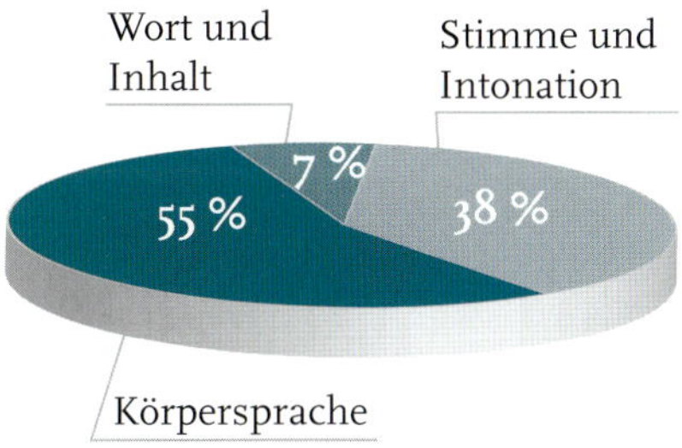

Also stehen beim Telefonieren nur 45 % der Kommunikationskanäle zur Verfügung. Außerdem: Sprechweise, Formulierung, Stimme und Ausdruck tragen mehr zu einem positiven Gespräch bei als die Botschaft an sich.

Das Telefonieren verursacht **Kosten**, die nicht unerheblich sind, und zwar:

- fixe Kosten: Mitarbeiterkosten, Anschluss- und Grundgebühren sowie Gebühren für die Musik, und
- variable Kosten je nach Gesprächsdauer und Entfernung, Telefonnetzbetreiber und Tarif.

Ein Tipp vom Profi

Bis zu 70 % der Kommunikation in Hotelbetrieben laufen über das Telefon. Sorgen Sie daher dafür, dass Sie auf Telefonate gut vorbereitet sind, und überlegen Sie sich, wie Sie auf Anfragen adäquat reagieren. Hilfreiche Sätze oder Assoziationswörter können Sie auch auf der **Telefonnotiz bzw. dem Reservierungsformular** notieren, um den Einstieg in ein gutes Verkaufsgespräch zu finden. Sie dienen auch als Checkliste und sind eine Hilfestellung für die Führung eines strukturierten Gesprächs. Mit strukturierten Telefonaten können auch die variablen Telefonkosten gesenkt werden.

Um bei jedem Telefonat die richtigen Informationen weitergeben und Aufträge notieren zu können, müssen sich folgende **Unterlagen** in sichtbarer oder greifbarer Nähe befinden:

- Reservierungsformular bzw. Telefonnotiz mit Fragenliste und hausinternes Nachrichtenformular.
- Stift.
- Jahreskalender.
- Zimmerbelegungsplan auf Papier oder in der EDV, sofern es keine eigene Reservierungsabteilung gibt.
- Ankunfts- und Abreiselisten auf Papier oder in der EDV, sofern es keine eigene Reservierungsabteilung gibt.
- Preisliste der Angebote des Hauses: Zimmerpreise, Pauschalangebote und Packages, Monatsspecials, Speisen- und Tageskarte vom Restaurant etc.
- Übersicht über die hausinternen Abteilungen mit Ansprechpersonen (Abteilungsleiter, Manager on Duty), Mitarbeitern und Durchwahlen.
- Liste mit Telefonnummern des Tourismusverbandes und von Veranstaltern und Geschäftspartnern der Umgebung etc.
- Liste mit Notfallnummern: Feuerwehr, Polizei, Arzt etc.
- Dienstpläne.
- Telefonbuch und Branchenverzeichnis.
- Werbematerial, Werbeaussendungen des Betriebes bzw. des Ortes.

- Unterlagen über Freizeitangebote im Ort, in der Region (Öffnungszeiten, Abschlagzeiten von Golfplätzen, Preise von Skipässen etc.).
- Veranstaltungskalender der Tourismusregion.
- Weckrufliste.
- Buchstabiertabelle.
- Zeitzoneninformationsliste.
- Rechenmaschine.

Korrektes Melden
Melden Sie sich mit dem Namen des Betriebes, der Abteilung, Ihrem Vor- und Familiennamen und grüßen Sie der Tageszeit entsprechend.

Ein Tipp vom Profi
Es ist dafür zu sorgen, dass jedes Gespräch zwischen dem zweiten und dritten Läuten persönlich in Empfang genommen wird. Auf wenig Verständnis beim Gast stoßen Tonbandstimmen, die die automatische Weiterleitung mithilfe der Eingabe über die Telefontastatur vorgeben.

Korrekte Gesprächsführung
Machen Sie sich Notizen. Lassen Sie sich schwierige Namen buchstabieren. (Die Buchstabiertabelle finden Sie auf der beiliegenden CD-ROM.)

Hier ein paar Tipps für eine ideale Telefonsituation

- Führen Sie Telefongespräche so, dass der Anrufer merkt, Sie haben Zeit für ihn und sein Anliegen. Nebenbeschäftigungen wie essen, trinken, am Computer tippen etc. lenken ab und sind für den Anrufer störend.

- Achten Sie beim Telefonieren auf eine angenehme Körperhaltung. Die Haltung beeinflusst Klang und Ausdruck Ihrer Stimme und damit den Eindruck, den Sie während des Gesprächs hinterlassen.

- Machen Sie ein freundliches Gesicht – Ihre Stimmung überträgt sich .

- Sprechen Sie deutlich und flüssig. Lange Pausen und Füllwörter wie „äh“ stören den Gesprächsfluss.

„Guten Morgen, Hotel Aurora am Achensee, Sie sprechen mit Christian Riedl von der Reservierungsabteilung. Was darf ich für Sie tun?“

- Nachdem sich der Anfragende mit Namen vorgestellt und sein Anliegen vorgebracht hat, sprechen Sie ihn freundlich mit seinem Namen und seinem Titel an. So fühlt er sich als Person wahrgenommen.

- Hören Sie aufmerksam zu, damit Sie alle Inhalte erfassen, und machen Sie sich Notizen. Lassen Sie Ihren Gesprächspartner ausreden. Stimmen Sie zu und fragen Sie nach, damit er merkt, dass Sie sich mit seiner Anfrage entsprechend auseinandersetzen.

- Achten Sie darauf, dem Gast während des Gesprächs mit Auskünften entgegenzukommen, ihm Informationen aktiv anzubieten, damit er von Ihnen seinen Wünschen entsprechend informiert wird. Stellen Sie verkaufsfördernde Fragen und erwähnen Sie Zusatzangebote und Neuerungen. Halten Sie dafür eine Argumentationsliste mit USPs **(Unique Selling Propositions, siehe S. 207)** bereit – also mit Punkten, die Ihren Betrieb von anderen unterscheiden und einzigartig machen. Damit überzeugen Sie den Gast bei einer Anfrage, gerade in diesem Betrieb nächtigen zu wollen, hier seinen Urlaub zu verbringen, seine Veranstaltung durchzuführen etc.

- Verwenden Sie eine bilderreiche Sprache, wenn Sie ein Angebot formulieren und lassen Sie dadurch Bilder im Kopf des Gastes entstehen, z. B. kristallklare Bergluft, gemütliche Kamingespräche, kurzweilige Sightseeingtouren.

- Wenn Sie Widerstand spüren, dann fragen Sie nach. So können Sie ein eventuelles Missverständnis aufklären.

- Wiederholen Sie die wichtigen Punkte der Reservierung: Angebot (Zeit, Zimmer, Personenanzahl, enthaltene Leistungen, Preis), Sondervereinbarungen (Torte, Flasche Sekt bei Ankunft auf dem Zimmer, Transfer).

- Achten Sie besonders darauf, auf Sonderwünsche des Gastes einzugehen: Bestätigen Sie diese abschließend noch einmal.

- Schließen Sie das Gespräch positiv ab. Teilen Sie dem Anrufer mit, dass Sie sich freuen, wieder von ihm zu hören, ihn persönlich kennenzulernen oder im schönen Ausseerland willkommen zu heißen. Auch Formulierungen wie „Ihr Skipass liegt bei Ihrer Ankunft bei uns bereit“ sind ein passender Ausklang eines positiven Verkaufsgesprächs (siehe auch Kapitel „Verkaufsgespräche“, S. 111)

Gibt es einen Internetanschluss auf dem Gästezimmer? Solche und ähnliche Fragen müssen jederzeit kompetent beantwortet werden.

Die Kunst, positiv zu formulieren

Verwenden Sie positive Formulierungen wie:

- Ja, bitte oder ja, gerne.
- Das machen wir gerne für Sie.
- Ich werde gleich Ihren Wünschen nachkommen.
- Ich erledige das umgehend für Sie.
- Selbstverständlich schicke ich Ihnen sofort unseren neuen Hotelprospekt.
- Sehr gerne schicke ich Ihnen unseren neuen Hotelprospekt.
- Ich werde das sofort für Sie erledigen.
- Ich freue mich, dieses Angebot für Sie vorbereiten zu können.
- Schön, dass Sie sich an unser Haus gewandt haben.
- Danke für Ihren Anruf.

Meist neigt man dazu, negativ zu formulieren, Nein zu sagen und das auszudrücken, was nicht möglich ist. Dies kann man aber vermeiden. Hier ein paar Beispiele, wie es besser geht:

negativ	positiv
Herr Huber ist nicht zu sprechen.	Herr Huber ist für Sie wieder um 11:30 Uhr erreichbar. Darf er Sie zurückrufen?
Ich bin dafür nicht zuständig.	Dafür ist Herr Hansen unser Spezialist. Ich verbinde Sie sofort mit ihm.
Das haben wir nicht.	Ich kann Ihnen folgendes Angebot machen.
Da kann ich nichts machen.	Ich werde mich für eine rechtzeitige Erledigung einsetzen.
Ich finde gerade die Unterlagen nicht.	Kleinen Moment bitte – nun habe ich alle Informationen für Sie griffbereit, Frau Mag. Gassner.
Da kann ich nichts dafür.	Ich verstehe Ihren Ärger. Darf ich Ihnen daher folgende Lösung anbieten?
Das ist gerade nicht möglich.	Spätestens morgen haben Sie Ihr gewünschtes Angebot. Ist das für Sie in Ordnung?
Keine Ahnung.	Ich werde mich für Sie informieren und Ihnen sofort Bescheid geben.
Sie haben mich falsch verstanden.	Damit wollte ich sagen ...
Das ist ein Problem.	Für diesen Sachverhalt werden wir eine Lösung finden.

Folgende Anfragen müssen Sie jederzeit professionell beantworten können

- Was kostet bei Ihnen ein Doppelzimmer in der Zeit von ... bis ...?
- Haben Sie in der Zeit von ... bis ... noch ein Zimmer der Kategorie ... frei?
- Wie viel kostet ein Zusatzbett?
- Wie viel kostet ein Gitterbett?
- Wie sind Ihre Zimmer ausgestattet?
- Wie groß ist Ihr ...zimmer in Quadratmetern?
- Welche Lage hat dieses Zimmer (Straße, Lieferanteneingang, Ausblick)?
- Welche Anschlussmöglichkeiten für Notebooks (mit Kabel oder WLAN) gibt es?
- Gibt es ein Faxgerät im Zimmer?
- Gibt es einen Internetcorner in der Lobby?
- Welche Freizeitmöglichkeiten bietet Ihr Haus?
- Welche Health-, Wellness- und Beautyangebote gibt es bei Ihnen? Können Sie mir die Anwendung (Shiatsu, Ayurveda, Kräuterdampfbad, Sole-Inhalationsgrotte, Steinsauna, Asia-Dampfbad etc.) erklären?
- Womit sind Ihre Seminarräume ausgestattet?
- Welche Verpflegung bieten Sie an?
- Ist es möglich, Diätmahlzeiten zu erhalten?
- Wann servieren Sie die Mahlzeiten?
- Wie kann ich bei Ihnen bezahlen?
- Akzeptieren Sie auch Haustiere? Wie hoch sind die Kosten für ein Haustier einschließlich Futter pro Tag?
- Wie erreiche ich von Zürich – mit dem Pkw kommend – am schnellsten Ihr Hotel?
- Wie sind die Parkmöglichkeiten? Ist der Parkplatz bewacht oder unbewacht?
- Bieten Sie Transfermöglichkeiten vom Bahnhof bzw. vom Airport an? Wie viel kosten sie?
- Welche Aktivitäten und Animationsprogramme gibt es im Haus und im Ort?
- Welche Ausflugsmöglichkeiten, Sehenswürdigkeiten gibt es im Ort und der Region?
- Welche Sportmöglichkeiten gibt es in der Umgebung?

- Welche Infrastruktur bietet der Ort (Bank, Apotheke, Lokale, Nachtleben etc.)?

Ein Tipp vom Profi
Auch wenn Sie diese Fragen natürlich beantworten können, geben Sie selbstverständlich **von sich aus** dem Gast so viel Information wie möglich. Bieten Sie auch Alternativen, falls eine Frage nicht positiv beantwortet werden kann. Machen Sie ihn neugierig auf andere Möglichkeiten, die Sie anbieten können.

EINE SCHRIFTLICHE ANFRAGE IST SOFORT ZU BEANTWORTEN.

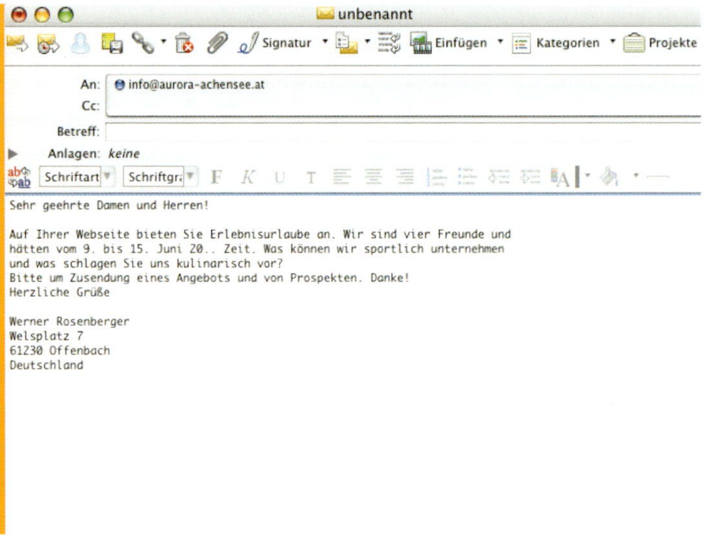

Die schriftliche Anfrage

Kommt eine schriftliche Anfrage – in Form eines Briefes, Faxdokuments, einer E-Mail oder über ein Online-Buchungssystem – oder eine Terminanfrage von Geschäftspartnern oder Reisebüros herein, so ist die **sofortige Beantwortung bzw. Übermittlung eines Angebots oberste Priorität.** Arbeiten, die auf einen späteren Zeitpunkt verschoben werden können, sind zu unterbrechen und die Anfrage zu bearbeiten. Eine rasche schriftliche Anfragebeantwortung ist ein wichtiger Bestandteil eines aktiven Hotelmarketings und der Gästeakquisition. Elektronisch gestellte Anfragen sollten in maximal **zwei Stunden** beantwortet werden. Dann besteht eine **70%ige Chance, aus dem Angebot auch eine fixe Buchung zu machen.**

Ein Tipp vom Profi
Tätigkeiten, die den Gast direkt betreffen, sind immer sofort zu erledigen. Ablagearbeiten oder Ähnliches sind zu unterbrechen, wenn der Gast etwas von Ihnen erwartet: sei es ein Angebot oder ein Zimmerschlüssel.

Achten Sie bei der Bearbeitung der schriftlichen Anfrage besonders auf
- die persönlichen Daten des Gastes,
- den gewünschten Termin,
- die Zimmerkategorie (Art des Zimmers),
- Lage und Ausstattung des Zimmers,
- die Preisvorstellung des Gastes,
- Zusatzanfragen (z. B. Ermäßigungen, Hunde, Beauty, Sportangebote, Radverleih, Ausflüge in der Umgebung, Entfernung vom Flughafen),
- Prospektwünsche.

Fehlen Ihnen für die Angebotserstellung wichtige Informationen, so gibt es zwei Möglichkeiten:
- Sie sammeln die fehlenden Informationen und halten Rücksprache mit dem prospektiven Gast. Dies können Sie – wenn Sie die Anfrage per E-Mail erhalten haben – mit E-Mail machen oder Sie melden sich telefonisch beim Gast. Die Formulierung sollte in die Richtung gehen, dass Sie sich freuen, dass sich der Gast an Sie gewendet hat, und dass Sie nun zur Erstellung eines maßgeschneiderten Angebots noch ein paar Auskünfte benötigen.
- Die zweite Möglichkeit ist, das Angebot den vorliegenden Angaben entsprechend zu erstellen und für die offenen Punkte Alternativen anzubieten.

Alle Daten werden unmittelbar nach Einlangen der Anfrage im **Frontoffice-System in der Gästekartei** vollständig und korrekt **erfasst**, um für die Weiterbearbeitung bereitzustehen (Angebotserstellung, Reservierung etc.).

Selbstverständlich müssen schriftliche Anfragen ordnungsgemäß im Ordnersystem abgelegt und im Computer gespeichert werden.

Die Anfrage und Buchung über elektronische Systeme

Eine Anfrage im herkömmlichen Sinne gibt es bei elektronischen Systemen nicht, da über das System nur die **Verfügbarkeit überprüft** wird und dann direkt gebucht werden kann. Der Gast kann über elektronische Systeme wie GDS (Global Distribution Systems), CRS (Central Reservation Systems) oder IDS (Internet Distribution Systems – siehe auch Kapitel „Webmarketing“, S. 227) buchen, falls der Hotelbetrieb mit diesen Anbietern kooperiert. Der Gast bucht also in diesem Fall über das Kontingent des Reservierungssystems –

Walk-in-Gäste können zur Optimierung der Auslastung beitragen.

der Betrieb schickt ihm per E-Mail oder per SMS die Reservierungsbestätigung. Das ist die kürzeste und einfachste Art der Buchungsabwicklung. Sehr häufig wird heute auch über die hoteleigene Homepage gebucht.

Die persönliche Anfrage

Kommt der Gast für eine Anfrage direkt an die Rezeption, so ist er meist ein **Walk-in-Gast**, der auch gleich ein Zimmer buchen möchte. Seltener kommt es vor, dass der Gast sich für einen anderen Zeitpunkt vor Ort informieren möchte. Achten Sie im Gespräch darauf, dass Sie **alle relevanten Informationen** vom Gast bekommen (wie auch bei der schriftlichen Anfrage, siehe oben) und was der Gast in diesem Augenblick von Ihnen möchte: Möchte er sich nur umsehen oder wartet er gleich auf ein konkretes Angebot? Da es sich um einen potenziellen Gast handelt, ist es wichtig, dass er Ihre Herzlichkeit und Ihre ehrliche Freude spürt, dass er Ihr Haus ausgewählt hat.

Die persönliche Anfrage kann durch die **Verkaufsabteilung (Salesabteilung) oder die Rezeption** bearbeitet werden. Durch gute Umgangsformen, Überzeugung und Fachkompetenz sollen Sympathie und Vertrauen entwickelt werden. Mimik, Gestik, Stimme und klare, kurze Ausdrucksweise können die Persönlichkeit des Verkäufers angenehm unterstreichen. Dieser präsentiert sich als Gastgeber.

Begrüßen

Die Begrüßung erfolgt üblicherweise mit Händedruck, wobei sich der Mitarbeiter unaufdringlich mit Namen und seiner Dienststellung vorstellt. Ist der Gast bereits bekannt, erfolgt die Begrüßung mit Namen und Titel. Ein Getränk sollte je nach Situation angeboten werden, es verbessert den Einstieg in das Verkaufsgespräch.

Informieren

Die Interessen und Bedürfnisse des Gastes müssen erfragt werden, dabei muss man auf bestehende Wünsche eingehen oder neue Wünsche wecken. Das Gespräch soll vom Gastgeber aus geführt werden. Dabei sollen größere Abschweifungen vom Thema geschickt vermieden werden.

Orientieren Sie sich mit Ihrem Angebot an den Wünschen des Gastes und beschreiben Sie ihm die verschiedenen Möglichkeiten.

Anbieten

Das Angebot ist klar zu formulieren und die Empfehlungen sollten sich aus den Gästewünschen ableiten. Falls Wünsche nicht erfüllbar sind, sind Alternativen anzubieten.

Wenn Sie für einen Walk-in-Gast kein Zimmer mehr frei haben, übernehmen Sie für ihn die telefonische Anfrage in benachbarten Häusern und helfen Sie ihm, den Betrieb zu finden. Meist haben Häuser einer Region Partnerschaften und helfen sich gegenseitig bei Überbuchungen mit Zimmern aus. In diesem Fall sollten Sie an der Rezeption Folder (Flyer) und Wegbeschreibungen der Partnerbetriebe ausliegen haben. Sind auch diese Quartiere ausgelastet, verweisen Sie Ihren Besucher an die Tourismusinformation im Ort und helfen Sie ihm auch in diesem Fall mit Wegbeschreibung und evtl. Vorschlägen für Verkehrsmittel weiter.

Verkaufen

Die Gesprächsergebnisse werden – je nach Situation – zusammengefasst. Dabei ist es von großem Vorteil, eine schriftliche Bestätigung anzubieten.

Das ist besonders dann wichtig, wenn es in der Folge zu Streitigkeiten, Stornos oder No-Shows kommt. Denn schriftlich erfasst sind die getroffenen Vereinbarungen eindeutig.

Außerdem ist es für den Gast angenehm, weil er sieht, dass er sich auf die Zusagen des Gespräches auch verlassen kann (Vertragstreue).

Danken

Die persönliche Verabschiedung erfolgt in freundlicher Form, wobei dem Gast nochmals für das entgegengebrachte Vertrauen bzw. die Buchung gedankt wird.

Das Angebot

Mit dem Angebot präsentiert man dem Gast den gesamten Betrieb. Darum sind seine Formulierung und Gestaltung von großer Bedeutung.

Das schriftliche Angebot

In der Regel sollten Angebote **in schriftlicher Form** (als Brief, Fax, E-Mail oder auf der Website) erfolgen, um eventuelle Missverständnisse zwischen Gast und Hotelier auszuschließen.

Angebote werden meist in der Ferienhotellerie erstellt. Im Urlaub will der Gast wissen, was ihn erwartet. Businessreisende, die die Stadthotellerie frequentieren, benötigen hingegen meist nur knappe Informationen zur Verfügbarkeit der Zimmer.

Der korrekte Brief

Es ist von großer Wichtigkeit, **alle Geschäftsbriefe sachlich und gut verständlich** zu formulieren. Bevorzugen Sie einfache, kurze Sätze. Ein Satz in einem Brief sollte nicht mehr als zwölf Wörter umfassen. Vermeiden Sie Wortwiederholungen, Fremdwörter und Fachausdrücke sowie unnötige Füllwörter. Verwenden Sie Zeitwörter statt Hauptwörter, z. B. „reservieren" statt „die Reservierung durchführen".

Achten Sie auf die normgerechte Schreibweise von Daten, Zeitangaben, Geldbeträgen, Telefonnummern, Bankleitzahlen etc.

In **Deutschland** sind Geschäftsbriefe nach der DIN 5008 ff (Richtlinie für das Schreiben von Geschäftsbriefen), in **Österreich** nach der ÖNORM zu schreiben. Über **Schweizer** Normen zum Geschäftsbrief sind unter der Dokumentennummer SN 010130 von der Internetseite der Schweizerischen Normen Vereinigung (http://www.mysnv.ch) genaue Anweisungen abrufbar. **Südtirol** richtet sich im deutschsprachigen Schriftverkehr wahlweise nach der DIN oder der ÖNORM, im italienischen Geschäftsverkehr nach den Normen der UNI (Ente Nazionale Italiano di Unificazione, www.uni.com).

HÄLT MAN SICH BEIM VERFASSEN DER ADRESSE AN DIE POSTNORM, SO IST EINE RASCHE ÜBERMITTLUNG GEWÄHRLEISTET. ANDERNFALLS VERZÖGERT SICH DIE ZUSTELLUNG.

Briefkopf

Im Allgemeinen wird das **Hotellogo** im Briefkopf eingebaut. Die genaue Adresse, Bankverbindung, IBAN, BIC, UID-Nummer und Gerichtsstand werden meist in der Fußzeile angegeben. In der Schweiz gibt es keine UID-Nummern, da die Schweiz nicht Mitglied im Europäischen Zahlungsverkehr ist.

H·O·T·E·L
Aurora

Briefkopf

Adresse des Gastes

Bei Fensterkuverts ist auf eine entsprechende Positionierung zu achten. Ansonsten dienen für die korrekte Anschrift die jeweiligen Postnormen aus Österreich, Deutschland, Italien und der Schweiz, um die maschinelle Sortierung und Weiterbeförderung durch die Post zu erleichtern und zu beschleunigen. Die Postnormen sind über das jeweilige Postunternehmen zu erfahren und auch im Internet aufzufinden.

Datum

Das Angebot ist in jedem Fall am gleichen Tag zu erstellen, an dem die Anfrage hereinkommt. Darum ist das Datum der Anfrage gleichzeitig das Datum des Angebots.

Ansprache

Wenn möglich, soll der Gast persönlich mit Titel und Namen angesprochen werden.

Inhalt

Jedes Angebot ist eine Werbebotschaft des Hotels und spiegelt den Charakter des Hauses wider. Folgende Richtlinien sind einzuhalten:

- An- und Abreisetermin und Möglichkeit zur Verlängerung.
- Personenanzahl.
- Zimmerkategorie inklusive Art der Verpflegung, Anzahl der Betten, Ausstattungsbeschreibung.
- Preis: Grundpreis, Pauschale und Ermäßigungen, Orts-, Nächtigungs- und Kurtaxe, Steuern (laut Preisauszeichnungsverordnung mit dem Hinweis: Preise verstehen sich inklusive aller Abgaben).
- Vorteile des Betriebes herausstreichen, auf Besonderheiten und Aktivitäten hinweisen: z. B. Gratisbenutzung der Therme, Verwendung biologischer Produkte, gratis Radverleih.

Das Haus muss halten, was das Angebot verspricht.

Angebot – Textbausteine	
Einleitung	■ Wir danken herzlich für Ihren Anruf und freuen uns, dass Sie Ihren Urlaub bei uns in ... verbringen möchten. ■ Herzlichen Dank für Ihr Schreiben und Ihr Interesse an unserem Haus. ■ Wir beziehen uns auf Ihr Gespräch mit ... und nehmen gerne die Chance wahr, Ihnen unser Angebot für Ihren Urlaub zu übermitteln. ■ Wir danken Ihnen für Ihre Anfrage und freuen uns, dass Sie die Absicht haben, während Ihres Urlaubs in unserem Hause zu wohnen. ■ Herzlichen Dank für Ihren heutigen Anruf und Ihr Interesse an unserem Hotel. Wir freuen uns, Ihnen für den gewünschten Zeitraum folgendes Angebot unterbreiten zu können: ■ Wir danken für Ihr Interesse an unserem Haus und freuen uns, dass Sie Ihren Urlaub in unserem Haus verbringen möchten.
Angebot	■ Wunschgemäß bieten wir Ihnen an: ■ Gerne unterbreiten wir Ihnen für den gewünschten Zeitraum folgendes Angebot: ■ Für den gewünschten Zeitraum vom ... (Anreise) bis ... (Abreise) können wir Ihnen gerne wie folgt anbieten:
Schlussteil	■ Wir hoffen, dass unser Angebot Ihren Erwartungen entspricht. ■ Gerne würden wir Sie, lieber Herr Freudenthaler, bei uns im Hotel Aurora begrüßen. ■ Sehr geehrter Herr Freudenthaler, wir hoffen, dass Ihnen unser Angebot entgegenkommt, und würden uns freuen, Sie in unserem Haus begrüßen zu dürfen. ■ Es würde uns freuen, Sie, Frau Sommerhuber, bei uns im Hotel begrüßen und verwöhnen zu dürfen. ■ Wir freuen uns sehr, wenn Ihnen unser Angebot zusagt und wir Sie während der Weihnachtsfeiertage im Hotel Aurora verwöhnen dürfen. ■ Wir freuen uns, Sie bald als unsere Gäste willkommen zu heißen. ■ Um Ihnen das Buchen zu erleichtern, haben wir ein Reservierungsfax beigelegt. ■ Sollten wir Ihr Interesse geweckt haben, senden Sie uns bitte die beiliegende Karte bis spätestens ... zurück, um so Ihre Reservierung zu fixieren. ■ Bitte senden Sie uns das beiliegende Antwortkärtchen ausgefüllt und unterschrieben zurück oder kontaktieren Sie uns per Fax oder E-Mail (Adresse). ■ Wenn Sie noch Fragen oder Wünsche haben, kontaktieren Sie uns bitte unter (Tel.-Nr.) oder senden Sie uns eine E-Mail an (Adresse). ■ Nähere Informationen über die in unserem Hotel angebotenen Unterhaltungsmöglichkeiten sowie die zahlreichen Sport- und Freizeitaktivitäten unserer Urlaubsregion entnehmen Sie bitte den beiliegenden Unterlagen. Besuchen Sie auch unsere Homepage unter www.aurora-achensee.at.
Gruß	■ Bis dahin verbleiben wir ... mit freundlichen Grüßen ... ■ Wir freuen uns, schon bald wieder von Ihnen zu hören, und verbleiben in der Zwischenzeit ... mit lieben Grüßen aus ...

Ein Tipp vom Profi

Ein Angebot – egal, ob es sich an einen Individualgast oder an eine Gruppe richtet – muss immer über ein **Ablaufdatum** verfügen. Andernfalls ist es rein rechtlich bis zum Ankunftstag gültig und kann vom Gast auch dann noch eingefordert werden. In der Praxis ist dann aber meist das angebotene Zimmer oder Arrangement nicht mehr verfügbar. Wenn das Angebot jedoch ein Ablaufdatum (eine Deadline) hat, dann verfällt es und ist nicht mehr gültig.

Anlagen, Beilagen

Hotelprospekt und Ortsinformationen sind beizulegen. Bereits ausgefüllte Antwortkarten und Faxvorlagen, die nur noch zu ergänzen und zu unterzeichnen sind, sollen ebenfalls mitgeschickt werden. Damit wird dem Gast die Buchung leicht gemacht.

Informationskamm

Der Informationskamm ist die auf dem Briefpapier vorgedruckte Fußzeile. Sie enthält den genauen Firmenwortlaut, Adresse, Telefonnummer, Faxnummer, Internet- und E-Mail-Adresse. Da meist nur ein Briefpapier verwendet wird und für Rechnungen noch weitere Angaben benötigt werden, sind im Informationskamm noch die Rechtsform, die Firmenbuchnummer und der Gerichtsstand, die Bankverbindung, IBAN, BIC und UID-Nummer, in manchen Staaten (Schweiz, Italien) die Mehrwertsteuernummer anzuführen. Insbesondere die italienische Gesetzgebung schreibt eine ausufernde Anzahl an im Geschäftsverkehr verpflichtenden Angaben vor. Die wichtigsten Angaben: Gesellschaftsbezeichnung, Steuernummer, Mehrwertsteuernummer, Nummer der Eintragung in das Handelsregister; wenn es sich um eine Gesellschaft handelt, auch das Gesellschaftskapital, Gesellschaftssitz, Verwaltungssitz, so die Gesellschaft von einer weiteren Gesellschaft kontrolliert wird, Name und Sitz derselben etc. In der Praxis hält sich in Italien kaum ein Unternehmen an diese Bestimmungen.

In **Deutschland** sind der Name der Bank, Bankleitzahl und Kontonummer sowie die Steuernummer anzuführen. Der IBAN wird aus praktischen Gründen freiwillig ergänzt.

Der Informationskamm ist die auf dem Briefpapier vorgedruckte Fußzeile.

Beispiel eines Angebots als Brief

H·O·T·E·L
Aurora

Herrn
Dr. Peter Mayer
Gartenstraße 2
01728 STUTTGART
DEUTSCHLAND

Achensee, 10. September 20..

Angebot

Sehr geehrter Herr Dr. Mayer,

vielen Dank für Ihre freundliche Anfrage und Ihr Interesse an unserem Hotel. Wir freuen uns, Ihnen folgendes Angebot unterbreiten zu dürfen:

vom 19. bis 26. Oktober 20..
ein schönes Doppelzimmer, mit Bad/WC/Balkon, Minibar und TV
zum Preis von EUR 80,00

Unsere Preise verstehen sich pro Person und Tag und beinhalten alle Abgaben und Steuern.

Folgende Leistungen sind inbegriffen:

- Begrüßungscocktail
- 4-Gang-Abendmenü mit Salat- und Dessertbuffet
- Kinderbetreuung
- Benützung unseres Wellnessbereiches
- Reichhaltiges Frühstücksbuffet
- Einmal wöchentlich Gala-Dinner
- Hoteleigener Parkplatz

Der neue Wellnessbereich bietet Erholung für die ganze Familie. Sauna, Dampfbad, Whirlpool, Solarium sowie unser modernes Schwimmbecken stehen Ihnen ganztägig zur Verfügung. Massagetermine vereinbaren wir gerne für Sie.

Unser Hotel befindet sich in unmittelbarer Nähe zum See. Rund um den See führen Spazier- und Radwege, die zur Erholung in der Natur einladen. Ausflugsfahrten nach Innsbruck, Schwaz oder eine Fahrt mit der **Romantik-Karwendel-Bergbahn** organisieren wir gerne für Sie.
Für die Zeit von 9:00 bis 20:00 Uhr haben unsere Mitarbeiter vom „Kidsclub", wo Ihr Kind den ganzen Tag von ausgebildeten Fachkräften bestens betreut wird, schon lustige Spiele vorbereitet.

Nähere Informationen über die in unserem Hotel angebotenen Unterhaltungsmöglichkeiten sowie die zahlreichen Sport- und Freizeitaktivitäten unserer Urlaubsregion entnehmen Sie bitte den beiliegenden Unterlagen. Besuchen Sie uns auch auf unserer Homepage unter www.aurora-achensee.at.
Bitte senden Sie das beiliegende Antwortkärtchen ausgefüllt und unterschrieben zurück oder kontaktieren Sie uns per Fax: + 43 5243 83 04-19 oder E-Mail: info@aurora-achensee.at.

Es würde uns freuen, Sie, sehr geehrter Herr Dr. Mayer, bei uns im AURORA**** begrüßen und verwöhnen zu dürfen.

Mit freundlichen Grüßen

HOTEL AURORA ****

Martin Huber

Martin Huber
Rezeptionist

Hotelprospekt
Veranstaltungsprogramm
Antwortkärtchen

Hotel Aurora GmbH & Co KG ■ Seeweg 10 ■ 6213 Pertisau am Achensee ■ Austria
Tel.: +43 5243 83 04-0 ■ Fax: +43 5243 83 04-19 ■ E-Mail: info@aurora-achensee.at ■ Internet: www.aurora-achensee.at
Bankverbindung: Lorenzbank Schwaz ■ Kto.-Nr.: 09876500 ■ BLZ 4321 ■ IBAN: AT91 2107 8007 0072 4155
BIC: LOBVAT24 (Ort: Schwaz) ■ UID: ATU12345678 ■ FN 987654i ■ Erfüllungsort und Gerichtsstand ist Schwaz

Weitere Musterbriefe finden Sie auf der beiliegenden CD-ROM.

Korrektes Erstellen von E-Mailings

Beim Erstellen eines Angebotes per E-Mail oder anderen E-Mailings, die der Kundenbindung dienen (Follow-up [siehe S. 160], Glückwünsche, Zielgruppenmailing per E-Mail), ist immer zu beachten, dass die **Netiquette** (= Internet-„Etikette") eingehalten wird.

Darunter versteht man Regeln der Umgangsformen in der elektronischen Kommunikation. Es sind keine verbindlichen Regeln oder einklagbaren Rechte, sondern einfach Umgangsformen der Höflichkeit und des guten Geschmackes. Es obliegt der Vernunft jedes Einzelnen, daraus Maßstäbe für das eigene Kommunikationsverhalten zu machen.

Wichtig ist auch, auf sparsamen Umgang mit Speicherplatz (Fotos, Grafiken) und Übertragungszeiten zu achten, da sonst bei Ihren Kommunikationspartnern unnötige Kosten und Ärger entstehen.

E-Mails dürfen nicht unaufgefordert an fremde Personen geschickt werden, d. h., dass nur Direct Mailings, aber keine Massensendungen gesendet werden dürfen (siehe dazu auch das Kapitel „Marketing", S. 222).

Die Zimmerart ist für die Erstellung des Angebots von Bedeutung.

Sicherheit – Vertraulichkeit
Nachrichten im E-Mail-Ordner können von Personen eingesehen werden, für die der Inhalt eigentlich nicht bestimmt ist. Entsprechend sollte man keinerlei Dinge äußern, die nicht für Dritte bestimmt sind.

Lesbarkeit, Zeilenlänge
Die Mails sollten vor dem Absenden noch einmal durchgelesen werden. Tippfehler vermindern die Lesbarkeit. Zu einer guten E-Mail gehören auch ein korrekter Satzbau, Groß- und Kleinschreibung, richtiges Zitieren und das Weglassen überflüssiger Informationen. Wichtig ist auch das Einhalten einer maximalen Zeilenlänge von 78 Zeichen. Dies dient dazu, dass eine Textzeile auch mit Zitierzeichen und neben anderen Elementen der Benutzeroberfläche noch auf den üblichen Bildschirmformaten sauber dargestellt wird. Der E-Mail-Text sollte insgesamt nicht zu lange sein.

Ein Tipp vom Profi
Wenn Sie Texte, z. B. ein Angebotsschreiben, der E-Mail als Attachment im PDF-Format hinzufügen, so können Sie Bilder und Grafikelemente darin einbauen, ohne dass die Datenmenge den E-Mail-Transfer belastet.

Signaturen, Visitenkarten
Signaturen sollten nicht länger sein als der Textinhalt der E-Mail. Wichtig ist, dass in der Signatur die E-Mail-Adresse und die Telefonnummer aufscheinen, um rasche Erreichbarkeit zu garantieren. In **Österreich** müssen auch die Firmennummer und der Gerichtsstand enthalten sein. **Deutschland** und die **Schweiz** schreiben keinerlei verpflichtende Angaben vor. **Italien** verlangt die Nennung von Steuernummer und Mehrwertsteuernummer.

Das mündliche Angebot

Angebote können nicht nur schriftlich, sondern auch mündlich gemacht werden. Dabei handelt es sich entweder um ein persönliches Gespräch mit dem Gast oder um ein Telefonat. Da das mündliche Angebot ein **Verkaufsgespräch** ist, müssen folgende Punkte beachtet werden:

- Lächeln Sie und begrüßen Sie den Gast freundlich.
- Nennt der Gast seinen Namen, begrüßen Sie ihn nochmals und sprechen Sie ihn dabei mit seinem Namen an.
- Fragen Sie ihn zuvorkommend nach seinen Wünschen.
- Bevor Sie einen Aufenthalt zusagen können, klären Sie folgende Dinge ab:
  - Aufenthaltsdauer.
  - Personen- bzw. Zimmeranzahl.
  - Zimmerart.
- Füllen Sie nun bei Bedarf ein Reservierungsformular aus. Achten Sie dabei:
  - auf eine leserliche Schrift.
  - auf die korrekte Schreibweise von Namen, Straße, Orten etc.
  - auf eine knappe und logische Formulierung.
- Sprechen Sie den Gast während des Gespräches mehrmals mit seinem Namen an und verwenden Sie Bestätigungswörter.
- Verkaufen Sie sich und Ihr Hotel gut, führen Sie das Gespräch von sich aus und beantworten Sie die Fragen des Gastes ehrlich und kompetent.
- Fassen Sie die wichtigsten Daten am Ende des Gespräches zusammen und sichern Sie dem Gast eine rasche Erledigung zu.
- Teilen Sie dem Gast mit, wann Sie die Reservierung erledigen/bestätigen werden und danken Sie ihm für seine Reservierung.
- Verabschieden Sie sich freundlich, indem Sie den Gast nochmals mit seinem Namen ansprechen und Ihre Freude über seinen Besuch ausdrücken.

Handelt es sich beim mündlichen Angebot um ein **Telefongespräch**, richten Sie sich nach den folgenden Punkten:

- Den eigenen Namen oder den Namen des Hotelbetriebes, der Abteilung etc. deutlich und langsam genug aussprechen.
- Deutlich sprechen.
- Das Sprechtempo der Auffassungsgabe des Gastes anpassen.
- Lange Sätze und umständliche Formulierungen vermeiden.
- Hochdeutsch Sprechenden nicht im Dialekt antworten.
- Gleichgültigen, geschäftsmäßigen Tonfall vermeiden.
- Kurze, aussagekräftige Sätze gebrauchen.
- Negative Formulierungen und Umgangswörter meiden – positiv formulieren.
- Bestätigungswörter in das Gespräch einbauen (z. B. natürlich, gerne).
- Den Gesprächspartner zu Wort kommen lassen.
- Reservierungen und Gesprächsergebnisse wiederholen.
- Für angenehme Gesprächskulisse sorgen.

- Sich auf das Gespräch konzentrieren.
- Die Buchstabiertabelle einsetzen.
- Den Namen des Gastes im Gespräch wiederholen.
- Vollständige Notizen machen und weitergeben.
- Unterlagen und Informationen zur Beantwortung von Gästefragen bereithalten.
- Dem Gast nicht in der Fachsprache antworten, sondern einfache, verständliche Formulierungen wählen.
- Auslandstelefonate privilegiert behandeln.
- Bei Verständigungsschwierigkeiten freundlich bleiben.
- Versprechen einhalten.
- Anrufe nie unterbrechen.
- Nicht auf provokante Bemerkungen eingehen.
- Lächeln, lächeln, lächeln. Hilfsbereitschaft und Höflichkeit müssen an der Stimme erkannt werden.

Beachten Sie hier auch alle im Kapitel „Erfolgreiches Telefonieren" erwähnten Tipps von Seite 151.

Das Follow-up

Wenn auf das übermittelte Angebot keine Reaktion des Gastes erfolgt, obliegt es dem Ermessen des Hotels, ein Follow-up – eine nochmalige **Nachfrage** – zu machen. Follow-up bedeutet weiterverfolgen, d. h., dass nach der Angebotserstellung aktiv nachgearbeitet wird, um den prospektiven Gast nicht zu verlieren.

Begriffsvielfalt beim Follow-up
Der Begriff Follow-up bedeutet anschließen, nachfassen, weiterbearbeiten. Er wird daher einerseits verwendet, wenn aufgrund eines erfolgten Angebots nachgefragt wird – wie oben beschrieben. Andererseits steht er aber auch für die **Nachbetreuung,** wenn der Gast bereits abgereist ist bzw. nach einer Veranstaltung, die vom Hotelbetrieb organisiert wurde. In beiden Fällen wird nachbearbeitet bzw. weiterverfolgt, darum wird der gleiche Begriff verwendet.

Zimmer, die zur Hochsaison zum entsprechenden Preis gebucht werden, sind in auslastungsschwächeren Zeiten evtl. günstiger anzubieten.

Da jedes Angebot ein **Ablaufdatum – eine Deadline –** haben sollte, bis zu dem das **Angebot gültig** ist, ergibt sich daraus, je nach Formulierung dieser Deadline, ob das Angebot automatisch erlischt oder ob ein Follow-up durch das Hotel erfolgt. Das Follow-up kann eine Nachfrage sein, ob das Angebot angekommen ist, ob der Optionstermin eingehalten werden kann oder ob noch offene Fragen zu klären sind. Diese aktive Angebotsbetreuung zeugt von der Bedeutung der Person des Gastes und führt sehr oft zur Fixbuchung.

Das Follow-up kann telefonisch oder schriftlich erfolgen und soll zum Ziel haben, das Angebot zu einer fixen Buchung zu machen. Sollte sich der Gast gegen einen Aufenthalt im Hotel entschieden haben, dann ist es sehr wichtig, die Gelegenheit zu ergreifen, um den Grund für seine Absage zu erfahren.

Gründe für eine Absage können sein:

- Preis war zu hoch.
- Angebotene Hotelleistungen entsprachen nicht den Erwartungen.
- Angebot war falsch oder unzureichend formuliert.
- Angebot kam zu spät.
- Krankheit, Unfall.
- Angebotener Alternativtermin war nicht passend.
- Beruflich bedingt (Urlaub bzw. Dienstreise musste verschoben werden).

Über diese Gründe für eine Absage sollte genauestens Buch geführt werden, d. h., sie sind gewissenhaft in die **Gästekartei** einzutragen, denn mit diesen Daten kann die **Sales-&-Marketing-Abteilung** neue Strategien entwickeln.

Ein Beispiel dafür
Die Aussage „Der Preis ist zu hoch" wurde häufig in einer bestimmten Saison festgestellt, die sich im Nachhinein als auslastungsschwach herausgestellt hat. Daraus kann die Strategie für das nächste Jahr lauten: Für diese klar definierte Saison wird der Preis entsprechend der Auslastung angepasst.

Die Reservierung

Die Reservierung stellt den Abschluss der Angebotsphase dar. Es kommt aber auch zu Reservierungen, die ohne vorangegangenes Angebot durchgeführt werden. In großen Häusern führt die Reservierungsabteilung die Reservierung durch. Da aber viele Gäste kurzfristig oder beim Check-out schon für das nächste Mal reservieren, müssen auch Rezeptionsmitarbeiter großer Hotels Einzelreservierungen durchführen können.

Hier sehen Sie als Übersicht, welche formalen Schritte – von der Reservierung bis zum Check-out – den Gästeaufenthalt begleiten. Sie werden elektronisch oder per Hand durchgeführt.

	Abwicklung ohne Frontoffice-Software	Abwicklung mit Frontoffice-Software
Die Reservierung kommt herein	▪ Ausfüllen des Reservierungsformulars. ▪ Ausfüllen des Zimmerplans (strichlierte Linie – Reservierung, siehe Zimmerplan, S. 138). ▪ Anlegen der Gästekartei oder Übertragen der Gästedaten in die Gästekartei. ▪ Ablage der Reservierung im Reservierungsordner.	▪ Ausfüllen der Gästekartei. ▪ Eintragen der Reservierung in den Zimmerplan und in die Reservierungsvorschau.
Die Buchung wird fixiert	▪ Fixierung der Buchung im Zimmerplan (strichlierte Linie wird durchgezogen – Buchung).	▪ Änderung der tentativen Buchung im Zimmerplan und in der Reservierungsvorschau auf Fixbuchung.
Tätigkeiten vor der Gästeanreise	▪ Durchsicht der gesamten Korrespondenz am Vorabend und Vergleich mit dem Zimmerplan. Sind alle Sonderwünsche berücksichtigt? ▪ Erstellen der Anreiseliste. ▪ Vorbereiten des Gästeblatts (Meldescheins) aufgrund der Gästedaten. ▪ Vorbereiten des Zimmerausweises: Ausfüllen von Name und Preis (Zimmernummer wird erst beim Check-in ausgefüllt, da sich noch Änderungen ergeben können).	▪ Durchsicht der gesamten Korrespondenz am Vorabend und Vergleich mit der Buchung im Computer. Sind alle Sonderwünsche berücksichtigt? ▪ Automatisches Erstellen der Anreiseliste durch den Night Auditor (beim Tagesabschluss). ▪ Vorbereiten des elektronischen Gästeblatts (Meldescheins) aufgrund der eingetragenen Daten in der Gästekartei.
Tätigkeiten bei der Gästeanreise	▪ Gastname auf der Anreiseliste mit einem Häkchen versehen. ▪ Evtl. Ergänzungen und Unterschrift des Gastes auf dem Gästeblatt (Meldeschein). ▪ Vervollständigen der Gästekartei (auch auf Basis der geführten Gespräche). ▪ Übergabe des Zimmerschlüssels.	▪ Check-in am Computer. ▪ Ausdruck des elektronischen Gästeblatts und Vorlage zur Unterschrift. ▪ Vervollständigen der Gästekartei (auch auf Basis der geführten Gespräche). ▪ Programmierung der Keycard.
Tätigkeiten während des Gästeaufenthalts	▪ Ablage des gesamten Schriftverkehrs im Ordner der Stayover (in der Kartei der Gäste im Haus) und Sammeln der Belege für späteres Inkasso oder für die Erstellung der Gästerechnung.	▪ Automatische Buchung aller vom Gast in Anspruch genommenen Leistungen über die Nebenstellen (Restaurant, Garage, Wellnessbereich etc.). ▪ Aufbuchen der Zusatzleistungen wie Barauslagen. ▪ Sammeln der Belege.
Tätigkeiten vor dem Check-out	▪ Erstellen der Abreiseliste.	▪ Automatisches Erstellen der Abreiseliste durch den Night Auditor (beim Tagesabschluss). ▪ Vorbereiten des Business-Check-outs.
Check-out	▪ Gastname auf der Abreiseliste mit einem Häkchen versehen. ▪ Vorlage einer per Hand erstellten Rechnung oder eines Kassenbons vom Kassablock und der Belege. ▪ Betrag einheben, Zahlung bestätigen. ▪ Vorbereiten eines schriftlichen Follow-ups.	▪ Automatisches Erstellen der Gastrechnung mit Auflistung aller in Anspruch genommenen Leistungen. ▪ Vorlage der Rechnung und der Belege zur Überpfrüfung. ▪ Inkasso: in bar, mit Kreditkarte oder Maestrokarte. Zahlung bestätigen. ▪ Abbuchung über die Kreditkarte und Ausdrucken des Zahlungsbelegs. ▪ Löschen der Daten auf der Keycard. ▪ Automatisches Follow-up.

Durchführung von Reservierungen

Reservierungen erreichen den Betrieb in Form von **Anfragen** oder Buchungen und können **fix** oder **tentativ** bzw. optional sein. Das Wichtigste bei der Reservierung ist, die bereits bestehende Buchungssituation mit dem Frontoffice-System zu prüfen. Hierzu werden die Verfügbarkeitsgrafiken und -tabellen aufgerufen und nach den Gesetzmäßigkeiten des Yield Managements (siehe S. 212) entschieden, ob zu- oder abgesagt wird.

Zur Überprüfung der Verfügbarkeit von Zimmern dient in erster Linie der **Zimmerplan**, der in jeder Rezeption entweder sichtbar aushängt oder aber immer am Desktop zur Verfügung steht. Darüber hinaus beachtet der Rezeptionist bei der Reservierung die **Reservierungsvorschau**, in der alle eingelangten Reservierungen eingetragen sind. Ein weiteres Hilfsmittel bei der Reservierung ist der **Forecast.** Dies ist eine fiktive Vorschau für das laufende Jahr.

Anhand der **Belegungsgrafik** kann sich der Rezeptionist zusätzlich einen Überblick über fixe und tentative Buchungen verschaffen. Hier die Beschreibungen im Detail:

Der Zimmerplan

Bei der Reservierung schaut der Rezeptionist zuerst in den Zimmerplan, um die Verfügbarkeit abzulesen.

Der Zimmerplan ist in jedem Frontoffice-Programm standardmäßig enthalten. Er dient bei der Anfragebearbeitung und Annahme von Reservierungen als verbindlicher Überblick über die Verfügbarkeit der Zimmer und die bereits eingegangenen Vorreservierungen. Hier ist immer der Letztstand an Belegungen und Reservierungen abzulesen. Er ist das **Arbeitsmittel Nummer eins** an der Rezeption, weil die aktuelle Belegung auf einen Blick ersichtlich ist und alles, was den Gästeaufenthalt betrifft, von dieser Stelle aus eingegeben wird. Im Zimmerplan sind alle Änderungen sofort durchzuführen.

Der Zimmerplan – das Herzstück jeder Rezeption. Von hier aus können sämtliche Funktionen bedient werden.

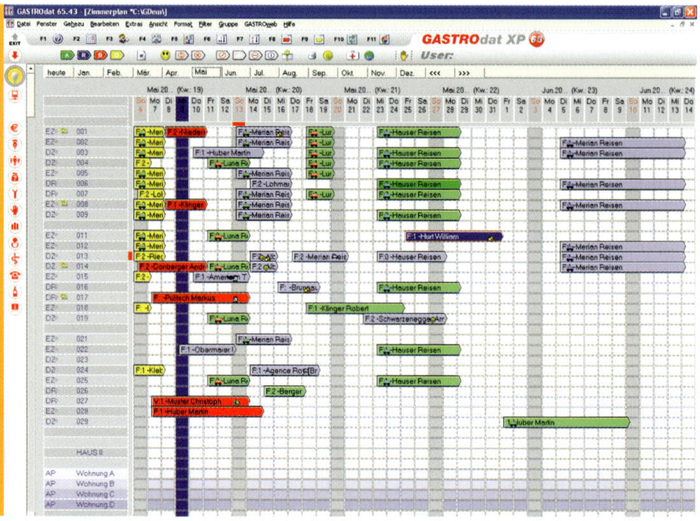

Der elektronische Zimmerplan ist das exakte Abbild des per Hand erstellten Zimmerplans. Gelöscht wird anstatt mit dem Radiergummi mit der Entferntaste auf der Computertastatur. Ein Ausdruck ist jederzeit möglich. Der Zimmerplan besteht aus Zeilen und Spalten. Die Zeilen zeigen die jeweiligen Zimmer sowie deren Kategorie an. In den Spalten orientiert man sich am Datum. Im obenstehenden Beispiel symbolisiert der vertikale blaue Balken den aktuellen Tag. Die grau hinterlegten Tage weisen die Wochenenden aus. Die grün markierten Einträge stehen für Angebote. Blau markierte Einträge zeigen fixe Reservierungen an. Die roten symbolisieren die eingecheckten Gäste bzw. im Haus befindlichen Gäste. Alle ausgecheckten Gäste erkennt man an der gelben Farbe.

Es gibt auch Magnetzimmerpläne, die meist im Backoffice an der Wand hängen. Sie sind sehr übersichtlich, weil man Informationen über einen längeren Zeitraum auf einen Blick erfassen kann.

Kleinere Hotels haben einen Monatszimmerplan, in den per Hand die Reservierungen eingetragen werden (siehe S. 138). Auf der x-Achse stehen die Zimmernummern und auf der y-Achse steht die Anzahl der Tage des betreffenden Monats (1–31).

Die Reservierungsvorschau

Um die Reservierungsanfragen so rasch wie möglich beantworten zu können, wirft man auch einen Blick in die Reservierungsvorschau. Hier ist die **Verfügbarkeit von Zimmern** erkennbar. Die Reservierungsvorschau ist ein absolut notwendiges Hilfsmittel in einem Hotelbetrieb, da **alle eingelangten Reservierungen sofort eingetragen** werden und damit ein Überblick über die kommende Zeit gegeben ist.

Der Forecast

Der Forecast ist eine **fiktive Vorschau auf das kommende Jahr,** basierend auf den Daten der vergangenen Jahre. Er dient dazu, Einschätzungen für das kommende Geschäftsjahr zu machen, auslastungsstarke und -schwache Monate zu erkennen und einen Überblick zu haben, um die Auslastung für die nächste Zeit einschätzen zu können. Nur so kann gezielt geplant, können Urlaubswünsche von Mitarbeitern bei der Dienstplanerstellung etc. berücksichtigt werden. Er wird in der Reservierungsabteilung oder im Frontoffice erstellt und an alle Abteilungen des Hotels weitergeleitet.

Der Forecast ist vor allem für das **Revenue Management (Yield Management,** siehe Kapitel „Marketing", S. 212) von großer Bedeutung. Denn aufgrund der Daten zur voraussichtlichen Auslastung werden die Saisonen festgelegt

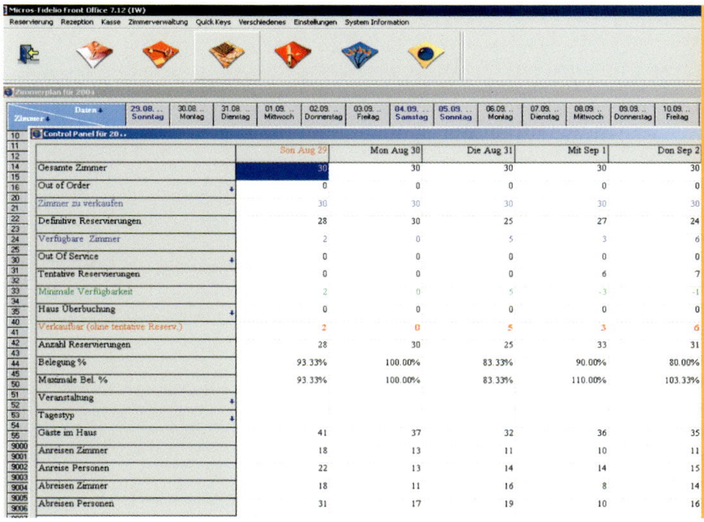

	Son Aug 29	Mon Aug 30	Die Aug 31	Mit Sep 1	Don Sep 2
Gesamte Zimmer	30	30	30	30	30
Out of Order	0	0	0	0	0
Zimmer zu verkaufen	30	30	30	30	30
Definitive Reservierungen	28	30	25	27	24
Verfügbare Zimmer	2	0	5	3	6
Out Of Service	0	0	0	0	0
Tentative Reservierungen	0	0	0	6	7
Minimale Verfügbarkeit	2	0	5	-3	-1
Haus Überbuchung	0	0	0	0	0
Verkaufbar (ohne tentative Reserv.)	2	0	5	3	6
Anzahl Reservierungen	28	30	25	33	31
Belegung %	93.33%	100.00%	83.33%	90.00%	80.00%
Maximale Bel. %	93.33%	100.00%	83.33%	110.00%	103.33%
Veranstaltung					
Tagestyp					
Gäste im Haus	41	37	32	36	35
Anreisen Zimmer	18	13	11	10	11
Anreise Personen	22	13	14	14	15
Abreisen Zimmer	18	11	16	8	14
Abreisen Personen	31	17	19	10	16

Beispiel für ein Forecast

und im Anschluss daran die Preise zugeordnet.

Um nicht auf Spekulationen angewiesen zu sein, ist eine Prognose anhand des Forecasts sinnvoll.

Er ist auch ein wichtiges Hilfsmittel für die Zusammenarbeit mit der Sales- und Marketingabteilung sowie mit Reisebüros und Firmen. Aufgrund der Jahresplanung sind **freie Kontingente** abzuschätzen, können **Werbemaßnahmen** für auslastungsschwächere Zeiträume getroffen und Incentives für Firmen eingeplant und gezielt beworben werden. Damit können Auslastungssteigerungen geplant und dann auch leichter erreicht werden.

Ein Tipp vom Profi
Liest man am Forecast anhand des Vorjahres ab, dass der Mai ein buchungsstarker Monat mit einer Belegung von 90 % war, kann man sich eine Steigerung auf 92 % als Ziel setzen und die freien Zeiten gezielt für Kontingente, Incentives oder Packages nutzen. Stellt man z. B. einen Buchungsrückgang von Dienstag bis Donnerstag fest, kann man für diese Zeiträume Angebotspakete schnüren. Dies ist gemeinsam mit der Sales- und Marketingabteilung zu planen und gezielt zu forcieren.

Ebenso ist die Vorschau die Grundlage der Einkaufsplanung für Küche und Keller, der **Planung** von größeren Reparaturen, Umbauten, Reinigungen etc. Ihr ist zu entnehmen, wann günstige Zeitpunkte für Investitionen dieser Art sind. Daher ist es wichtig, den Forecast so exakt wie möglich zu erstellen, ständig zu aktualisieren und alle Abteilungen des Hotels bei großen Änderungen sofort zu informieren.

Die Belegungsgrafik

Ein weiteres Hilfsmittel bei der Bearbeitung von Anfragen ist die Belegungsgrafik. Ihr entnimmt der Rezeptionist die **definitiven und tentativen Buchungen** und liest ab, welche Zimmer zum Verkauf zur Verfügung stehen.

Die Zimmerreservierung

Ist ein Zimmer laut Zimmerplan verfügbar, kann eine Reservierung durchgeführt werden. Damit alle Daten bezüglich des Gästeaufenthaltes ordnungsgemäß erfasst werden, wird das **Reservierungsformular** ausgefüllt. Es wird entweder gleich während des Telefonats geschrieben, oder die Telefonnotizen oder schriftlichen Hinweise des Gastes werden übertragen.

Die Reservierungsbestätigung

Ist anhand der Vorschau bzw. des Zimmerplans ersichtlich, dass die Reservierung durchgeführt werden kann, wird in der Folge dem Gast eine Reservierungsbestätigung übermittelt.

Sie muss klar und einfach sein, aber präzise, was die **Konditionen** betrifft. Verwenden Sie dafür gefällige Formulierungen. Die Präsentation muss einwandfrei sein, es sollen keine Tippfehler vorkommen, der Text muss entsprechend angeordnet sein. Der Kontrolle der raschen Erledigung der Korrespondenz dient ein **Eingangsstempel**, mit dem jede Reservierung versehen wird.

Ist der Brief geschrieben, muss – bevor er verschlossen und abgesendet wird – kontrolliert werden, ob

- der Brief unterschrieben ist,
- das Kuvert die angeführten Beilagen/Anlagen enthält,
- die Adresse des Kuverts der des Briefes entspricht,
- der Brief ausreichend frankiert ist.

Komponenten jeder Bestätigung müssen sein:

- Name des Gastes.
- An- und Abreisedatum.
- Preis, Währung, Einheit/Anzahl der Zimmer.
- Im Preis inkludierte Leistungen.
- Zahlungsbedingungen.
- Stornobedingungen/No-Show-Policy (die Vorgehensweise, wenn der Gast ohne Angabe eines Grundes nicht erscheint).
- Garantiebestimmung:
  - Reisebüro mit Voucher.
  - Firma.
  - Kreditkarte mit Ablaufdatum.
  - Anzahlung – Deposit, Vorauszahlung.
- Reservierung bis 18:00 Uhr (D. h., eine Reservierung bleibt bis 18:00 Uhr aufrecht, danach kann das Zimmer wieder vergeben werden).

Reservierungsbestätigung – Textbausteine	
Einleitung	■ Wir danken Ihnen recht herzlich für Ihre Nachricht und freuen uns, dass Sie sich dazu entschlossen haben, Ihren Urlaub bei uns zu verbringen. ■ Vielen Dank für Ihr freundliches Schreiben vom ... ■ Herzlichen Dank für das freundliche Telefonat und Ihren Entschluss, bei uns zu urlauben. ■ Wir danken Ihnen herzlich für Ihr Interesse an unserem Haus und freuen uns, dass Sie Ihren Urlaub bei uns verbringen. ■ Wir danken für Ihren heutigen Anruf und freuen uns, Ihnen die gewünschte Reservierung wie folgt bestätigen zu können: ■ Herzlichen Dank für Ihr Schreiben und Ihr Interesse an unserem Haus. Gerne bestätigen wir die gewünschte Reservierung wie folgt: ■ Wir freuen uns, dass Sie sich für unser Haus entschieden haben, und bestätigen, dass wir für Sie wunschgemäß ein Zweibettzimmer von ... (Anreise) bis ... (Abreise) reserviert haben.
Textteil und Reservierung inklusive Gästewünsche laut Angebot und Anfrage	■ Gerne bestätigen wir Ihre Reservierung wie folgt: Zeitraum, Anzahl der Zimmer, Preis der Zimmer, Leistung, welche im Preis enthalten ist, Ausstattung der Zimmer, zusätzliche Gästeanfragen oder -wünsche. ■ Wir freuen uns, für Sie die folgende Reservierung verbindlich vornehmen zu dürfen. ■ Wir freuen uns, dass Sie sich für unser Haus entschieden haben, und bestätigen, dass wir für Sie wunschgemäß ein Doppelzimmer von ... bis ... reserviert haben ■ Für die Unterbringung Ihrer beiden Kinder im Alter von ... und ... Jahren im Zimmer der Eltern gewähren wir eine Ermäßigung von ... %, das entspricht einem Preis von EUR ... pro Kind und Tag.
Zahlungs- und Stornobedingungen sowie Garantiebestimmung	■ Um Ihre Reservierung auf garantierter Basis halten zu können, ersuchen wir Sie um eine Anzahlung auf unser Konto, Kto.-Nr. ... bei der ... Bank, BLZ ... in Höhe von ... %, das entspricht EUR ... ■ Um Ihre Reservierung zu garantieren, ersuchen wir Sie um eine Anzahlung in Höhe von EUR ... (das entspricht ... %) auf unser Konto, Kto.-Nr. ... bei der ... Bank, BLZ ... ■ Wir halten Ihre Reservierung bis 18:00 Uhr am Anreisetag. Sollten Sie später anreisen, bitten wir Sie um kurze Mitteilung. ■ Nach Erhalt dieser Bestätigung erbitten wir eine Anzahlung von ... auf unser Konto ... Erst dann gilt die Reservierung als verbindlich. ■ Ihr Zimmer ist am Anreisetag ab 15:00 Uhr bezugsfertig. Wir ersuchen Sie, am Abreisetag das Zimmer bis 12:00 Uhr freizugeben. ■ Bei Stornierung behalten wir die Anzahlung ein, wenn das Zimmer nicht anderweitig vergeben werden kann. ■ Im Übrigen gelten die Bestimmungen der Allgemeinen Geschäftsbedingungen für die Hotellerie.*
Schlussteil	■ Wir wünschen Ihnen, liebe Familie Dordrecht, dass Sie recht angenehme und sonnige Tage bei uns verbringen werden. ■ Wir freuen uns, Sie, Frau Fröhlich, bei uns begrüßen und verwöhnen zu dürfen. ■ Wir freuen uns, Sie bald zu unseren Gästen zählen zu dürfen, und wünschen Ihnen eine gute Anreise. ■ Sehr geehrter Herr Freudenthaler, wir freuen uns, Sie in unserem Haus begrüßen zu dürfen, und verbleiben ... ■ Wir wünschen Ihnen schon heute eine gute Anreise und verbleiben in der Zwischenzeit ... ■ Wir freuen uns darauf, sehr geehrte Frau Dr. Schwarz, Sie bald zu unseren zufriedenen Gästen zählen zu dürfen, und wünschen Ihnen eine gute Anreise. ■ Noch einmal versichern wir Ihnen, dass wir Sie bestens betreuen werden.

* In Österreich wurden die Österreichischen Hotelvertragsbedingungen mit November 2006 davon abgelöst. In Deutschland gelten die AGBs des Hotels, die anhand eines Musters des Hotelverbandes aufgesetzt werden. Die Schweiz und Südtirol verfügen über keine analogen Vertragsbedingungen.

Ein gut funktionierendes Ablagesystem hilft bei der Verwaltung der Reservierungen.

Beispiel für eine Reservierungsbestätigung

HOTEL
Aurora

Herrn
Max Mustermann
Birkenstraße 1
5020 Salzburg

Achensee, 10. September 20..

Reservierungsbestätigung

Sehr geehrter Herr Mustermann,

wir danken Ihnen herzlich für Ihr Interesse und Vertrauen in unser Haus und freuen uns, Ihre Reservierung wie folgt bestätigen zu können:

vom 15. bis 21. Oktober 20..
1 Doppelzimmer mit Bad/WC, inklusive Halbpension

zum Preis von EUR 136,00.

Unsere Preise verstehen sich pro Zimmer und Nacht und beinhalten sämtliche Steuern und Abgaben.

Im angeführten Preis sind folgende Leistungen inkludiert:

- Übernachtung im Doppelzimmer mit Bad/WC
- 4-gängiges Abendwahlmenü
- Reichhaltiges Frühstücksbuffet
- Benützung des hoteleigenen Health Clubs

Für die Unterbringung Ihres Kindes im Alter von zehn Jahren im Zimmer der Eltern gewähren wir eine Ermäßigung von 40 %, das entspricht einem Preis von EUR 68,00.

Wir freuen uns, Sie bald zu unseren Gästen zählen zu dürfen, und verbleiben bis dahin

mit freundlichen Grüßen

HOTEL AURORA ****

Martin Huber
Martin Huber
Rezeptionist

Hotel Aurora GmbH & Co KG ▪ Seeweg 10 ▪ 6213 Pertisau am Achensee ▪ Austria
Tel.: +43 5243 83 04-0 ▪ Fax: +43 5243 83 04-19 ▪ E-Mail: info@aurora-achensee.at ▪ Internet: www.aurora-achensee.at
Bankverbindung: Lorenzbank Schwaz ▪ Kto.-Nr.: 09876500 ▪ BLZ 4321 ▪ IBAN: AT91 2107 8007 0072 4155
BIC: LOBVAT24 (Ort: Schwaz) ▪ UID: ATU12345678 ▪ FN 987654i ▪ Erfüllungsort und Gerichtsstand ist Schwaz

Nach Bestätigung der Reservierung wird sie aus dem Reservierungsplan in den **Tages- und den Monatszimmerplan übertragen.** Dies darf nicht übersehen werden, machen Sie es also sofort, bzw. dies geschieht im Frontoffice-Programm automatisch. Anschließend werden die Daten der Reservierung **in die Gästekartei übertragen.** Dabei sollen alle Informationen, auch Hinweise, die Sie einem persönlichen Gespräch entnommen haben, sorgfältig eingetragen werden. Machen Sie dies ebenfalls so rasch wie möglich, um keine Details zu übersehen.

Verwaltung von Reservierungen

Eine gute Möglichkeit der Verwaltung von Reservierungen, wenn es kein elektronisches Frontoffice-Programm gibt, ist die Verwendung von Hängeordnern von 1 bis 31 für den laufenden und den darauffolgenden Monat. Nachdem naturgemäß für die Folgemonate noch nicht so viele Reservierungen eingelangt sind, wird dafür ein Hängeordner oder Ordner für den gesamten Monat oder das gesamte Jahr (mit 12 Registerblättern für 12 Monate) verwendet. Dieses **Ablagesystem** kann auch **zur Absicherung der elektronischen Daten** verwendet werden, wenn alle Reservierungen ausgedruckt und abgelegt werden. Viele Hotels arbeiten mit dieser doppelten Verwaltung in elektronischer und in Papierform.

Zustandekommen des Reservierungsvertrags

Gast und Betrieb gehen einen Vertrag über die Rechte und Pflichten ein, die mit der Beherbergung für beide Seiten verbunden sind. Damit diese Bedingungen nicht bei jeder Reservierung aufs Neue ausgehandelt werden müssen, gibt es nationale und internationale **Geschäftsbedingungen für die Hotellerie (AGBH in Österreich).** Sie halten unter anderem die Rechte und Pflichten des Beherbergers und des Gastes fest. Sie wurden vom Fachverband Hotellerie erstellt und geben Rahmenbedingungen vor. In **Deutschland** werden diese vom Hotelbetrieb selbst erstellt. Der Hotelverband hat ein

Muster für seine Mitglieder aufgesetzt. Rechtliche Grundlage für die AGBs ist in Deutschland das BGB § 305. Die **Schweiz** und **Südtirol** verfügen über keine analogen Vertragsbedingungen.

Zur Fixierung des Beherbergungsvertrages ist es erforderlich, vom Gast eine **unterschriebene Reservierungsbestätigung** mit allen relevanten Buchungsbedingungen (Storno, No-Show, Anzahlung, Vorauszahlung, Garantie etc.) zu erhalten. Im einfachsten Fall erfolgt dies auf der vom Hotel versandten Reservierungsbestätigung durch Datum und Unterschrift des Gastes. Diese kann per Fax oder als Brief zurückgeschickt werden. Auch eine kurze Bestätigung per E-Mail ist ausreichend.

Wird eine **Reservierung durch Bekanntgabe der Kreditkartennummer garantiert**, gelten generell die Stornobedingungen des jeweiligen Kreditkarteninstitutes – z. B. keine Stornogebühr bei Absage bis 18:00 Uhr des Anreisetages. Um im Falle eines No-Shows oder eines verspäteten Stornos die mit dem Gast vereinbarten Vertragsbedingungen des Hotels geltend machen zu können, ist es unbedingt erforderlich, die oben genannte Rückbestätigung des Gastes zu erhalten. Nur so akzeptiert der Gast die von ihm mit dem Hotel vereinbarten Buchungsbedingungen. Der Hotelier kann seine No-Show- bzw. Stornogebühr beim Kreditkarteninstitut geltend machen.

Darüber hinaus gibt es **Kooperationsabkommen** mit **Reisebüropartnern und Firmen, wie Autobusunternehmen** u. Ä. Diese Verträge werden meist für ein Jahr erstellt und dann wieder den Erfordernissen entsprechend adaptiert. Sie beinhalten die Zusammenarbeit zwischen den Vertragspartnern inklusive Regelungen über Kontingente und Provisionen. Die Basis dieser Verträge sind die Allgemeinen Geschäftsbedingungen für die Hotellerie.

Es ist selbstverständlich möglich, von den Musterbedingungen der Allgemeinen Geschäftsbedingungen für die Hotellerie, des Kooperationsabkommens und der internationalen Richtlinien abweichende Abmachungen zu treffen.

Die perfekte Koordinierung aller Reservierungen führt zu einer optimalen Auslastung des Hotelbetriebs.

Tipps vom Profi

- Schließen Sie Vereinbarungen immer schriftlich ab, denn nur so ist eine nachträgliche Beweisführung möglich (dies gilt insbesondere für die Annullierungs- bzw. Stornobedingungen). Wählen Sie dazu eine klare, eindeutige Formulierung.
- Verlangen Sie bei telefonischen Buchungen stets eine schriftliche Bestätigung bzw. schreiben Sie selbst eine Bestätigung zu Ihrer Entlastung.
- Empfehlen Sie dem Gast, zu seiner eigenen Sicherheit die Europäische Reiseversicherung abzuschließen.
- Um Rechtsstreitigkeiten zu vermeiden, vereinbaren Sie die AGBH, das Kooperationsabkommen bzw. die internationalen Richtlinien ausdrücklich oder bringen Sie diese Ihrem Vertragspartner zumindest zur Kenntnis.
- Treffen Sie eine Gerichtsstandvereinbarung, in der Sie den Gerichtssprengel Ihres Betriebes anführen. Im Streitfalle ist nämlich sonst der Wohnort des Käufers der Gerichtsstandort. In Deutschland ist der Gerichtsstand der Erfüllungsort des jeweiligen Vertragspartners (§ 29 Zivilprozessordnung – ZPO), zwischen Vollkaufleuten ist nach § 38 ZPO eine vertragliche Regelung möglich.
- Wenn Sie Schadenersatz verlangen, beachten Sie die Schadensminderungspflicht, nach der Sie sich um eine anderweitige Vermietung der nicht beanspruchten Räume den Umständen entsprechend zu bemühen haben.

Die Akontozahlung

Das ist eine **Anzahlung**, die als Sicherstellung der Reservierung eingefordert werden kann. Nicht alle Betriebe fordern sie ein. Als Garantie kann auch die Buchung über eine Firma dienen, ein Voucher oder eine Kreditkartennummer. Die Anzahlung muss bis zum vereinbarten Termin überwiesen werden, dann ist die Reservierung fixiert. Die Höhe hängt vom Zimmerpreis ab.

Storno der Reservierung

Ein Storno gilt an sich nur, wenn der Gast schriftlich abbestellt – und zwar im Rahmen der vereinbarten Frist. Auf Kulanzbasis werden jedoch in der Regel auch mündliche Stornierungen akzeptiert. Die Höhe der Stornogebühr basiert meist auf den geltenden Allgemeinen Geschäftsbedingungen für die Hotellerie. Sie ist in der Reservierung zu erwähnen, ebenso wie die Frist.

Die fixe Buchung steht vor der Anreise des Gastes.

Die Buchung

Es gibt fixe (definitive) Buchungen und tentative (nicht fixe, optionale) Buchungen. Das Optionsdatum muss in der Reservierung enthalten sein, zu diesem Zeitpunkt verfällt die Reservierung bzw. ist ein Follow-up, eine Rückfrage zu tätigen.

Definitive und tentative Buchung

Fixe Buchungen sind von Gast und Hotel beidseitig fix bestätigt und alle **Vertragsbedingungen** werden damit **akzeptiert.** Das Hotel hat als Garantie für die Ankunft des Gastes eine Anzahlung erhalten oder verfügt über eine Kreditkartennummer, die im Falle eines **No-Shows** (Nichterscheinen des Gastes ohne Angabe eines Grundes) oder eines verspäteten Stornos belastet werden kann. Im Gegenzug verfügt der Gast über die fixe Zusage des Hotels, dass die reservierte Leistung bei seiner Anreise auch im vereinbarten Ausmaß zur Verfügung steht.

Tentative bzw. optionale Buchungen sind aus folgenden Gründen noch nicht verbindlich:

- Ein Angebot (mit Ablaufdatum, Deadline) wurde geschrieben und die Buchung ist noch nicht erfolgt bzw. die Deadline noch nicht erreicht.
- Eine Reservierungsvertragsbedingung ist noch nicht erfüllt, z. B. eine Anzahlung/ein Deposit wurde noch nicht getätigt.
- Eine Reservierung hat ein bestimmtes **Optionsdatum,** bis zu dem diese Reservierung gehalten wird. Nach Ablauf der Deadline verfällt diese Reservierung automatisch und der Gast kann darauf nicht mehr zurückgreifen.
- Noch ausstehende Kontingentbuchungen.

Kontingente

Kontingentzimmer sind vorab **an Vertriebspartner** (Reiseveranstalter, Incomer, Reisebüros, Kongressveranstalter, Firmen und Online-Buchungsplattformen) **verkaufte Hotelzimmer.**

Diese Zimmer stehen den Vertriebspartnern für den Verkauf bis zu einem klar definierten Datum oder bis x Tage vor Ankunftstag zur Verfügung. Dieses Datum bzw. dieser Zeitraum vor Ablauf des Kontingents wird als **Release Date** oder **Verfallsfrist** bezeichnet. Wenn die Zimmer des Kontingents nicht bis zur Verfallsfrist gebucht und benötigt werden, werden sie automatisch gratis storniert und das Kontingent verfällt.

In der Belegungsgrafik sind die fixen Buchungen blau und die tentativen Buchungen grün gekennzeichnet. Dabei handelt es sich um Kontingentzimmer, die noch nicht verfallen sind.

Warteliste und Überbuchung

Warteliste

Bekommt ein Gast für seinen Wunschtermin kein Zimmer mehr, bieten viele Hotels eine Warteliste an. Diese sollte ständig **aktualisiert** werden und der Gast ist regelmäßig davon zu informieren, an welcher Stelle der Warteliste er im Moment gereiht ist.

Eine Warteliste kann per Hand als Liste geführt werden. Wenn ein Frontoffice-System zur Verfügung steht, empfiehlt es sich, die dort angelegten **Dummyzimmer (oder Paymaster)** als die Zimmer für die Warteliste zu verwenden. Dummyzimmer sind im Frontoffice-System angelegte „Pseudozimmer", die real nicht existieren, jedoch für Sonderzwecke wie eine Zimmerzuteilung verwendet werden können.

Paymaster (City Ledger) – was ist das?

Paymaster bzw. City Ledger bedeutet, dass ein imaginäres Zimmer mit einer imaginären Zimmernummer (z. B. 9001) angelegt wird, auf das Buchungen erfolgen können. Dies ist notwendig, wenn die Abrechnung eines Zimmers über eine Gesamtrechnung erfolgt und für dieses Zimmer keine eigene Rechnung erstellt wird. Paymaster gibt es in diesem Fall bei Familienzimmern, Gruppenabrechnungen, Incentives. Außerdem ist der Paymaster ein Interimskonto, um Abrechnungen später durchführen zu können, das Konto des Zimmers aber für die nächste Zimmerbelegung frei zu haben.

Beispiel einer Zimmerplanes mit Paymaster

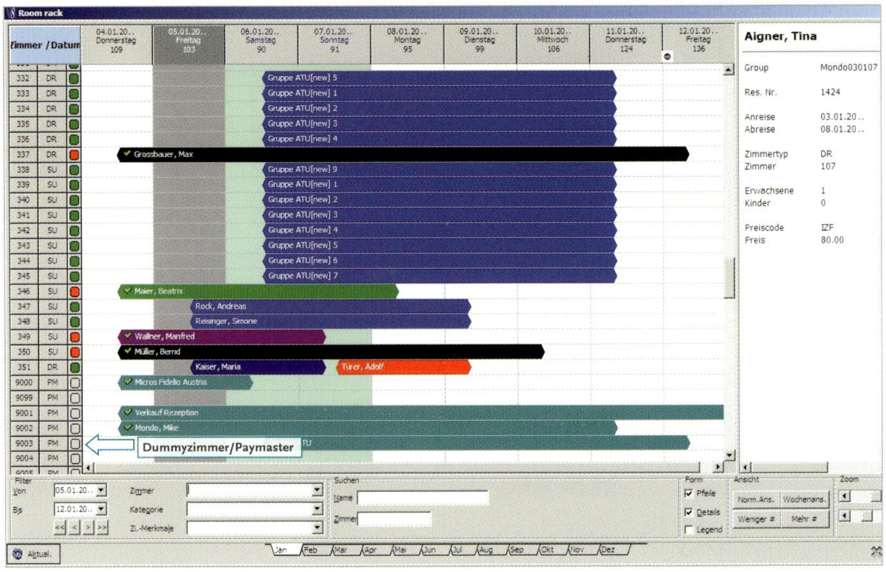

Eine Reservierung auf Warteliste wird wie eine normale fixe Reservierung in das Frontoffice-System eingegeben, es wird jedoch **keine Zimmernummer, sondern eine Dummy-Zimmernummer vergeben.**

Somit hat die Rezeption bei einem Storno sofort auf einen Blick erfasst, welche Buchung am besten in die durch das Storno entstandene „Buchungslücke“ passt. Durch einen Doppelklick auf die Dummybuchung öffnet sich die angelegte Buchung mit allen Gastdaten und der Gast kann unverzüglich von der positiven Änderung informiert werden.

Überbuchung

Das Ziel eines Hotels ist es u. a., möglichst **optimal ausgelastet** zu sein und kurzfristige Stornierungen ausgleichen zu können. Dabei kommt es zu Überbuchungen, da mehr Zimmer reserviert werden als eigentlich vorhanden sind. Das Risiko, dass Gäste bei ihrer Anreise kein Zimmer erhalten, muss natürlich weitgehend ausgeschlossen werden. In den meisten Fällen geht diese Rechnung, dank Fachwissen und Erfahrung der Mitarbeiter, am Ende eines Tages auch auf.

Für einen Hotelgast, der wegen einer Überbuchung nicht untergebracht werden kann, muss ein **gleichwertiges** oder ein **Hotel einer höheren Kategorie** organisiert werden. Die eventuell entstehenden Mehrkosten übernimmt – laut Allgemeinen Geschäftsbedingungen für die Hotellerie – das überbuchte Hotel. Etwaige **Taxikosten**, um den Gast in das Verlegshotel zu bringen, sollten vom überbuchten Hotel getragen werden. Telefonate und Nachrichten sowie Post oder Faxe müssen verlässlich an den umquartierten Gast weitergeleitet werden.

Es ist von großer Wichtigkeit, den Gast so zufriedenzustellen, dass er kein verlorener Gast wird, sondern sich wieder an den Betrieb wendet (siehe dazu das Kapitel „Die Absage“, nächste Seite).

BENÖTIGT DER GAST EIN TAXI, UM DAS VERLEGSHOTEL ZU ERREICHEN, IST ES SELBSTVERSTÄNDLICH ZU BESTELLEN. AUCH IST DEM GAST MIT DEM GEPÄCK BEHILFLICH ZU SEIN UND DIE KOSTEN FÜR DIE FAHRT SIND ZU ÜBERNEHMEN.

Abwicklung von Buchungen

Bei der Abwicklung von Buchungen können verschiedene **Reservierungssysteme** sehr hilfreich sein. Grundsätzlich unterscheidet man Durchführung per Hand sowie mit Computerbuchungssystemen. Entsprechend ist der Ablauf einer Buchung mehr oder weniger rationell zu bearbeiten (siehe auch S. 161).

Absage, Stornierung, No-Show – drei Gründe, warum der Gast nicht im Haus wohnen wird.

Absage, Stornierung, No-Show

Absagen, Stornierung, No-Show: Alle drei haben eines gemeinsam – der Gast wird zum vereinbarten Zeitpunkt nicht im Hause wohnen. Und das aus unterschiedlichen Gründen. Bei der Absage liegt die Ursache beim Hotel, das für einen vereinbarten Zeitraum kein Zimmer mehr frei hat. Die Stornierung hingegen geht vom Gast aus. Von No-Show spricht man, wenn der Gast ohne Angabe von Gründen trotz Fixbuchung nicht zum vereinbarten Zeitpunkt im Hotel erscheint.

Die Absage

Überschneiden sich für einen Zeitraum die Buchungen, weil Gäste erst nach Ablauf der Gültigkeit des Angebots buchen und auch das Follow-up nicht rechtzeitig zu einer Buchung geführt hat, so ist eine Absage zu formulieren und **Alternativen sind anzubieten.**

Die meisten Hotels haben Partnerbetriebe in der Region und helfen sich gegenseitig bei Überbuchungen mit Zimmern aus. Auch führen einige Hotelbetriebe Wartelisten (siehe S. 167), was bei der Behandlung einer Absage zu berücksichtigen ist (siehe auch das Kapitel „Überbuchung“, S. 168).

Absage vonseiten des Hotels – Textbausteine

- Vielen Dank für Ihr Interesse an unserem Haus. Wir sind für den von Ihnen gewünschten Zeitraum von … bis … bereits seit Wochen ausgebucht. Deshalb ist es uns leider nicht möglich, Ihnen das gewünschte Zimmer zu reservieren.
- Gerne bieten wir Ihnen aber für die darauffolgende Woche von … bis … Folgendes an:
- Es würde uns natürlich freuen, wenn Sie unseren Vorschlag akzeptieren können.
- Ebenfalls haben wir unser Partnerhotel, Hotel …, kontaktiert. Herr Schnell, der Reservierungsleiter, bietet noch freie … (Zimmerart) in dem von Ihnen gewünschten Zeitraum an. In der Anlage finden Sie einen Prospekt und eine Preisliste. Gerne steht Ihnen Herr Schnell für weitere Fragen unter der Telefonnummer … zur Verfügung.
- Es würde uns freuen, Ihnen bei anderer Gelegenheit ein Angebot machen zu dürfen.
- Wir hoffen, Ihnen mit diesen Vorschlägen geholfen zu haben, und freuen uns, wenn wir Sie, lieber Herr Naumann, zu einem späteren Zeitpunkt in unserem Haus begrüßen dürfen.
- Am besten wäre es, wenn Sie für den … schon … anfragen – zu diesem Zeitpunkt können wir noch alle Zimmerwünsche erfüllen.

Reaktion auf eine Stornierung

Wenn ein Gast eine Reservierung storniert, ist darauf mit einer **Stornierungsbestätigung** zu reagieren. Damit kann man das Interesse des prospektiven Gastes für andere Zeiträume wecken. Daher ist es besonders wichtig, den Grund der Stornierung zu eruieren, um in der Bestätigung entsprechend darauf eingehen zu können.

Stornierungsbestätigung – Textbausteine

- Wir erhielten heute Ihre Absage und bedauern es sehr, dass es Ihnen (aus … Gründen) nicht möglich ist zu kommen.
- Das von Ihnen bestellte Zimmer (Art, Zeitraum) konnten wir weitervermieten. Somit sind für Sie keine Kosten entstanden.
- Nachdem Sie nicht anreisen konnten und es uns so kurzfristig nicht möglich ist, das Zimmer weiterzuvermieten, sind folgende Kosten entstanden:
- Vielleicht möchten Sie sich später/ nach Genesung gerne am Spitzenberg erholen. Einige der Winterwanderwege eignen sich durchaus, da sie über ebenes Gelände führen.
- Die warmen Sonnentage Ende März und Anfang April tragen dazu bei, einen Erholungsurlaub am Spitzenberg richtig zu genießen.
- Wir würden uns freuen, Sie zu einem späteren Zeitpunkt bei uns begrüßen zu dürfen, und verbleiben bis dahin …
- Wir wünschen Ihnen gute Besserung und freuen uns, Sie schon bald in unserem Haus begrüßen zu dürfen.
- PS: Ein kleiner Vorgeschmack des nahenden Frühlings: Unser Package „Wohlfühlen mit Leib und Seele“ gibt’s zum Kennenlernen im Monat

März für zwei Personen im Doppelzimmer zum Preis eines Einzelzimmers. Holen Sie sich Ihre Vorfreude darauf aus dem beiliegenden Folder.

No-Show

Als No-Show wird eine Reservierung oder auch ein Gast bezeichnet, der zwar ein Zimmer reserviert hat, jedoch **ohne Angabe von Gründen** nicht im Hotel erscheint.

Bei der Bearbeitung eines No-Shows sind folgende Dinge zu beachten:

- Laut Allgemeinen Geschäftsbedingungen für die Hotellerie muss das Zimmer des Gastes bis 18:00 Uhr für ihn reserviert werden, wenn kein späterer Anreisezeitpunkt vereinbart wurde. Erscheint der Gast ohne Ankündigung nicht bis 18:00 Uhr, besteht die Möglichkeit, das Zimmer weiterzuvermieten. Es empfiehlt sich jedoch, vorher zu versuchen, mit dem Gast Kontakt aufzunehmen, da oft ganz banale Dinge, wie z. B. ein Stau, zu einer verspäteten Ankunft führen können.
- Erscheint der Gast nun tatsächlich nicht, hat der Hotelier die Möglichkeit, eine Stornogebühr – entsprechend den Allgemeinen Geschäftsbedingungen für die Hotellerie – zu verlangen.
- Wenn nicht die Allgemeinen Geschäftsbedingungen für die Hotellerie als Vertragsgrundlage verwendet wurden, gelten die individuell festgesetzten Storno- bzw. No-Show-Gebühren.

Ein Tipp vom Profi
Es verlangt sehr viel Fingerspitzengefühl, welche Storno- bzw. No-Show-Gebühren verrechnet werden. Zuerst ist abzuklären, ob es sich z. B. um einen Stammgast handelt oder ob eine Anzahlung eingegangen ist. Auch ist in manchen Fällen die Angabe von Gründen für eine Verrechnung ausschlaggebend.
Wenn es sich um eine Stammfirma handelt, dann ist eine vorherige Kontaktaufnahme mit dem Mitarbeiter der Firma unbedingt nötig. Hier wird man eine Kulanzlösung anstreben, um zu klären, wer die Kosten für No-Shows übernimmt.
In jedem Fall gilt: Bei Unsicherheiten oder bevor Schwierigkeiten entstehen, ist die Verrechnung zur Chefsache zu machen.

Ein Stau als Grund für ein No-Show? Nicht immer wird man den wahren Grund erfahren.

Die Anreise des Gastes und die Gästebetreuung während des Aufenthalts

Dem Gast ist bei Ankunft im Betrieb von Anfang an die volle Aufmerksamkeit zu schenken und ein herzliches Entgegenkommen zu vermitteln.

Die Ankunft des Gastes im Betrieb

Je nach Hotelart stellt entweder der Gast seinen Wagen auf dem Hotelparkplatz oder in der Tiefgarage ab, oder es übernimmt diese Aufgabe in Mittelbetrieben der gehobenen Kategorie der Hausdiener oder in Großbetrieben der Wagenmeister. Dem Gast ist bei der Ankunft **mit dem Gepäck behilflich zu sein.** Dafür sind die Porter bzw. Lohndiener zuständig.

An- und Abreiselisten

In den meisten Hotelbetrieben erstellt das Frontoffice-Programm die An- und Abreiselisten – das ist kein allzu großer Aufwand. Voraussetzung ist allerdings, dass alle Daten korrekt in den Computer eingegeben und ständig aktualisiert wurden. Um Fehlerquellen zu vermeiden, arbeiten einige Betriebe zusätzlich mit einer manuellen Variante.

Grundsätzlich gilt es, die An- bzw. Abreiseliste am Vorabend bzw. während des sogenannten **Tagesabschlusses** in der Frontoffice-Software zu erstellen. Die Liste dient als Information für alle Abteilungen im Haus und ist die Grundlage für die Erstellung von Dienstplänen, den Einkauf etc. Sie wird an die entsprechenden Abteilungen im Haus weitergegeben (Etage, Küche, Service, Direktion, Verkauf etc.).

Inhalt der An- und Abreiselisten

- Datum
- Anzahl der Gäste für
  - das Frühstück
  - das Mittagessen
  - das Abendessen
- Verbleibende Gäste im Haus (Stay-over)
- Zimmernummer und Namen der abreisenden Gäste
- Zimmernummer und Name der ankommenden Gäste
- Sonderwünsche der ankommenden Gäste

Beim Check-in erhält der Gast den Zimmerschlüssel.

- Arrangement für die ankommenden Gäste
- Zimmerwechsel

Check-in

Als Check-in wird die **Erledigung aller Anmeldeformalitäten** bei der Ankunft des Gastes am Empfang bezeichnet. Die Formalitäten variieren ein wenig, je nachdem, ob es sich um Einzel- oder Gruppengäste bzw. um Walk-in-Gäste handelt.

Check-in, wenn der Gast reserviert hat

- Bereits bei der Vorfahrt des Gastes beim Hotel Aufmerksamkeit signalisieren. Lohndiener bzw. Porter verständigen, damit der Gast gleich über Parkmöglichkeiten informiert wird.
- Den eintretenden Gast freundlich grüßen.
- Ankunftsliste und Schriftverkehr bereithalten.
- Dem Gast einen Willkommensdrink anbieten und sich nach der Anreise erkundigen.
- Den Gast – außer einen Stammgast – um einen Ausweis bitten und für ihn die Eintragung in das Gästebuchblatt (in den Meldeschein) vornehmen. Wenn der Gast schon einmal im Hotel übernachtet hat, dann sollten seine Daten vom Mitarbeiter des Nachtdienstes bereits vorausgefüllt sein. Der Gast braucht beim Check-in nur noch die Eintragung zu prüfen und zu unterschreiben.
- Bei frühzeitiger Anreise (bei einem Early-Check-in) kann es sein, dass das Zimmer noch nicht fertig ist. Den Gast in diesem Fall höflich über die mögliche Wartezeit informieren und ihn bitten, in der Zwischenzeit in der Halle oder an der Tagesbar Platz zu nehmen, und ein Getränk anbieten.
- Den Kofferträger anweisen, den Gepäcktransport zu erledigen.
- Bei Reisebürogästen den Voucher (das Original!) verlangen und in der Kasse aufbewahren. Er dient zur späteren Verrechnung mit dem Reisebüro. Bei der Anreise eines Reisebürogastes sind die bestellten Leistungen mit dem Voucher zu vergleichen.
- Den Zimmerschlüssel aushändigen bzw. die Keycard programmieren. Bei der Übergabe des Zimmerschlüssels den Gastnamen deutlich sagen, damit der Lohndiener bzw. Porter ab diesem Zeitpunkt den Gast mit dem Namen anreden kann.
- Hinweise auf Depotmöglichkeiten, Frühstücks- und Abendessenszeiten geben und die wichtigsten Wege beschreiben, z. B. in das Restaurant, den Frühstücksraum, den Wellnessbereich, die Seminarräume. Diese Informationen sind für den Anfang genug. Der Gast darf nicht mit Auskünften überhäuft werden.
- Falls möglich, den Gast in das Zimmer geleiten.
- Im Zimmer dem Gast Hinweise zu Stromversorgung, Lichtschaltern, TV- und Telefonbedienung, Fluchtwegen etc. geben.
- Dem Gast einen angenehmen Aufenthalt wünschen.

Ein Tipp vom Profi
Bewohnen mehrere Gäste dasselbe Zimmer, so ist unbedingt jedem Gast ein eigener Schlüssel auszuhändigen bzw. eine separate Keycard auszustellen. Dies ist vor allem von Bedeutung, wenn die Keycard auch zur Abrechnung von Leistungen verwendet werden kann.

Wenn der Gast zum Zimmer gebracht wird, wird ihm die Türe geöffnet.

Check-in eines Walk-in-Gastes

Walk-in-Gäste sind Passanten, die ohne Reservierung direkt im Hotel buchen und auch gleich einchecken. Man spricht in diesem Fall von **Direct Booking.** Folgendes wird beim Check-in erledigt:

- Kontrolle anhand des Zimmerplans, ob Zimmer der gewünschten Kategorie frei sind.
- Informationen über Verfügbarkeit und Preis des Zimmers, Lage, Ausstattung (Prospekt) und Angebote geben.
- Den Gast über Hotelleistungen (Arrangement, Umfang der Mahlzeiten, Freizeit- und Sporteinrichtungen, Parkmöglichkeiten) in Kenntnis setzen.
- Dem Gast Informationen über Angebote des Ortes und der Region (Busverbindungen, Skigebiet, Kulturelles etc.) geben und darauf neugierig machen.

- Den Gast über Depotmöglichkeiten informieren.
- Den Gast um einen **Ausweis** bitten und für ihn die Eintragung in das Gästebuchblatt vornehmen. Wenn der Gast schon einmal im Hotel übernachtet hat, dann sollten seine Daten im Frontoffice-System vorhanden sein und können von dort übernommen werden. Der Gast braucht anschließend nur noch die Eintragung zu prüfen und zu unterschreiben.
- Im Frontoffice-Programm die Reservierung durchführen, evtl. eine neue Gästekartei anlegen und das Check-in durchführen.
- Wenn es sich bei den Walk-in-Gästen um Stammgäste handelt, ist die Bezahlung der Rechnung beim Check-in kein Thema. Wenn es sich aber um eine dem Hotel unbekannte Person handelt, sollte der gesamte Aufenthalt im Voraus beglichen werden bzw. die Keycard lediglich für den bereits beglichenen Zeitraum freigeschaltet werden.
- Prinzipiell sollte auch die Kreditkartennummer als Garantie für etwaige Zusatzkosten, wie z. B. Minibar, Restaurant oder Wellnessbehandlungen, aufgenommen werden.

Check-in von Gruppen

Das Check-in von Gruppen sollte, wenn möglich, etwas abseits von der Rezeption stattfinden, um den laufenden Betrieb nicht zu stören.

- Zimmerliste bereithalten.
- Zimmerplan für den Fall von Umbuchungen bereithalten.
- Schlüsselausgabe; Keycards schon vor Ankunft der Gruppe kodieren.

Beim Check-in von Gruppen ist darauf zu achten, dass die Individualreisenden nicht gestört werden.

Von Walk-in-Gästen soll beim Check-in ein Ausweis verlangt werden.

- Reiseleiter oder Chauffeur bitten, das Gästebuchblatt (den Meldeschein) für die Gruppe auszufüllen.
- Die wichtigsten Wege beschreiben.
- Bei vereinbartem **Porterage** (Entgelt für Gepäckträger) Gepäcktransport organisieren.

Quick-Check-in und Business-Check-in

Das **Quick-Check-in** wird in der Regel für Gruppen angewendet. Das Hotel hat bereits eine Namensliste erhalten und die Zimmer sind laut Liste verteilt. Auch sind die Schlüssel bereits vorbereitet. Die Reiseleitung braucht nur noch das Gästeblatt (den Meldeschein) auszufüllen.

Beim **Bussines-Check-in,** der meist von Firmengästen in Anspruch genommen wird, ist der Gast dem Haus bekannt. Er dient dazu, dem Gast den Ablauf den Check-in möglichst rasch zu ermöglichen. Dafür ist alles vorzubereiten (Gästeblatt [Meldeschein] ausfüllen und ausdrucken, Keycard programmieren oder Schlüssel vorbereiten). Der Gast braucht nur noch das Gästeblatt (den Meldeschein) zu unterschreiben. Alle Gästedaten müssen dazu vorab vorhanden sein.

VIP-Check-in

Eine Very Important Person wird bei ihrer Ankunft von einem leitenden Angestellten – dem **General Manager** oder seiner Vertretung – oder vom Hotelier bzw. Hoteldirektor begrüßt. Das Check-in findet räumlich getrennt, meist in einem anderen Stockwerk, in der **VIP-Lounge** statt. Die Anreiseformalitäten werden so rasch wie möglich erledigt, im Vordergrund steht die **individuelle Gästebetreuung.** So wird dem Gast – wenn er dies möchte – sogleich ein Platz angeboten und ein Willkommensdrink überreicht. Er erhält beim Check-in ein Zimmer mit **Upgrade und Turndownservice** (Aufschlagen der Bettdecke und Betthupferl) sowie Blumen, Obst und Wein.

VIPs sind mit äußerster Diskretion zu behandeln.

Exkurs Meldegesetz

Die Beherbergung von Gästen unterliegt verschiedenen rechtlichen Bestimmungen, die der Absicherung des Gastes, des

DAS VIP-CHECK-IN FINDET MEIST RÄUMLICH GETRENNT IN DER VIP-LOUNGE STATT.

Reisevermittlers und des Beherbergungsbetriebes dienen. Dies wird in den Ländern, Regionen und Gemeinden etwas unterschiedlich gehandhabt, prinzipiell dienen die Bestimmungen jedoch demselben Zweck. So müssen Gäste überall aus **steuerlichen, statistischen und polizeilichen Gründen** gemeldet werden.

Die Meldung aus steuerlichen Gründen

Ortstaxe

Die Ortstaxe ist eine Kommunalabgabe an die Gemeinde zur Errichtung und Aufrechterhaltung der touristischen Infrastruktur. Die Höhe der zu entrichtenden Ortstaxe richtet sich nach dem Umfang des touristischen Angebotes und wird oft nach Zonen gestaffelt.

Die Ortstaxe wird vom Hotelier in den Logispreis einkalkuliert und wird vom Gast pro Tag und Person über den Zimmerpreis bezahlt. Der Hotelier entrichtet wiederum die Abgabe meist monatlich an den örtlichen Tourismusverband bzw. die Gemeinde.

Kurtaxe

Die Kurtaxe ist eine Kommunalabgabe in Kurorten. Sie wird von der Kurkommission beschlossen und an die Kurverwaltung entrichtet.

Die Meldung aus statistischen Gründen

Die Ergebnisse des Gästebuches bzw. der Nächtigungsstatistik werden von der Gemeinde an das Statistische Zentralamt geschickt und dienen der statistischen Erfassung von Nächtigungszahlen und Gästeströmen sowie der Erstellung von Herkunftsanalysen etc.

Die Meldung aus polizeilichen Gründen

Der Gast ist – unabhängig von der Unterkunftsdauer – vom Beherberger unverzüglich bzw. spätestens innerhalb von 24 Stunden nach Eintreffen durch Eintragung in ein Gästeblatt (einen Meldeschein) anzumelden. Beendet er seinen Aufenthalt, ist er innerhalb von 24 Stunden vor bis unmittelbar nach seiner Abreise abzumelden.

Ein Tipp vom Profi

Sind auch die Grundlagen des Meldegesetzes gleich, so gibt es doch Unterschiede in den Gesetzestexten der einzelnen Länder. In Deutschland gilt das jeweilige Landesmeldegesetz des Bundeslandes, in welchem der Hotelbetrieb steht. Das jeweils geltende Gesetz ist mit Suchmaschinen im Internet zu finden, wenn man die Schlagwörter Meldegesetz + *Name Bundesland* angibt. Dort findet man, meist im dritten Abschnitt unter „Meldepflichten", die Paragrafen, die Beherbergungsstätten betreffen. Auch die Südtiroler bzw. Schweizer Meldegesetze recherchiert man am besten über das Internet bzw. erkundigt sich bei der Gemeinde.

Teilnehmer von Reisegruppen (Reisegruppen sind unterschiedlich definiert, z. B. in Österreich ab mindestens acht Personen, in einigen deutschen Bundesländern, z. B. Nordrhein-Westfalen, ab zehn Personen) sind von der Meldepflicht ausgenommen, wenn der Reiseleiter eine Namensliste mit Staatsangehörigkeit der Gruppenmitglieder aushändigt. Bei ausländischen Gästen muss diese Liste zusätzlich die Art, Nummer und Ausstellungsbehörde des Reisedokuments enthalten. Diese Regelung gilt nur, wenn die Reisegruppe nicht länger als eine Woche gemeinsam im selben Beherbergungsbetrieb Unterkunft nimmt.

Ist ein Gast – bzw. ein Angestellter des Hauses – für längere Zeit im Betrieb untergebracht, so muss er auch bei der **Meldebehörde** angemeldet werden. Dafür gelten wiederum unterschiedliche Bestimmungen, in Österreich z. B. ab einem Aufenthalt von zwei Monaten, wobei die Anmeldung spätestens am dritten Tag nach Ablauf der zwei Monate durchgeführt werden muss; in der Schweiz beispielsweise sind Angestellte sofort behördlich zu melden.

Welche Konsequenz hat ein Zuwiderhandeln gegen die Meldepflicht?

Wer als Inhaber eines Beherbergungsbetriebes oder als dessen Beauftragter gegen die Verpflichtungen zur Meldung verstößt, begeht eine Verwaltungsübertretung und erhält eine Geldstrafe.

Gästeblattsammlung

Zur Erfüllung der Meldepflicht des Beherbergers legt dieser eine von der Meldebehörde signierte Gästeblattsammlung auf. Die Gästeblätter sind durchnummeriert und entsprechen einem Muster, das im Bedarfsfall auch fremdsprachig vorgedruckt sein kann. Die **Reihenfolge muss eingehalten werden** und die Eintragungen sind für jeden Gast gesondert vorzunehmen. Nehmen Familienmitglieder, die denselben Familiennamen und dieselbe Staatsbürgerschaft haben, gleichzeitig Unterkunft, genügt die gemeinsame Eintragung in ein Gästeblatt. Dem

Meldepflichtigen darf kein anderes, für Dritte ausgefülltes Gästeblatt zugänglich gemacht werden. Mit der Unterschrift bestätigt der Meldepflichtige die Richtigkeit der Angaben – der Reiseleiter auch der Angaben über die Anzahl der Mitglieder der Reisegruppe und über ihr Herkunftsland.

Statt der Auflegung einer Gästeblattsammlung können die Daten auch automationsunterstützt verarbeitet werden und somit die Bekanntgabe der entsprechenden Daten elektronisch durchgeführt werden. Der Gast unterschreibt einen Ausdruck.

Gästebücher müssen in **Österreich** drei Jahre ab dem Zeitpunkt der letzten Eintragung aufbewahrt – bzw. elektronische Daten gespeichert und Ausdrucke aufbewahrt – und auf Verlangen der Meldebehörde und Organen des öffentlichen Sicherheitsdienstes vorgelegt werden. In **Deutschland** sind Meldescheine ein Jahr nach dem Ausstellungsjahr aufzubewahren (Ein Meldeschein vom August 2007 darf im Januar 2009 beseitigt werden).

In **Südtirol** dürfen die Meldezettel nicht im Betrieb aufbewahrt werden, weil die Datenschutzbestimmungen dies untersagen.

Wie wird der Gast gemeldet?

Die Meldung erfolgt entweder mit einer Nationalitätenstatistik (mit Anzahl der Ankünfte und Übernachtungen), durch Übersendung der Gästeblattdurchschläge oder elektronisch durch eine direkte Anbindung des Hotels über Internet an die Meldebehörde der Gemeinde.

Das Gästebuch

Woraus besteht das Gästebuch? Es gibt unterschiedliche Arten von Gästebüchern oder Gästeblattsammlungen. Entweder sind es nummerierte Einzelblätter oder auch Blätter mit Durchschlägen unterschiedlicher Farben.

Beispiel Gästeblatt

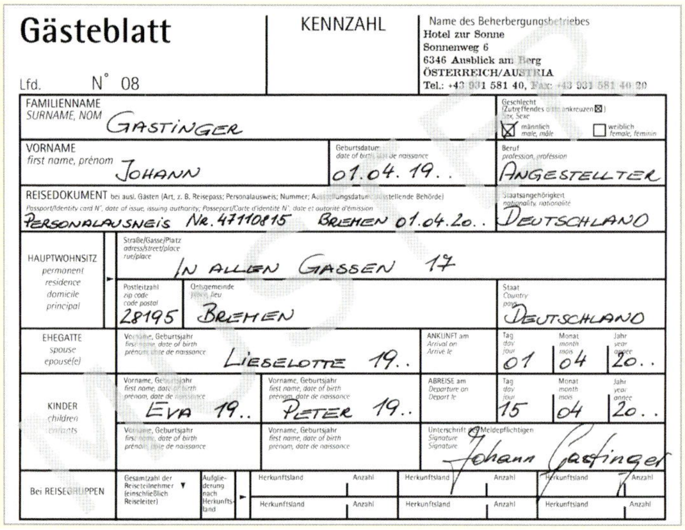
Gästeblatt — Lfd. N° 08 — KENNZAHL

Name des Beherbergungsbetriebes: Hotel zur Sonne, Sonnenweg 6, 6346 Ausblick am Berg, ÖSTERREICH/AUSTRIA

FAMILIENNAME / SURNAME, NOM: GASTINGER — Geschlecht: männlich

VORNAME / first name, prénom: JOHANN — Geburtsdatum: 01.04.19.. — Beruf: ANGESTELLTER

REISEDOKUMENT: PERSONALAUSWEIS NR. 47110815 BREMEN 01.04.20.. — Staatsangehörigkeit: DEUTSCHLAND

HAUPTWOHNSITZ / permanent residence / domicile principal: IN ALLEN GASSEN 17 — Postleitzahl: 28195 — Ortsgemeinde: BREMEN — Staat: DEUTSCHLAND

EHEGATTE / spouse / epouse(e): LIESELOTTE 19.. — ANKUNFT am: 01 04 20..

KINDER / children: EVA 19.. — PETER 19.. — ABREISE am: 15 04 20..

Unterschrift des Meldepflichtigen: Johann Gastinger

Bei REISEGRUPPEN: Gesamtzahl der Reiseteilnehmer (einschließlich Reiseleiter) — Aufgliederung nach Herkunftsland — Herkunftsland — Anzahl

Ein Beispiel	
Gästebuchblatt in Weiß	Verbleibt im Betrieb.
Statistisches Meldeblatt für die Ankunft in Gelb	Ergeht an die Meldebehörde.
Statistisches Meldeblatt für die Abreise in Rosa	Ergeht an die Meldebehörde.
Gästepass in Beige oder Hellgelb	Erhält der Gast.

Das elektronische Gästeblatt

Hier werden die Meldedaten im Web elektronisch erfasst und automatisiert in regelmäßigen Abständen an die Gemeinde übermittelt. Zusätzlich zu den Erfassungsfunktionen können auch Statistiken abgefragt werden.

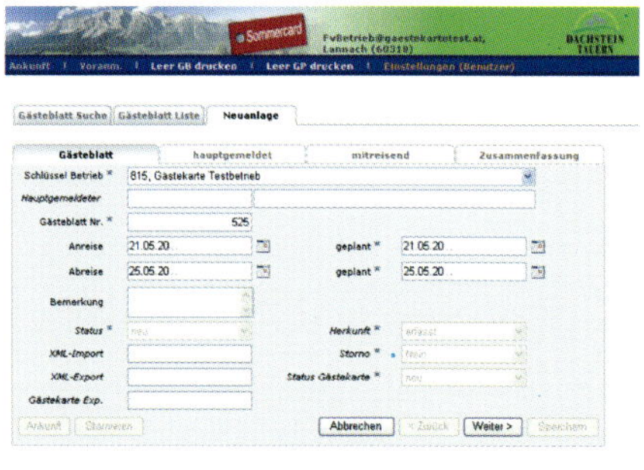

Muster eines elektronischen Meldeblattes

Die Gästebetreuung während des Aufenthalts

Die meisten Urlauber müssen im alltäglichen Leben so viele wichtige Entscheidungen treffen und viel Verantwortung tragen, dass sie es im Urlaub so richtig genießen, sich einmal um nichts kümmern zu müssen. Daher ist die Gästebetreuung ein wichtiger Schwerpunkt, den die Mitarbeiter an der Rezeption übernehmen.

Zur Gästebetreuung zählt vor allem die richtige **Information der Gäste.** Einerseits sind Fragen kompetent zu beantworten, andererseits die Gäste aktiv zu informieren: von Ausflugsangeboten über den Wetterbericht bis hin zur Kinderanimation sind den Gästen Angebote zu machen und nahezubringen. Dies geschieht mit Aushangtafeln, mit Informationsmaterial wie der Morgenpost oder der Gästeinformationsmappe auf dem Zimmer.

Die Information des Gastes zählt zu den wichtigsten Aufgaben im Rahmen der Gästebetreuung.

Ein tolles Freizeitangebot bringt dem Gast das ersehnte Urlaubserlebnis.

Ein Tipp vom Profi
Ein adäquates Angebot in Bezug auf Beherbergung und Verpflegung ist heute selbstverständlich. Entscheidend für den Erfolg des Unternehmers sind jene Angebote, die darüber hinausgehen. Darum ist dem **Rahmenprogramm** – neben perfekter Erfüllung der Aufgaben der Beherbergung und Verpflegung – besonderes Augenmerk zu schenken.

Dafür gibt es die Möglichkeit, in sogenannte **Dienstleistungsketten** mit anderen Anbietern einzusteigen. Dabei bucht ein Gast z. B. einen Radausflug über den Tourismusverband. Die Beherbergung übernimmt der Betrieb, evtl. auch die Zurverfügungstellung der Fahrräder. Alles andere – von den Ausflugszielen über die Beschilderung der Wege bis hin zu Restaurantführern – übernehmen andere Partner in der Dienstleistungskette.

Bei hausinternen Programmen ist darauf zu achten, die Kapazität der Mitarbeiter nicht zu sehr zu beanspruchen und im Rahmen dieser Möglichkeiten ideale Angebote zusammenzustellen. Gut ist dabei, über Gästebefragung die Wünsche zu erheben und dazu auch die Gegebenheiten der Umgebung optimal einzubeziehen.

Darüber hinaus gehören zur Gästebetreuung Dienstleistungen, die den Aufenthalt des Gastes betreffen, wie z. B. der Weckdienst oder der Zimmerwechsel.

Auch die korrekte Behandlung von Reklamationen – ein aktives Beschwerdemanagement – zählt zur Gästebetreuung.

Und nicht zu vergessen sind einfach ein nettes Wort zwischendurch oder die Frage nach dem Wohlbefinden und ob alles zur Zufriedenheit läuft. Meist kann man dabei auf einfache Art Probleme erfahren, die sonst unausgesprochen blieben, und Lösungsmöglichkeiten zur Verbesserung vorschlagen. Auch kann im Rahmen eines solchen Gesprächs der Fragebogen (siehe S. 48) übermittelt werden.

Auskunftserteilung

Ein wesentlicher Aufgabenbereich der Rezeptionsmitarbeiter und/oder des Concierge ist auch die Auskunftserteilung. Grundsätzlich unterscheidet man

- Auskünfte, das Hotel betreffend,
- Auskünfte, interne Veranstaltungen betreffend,
- Auskünfte, externe Veranstaltungen betreffend,
- Auskünfte zur Umgebung des Hotels (regionale Auskünfte),
- Auskünfte zu Verkehrsmitteln.

Je besser die Mitarbeiter geschult werden und sich mit dem Hotel und der Umgebung vertraut machen, desto zufriedener sind die Gäste.

Um die Arbeit zu erleichtern, kann auf Hilfsmittel zurückgegriffen werden:

- Internet
- CD-ROMs (Telefonbücher, Bahnverbindungen, Routenplaner etc.)
- Kursbücher der Bahn oder Flugpläne
- Flyer zu Veranstaltungen im Ort, Theater, Musicals, Konzerten etc.
- Tourismusdestinationen (touristische Organisationen auf Orts- und Regionsebene), Tourismusverbände (bezüglich Öffnungszeiten von Museen, freie Zimmer etc.)

Grundsätzlich sollte jeder Hotelmitarbeiter über ein touristisches und kulturelles Grundwissen verfügen, denn er repräsentiert nicht nur sein Hotel, sondern die gesamte Tourismusregion.

Animation

Es gibt Betriebe, die ihren Gästen die gesamte **Organisation des Urlaubsaufenthalts** – ähnlich einem Kluburlaub – abnehmen. Die Tagesplanung übernimmt der Rezeptionsmitarbeiter. Er stellt geeignete – den Gästen angepasste und dem Hotel entsprechende – Pläne zusammen, die dem Gast übermittelt werden. Einige Betriebe stellen auch Animateure ein.

Ziel einer verbesserten Gästebetreuung und eines vielfältigen Freizeitangebotes ist, zufriedene Gäste zu gewinnen. Diese reisen selbst bei ungünstigen Wetterbedingungen nicht vorzeitig aus Mangel an Angeboten ab, sondern werden zu Stammgästen und bringen durch ihre begeisterten Urlaubsberichte dem Betrieb neue Gäste.

Weiteres Ziel ist es, dem Gast ein intensives **Urlaubserlebnis** zu ermöglichen, das unter anderem erreicht wird durch:

- Herstellung und Vermehrung von Kontakten,
- abwechslungsreiche Urlaubsgestaltung,

- Erhöhung von Spaß, Freude und Vergnügen,
- Steigerung der Eigenaktivität,
- Erfüllung von Bedürfnissen,
- Weiterwirken der im Urlaub gemachten Erfahrungen.

Interne Animation

Das sind jene Angebote von Animation, die vom Betrieb angeboten werden, z. B.

- Bewegungsangebot, z. B. Yoga im Hotelgarten, Aquagymnastik im Pool, Kräuterwanderung.
- Angebote für die Geselligkeit, z. B. Musik-, Spiele- oder Tanzabende.
- Angebote zum kreativen Tun, z. B. Werkstätten, Ateliers zum Malen, Töpfern o. Ä., Kochkurse, Barmixkurse.
- Bildungsangebote, z. B. Entdecken und Erleben von Geschichte, Geografie, Geologie, Brauchtum, Sprachen.
- Abenteuerangebote, z. B. Outdoor-Trips, Kochen am Lagerfeuer.
- Angebote für Ruhe, z. B. Orte der Stille, Meditationsgarten mit Brunnen und Liegeplätzen, Übungen zur Körperwahrnehmung und zur Entspannung.
- Angebote für die Kinder- und Jugendbetreuung, z. B. Geländespiele, Abenteuerpark, geführte Themenwanderungen, Brotbacken.

Es benötigt Fingerspitzengefühl, welche Art von Animation für die Gästezielgruppe geeignet ist.

Ein Tipp vom Profi

Durch die Animation darf auf die Gäste weder ein moralischer noch ein Leistungsdruck ausgeübt werden. Der Gast darf nicht das Gefühl haben, gegängelt zu werden und mitmachen zu müssen. Es sollen Angebote sein, die zum Mitmachen einladen, nicht verpflichten.

Yoga im Hotelgarten ist eine moderne und beliebte Form der Animation.

Externe Animation

Das sind jene Angebote, die von der Tourismusdestination – dem Ort, der Gemeinde, der Region – veranstaltet werden. Damit die Gäste von den Angeboten in Kenntnis gesetzt werden können, gibt es unterschiedliche Mittel. Entweder erfährt der Gast davon aus der Gästepost oder der Gästeinformation auf dem Zimmer oder es gibt Ankündigungstafeln an der Rezeption.

Gästepost – Morgenpost

Die Gäste- oder Morgenpost ist ein Informationsmittel, das den Gast beim Frühstück über die Möglichkeiten der Tagesgestaltung informiert. Meist ist auch der aktuelle Wetterbericht und ein Spruch des Tages o. Ä. darauf zu finden. Die Gestaltung der Gästepost muss zur Betriebsart passen. So wird ein Wellnessbetrieb spezielle Anwendungen beschreiben und ein Wanderhotel eine Pilztour anbieten. Kleine zusätzliche Vorschläge sind für Unentschlossene eine gute Abwechslung. Auch sollen **Kinderbetreuungsangebote** enthalten sein.

Der Aufbau könnte z. B. so aussehen:

- Logo des Hotels.
- Ihr Urlaubswetter für den 30. Juni 20..
- Spruch des Tages.
- What's on in Town?
- Ihr Animationsprogramm für heute.
- Das machen Ihre Kleinen heute.
- Unsere Küchenchefin kocht heute für Sie.
- Was gönnen Sie sich heute?

Am besten gestaltet man die Morgenpost anhand eines fixen Layouts, das die Flächen für Texte und Bilder zu den einzelnen Rubriken vorgibt. In diesem Rahmen aktualisiert man täglich die Morgenpost für den nächsten Tag. Ideal ist ein Format, das einfach zu vervielfältigen ist, z. B. A4 oder A4 gefaltet auf A5. Ein Beispiel dafür finden Sie auf der beiliegenden CD-ROM.

Gästeinformationen an der Rezeption bzw. am Concierge Counter

Zusätzlich zur Morgenpost oder auch stattdessen können Tagesinformationen in Form eines **Aushangs** oder einer Tafel an der Rezeption oder am Concierge Counter bekannt gemacht werden. Oberstes Gebot bei der Gestaltung sind die **Vollständigkeit** des Inhalts (wer, was, wann, wo) und die Lesbarkeit.

Am Concierge Counter erhält der Gast Antwort auf alle Fragen zur Gestaltung seines Aufenthalts.

Ein Tipp vom Profi
In einem Ferienhotel mit viel persönlichem Kontakt ist es empfehlenswert, sich ab und zu im Restaurant oder Frühstücksraum sehen zu lassen, zu grüßen, freundlich über den Aufenthalt, das Wetter etc. zu plaudern und einen angenehmen Tag zu wünschen. Wenn Sie die Gäste dabei noch persönlich mit Namen ansprechen und konkrete Erlebnisse einbringen können (z. B.: „Hatten Sie gestern einen schönen Ausflug auf den Schober?“ „Hat das Restaurant, das ich Ihnen empfohlen habe, Ihren Erwartungen entsprochen?“, „Wie wäre es heute mit einer Radtour zum Ödensee?“), haben Sie mehr zur Kundenbindung beigetragen als mit perfekten schriftlichen Unterlagen.

Zur Gästeinformation an der Rezeption bzw. am Concierge Counter gehören darüber hinaus Spielpläne von Theatern und Konzerthäusern und Ähnliches.

Informationen auf dem Gästezimmer

Die Gästeinformationen auf dem Zimmer befinden sich in der **Gästeinformationsmappe**, die auf dem Tisch ausliegt. Darin befinden sich alle wesentlichen Informationen, die der Gast für einen gelungenen Aufenthalt benötigt:

- Öffnungszeiten von Frühstücksraum und Restaurant bzw. Bar.
- Speisen- und Getränkeangebot.
- Öffnungszeiten von Funktions- und Freizeiträumen bzw. -einrichtungen.
- Wegbeschreibungen und Lage des Hotels.
- Hotelinterne Telefonnummern (z. B. Weckservice, Roomservice, Erreichbarkeit der Rezeption) inklusive Beschreibung des Angebots und der Abwicklung.
- TV- und Radioprogramme, Betriebsanleitungen technischer Geräte (z. B. Internetzugang).
- Preis und Lage von Garage oder Parkplatz.
- Information zu Transport und Aufbewahrung des Gepäcks.
- Information zu Depotmöglichkeiten.
- Dienstleistungsangebot, z. B. Wäscherei.

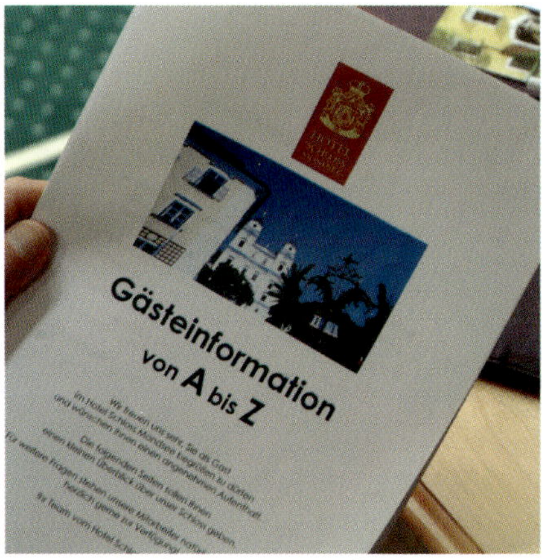

In der Gästeinformationsmappe findet der Gast von A bis Z alle wesentlichen Informationen.

- Werbemittel (z. B. Hausprospekte, Ortsprospekte, Vorteilskarten der Region).
- Veranstaltungskalender, Kulturführer, Wanderführer, Ausflugstipps.
- Infrastruktur der Umgebung: Bank, Friseur, Taxi, öffentlicher Verkehr.

Über aktuelle Ereignisse kann der Gast mit schriftlich erstellten Kärtchen informiert werden, z. B.: „Der Chef des Hauses lädt Sie zu einem Cocktailempfang um 19:00 Uhr in die Hotelbar ein.“ Auch kann der Gast über den TV-Bildschirm auf dem Gästezimmer informiert werden. Für persönliche Einladungen ist diese Art der Information jedoch ungeeignet.

Ein Tipp vom Profi
Darüber hinaus gibt es noch zahlreiche Möglichkeiten, dem Gast mit kleinen Aufmerksamkeiten auf dem Zimmer ein Willkommen-sein-Gefühl zu vermitteln, z. B. ein Kärtchen mit Urlaubswünschen, ein persönlicher Willkommensbrief oder eine Einladung zu einem Getränk an die Bar. Die Organisation dieser Materialien liegt in den Händen des Housekeepingdepartments.

Verkäufe an der Rezeption

An der Rezeption werden nicht nur hotelinterne Leistungen angeboten, sondern dem Gast auch Zusatzleistungen verkauft. Dazu zählen u. a.:

- Briefmarken
- Ansichtskarten
- Zeitungen
- Theater- und Konzertkarten
- Schmuck
- Accessoires
- Souvenirs

- Kosmetikartikel
- Bademäntel
- Marmeladen, Liköre
- Kochbücher
- Stadtpläne
- Städteinformationen
- Taxifahrten
- Angebote von Sightseeingtouren

Die Verkäufe dieser Produkte sind korrekt abzurechnen. Die Einnahmen können entweder gleich bar vom Gast mit **Pettycash** (einer kleinen Handkasse) kassiert und in das Kassenbuch eingetragen werden – der Eintrag im Kassenbuch ist notwendig, um die Erlöse mit der Hauptkasse gegenrechnen zu können –, oder der Gast unterschreibt den Beleg und der Betrag wird direkt auf die Zimmerrechnung gebucht.

Für den Verkauf von Waren aus angemieteten Vitrinen, von Theater- oder Konzertkarten, die der Betrieb in Kommission erhält, sowie Rundfahrten oder Taxifahrten bekommt er eine **Provision** (eine prozentuelle Beteiligung an den getätigten Verkäufen).

Übernahme von Kleidern für die Reinigung

Viele Hotels bieten ihren Gästen einen **Wäscheservice** an. Der Gast kann also seine Wäsche waschen und/oder bügeln lassen. Die Preise dafür müssen, laut Preisauszeichnungsgesetz, im Zimmer ausliegen (meist auf der Wäscheliste im Kleiderschrank und in der Gästeinformationsmappe).

Im Schrank des Gästezimmers befindet sich ein Wäschesack mit einer **Wäscheliste** (mit Durchschlag). Der Gast trägt die erforderlichen Daten (z. B. Name, Zimmernummer, Anzahl und Art der Wäschestücke, Datum) in die Liste ein.

Weckdienst

Die Weckwünsche der Gäste müssen sehr sorgfältig behandelt werden. Die vom Gast gewünschte Zeit muss **exakt** in eine Weckliste **eingetragen** werden und der Weckruf **pünktlich** erfolgen.

AN DER REZEPTION WERDEN NEBEN DEN DIENSTLEISTUNGEN DES HAUSES AUCH ANDERE PRODUKTE PRÄSENTIERT UND VERKAUFT.

Weckmöglichkeiten	
Persönliches Wecken	Das persönliche Wecken erfolgt durch Klopfen an der Zimmertüre. Meldet sich der Gast, wünscht man ihm einen guten Morgen und nennt die Uhrzeit. Da dies sehr zeitaufwendig ist und nur wenige Gäste zu einer bestimmten Uhrzeit geweckt werden können, wird es nur noch in Kleinbetrieben durchgeführt oder dann eingesetzt, wenn andere Weckversuche fehlschlagen.
Wecken per Telefoncomputer	Nach Eingabe des Weckwunsches in das Computersystem wird der Gast durch dieses telefonisch geweckt. Eine Computerstimme begrüßt den Gast und nennt die Uhrzeit. Dann wird automatisch die Abnahme des Telefonhörers durch den Gast – also die Annahme des Weckrufes – in ein Protokoll eingetragen. Diese Art des Weckens ist sehr unpersönlich, aber umso beweiskräftiger. Außerdem können viele Gäste zum selben Zeitpunkt geweckt werden.
Wecken per Telefon	Diese Art des Weckens ist sehr aufwendig, aber auch sehr persönlich. Dem Gast können mit dem Weckruf auch weitere Informationen, z. B. Wetter, Termine, mitgeteilt werden.
Wecken per Hotel-TV	Es gibt auch die Möglichkeit, dass sich der Gast den Weckruf über die Fernbedienung in das TV-Gerät eingibt. In diesem Fall wird er über das TV-Gerät geweckt. Er darf allerdings das Gerät nicht ganz ausschalten, sondern es muss im Stand-by-Modus laufen. Darüber muss er an der Rezeption bzw. in der Gästeinformationsmappe informiert werden. Dieses System darf jedoch nicht die einzige Weckmöglichkeit darstellen!

Denken Sie bei jedem Weckruf daran, dass es an Ihnen liegt, ob der Gast einen wichtigen Termin pünktlich wahrnehmen kann oder seinen Flug erreicht, weil er zur richtigen Zeit geweckt wurde.

Gefundene Wertgegenstände wie Schmuck, Uhren, Geldbörsen sind im Safe der Direktion aufzubewahren.

Depotmöglichkeiten

Als österreichischer bzw. deutscher Hotelier (nicht als Schweizer oder Südtiroler) ist man verpflichtet, **Wertgegenstände und Geld** – wenn der Gast dies wünscht – für ihn zu verwahren (siehe auch Depotschein, S. 139). Der Gast ist über die Möglichkeiten zu informieren, z. B., ob es einen Safe im Gästezimmer gibt oder Wertsachen im Hotelsafe an der Rezeption hinterlegt werden können. Es sollten alle Gäste darüber informiert werden, denn der Hotelier sichert sich damit gegen Schadenersatzforderungen ab. In Deutschland haftet der Wirt nach den Vorgaben des BGBs.

Der Gast kann über die Depotmöglichkeiten informiert werden durch

- einen Aushang im Zimmer,
- die Gästeinformationsmappe im Zimmer,
- einen Mitarbeiter der Rezeption,
- einen Vermerk auf dem Zimmerausweis.

Lost & Found – der Umgang mit Fundsachen

Wenn ein Gast einen persönlichen Gegenstand im Hotelzimmer vergisst, wird das Auffinden vom Zimmersteward schriftlich im Fundbuch oder auf einem Lost-and-Found-Formular mit Durchschlag notiert bzw. ein Vermerk im Computer gemacht. Der Gegenstand wird in einem transparenten Säckchen an einem dafür vorgesehenen Ort verwahrt. Handelt es sich um Geld oder um einen Wertgegenstand, so ist der Fund im Safe in der Direktion aufzubewahren. Der Durchschlag des Formulars bzw. ein Ausdruck der Computerdatei wird dem Säckchen beigegeben. Das Original wird sofort an die Rezeption gebracht und in der Lost-and-Found-Mappe abgeheftet bzw. wird die Rezeption telefonisch informiert und auf den elektronischen Eintrag aufmerksam gemacht. Dadurch ist der Rezeptionist im Bilde und kann bei telefonischer Anfrage kompetent Auskunft geben.

Alle gefundenen Gegenstände sind in Österreich ein Jahr lang aufzubewahren. In Deutschland unterscheidet man zwischen liegen gelassenen und Fundsachen. Liegen gelassene Sachen werden ein halbes Jahr aufbewahrt, dann zur Fundsache erklärt und als solche wieder ein halbes Jahr aufbewahrt.

Wenn vergessene Gegenstände von einem Gast oder einem Vertreter des Gastes abgeholt werden, muss er auf dem Lost-and-Found-Zettel als **Übernahmebestätigung** unterschreiben.

Bittet ein Gast um **Nachsendung** der vergessenen Dinge, werden sie noch am selben Tag, spätestens jedoch am nächsten Werktag vom Rezeptionisten verpackt und vom Lohndiener zur Post gebracht. Geben Sie Fundsachen ausschließlich **als Einschreiben oder als Paket** auf. Die Kosten können dem Gast verrechnet werden, dies ist jedoch im Einzelfall abzuwägen. Auf dem Lost-and-Found-Formular ist der entsprechende Vermerk zu machen, dass der Gegenstand abgeschickt wurde. Nicht vergessen werden darf, auf dem Postbeleg, der als Kassenbeleg in der Hotelkasse aufbewahrt wird, den **Namen des Gastes** anzuführen, damit der Versand bei Bedarf nachgeprüft werden kann.

Ein Tipp vom Profi
Schicken Sie niemals einem Gast unaufgefordert einen vergessenen Gegenstand nach.

Übermitteln von Nachrichten und Gästepost

Nachrichten und Post für Gäste müssen sehr sorgfältig und **so rasch wie möglich** an sie weitergeleitet werden. Meist wird die Post in das entsprechende Zimmer- oder Schlüsselfach eingeordnet. Anschließend ist der Gast vom Erhalt der Post in Kenntnis zu setzen. Dies kann mit einer Mitteilung per Telefon, über den Fernsehbildschirm oder ein Mitteilungsblatt geschehen. Besonderer Wert ist auf die Genauigkeit der weiterzuleitenden Informationen zu legen. Gästepost und Gästenachrichten unterliegen dem **Postgeheimnis.**

Telefonate sind dem Gast in Rechnung zu stellen.

GÄSTENACHRICHT

H·O·T·E·L
Aurora

Herrn/Frau ______________ Zi.-Nr.: ______________

WÄHREND IHRER ABWESENHEIT

Herr/Frau ______________ ✆ ______________

☐ hat angerufen ☐ ruft wieder an
☐ sprach persönlich vor ☐ bittet um Rückruf

Nachricht:

____

____

____

____

Aufgenommen von: ______________

Uhrzeit: ______________ Datum: ______________

Wenn es im Haus keine Telefonzentrale gibt, übernimmt die Rezeption auch die Weiterleitung von Telefonaten bzw. kann auch von der Rezeption aus telefoniert werden. Die Kosten sind abzurechnen.

Auslagen für den Gast

Kleinere Auslagen für den Gast können grundsätzlich von der Rezeption beglichen werden. In der Praxis hat sich bewährt, den Gast bereits im Vorhinein über die Höhe der möglichen Gästeauslagen zu informieren, also ein entsprechendes **Limit** dafür festzusetzen.

Mögliche Gästeauslagen sind z. B. nötig für Rechnungen für Blumen, Taxifahrten, Apotheke oder Wäscherei.

Der Lieferant (Blumenlieferant, Taxifahrer) unterschreibt ein **Paid-out-Formular** (Auslagenformular). Damit bestätigt er den Erhalt des Betrages. Das Formular wird an die Rechnung geheftet. Bei der Gastrechnung muss darauf geachtet werden, die Gästeauslage als **Durchläufer** zu buchen, also erst vor dem endgültigen Rechnungsbetrag dazuzuzählen, dann ist sie steuerfrei.

Nach Möglichkeit ist der Rechnungsbetrag vom Gast bar zu kassieren. Bei Zahlung mit Kreditkarte ist dem Gast das **Disagio** (die Abrechnungsgebühr mit dem Kreditkartenunternehmen) in Rechnung zu stellen.

Der Gast erhält eine Kopie der Rechnung, das Original wird als Zahlungsbeleg in die Handkasse (in die Tageskasse oder Pettycash) gelegt, aus der der Barerlag an die Lieferanten gezahlt wurde.

Zimmerwechsel während des Aufenthaltes (Changements)

Trotz exakter Planung und Berücksichtigung von Gästewünschen kommt es im Hotelalltag immer wieder vor, dass Gäste ihr Zimmer wechseln müssen oder möchten.

Ist das Zimmer zu wechseln, sollten dem Gast so wenig Unannehmlichkeiten wie möglich entstehen.

Bevor ein Zimmerwechsel stattfindet, müssen sowohl der Gast als auch andere **betroffene Abteilungen im Hotel informiert** werden. Ebenfalls ist es

Der Gästebefragung ist viel Aufmerksamkeit zu schenken.

wichtig, dass der Gast mit dem neuen Zimmer einverstanden ist und der Wechsel so vollzogen wird, dass dem Gast so geringe Unannehmlichkeiten wie möglich entstehen. Ist dies durch irgendwelche Umstände nicht möglich, tut man gut daran, die Hausdame hinzuzuziehen. Zur Dokumentation für die betroffenen Abteilungen wird entweder ein **Zimmerwechselbeleg** ausgefüllt (dieser wird allerdings in manchen Betrieben nicht verwendet) bzw. ein **Hinweis im Logbuch** gemacht.

Beschwerdemanagement

Eines gleich vorweg: Eine Reklamation ist ein Geschenk, denn sie kann sich zum **Positiven** wenden, wenn sie richtig behandelt wird. Erfährt man jedoch nichts vom Unmut des Gastes, kann man auch nichts zur Verbesserung der Situation beitragen. Darum gilt: Keine Angst vor der Reklamation.

Das Reklamationsmanagement dient einer **Öffentlichkeitswirkung.** Schnelle und freundliche Reaktionen auf Gästebeschwerden sorgen für mehr Breitenwirkung als so mancher nach allen Regeln der Kunst geschriebene Werbebrief. Freuen Sie sich daher auf Reklamationen. Sie geben Ihnen die Chance, sich in Zeiten zunehmenden Wettbewerbs als **kundenfreundlich** zu profilieren.

Der reklamierende Gast ist dem Betrieb meist wohlgesonnen und nur selten ein Nörgler. Sonst würde er sich nicht an den Betrieb wenden und ihm das Vertrauen schenken, die entsprechende Angelegenheit aus der Welt zu schaffen.

Jeder unzufriedene Gast informiert im Durchschnitt zehn Personen aus seinem Bekanntenkreis über seine schlechten Erfahrungen. Positive Erlebnisse werden jedoch nur gegenüber drei Personen hervorgehoben. Daher ist die positive Behandlung der Reklamation so bedeutend.

Die Zufriedenheit der Gäste steht im Mittelpunkt.

Fehler passieren immer und überall. Ist die Reklamationsquote auffallend klein, muss das nicht unbedingt ein gutes Zeichen sein. Unzufriedene Gäste wandern oft zu Mitbewerbern ab, ohne vorher zu reklamieren. Untersuchungen zeigen, dass **nur 5 % der Unzufriedenen ihrem Unmut auch Luft machen** und reklamieren. Das heißt umgekehrt, dass man von 95 % an Ärgernissen gar nichts erfährt. Darum ist von Bedeutung, auch von sich aus an den Gast heranzutreten, um zu erfahren, was seinen Aufenthalt gelungen macht und was ihm ein Dorn im Auge ist.

Aktives und passives Beschwerdemanagement

Man unterscheidet aktives und passives Beschwerdemanagement. Beim **aktiven Beschwerdemanagement** fordert der Betrieb den Gast auf, sich über den Betrieb und die Dienstleistungsqualität zu äußern. Möglichkeiten dazu sind die mündliche oder schriftliche Gästebefragung (in Form eines Gästefragebogens, Gästebefragung siehe S. 48).

Der Vorteil von aktivem Beschwerdemanagement ist, dass man darauf vorbereitet ist, wenn Reklamationen passieren. Außerdem ist bei einer schriftlichen Reklamation kein spontanes Reagieren notwendig, sondern es können in Ruhe Maßnahmen überlegt werden. Wird vom Gast **schriftlich im Fragebogen reklamiert,** empfiehlt es sich, diese Reklamation auch **schriftlich zu beantworten.**

Hier einige nützliche Textbausteine

- Sie haben recht, so etwas darf nicht vorkommen ...
- Wir verstehen Ihre Verärgerung sehr gut ...
- Ihre Unzufriedenheit ist durchaus verständlich ...
- Wir können Ihre Enttäuschung nachvollziehen ...
- Wir teilen Ihre Meinung, so etwas sollte nicht passieren ...
- Wir haben viel Verständnis für Ihre Reklamation ...
- Bitte entschuldigen Sie die Umstände ...

- Der Fehler lag bei uns, bitte entschuldigen Sie das Versehen.
- Wir bitten um Nachsicht für diesen Fehler.
- Uns bleibt nur, unser aufrichtiges Bedauern für die entstandenen Unannehmlichkeiten auszudrücken.
- Ihre Reklamation ist berechtigt, wir haben bereits gehandelt ...

Gäste, die ihre Adresse auf dem Fragebogen anführen, erhalten eine schriftliche Entschuldigung oder Stellungnahme des Hotels. Dadurch bekommt der Gast das Gefühl, ernst genommen zu werden, und seine Unzufriedenheit kann gelindert werden. Auch ist es ein Zeichen von Wertschätzung, neben einem angemessenen Lösungsvorschlag ein kleines **Geschenk** mitzusenden, z. B. einen Gutschein für ein Abendessen für zwei Personen.

Von **passivem Beschwerdemanagement** spricht man, wenn der Gast mit einer Reklamation auf einen Mitarbeiter des Betriebes zukommt und darauf in entsprechender Weise reagiert wird.

> Nicht die Fehler an sich sind das Problem, jedoch
> - die Art, wie oft mit Fehlern umgegangen wird, und
> - die Art, wie Reklamationen häufig bearbeitet werden.

Im Rahmen einer Reklamation drückt der Gast sein Unbehagen über Mitarbeiter sowie nicht oder mangelhaft erbrachte Leistungen aus. Diese Situation ist meist nicht angenehm. Beschwerden müssen mit Fingerspitzengefühl, Freundlichkeit und Hilfsbereitschaft bearbeitet werden. Sie sind zu prüfen, unter Umständen sind Vorgesetzte hinzuzuziehen, und Entscheidungen müssen dem Gast diplomatisch übermittelt werden.

Fühlt sich der Gast im Rahmen des Gesprächs ungerecht behandelt, reagiert er vielleicht aggressiv und vergreift sich im Ton. Dem ist mit Verständnis entgegenzutreten, damit eine negative Erfahrung in eine positive umgekehrt werden kann („Toll, die haben meine Beschwerde ernst genommen und sich etwas überlegt!"). Dabei ist das Wichtigste, den Gast so zufriedenzustellen, dass einerseits das **Problem gelöst** wird und andererseits darüber hinaus eine Art Wiedergutmachung stattfindet – in Form einer kleinen Aufmerksamkeit, eines kleinen Präsentes, eines Preisnachlasses –, sodass der Gast **positiv überrascht** ist.

Wie mit Reklamationen umgegangen wird, entscheidet darüber, ob sich der Gast gut betreut fühlt oder nicht.

Hilfreiche Tipps zur Entgegennahme von Reklamationen

- Die Beschwerde richtet sich meist nicht gegen Sie persönlich, sondern gegen eine andere Person oder gegen mangelhaft erbrachte Leistungen. Nehmen Sie die Beschwerde daher zwar ernst, aber nicht persönlich.
- Bitten Sie den Gast für heikle Gespräche in einen ruhigen Raum, in dem Sie das Gespräch in Ruhe führen können.
- Schieben Sie keine Kollegen vor und gebrauchen Sie keine Ausreden.
- Rechtfertigen Sie sich nicht, sondern bieten Sie Lösungen an: „Ich verstehe, dass Sie darüber sehr verärgert sind, daher schlage ich Ihnen folgende Vorgehensweise vor ..."
- Hören Sie zu und lassen Sie den Gast ausreden.
- Entschuldigen Sie sich beim Gast: „Es tut mir sehr leid, dass Ihnen diese Unannehmlichkeit entstanden ist."
- Signalisieren Sie durch Blickkontakt und Gesichtsausdruck dem Gast Verständnis für sein Anliegen.
- Kümmern Sie sich sichtbar und merkbar um sein Problem, machen Sie sich z. B. Notizen oder bieten Sie an, sofort die betreffende Abteilung zu informieren.
- Suchen Sie Alternativen und zufriedenstellende Lösungen für den Gast und führen Sie keine Diskussion über das Problem.
- Bedanken Sie sich für die Reklamation. Sie dient dazu, Abläufe zu verbessern.
- Überzeugen Sie sich im Anschluss daran persönlich, ob die Fehler auch tatsächlich auf Dauer behoben wurden bzw. eine angemessene Wiedergutmachung erfolgte. Erkundigen Sie sich beim Gast, ob die Lösung des Problems zu seiner Zufriedenheit ausgefallen ist.
- Alle Beschwerden inklusive Lösungsweg sind zu protokollieren.

Servicestandards zur optimalen Gästebetreuung

Als **Dienstleistungsbetrieb** hat das Hotel alle Handlungen am Wohl des Gastes auszurichten. Da der moderne Gast weiß, was er will, und an die perfekte Erfüllung der Aufgaben der Beherbergung längst gewohnt ist, müssen sich Betriebe vor allem im

Die Servicestandards betreffen auch die Qualität der Mahlzeiten und ihre Präsentation.

Dienstleistungsbereich und im Angebot differenzieren.

Neben der Erfüllung von CI-Richtlinien (Corporate Identity siehe S. 204) werden daher in manchen Häusern auch sogenannte **Servicestandards** erstellt, an denen sich der Betrieb orientiert. Die Servicestandards werden vom Betrieb individuell erstellt, um sich von den Mitbewerbern aus der gleichen Sternekategorie noch speziell abzuheben. Vorreiter in diesem Bereich ist z. B. die Ritz-Carlton-Gruppe.

Servicestandards betreffen den gesamten Dienstleistungsbereich des Betriebs. Sie sind die Basis der Servicequalität aller Bereiche. Vor allem auf die nonverbalen Aspekte der Dienstleistung wird großes Augenmerk gelegt. Festgehalten sind darin nach Betriebsanforderung u. a. das Verhalten der Mitarbeiter an der Rezeption, Dienstbeschreibungen, Arbeitsabläufe, Arbeitskleidung (Grooming Standards), Informationen über den Betrieb und die Mitarbeiter (Direktion etc.), die Durchführung des Zimmerservice oder des Frühstücksservice, die Gestaltung der Bar, Musik und Lichtgestaltung in den Hotelbereichen, Umgang mit Bestellungen, Qualität der Mahlzeiten, Parkplatzregelung, Vorbereitung des Gästezimmers.

Die Gästeabreise – Check-out

Der schönste Aufenthalt neigt sich irgendwann seinem Ende zu. Damit der Gast die Erinnerung jedoch noch lange behält, ist die Betreuung der Gästeabreise, die Gestaltung der letzten Eindrücke des Hauses und seiner Mitarbeiter eine nicht zu unterschätzende Aufgabe.

Ablauf, Vor- und Nachbereitung des Check-outs

Für den **Gepäcktransport** klopft der Porter oder Lohndiener an der Gästezimmertüre und bittet höflich um die Koffer. Das Gepäck wird in die Halle, in das Kofferdepot oder nach dem Check-out zum Pkw bzw. zum Taxi gebracht. In kleineren Betrieben ist darauf zu achten, ob der Gast einen Gepäcktransport wünscht bzw. ob er Hilfe dabei benötigt. Auch wenn für den Koffertransport üblicherweise niemand zur Verfügung steht, kann z. B. älteren oder hilfsbedürftigen Gästen spontan geholfen werden. Es ist auf Ihre Aufmerksamkeit zurückzuführen, ob es zu diesem Extradienst kommt.

Check-out an der Rezeption

- Gast an der Rezeption begrüßen und ihn nach seinen Wünschen fragen.
- Wenn möglicherweise noch Zahlungen des Vortages offen sind, diese erfragen, z. B. Entnahme aus der Minibar: „Haben Sie noch etwas aus der Minibar konsumiert?“
- Etwaige Konsumationen auf die Gastrechnung aufbuchen.
- Wenn nicht schon offensichtlich ist, wie der Gast bezahlen möchte, nach der Zahlungsart fragen.
- Teilen Sie dem Gast mit, dass Sie die Rechnung vorbereiten werden, und bitten Sie ihn um etwas Geduld.
- Prüfen Sie offene Posten für Wertkartenhandys, Leihräder o. Ä.
- Proformarechnung erstellen.
- Dem Gast die ordentlich gesammelten Belege und die Proformarechnung zur Durchsicht bzw. Kontrolle vorlegen. Dem Gast dafür Zeit lassen und auf Fragen ruhig eingehen, bei Bedarf die Rechnung erklären.
- Entsprechende Zahlungsart im Computer anwählen und Rechnung drucken.
- Sich mit dem Gast unterhalten, während die Rechnung gedruckt wird. Fragen, ob ihm der Aufenthalt gefallen hat und ob alles zu seiner Zufriedenheit verlaufen ist.
- Wenn der Gast mit irgendeiner Sache oder einem Verhalten nicht zufrieden war oder sich beschwert, dann muss dies in aller Form aufgenommen werden. Der Gast muss das Gefühl haben, dass seine Reklamation ernst genommen wird (siehe dazu das Kapitel „Beschwerdemanagement“, S. 181).
- Inkasso durchführen: entweder bar, mit Bankomat- oder Kreditkarte. Üblicherweise zahlen Geschäftsgäste nicht beim Check-out. Es wird eine Debitorenrechnung erstellt und der Firma zugeschickt. Die Rechnung bleibt auf einem Paymaster und wird erst nach Überweisung ausgebucht.
- Den Erhalt des Betrags auf der Rechnung quittieren.
- Sich nach dem Inkasso beim Gast bedanken.
- Das Depot aushändigen, den Schließfachschlüssel einziehen.
- Den Schlüssel oder die Keycard verlangen. Wurden mehrere Schlüssel oder Karten für ein Zimmer ausgegeben, auch diese erbitten.

- Dem Gast ein kleines Give-away (Wellnesspackung, hausgemachtes Konfekt o. Ä.) überreichen.
- Dem Gast eine gute Heimreise wünschen und sich für den Aufenthalt bedanken.
- Zimmer des Gastes von der Abreiseliste streichen bzw. im Frontoffice-Programm vermerken. Damit weiß die Hausdame Bescheid, dass das Zimmer frei zur Reinigung ist.
- Abreisedatum des Gastes im Gästebuchblatt (Meldeschein) eintragen bzw. elektronisch weiterleiten.
- Rechnungssumme als Eingang im Kassenbuch verbuchen.
- Rechnungskopie im Rechnungsordner laut Datum ablegen.
- Korrespondenz im Ordner „Gäste abgereist" geordnet nach Abreisetagen ablegen.
- In der Gästekartei Änderungen, Wünsche und Motive des Gastes aktualisieren.

EIN GIVE-AWAY ZUR ABREISE ERFREUT DEN GAST.

Quick-Check-out

Wenn Gäste ein Quick-Check-out (QCO) wünschen, möchten sie damit das Warten und Anstehen am Tag der Abreise vermeiden. Unter diesen Umständen wird das Hotel am Vorabend der Abreise des Gastes das Gastkonto prüfen und nochmals kontrollieren, ob eine Kreditkarte mit Ablaufdatum zur Belastung bei der Reservierung vermerkt worden ist. Für das Quick-Check-out ist auch die **Zahlungsart im Vorfeld zu klären**, damit die Abrechnung vorbereitet werden kann.

Es empfiehlt sich auch, bei einem Quick-Check-in- bzw. Quick-Check-out-Gast eine **schriftliche Zusage** über die Abbuchung der Hotelleistungen am Ende des Aufenthaltes einzuholen. Der Grund dafür ist, dass bei einem Quick-Check-out die Unterschrift des Gastes auf dem Kreditkartenbeleg fehlt, da hier der Gast bei der Abreise aus Zeitgründen nicht unterschreibt.

Wenn es sich bei einem Quick-Check-out um eine **Debitorenrechnung**, also eine Rechnung an eine Firma oder ein Reisebüro handelt, dann ist auch hier eine klare schriftliche Anweisung des Reservierenden nötig, um eine korrekte Abrechnung ohne Gast zustande zu bringen.

Das Rechnungsoriginal mit den etwaigen Belegen sowie der Kreditkartenbeleg werden dem Gast bzw. der Firma, dem Reisebüro per Post zugeschickt.

Der Gast hat auch die Möglichkeit, **über das TV-Gerät im Gästezimmer** mithilfe der Fernbedienung das Quick-Check-out durchzuführen. Entweder steht dafür ein Faxgerät im Zimmer zur Verfügung, damit die Rechnung per Fax in das Zimmer geschickt werden kann, oder der Gast erhält einen Scan der Ausgangsrechnung an seine E-Mail-Adresse. Bezahlt wird mit Kreditkarte.

Das Quick-Check-out hält den Gast nicht lange auf.

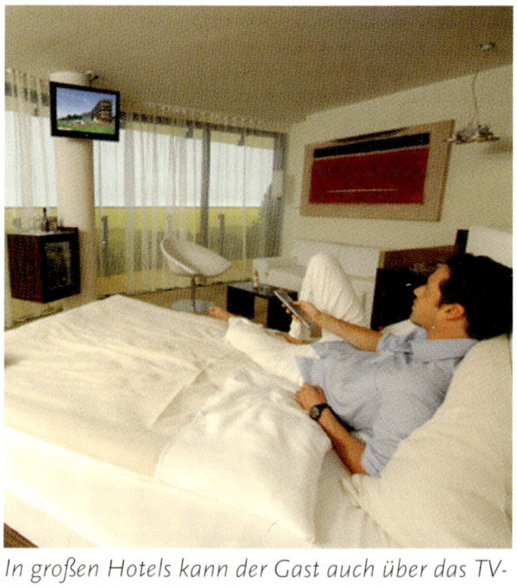

In großen Hotels kann der Gast auch über das TV-Gerät auf dem Gästezimmer auschecken.

BEIM CHECK-OUT IST DEM GAST DIE RECHNUNG VORZULEGEN UND ZU ERKLÄREN.

Die Abrechnung

Bevor das Check-out durchgeführt werden kann, ist die Gästeabrechnung zu erstellen. Darüber hinaus sind an der Rezeption Voucher (Reisegutscheine) von Reisebüros abzurechnen sowie Kreditkartenabrechnungen durchzuführen.

Die Gastrechnung

Jede Leistung des Betriebes, die der Gast in Anspruch nimmt, wird auf seine Zimmernummer gebucht. Man unterscheidet **fixe und zusätzliche Leistungen**. Fixe Leistungen werden automatisch auf die Gastrechnung gebucht (Logis, Frühstück, Halb- oder Vollpension, Garagenplatz etc.). Zusätzliche Leistungen werden anhand der vorliegenden, vom Gast unterschriebenen Belege auf die Gastrechnung gebucht (Minibar, Telefon, Restaurant, Wellnessanwendungen und sonstige Leistungen) und lassen sich als Journal ausdrucken. Die Rechnung wird im Frontoffice-Programm automatisch erstellt. Sie kann auch gesplittet (aufgeteilt) werden. Der Rechnungsempfänger muss nicht der Gast sein – die Adresse kann im Frontoffice-Programm geändert werden.

Jeder Gast hat das Recht, eine Rechnung über die von ihm bezahlten Leistungen zu erhalten. Diese Rechnung kann mit der Hand erstellt werden. In der Praxis jedoch ist es üblich, die Rechnungen per EDV zu erstellen.

Jeder Betrieb verwendet je nach Betriebsart und -größe eine entsprechende Frontoffice-Software, mit der die Leistungen individuell im Hoteljournal verbucht werden können.

Tagesabschluss

Als Tagesabschluss bezeichnet man die **Zusammenfassung aller Buchungen** der in Anspruch genommenen Leistungen sowie der **getätigten Zahlungen eines Tages**. Bezahlen Gäste ihre Rechnung am Vorabend der Abreise, d. h. nach dem Tagesabschluss, wird der Rechnungsbetrag auf den nächsten Tag übertragen. Erfolgt das Check-out von spät abreisenden Gästen erst nach dem Tagesabschluss, so wird die Rechnung ebenfalls auf den nächsten Tag übertragen.

Je nach Buchungssystem wird der Tagesabschluss manuell oder mit dem Computer erstellt. Eine Hotelübernachtung beginnt immer am Nachmittag des Anreisetages und endet am nächsten Mittag. Da mehrere Abteilungen auf das Frontoffice-Programm Zugriff haben, während der Abrechnung das System jedoch nicht verwendet werden kann, erfolgt der Abschluss in der Nacht und wird als **Nachtlauf oder Night Audit** bezeichnet. Dabei werden auch alle Daten kontrolliert und gesichert. Nach Beendigung des automatischen Tagesabschlusses, der alle Posten detailliert auflistet, wird er ausgedruckt und steht für die Buchhaltung zur Weiterbearbeitung zur Verfügung.

Abrechnung der Minibar

Die Minibar ist eine unaufdringliche Möglichkeit, Zusatzverkäufe zu tätigen, und für den Gast bietet sie eine Annehmlichkeit auf dem Zimmer. Die Abrechnung jedoch ist ein heikles Thema und eine wirklich gute Lösung scheint bislang noch nicht gefunden. Entweder registriert der **Minibarterminal** die Entnahme und sie wird direkt auf die Gastrechnung gebucht (ein sehr teures System) oder man ist auf die Kontrolle durch die Zimmerstewards bzw. das Roomservice oder auf die Angabe des Gastes angewiesen. Der eigentliche Verbrauch ist jedoch meist erst nach dem Check-out festzustellen. Dadurch gibt es immer wieder Ungenauigkeiten bei der Minibarabrechnung (siehe auch die Kapitel „Weitere Einsatzbereiche der EDV im Frontoffice“, S. 134, und „Vordruck Minibar“, S. 143).

Der tatsächliche Konsum aus der Minibar ist nicht leicht festzustellen.

Es wird zwischen mehreren Arten von Minibarsystemen unterschieden.

Die klassische Variante

Die Abrechnung erfolgt über einen Vordruck, der entweder vom Gast oder von einem Mitarbeiter des Housekeepingdepartments ausgefüllt und per

Hand im Frontoffice auf die Zimmerrechnung verbucht wird, oder es wird beim Check-out die für den Gast leidige Frage gestellt: „Hatten Sie etwas aus der Minibar?"

Vorteile
- Geringe Anschaffungskosten.
- Kein EDV-Netzwerk erforderlich.

Nachteile
- Personalintensiv in der Betreuung.
- Ungenaue Verkaufszahlen.

Die automatisierte Abrechnung
Die Minibar registriert die Entnahme und bucht den Artikel automatisch auf die Zimmerrechnung.

Vorteile
- Durch die Registrierung kann man genau feststellen, welche Artikel in welchem Zimmer konsumiert wurden.
- Die Minibar kann mit geringem Personalaufwand wieder aufgefüllt werden.

Nachteil
Hohe Anschaffungskosten – meist in Relation zum Ertrag zu hoch.

Abrechnung der Telefongebühren
Die Abrechnung der Telefongebühren erfolgt aufgrund der **verbrauchten Einheiten**. Jedes Telefon auf dem Zimmer hat dafür einen eigenen **Impulszähler**. Die Gespräche werden nach Beendigung direkt auf die jeweilige Zimmerrechnung gebucht. Auf der Rechnung können die Verbindungsnachweise aufgelistet sein. Sie können auch als Gesamtsumme auf der Zimmerrechnung aufscheinen. Auf einem zusätzlichen Ausdruck werden die Verbindungsnachweise aufgelistet. Eine Liste mit den Telefongebühren muss in jedem Zimmer ausliegen.

Um die missbräuchliche Verwendung des Telefons durch andere Personen zu verhindern, gibt es unterschiedliche Systeme. So kann z. B. die Telefonleitung unterbrochen werden, wenn der Zimmerschlüssel oder die Keycard an der Rezeption abgegeben wird.

ZAHLUNG UND ABRECHNUNG IM RESTAURANT WERDEN BETRIEBSSPEZIFISCH GEHANDHABT.

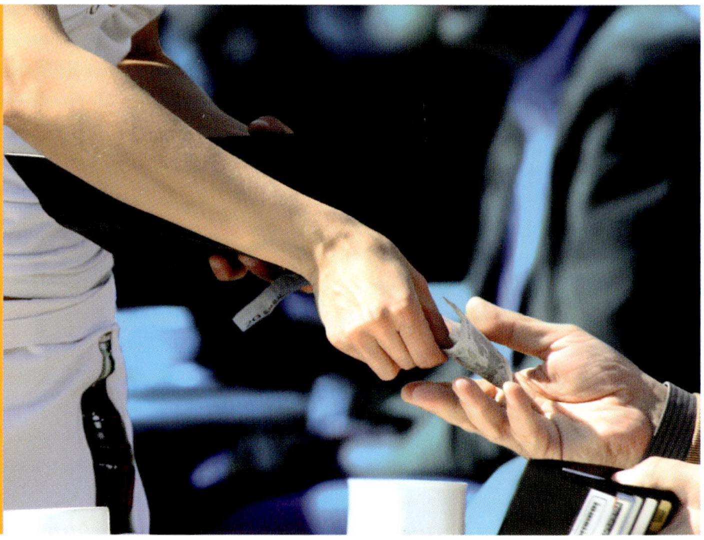

Abrechnung mit dem Restaurant und anderen Abteilungen
Im Restaurant bzw. in der Bar wird vom Servicemitarbeiter zu Dienstende ein **Kassenabschluss** seiner Station ausgedruckt, der die Grundlage seiner Abrechnung bildet. Die von den Gästen unterschriebenen Rechnungen mit Zimmernummern legt er der Rezeption vor. Sie sind für ihn Debitorenrechnungen für seinen Tagesabschluss.

Die zweite Möglichkeit ist, dass der Servicemitarbeiter über den Restaurantcomputer, der einen direkten Zugriff auf das Frontoffice-Programm hat, **direkt auf die Zimmernummer des Gastes** bucht. Der Gast bekommt einen Beleg dafür ausgehändigt, den er als Konsumationsbestätigung unterschreibt.

Die vom Gast konsumierten Leistungen anderer Hotelbereiche, wie des **Wellness-, Sport- und Beautybereichs**, werden von diesen Abteilungen ebenfalls an die Rezeption gemeldet. Dort werden die Leistungen auf die Gastrechnung gebucht.

Abrechnung von sonstigen Leistungen
Bei Erstellung der Gastrechnung kann es sein, dass noch Barauslagen für den Gast abzurechnen sind. Am einfachsten geschieht dies, indem sie bar kassiert werden. Bei Zahlung mit Kreditkarte fällt ein **Disagio** (die Abrechnungsgebühr mit dem Kreditkartenunternehmen) für den Betrieb an. Bei der Gastrechnung muss darauf geachtet werden, die Gästeauslagen als **Durchläufer** zu buchen, also erst vor dem endgültigen Rechnungsbetrag dazuzuzählen, dann sind sie steuerfrei.

Ein Tipp vom Profi
Wenn auf dem Gästezimmer ein **Internetanschluss** vorhanden ist, empfiehlt es sich, für die Verwendung keine Gebühren zu verrechnen. Denn das entspricht längst nicht mehr internationalem Standard und man verärgert damit den Gast. Besser ist es, die Gebühren in den Zimmerpreis einzukalkulieren und den Internetservice als **inkludierte Zusatzleistung** zu deklarieren. Das kommt in jedem Fall besser an.

Bestandteile der Rechnung
Es gibt gesetzlich vorgeschriebene Bestandteile der Gastrechnung und freiwillige Ergänzungen.

Folgende Bestandteile sind gesetzlich vorgeschrieben:
- Name und Anschrift des Empfängers.
- Name und Anschrift des Ausstellers.
- Datum der Ausstellung.
- Rechnungsnummer.
- Datum, Menge und Art der Leistung.
- Gesamtbetrag der Einzelleistungen.
- Aufteilung der Umsatzsteuer.

- UID-Nummer zur Umsatzsteueridentifikation (AT, DE, IT), IBAN, BIC/Swift (gilt für Überweisungen im grenzüberschreitenden EU-Zahlungsraum). Die Schweiz ist nicht Mitglied des EU-Zahlungsraumes, daher gibt es keine UID-Nummer.

Freiwillige Ergänzungen auf der Gastrechnung: Geschäftsmäßige Unterschrift, Saldierungsvermerk, Zahlungsart, Bankverbindung.

Name und Anschrift des Empfängers

**** THERMENHOF PAIERL

Geschäftsmäßige Unterschrift

Herrn
Peter Wölfl
Mustergasse 35
2531 Gaaden

Hotel Thermenhof Waltersdorf
GmbH & Co. KG
A-8271 Bad Waltersdorf, Wagerberg 120
Tel.: 03333-2801-0, Fax: DW 400
e-mail: well-in@thermenhof.at · Internet: http://www.thermenhof.at

Saldierungsvermerk

Rechnung Nr.: 4 — 01.01.20..

Datum der Ausstellung

Rechnungsnummer

Datum/Zeitraum der Leistung

Menge und Art der Leistung

Pers.	Menge	Bezeichnung	Einzelpreis	Bruttobetrag	USt.
Wölfl Eva		**Datum/Zeitraum der Leistung: vom 29.12.20.. bis: 01.01.20..**			**Zimmer: 508**
1 Pers.	3 Tg.	Ortstaxe	2,00	6,00	0
	3 x	Aufzahlung Kategorie	6,00	18,00	10
	1 x	Silvesteraufzahlung	70,00	70,00	10
	1 x	Re:14169/Restaurant 20%	34,70	34,70	20
	1 x	Kronen Zeitung	0,80	0,80	10
	1 x	Re:14203/Restaurant 20%	2,30	2,30	20
	1 x	Wellness Ztg.	3,20	3,20	10
	1 x	Ganze Woche	1,00	1,00	10
	1 x	Re:14324/Restaurant 20%	2,50	2,50	20
	1 x	Kronen Zeitung	0,80	0,80	10
	1 x	Re:14385/Restaurant 20%	26,50	26,50	20
	1 x	Re:14535/Restaurant 20%	24,00	24,00	20
	1 x	Kronen Zeitung	0,80	0,80	10
Wölfl Peter		**vom: 29.12.20.. bis: 01.01.20..**			**Zimmer: 508**
1 Pers.	3 Tg.	Ortstaxe	2,00	2,00	0
	3 x	Aufzahlung Kategorie	6,00	6,00	10
	1 x	Silvesteraufzahlung	70,00	70,00	10

Gesamtbetrag der Einzelleistungen

Rechungsbetrag:	EUR	284,60
Zahlungsbetrag:	**EUR**	**284,60**

Steueraufstellung: Netto 10 %	EURO	166,00	USt.:	16,60
Steueraufstellung: Netto 0 %	EURO	12,00	USt.:	0,00
Steueraufstellung: Netto 20 %	EURO	75,00	USt.:	15,00

Aufteilung der USt. in Euro und Prozent

Zahlungsart: bar

Zahlungsart

Wir danken für Ihren Besuch und freuen uns auf ein Wiedersehen!

Name und Anschrift des Ausstellers

Hotel Thermenhof Waltersdorf GmbH & Co KG • Wagerberg 120 • 8271 Bad Waltersdorf • Austria • Telefon: +43 3333-2801-0 • Fax: +43 3333-2801-400
E-mail: well-in@thermenhof.at • www.thermenhof.at • Sparkasse Hartberg-Vorau, Kto.-Nr. 0600-614044, BLZ 20818
IBAN: AT91 2081 8006 0061 4044 • BIC: SPHVAT21 (Ort: Hartberg) • UID: ATU29249104 • ZRS-Graz FN 14472 h

Bankverbindung, IBAN, BIC, UID-Nummer

Erstellen der Gastrechnung

Achten Sie auf die Vollständigkeit der gesetzlich vorgeschriebenen Bestandteile der Rechnung. Machen Sie eine Angabe über den Zeitraum des Aufenthaltes: z. B. Ihr Aufenthalt von ... bis ... Führen Sie die erbrachte Leistung an, z. B. 2 Doppelzimmer mit Bad/Dusche und WC/Balkon/Halbpension à EUR 87,20 pro Person und Tag. Tragen Sie die Leistungen in die richtige Umsatzsteuerspalte ein. Im Folgenden finden Sie die aktuell gültigen Umsatz- bzw. Mehrwertsteuersätze anhand ausgesuchter Produkte bzw. Dienstleistungen nach Ländern geordnet:

Österreich

0 % (Durchläufer)	10 %	20 %
Ortstaxe	Logis	Getränke (Minibar)
Barauslagen	Küche	Telefon
Briefmarken	Zeitschriften (Magazine)	Porterage
	Snacks (Minibar)	Hotelgarage
		Wäscherei
		Seminarraum
		Diverse Dienstleistungen (Butlerservice, Babysitting, Sekretärservice)

Deutschland

0 %	7 %	19 %
Briefmarken	Zeitschriften (Magazine), Bücher	Küche
	Getränke (z. B. Tee, Kaffee, Milch)	Getränke
		Telefon
		Hotelgarage
		Wäscherei
		Seminarraum
		Logis
		Porterage

Die Kurtaxe wird unterschiedlich gehandhabt.

Schweiz

0 %	2,4 %	3,6 %	7,6 %
Kurtaxe (wenn vor dem Rechnungstotal gesondert ausgewiesen)	Zeitschriften (Magazine)	Logis inklusive Ortstaxe	Küche
Briefmarken für Briefe bis 100 g			Getränke (Minibar)
			Snacks (Minibar)
			Telefon
			Porterage
			Wäscherei
			Seminarraum
			Briefmarken für Sendungen über 100 g

Südtirol (Italien)

0 %	10 %	20 %
Ortstaxe (in Italien nicht existent)	Logis	Telefon
Briefmarken	Küche	Porterage
Zeitschriften (Magazine)	Snacks (Minibar)	Hotelgarage (wenn als eigenständiger Posten in Rechnung gestellt)
	Getränke (Minibar)	Wäscherei (wenn als eigenständiger Posten in Rechnung gestellt)
		Seminarraum (wenn als eigenständiger Posten in Rechnung gestellt)

Manche Gäste bevorzugen die Barzahlung an der Rezeption.

Nachsendung von Rechnungen – Textbausteine

- Wir hoffen, Sie sind gut zu Hause angekommen und haben die Urlaubszeit bei uns genossen.
- Nach Ihrer Abreise (Datum) haben wir festgestellt, dass wir Ihnen durch ein Versehen die angefallenen ...gebühren/kosten in der Höhe von EUR ... nicht berechnet haben.
- Anbei finden Sie die ... Abrechnung für Ihren Aufenthalt.
- Wir erlauben uns, Ihnen folgende Leistungen in Rechnung zu stellen:
- Wir sind Ihnen sehr dankbar, wenn Sie den offenen Betrag innerhalb von ... Tagen auf unser Konto (Kto.-Nr. ...) bei der ...Bank (BLZ ...) überweisen.
- Wir möchten uns für dieses Versehen entschuldigen und danken Ihnen im Voraus für Ihre Bemühungen.
- Wir hoffen, dass wir Sie auch im nächsten Winter zu unseren Gästen zählen dürfen.
- Wir hoffen, Sie auch im nächsten Jahr bei uns begrüßen zu dürfen.

Zechprellerwarnung

Da es immer wieder Fälle gibt, in denen ein Gast die von ihm konsumierten Leistungen nicht bezahlt, bieten die Hotel- und Gaststättenverbände sogenannte **Zechprellerwarnsysteme** an. Die Zechprellerwarnung wird über die Homepage bzw. über Newsletter publik gemacht. Bei bestehendem Verdacht, dass ein Zechpreller im Betrieb nächtigt, kann mit den Angaben verglichen und über die Rechtsabteilung Auskunft eingeholt werden.

Ein Tipp vom Profi
Sorgen Sie dafür, dass alle Buchungen vorab mit Kreditkartennummer mit Ablaufdatum oder Deposits gesichert sind. Bei Walk-ins ist anzuraten, dass die gebuchten Nächte im Voraus bezahlt werden und die Kreditkartennummer mit Ablaufdatum als Garantie für etwaige Verlängerungsnächte vermerkt wird.

Zahlungsarten

Die Bezahlung der Hotelrechnung durch den Gast kann auf unterschiedliche Art erfolgen.

Barzahlung

Die Barzahlung erfolgt in Euro oder in Fremdwährungen zum Tageskurs, der entweder von der Hausbank zur Verfügung gestellt oder der Tageszeitung oder dem Internet entnommen wird. Banknoten werden auf ihre Sicherheitsmerkmale hin überprüft. Für Euroscheine gibt es eigene **Prüfgeräte**, die bei Banken angefordert werden können.

Fremdwährungen

Gäste aus Ländern der Europäischen Union, in denen der Euro nicht eingeführt ist, sowie Gäste aus anderen Staaten benützen bei Barzahlung evtl. ihre eigene Landeswährung. Dabei sind u. a. folgende Punkte zu beachten:

- Die Devisen- und Valutenkurse müssen **täglich** abgerufen werden und **aktuell** sein.
- Im Zweifelsfall soll mit der betriebseigenen Bank Rücksprache gehalten werden.
- Die Sicherheitsmerkmale der Banknoten sind zu beachten.

Abkürzungen nationaler Währungen (Währungscodes)	
AUD	Australische Dollar
CAD	Kanadische Dollar
CHF	Schweizer Franken
CZK	Tschechische Kronen
DKK	Dänische Kronen
GBP	Englische Pfund
HKD	Hongkong-Dollar
HUF	Ungarische Forint
JPY	Japanische Yen
HRK	Kroatische Kuna
NOK	Norwegische Kronen
NZD	Neuseeland-Dollar
PLN	Polnische Zloty
SEK	Schwedische Kronen
SGD	Singapur-Dollar
SKK	Slowakische Kronen
USD	US-Dollar
ZAR	Südafrikanische Rand

Achten Sie bei der Entgegennahme von Geldscheinen auf die Sicherheitsmerkmale (siehe nächste Seite). Ein weiteres Sicherheitsmerkmal ist die **erhabene Oberfläche** des Geldscheins. Die spezielle Struktur können Sie durch Befühlen erkennen.

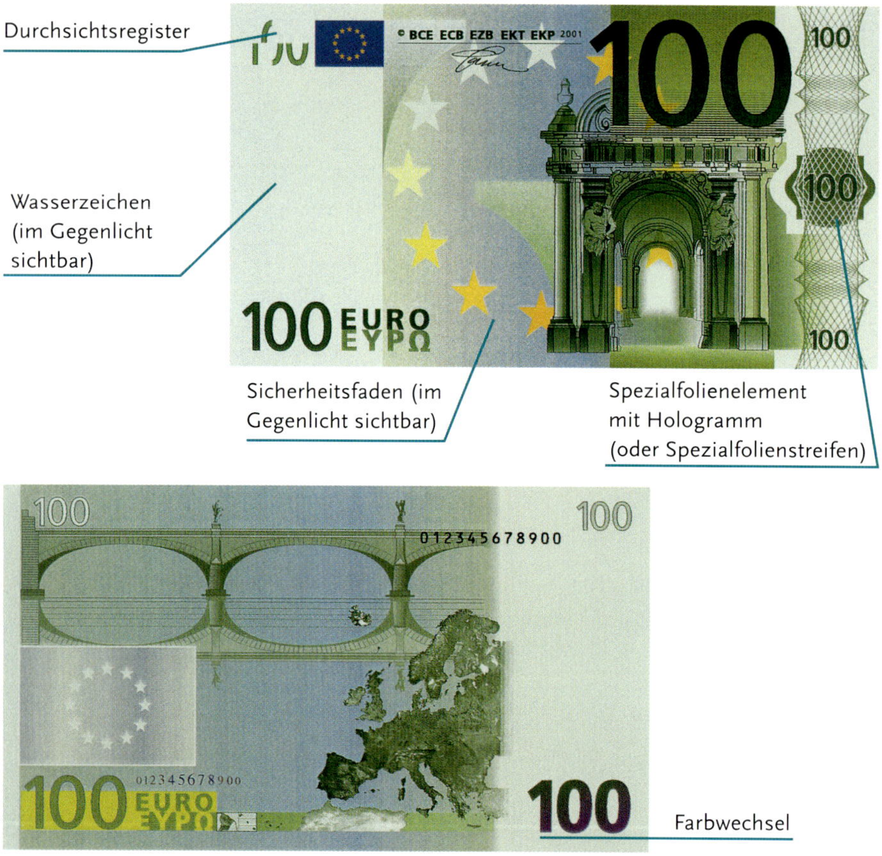

Zahlung mit Maestro-Bankomatkarte

Mit einer Bankomatkarte mit Maestrofunktion kann mit Eingabe eines persönlichen PIN-Codes bezahlt und Bargeld beim Bankomaten behoben werden. Der mit der Maestrokarte bezahlte Betrag wird vom Konto des Karteninhabers mit dem Datum der Zahlung abgebucht.

Zahlung mit Kreditkarte

Immer mehr Gäste zahlen ihre Rechnung mit der Kreditkarte. Die Zahlung wird meist elektronisch erledigt, d. h., das Kreditkartenunternehmen ist online mit dem Hotelbetrieb verbunden und die Abrechnungen werden direkt vom Computer vorgenommen. Dabei wird automatisch die Gültigkeit und Kreditwürdigkeit (der Kreditrahmen) überprüft. Wird durch die Höhe der Hotelrechnung das Limit überschritten, ist beim Kreditkarteninstitut telefonisch ein Genehmigungscode einzuholen.

Der **Imprinter,** die Prägemaschine, mit der die Kartennummer sowie Name und Anschrift des Gastes auf ein Kreditkartenformular (Billing Form) übertragen werden, wird nur noch in Ausnahmefällen verwendet, z. B. in Regionen, in denen es keine Infrastruktur für Internet gibt, bzw. in Situationen, wo die elektronische Übertragung wegen eines technischen Defekts nicht funktioniert. Bei Verwendung eines Imprinters ist auf die Gültigkeit der Kreditkarte zu achten. Auf der Billing Form sind Rechnungssumme und Datum einzusetzen. Der Gast unterschreibt das Formular. Anschließend ist die Unterschrift zu prüfen und dem Gast der Durchschlag auszuhändigen.

Überprüfen der Gültigkeit von Debitkarten (Maestrocards) und Kreditkarten

- Unterschrift prüfen durch Vergleich der Unterschrift auf der Kreditkarte mit der Unterschrift auf dem Beleg.
- Kartendaten (Name, Kartennummer, Verfallsdatum) mit dem Ausdruck des Terminals vergleichen.
- Hologramm prüfen: Ist kein Hologramm vorhanden bzw. im UV-Prüf-

Die Zahlung mit Bankomatkarte beim Check-out ist sehr beliebt, denn die Disagiogebühren sind viel niedriger als die Gebühren der Kreditkartenfirmen.
Um für eine Buchung zu garantieren, ist die Bankomatkarte im Gegensatz zur Kreditkarte nicht geeignet, da die Bankomatkartennummer nicht als Sicherheit dient.
Bankomatkarten, die nur das CIRRUS-Zeichen enthalten, können nicht zur Zahlung am Terminal verwendet werden. Mit ihnen kann lediglich Geld beim Bankomaten behoben werden.

Viele Gäste bezahlen ihren Aufenthalt mit Kreditkarte.

Travellerschecks sind vor dem Annehmer gegenzuzeichnen.

gerät nicht erkennbar, ist die Karte gefälscht. Bei Visa- und MasterCard-Karten kann auch ein holografischer Magnetstreifen auf der Rückseite das Hologramm der Vorderseite ersetzen.

Bei **Debitkarten** ist außerdem zu überprüfen, ob die Karte über folgende Merkmale verfügt:

- Name und Logo der Bank
- Kartenhintergrund mit Instituts-zeichen
- Chip
- Maestrozeichen
- Magnetstreifen
- Unterschriftstreifen
- Zeichen für Electronic Cash
- Zeichen für die Geldkarte

Bei **Kreditkarten** ist außerdem zu überprüfen, ob die Karte über folgende Merkmale verfügt:

- Logo des Kreditkarteninstituts
- Hologramm
- Hochgeprägte Kartennummer
- Hochgeprägter Name des Karten-inhabers
- Chip
- Ablaufdatum der Karte (Monat/Jahr)
- Magnetstreifen

Alle Karten sind auf Beschädigungen, Änderungen sowie auf ihre Gültigkeit zu prüfen!

Zahlung mit Voucher

Ein Voucher ist ein bei einem Reiseveranstalter bereits bezahlter **Gutschein** für bestimmte Leistungen eines Beherbergungsbetriebes. Der Reiseveranstalter rechnet die Leistungen direkt mit dem Betrieb ab. Der Gast zahlt im Betrieb dann nur all jene Leistungen, die über die mit dem Voucher abzurechnenden Leistungen hinausgehen (siehe auch Kapitel „Abrechnung mit Reisebüros und Vermittlern“, S. 193).

Zahlung mit Reisescheck – Travellerscheck

Reiseschecks können bei Banken oder Kreditkartenunternehmen zum Nennwert gekauft werden. Diese Reiseschecks werden hauptsächlich für Auslandsurlaube verwendet.

Sicherheit

- Die erste Zeichnung erfolgt vor dem Bankangestellten im linken oberen Bereich des Reiseschecks, die Gegenzeichnung in Anwesenheit des Annehmers (Rezeptionisten) im linken unteren Bereich.
- Kontrolle der Unterschrift durch Vergleich mit der Unterschrift im Reisepass (Notieren der Reisepassnummer).
- Bei Vorlage von Blankoreiseschecks immer die Verkaufsquittung des Geldinstituts verlangen!

Travellerschecks sind in folgenden Währungen erhältlich:

Währung	Einheit
Euro	50, 100, 200
US-Dollar	20, 50, 100, 500, 1.000
Australische Dollar	20, 50, 100, 200
Kanadische Dollar	20, 50, 100, 500
Schweizer Franken	50, 100, 200, 500
Englische Pfund	50, 100, 200, 500
Japanische Yen	10.000, 20.000, 50.000
Südafrikanische Rand	100, 200, 500
Saudische Rial	50, 100, 500, 1.000

Nachteil von Travellerschecks

Viele Hotels verweigern in der Zwischenzeit die Annahme von Reiseschecks, da die Banken pro Scheck bis zu 5,00 Euro Bearbeitungsgebühr verlangen. Die Weiterverrechnung dieser Gebühr an die Gäste stößt auf Unverständnis und erweckt Misstrauen gegenüber dem Hotel.

Da nahezu jeder Reisende mittlerweile eine Bankomatkarte (mit Maestrofunktion) hat, kann er ohne hohe Spesen Geld im Ausland abheben. Der wachsende Gebrauch von Kreditkarten ist ein weiterer Grund für den Rückgang der Travellerschecks.

Zahlung per Überweisung

Eine Zahlung nach der Abreise eines Gastes bezeichnet man als **Debitor**, was in der Buchhaltung **offene Rechnung** bedeutet.

Überweisungen können per Zahlschein bei allen Banken persönlich oder auch online mittels Electronic Banking durchgeführt werden.

Diese Art der Bezahlung bedarf einer **schriftlichen Vereinbarung** zwischen

Bucher und Hotel als rechtliche Absicherung. Wenn der Buchungspartner bekannt ist, dann wird eine Debitorenrechnung kein Problem sein. Bei unbekannten Buchern oder Geschäftspartnern ist als Garantie für die Bezahlung der Debitorenrechnung noch eine Kreditkartennummer mit Ablaufdatum einzufordern.

Die Zahlung per Überweisung bedarf einer schriftlichen Vereinbarung.

Ein Tipp vom Profi
Wenn eine Debitorenrechnung trotz Mahnung nicht bezahlt wird, kann man sich an **Kreditschutzeinrichtungen** bzw. ihre internationalen Netzwerkpartner wenden. Diese sind u. a. der Kreditschutzverband von 1870 Wien (www.ksv.at) für Österreich, der IHD Kreditschutzverband e. V. (www.ihd.de) für Deutschland sowie die Credita (www.credita.ch) für die Schweiz. Beispiel eines internationalen Kreditschutzdachverbands ist die Creditreform International. Der Dachverband umfasst eigenständige Kreditreformlandesgesellschaften aus verschiedenen europäischen Ländern (www.creditreform.at, www.creditreform.de und www.creditreform.ch). Es besteht die Möglichkeit, die Inanspruchnahme einer Kreditschutzeinrichtung dem Gast bereits in der schriftlichen Vereinbarung (AGB, AGBH) für den Fall einer Nichtzahlung anzukündigen.

Electronic Banking
Die Überweisung einer Debitorenrechnung kann auch mit Electronic Banking über den Computer bei der Bank in Auftrag gegeben werden.

BEISPIEL FÜR EINEN STANDARD-VOUCHER

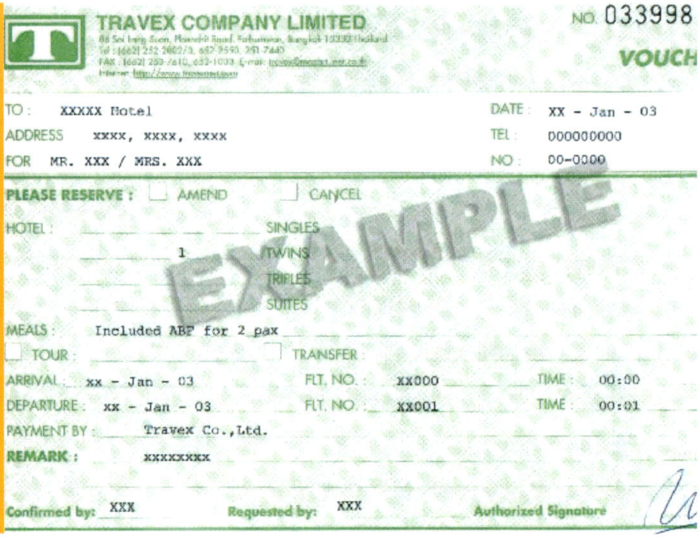
TRAVEX COMPANY LIMITED

NO. 033998

VOUCH

TO: XXXXX Hotel
ADDRESS xxxx, xxxx, xxxx
FOR MR. XXX / MRS. XXX
DATE: xx - Jan - 03
TEL: 000000000
NO: 00-0000

PLEASE RESERVE: AMEND CANCEL
HOTEL: SINGLES
1 TWINS
TRIPLES
SUITES
EXAMPLE
MEALS: Included ABF for 2 pax
TOUR: TRANSFER:
ARRIVAL: xx - Jan - 03 FLT. NO.: xx000 TIME: 00:00
DEPARTURE: xx - Jan - 03 FLT. NO.: xx001 TIME: 00:01
PAYMENT BY: Travex Co.,Ltd.
REMARK: xxxxxxxx

Confirmed by: XXX Requested by: XXX Authorized Signature

Die Abrechnung mit Reisebüros und Vermittlern

Abrechnung von Vouchern (Reisegutscheinen)

Ein Voucher ist ein vom Reisebüro auf das Hotel ausgestelltes Dokument (ein Gutschein), das die **Leistungen** anführt, die der Hotelbetrieb zu erfüllen hat. Der Gast händigt dem Rezeptionisten den Voucher bei der Ankunft aus. Der **Originalvoucher dient zur Verrechnung mit dem Reisebüro bzw. Reiseveranstalter.**

Häufig steht auf den Vouchern nur Name und Adresse des Veranstalters und nicht der des ausstellenden Reisebüros. Der Grund dafür ist, dass die Vermittler eine direkte Kontaktaufnahme des Hotels mit dem Reisebüro verhindern möchten, um Direktgeschäfte zu unterbinden. Bei Direktgeschäften würde der Vermittler natürlich keine Kommission/Provision erhalten (siehe auch Kapitel „Zusammenarbeit mit Reisebüros“, S. 246).

Grundsätzlich gilt der Voucher nicht als Zahlungsmittel, sondern ist ein **Auftrag zur Verrechnung** der vom Reiseunternehmen bestellten Leistungen an das Hotel. Bei der Anreise muss der Voucher vom Rezeptionisten entgegengenommen werden, weil er als **Beleg für die Abrechnung mit dem Reisebüro** verwendet wird.

Er wird der Abrechnung mit dem Reisebüro beigelegt. Ebenso ist es äußerst wichtig, bereits bei der Anreise eines Reisebürogastes die **bestellten Leistungen mit dem Voucher zu vergleichen.**

Anzahlungs- oder Depositvoucher

Er hat als Wert die Summe, die im Reisebüro vom Gast angezahlt wurde. Der Rest wird vom Gast im Betrieb bezahlt. Das Reisebüro setzt den Betrag mit der ihm zustehenden Provision gleich und behält die Anzahlung ein oder das Reisebüro zieht sich bei höheren Anzahlungen die Provision ab und überweist den Rest der Anzahlung an das Hotel.

Standardvoucher

Alle angegebenen Leistungen wurden bereits im Reisebüro bezahlt. Die vereinbarte Provision wird vom Rechnungsbetrag abgezogen.

Reservierungsvoucher

Die Reservierung wird auf dem Voucher vermerkt. Der Gast bezahlt die Rechnung direkt im Hotel. Das Reisebüro erhält die Provision der Hotelrechnung ohne Extras.

Full-Credit-Voucher (All-inclusive-Voucher)

Dieser Voucher berechtigt den Gast, alle Konsumationen über das Reisebüro abzurechnen. Die jeweiligen Bons müssen vom Gast unterzeichnet werden, damit die Abrechnung korrekt erfolgen kann. Das Hotel stellt dem Reisebüro eine um die Provision verminderte Rechnung aus. In Österreich wird er eher selten verwendet.

Beispiel einer Voucherabrechnung

Name	Voucher-Nr.	Nächte	Bruttobetrag €
Eggert	2807	7	649,00
Mayr	2806	7	599,00
Meller	2805	5	499,00
		Summe Brutto	1.747,00
		–12 % Provision	183,53
		Rechnungsbetrag	**1.563,47**

Gruppenabrechnung

Dem Reisebüro wird eine Rechnung über die vereinbarten Leistungen, die das Hotel erbracht hat, gestellt. Dabei wird dem Reisebüro der **Logispreis abzüglich der vereinbarten Provision** verrechnet.

Der Zimmerpreis für Reisebürokunden darf die regulären Zimmerpreise (Rack Rates) für Individualgäste nicht überschreiten. Die Kosten für Aufenthalt und Arrangement werden auf einer **Sammelrechnung (Paymaster)** gebucht und dann gesamt dem Reisebüro in Rechnung gestellt.

Zusatzleistungen bezahlen die Reisebürogäste in der Regel selbst beim Check-out. Ausnahme: Full-Credit-Voucher – hier werden alle konsumierten Leistungen nach Kontrolle und Unterzeichnung der Rechnung durch den Gast dem Reisebüro verrechnet. Die Provision wird allerdings nur vom Logispreis berechnet. Deshalb ist die Übernahme, exakte Kontrolle und Interpretation der Voucher beim Check-in durch die Rezeptionsmitarbeiter unbedingt erforderlich! Dies gilt sowohl für Einzel- als auch für Gruppenbuchungen.

Im Fall von **Kontingentbuchungen** (vorreservierte Zimmeranzahl bis zum vereinbarten Verfallsdatum, siehe Kapitel „Die Buchung", S. 167) werden bereits im Voraus verminderte Spezialpreise vertraglich vereinbart.

Berechnung der Orts- bzw. Kurtaxe als Basis zur Provisionsberechnung

So rechnen Sie die Orts- oder Kurtaxe aus dem Inklusivpreis heraus:

Beispiel

EUR	1.747,00	= Bruttopreis Logis	
–EUR	64,60	= Ortstaxe	
EUR	1.682,40	= reiner Zimmerpreis inkl. USt.	
–EUR	152,95	= 1.682,40 : 11 = 152,95 = USt. (bei 10 % USt.)	
EUR	1.529,45	= Nettopreis	→ Davon wird die Reisebüroprovision berechnet.

Beispiel einer tabellarischen Reisebüroabrechnung mit 10 bzw. 20 % USt.

HOTEL
Aurora

Reisebüro
REISEN & FREIZEIT
Herrn Mag. Heinz Haller
Linzer Gasse 4
5020 Salzburg

Achensee, 5. November 20..

Rechnungsnummer: 112
Gruppe:
Aufenthalt: Herr Martin Gruber – 1. bis 5. November 20..

Anzahl	Leistung	Einzelpreis	10 % (EUR)	20 % (EUR)
1	Person im Einzelzimmer	69,00	276,00	
1	Telefon			13,08
1	Minibar/Getränke			19,62
1	Restaurant/Speisen		79,94	
1	Restaurant/Getränke			66,86
Zwischensumme			355,94	99,56
Übertrag				355,94
Zwischensumme				455,50
– Provision (10 % auf Logis)				24,56
– Anzahlung				218,02
Gesamtsumme				**212,92**

	10 %	20 %	Ortstaxe	
Brutto	350,14	99,56	Total	5,80
USt.	31,83	16,59		
Netto	318,31	82,97	pro Person/Nacht	1,45

Betrag dankend erhalten:

Martin Huber
Martin Huber
Rezeptionist

Hotel Aurora GmbH & Co KG ▪ Seeweg 10 ▪ 6213 Pertisau am Achensee ▪ Austria
Tel.: +43 5243 83 04-0 ▪ Fax: +43 5243 83 04-19 ▪ E-Mail: info@aurora-achensee.at ▪ Internet: www.aurora-achensee.at
Bankverbindung: Lorenzbank Schwaz ▪ Kto.-Nr.: 09876500 ▪ BLZ 4321 ▪ IBAN: AT91 2107 8007 0072 4155
BIC: LOBVAT24 (Ort: Schwaz) ▪ UID: ATU12345678 ▪ FN 987654i ▪ Erfüllungsort und Gerichtsstand ist Schwaz

Begleitschreiben für die Reisebüroabrechnung – Textbausteine

- Wir danken herzlich für die gute Zusammenarbeit und erlauben uns, für die angeführte Gruppe folgende Rechnung zu stellen:
- Für die gute Zusammenarbeit danken wir Ihnen herzlich und stellen Ihnen für die unten angeführten Kunden wie folgt in Rechnung:
- Herzlichen Dank für die Unterbringung Ihrer Kunden in unserem Haus und Ihr Vertrauen, das Sie uns entgegengebracht haben.
- Wir danken für den Aufenthalt Ihrer Kunden und hoffen, dass sie sich bei uns wohlgefühlt und einige erholsame und angenehme Stunden in unserem Haus verbracht haben.
- Wir bitten Sie, den offenen Betrag von EUR ... an die ...Bank, BLZ ..., Kto.-Nr. ..., zu überweisen.
- Wir ersuchen Sie, obigen Rechnungsbetrag unter Angabe der Rechnungsnummer spesenfrei (ohne Abzug von Rabatt und Skonto) an die ...Bank, BLZ ..., Kto.-Nr. ... zu überweisen.
- Bitte überweisen Sie den offenen Betrag in der Höhe von EUR ... mit dem beiliegenden Zahlschein bis spätestens ... auf das unten angeführte Konto.
- Wir danken für Ihr Vertrauen und stehen für weitere Aufträge gerne zur Verfügung.
- Wir hoffen, dass Ihre Kunden mit unseren Serviceleistungen zufrieden waren, und freuen uns, auch in Zukunft wieder mit Ihnen zusammenarbeiten zu dürfen.
- **Bei Firmenincentives:** Wir hoffen, dass Ihre Mitarbeiter mit unserem Angebot und unseren Serviceleistungen zufrieden waren, und freuen uns, bald wieder mit Ihrem Unternehmen zusammenzuarbeiten.
- Wir hoffen, Ihre Mitarbeiter hatten einen angenehmen Flug nach ... und sind wieder wohlbehalten zu Hause angekommen. Wir erlauben uns, Ihnen folgende Leistungen in Rechnung zu stellen:

MIT EINEM FOLLOW-UP KANN MAN SICH Z. B. BEIM GAST FÜR SEINEN AUFENTHALT BEDANKEN.

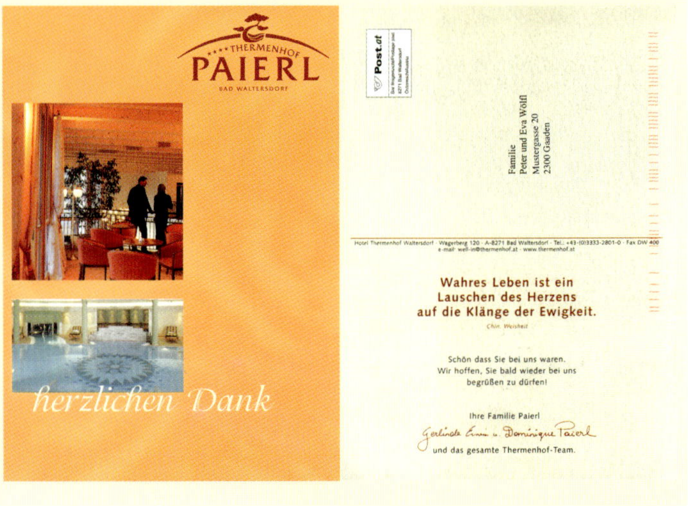

Die Abrechnung mit Geldinstituten (Kreditkartenabrechnung)

Die Abrechnung der Kreditkarten und Bankomatzahlungen erfolgt über einen **Terminalvermittler,** der die täglich über die Kreditkartenterminals abgerechneten Summen zum vereinbarten Zeitpunkt an das Hotel überweist.

Diese Überweisungen werden üblicherweise von der Buchhaltungsabteilung überwacht.

Die Nachbetreuung – das Follow-up

Das Follow-up, das nach der Gästeabreise durchgeführt wird, ist ein nochmaliges Nachfragen des Betriebes beim Gast.

Das Follow-up dient in erster Linie dazu, dem Gast den Betrieb nach einigen Wochen wieder **in Erinnerung zu rufen,** sich noch einmal **für den Aufenthalt zu bedanken** und dadurch einen positiven Eindruck zu verstärken. Damit kann auch auf Folgebuchungen Appetit gemacht werden. Außerdem wird dem Gast damit vermittelt, dass er **auch nach seiner Abreise noch Gast des Hauses** ist. Das Follow-up geschieht im Rahmen des CRM, des Customer Relationship Managements, das Gäste über Jahre mit dem Betrieb verbinden soll (CRM siehe Seite 221).

Wichtig für den Rezeptionsmitarbeiter ist es, den Gast auch außerhalb des Hauses und nach dem Check-out als Gast zu betrachten und so zu behandeln.

Veranstaltungen

Die Organisation von Veranstaltungen sowie von Caterings ist ein wichtiger Bereich in der Hotellerie. Das Durchführen von Veranstaltungen ist eine gute Chance, zusätzlichen Umsatz zu erzielen, und hat, wenn die Veranstaltung klaglos abläuft, einen großen Werbeeffekt. Es können dadurch neue Gästekreise erschlossen, eine höhere Auslastung der Zimmer erreicht, eine bessere Auslastung und Einsatzmöglichkeit der Mitarbeiter erzielt und eine Basis für Wiederholungsgeschäfte geschaffen werden.

Der Rezeptionist ist dabei meist für Anfragen der erste Kontakt. Er leitet das Gespräch bzw. die Erstinformationen entweder an den F-&-B-Manager oder Bankettmanager in Großbetrieben oder an den Geschäftsführer in Mittelbetrieben weiter. In Kleinbetrieben nimmt er selbst die Anfrage entgegen. Die Planung erfolgt dann gemeinsam mit dem Hotelbesitzer, dem Küchenchef und dem Serviceleiter.

Veranstaltungsarten

In der Hotellerie unterscheidet man zwischen Veranstaltungen, die im Haus (Insidecatering), und solchen, die außer Haus (Outsidecatering) durchgeführt werden. Die Organisation von Veranstaltungen bedingt eine enge Zusammenarbeit aller Abteilungen im Hotel.

VERANSTALTUNGEN SIND FÜR EINEN BETRIEB EINE GUTE CHANCE FÜR ZUSÄTZLICHEN UMSATZ.

Die wichtigsten Veranstaltungsarten im Haus (Insidecatering)

Zu den wichtigsten Veranstaltungsarten im Haus zählt man:

- **Bankett:** ist die aufwendigste, aber auch eleganteste Form einer Veranstaltung. Bei der Bestellung eines Banketts werden der genaue Ablauf, das Menü und die Getränke, Dekoration, Tafelform, Ansprachen festgelegt. Bankette eignen sich im Besonderen für Hochzeiten, Taufen, Firmenfeiern und Staatsempfänge.

- **Buffet:** ist vom Personaleinsatz her gesehen weniger aufwendig als das Bankett und ist überdies bei den Gästen sehr beliebt, da diese eine große Auswahl an verschiedenen kalten und warmen Speisen haben. Man unterscheidet in der Gastronomie je nach Art der Veranstaltung zwischen **offenen** und **geschlossenen** Buffets. Von einem **offenen** Buffet spricht man, wenn der Betrieb allen Gästen zu verschiedenen Tageszeiten und Anlässen ein Buffet anbietet und dabei z. B. eine Pauschale pro Gast verrechnet (Brunch, Heringschmaus etc.). Ein **geschlossenes** Buffet hingegen wird nach den Wünschen eines Bestellers und der Anzahl der Gäste organisiert (meist in einem getrennten Raum) und dem Besteller in Rechnung gestellt.

- **Konferenzen – Seminare – Tagungen:** haben in der Hotellerie in den letzten Jahren einen immer höheren Stellenwert erreicht. Diese Veranstaltungen finden vorwiegend im Herbst, Winter und Frühjahr statt und sind vom Wetter unabhängig. Man unterscheidet zwischen ein- und mehrtägigen Veranstaltungen. Während bei den eintägigen Veranstaltungen nicht so sehr die

Konsumation, sondern der Raumbedarf im Mittelpunkt steht, ist bei mehrtägigen Veranstaltungen sowohl die Konsumation als auch der Raum- und der Gästezimmerbedarf wichtig. Der Betrieb muss selbstverständlich technische Geräte (Notebook, Verstärker, Beamer, Smartboard, Overhead etc.) sowie Konferenz- bzw. Seminarutensilien (Seminarkoffer, Namenstafeln, Schreibutensilien, Flipchart, Pinnwand etc.) entweder kostenpflichtig oder kostenlos zur Verfügung stellen können. Es gibt dazu eine Liste, in der die Geräte angeführt sind und auf der die Preise oder die kostenlose Zurverfügungstellung vermerkt sind. Auch ein Breitband-Internetzugang gehört zur Standardausstattung eines Seminarraums. Ob eine Raummiete verlangt wird oder nicht, hängt von den Zusatzleistungen, die der Besteller in Anspruch nimmt, ab. Betriebsinhaber bzw. Direktion des Hotels legen dies fest.

- **Ballveranstaltungen:** Diese Veranstaltung kann im Betrieb selbst durchgeführt (z. B. Hausball) oder für einen Verein (Sportlerball), ein Unternehmen (Firmenball) oder eine Privatperson organisiert werden.

- **Cocktailpartys, Empfänge:** Diese Veranstaltungsform kommt aus Amerika und ist auf maximal zwei Stunden begrenzt. Empfänge eignen sich z. B. für den Abschluss von Pressekonferenzen oder als Rahmen von Produktpräsentationen. Die Gäste sind während der Dauer der Veranstaltung an keine Zeiten gebunden – sie können nach Belieben kommen und gehen. Organisiert ist der Empfang meist als Stehempfang, d. h., dass der Veranstaltungsraum mit Stehtischen und ein paar wenigen Sitzgelegenheiten am Rand ausgestattet wird. Es kann im Rahmen einer Cocktailparty auch ein kleines Cocktailbuffet angeboten werden. Oft werden auch kleine Mundbissen (Fingerfood) und Canapés sowie Getränke von Servicemitarbeitern serviert.

Trendy muss er sein, das ist das wichtigste Markenzeichen eines Events.

- **Events:** sind trendige Veranstaltungen. Sie werden entweder als Marketing- oder PR-Veranstaltung zur Bekanntmachung eines Produktes von Firmen organisiert oder als Inszenierung eines Themas für eine bestimmte Zielgruppe (dreitägige Jazzfestivals, Ski-Openings, Snowboard-Events, Strandpartys von Radiosendern, Beachvolleyballturniere mit Rahmenprogramm, Charityveranstaltungen o. Ä.).

- **Incentives:** Incentive bedeutet Anreiz. Damit ist gemeint, dass Mitarbeiter oder Kunden von Firmen zur Motivierung und Erhöhung der Leistungsbereitschaft bzw. als Belohnung für erreichte Leistungen gemeinsam eine Veranstaltung, eine Reise, einen Wochenendtrip oder Ähnliches vom Arbeitgeber geschenkt bekommen. Incentives finden häufig in Verbindung mit einer Tagung statt und haben Freizeit- und Erlebnischarakter (z. B. ein Wochenende in einem Fitnesshotel, eine Ballonfahrt).

Die wichtigsten Veranstaltungsarten außer Haus (Outsidecatering)

Alle Veranstaltungen, die man im Haus organisiert, können auch außer Haus organisiert werden. Für den Betrieb bedeutet dies eine wertvolle Umsatzsteigerung, ohne die eigenen Räumlichkeiten zu belasten. Um ein Outsidecatering optimal durchführen zu können, muss der Betrieb einige Investitionen tätigen, um das nötige **Equipment zur Durchführung eines Outsidecaterings** zu haben. Weiters werden zusätzliche **Mitarbeiter** benötigt, wenn die Stammmannschaft nicht dafür ausreicht. Der Vorteil dabei ist, dass dafür flexible Zeitarbeiter nach Bedarf eingesetzt werden können.

Ein Outsidecatering muss besonders gut organisiert sein, da vor Ort oft keine Möglichkeit mehr besteht, Speisen zu finalisieren oder vergessene Gegenstände nachzuholen. Es empfiehlt sich daher, eine betriebsspezifische Check- und/oder Inventarliste dafür anzulegen.

Outsidecatering verlangt perfekte Organisation.

Betriebliche Voraussetzungen für die Durchführung von Veranstaltungen

Um Veranstaltungen durchführen zu können, müssen innerbetrieblich bestimmte Voraussetzungen gegeben sein. Dazu zählen die geeigneten Räumlichkeiten (wie Extrazimmer, Bankett-, Ball-, Mehrzweckraum und Konferenz- sowie Seminarräume), die sich von den übrigen Gasträumen separieren lassen. Weiters benötigt man zusätzliches Inventar (z. B. Besteck, Geschirr, Gläser, Tischwäsche, Tische und Tafeln, Warmhaltegeräte, Transportboxen), aber auch eine zusätzliche Ausstattung (Nebenküchen, Office, Getränkeausgabe, Speisenaufzüge, technische Einrichtungen für Seminare) und/oder einen dafür vorgesehenen Fuhrpark.

Räumlichkeiten

Nur wenn geeignete Räumlichkeiten zur Verfügung stehen, ist es möglich, spezielle Angebote für Inhouse-Veranstaltungen zu machen. Die Räume müssen dem jeweiligen **Anlass entsprechen:** Kein Brautpaar will beispielsweise in einem nüchternen Saal feiern, den Beamer im Rücken, keine Firma will ein Seminar in einer urigen Gaststube abhalten. Der richtige Rahmen ist wichtig, damit die Veranstaltung gelingen kann. Alles andere wird als Notlösung empfunden und weder Gäste noch Veranstalter werden zufrieden sein.

Der Raum muss dem Anlass entsprechen.

Inventar

Zu kalkulieren sind auch die zusätzlich benötigten Gegenstände. Darüber hinaus ist zu beachten, dass Geschirr, Gläser, Vasen, Tischwäsche, Transportboxen etc. auch zu **lagern** sind und Stauraum sowie Wartung und Pflege in Anspruch nehmen. Sind dafür die betrieblichen Voraussetzungen eingeschränkt, ist bei der Angebotserstellung auf die Größe und den Umfang sowie die Art der Veranstaltung zu achten.

Mitarbeiter

Um den exakten und erfolgreichen Ablauf einer Veranstaltung zu sichern, benötigt der Betrieb geschulte Mitarbeiter. Die Anzahl der für die Veranstaltung einzusetzenden Mitarbeiter ist von folgenden Faktoren abhängig:

- Art der Veranstaltung
- Größe und Dauer der Veranstaltung
- Anlass und Motto
- Spezielle Wünsche des Gastgebers

Während in Klein- und Mittelbetrieben die Veranstaltungen zumeist vom Besitzer des Betriebes oder vom Geschäftsführer bzw. Küchenchef und Restaurantleiter aufgenommen und organisiert werden, gibt es dafür in Groß- und Kettenhotels eine eigene Abteilung, die F-&-B-(Food-&-Beverage-) und/oder Bankettabteilung.

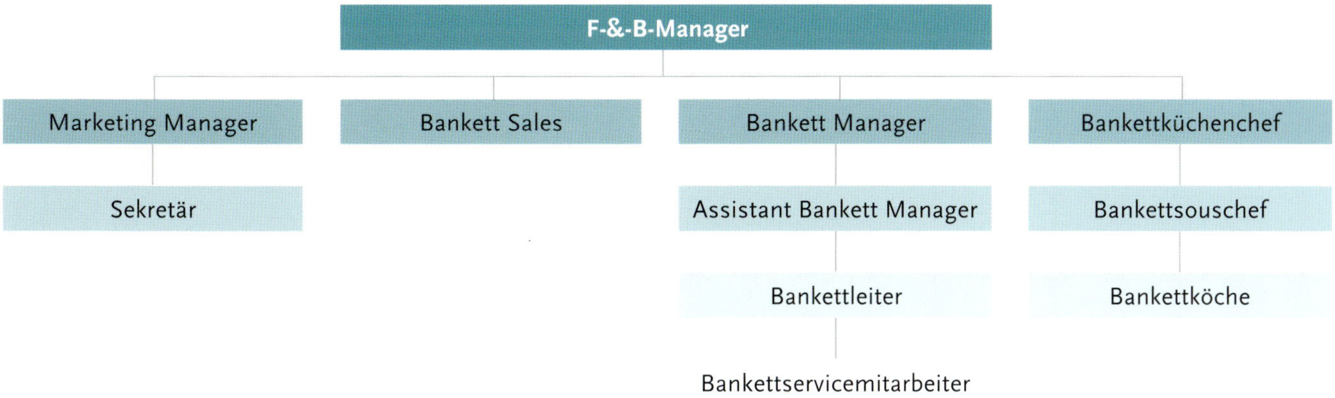

Für den **Rezeptionisten** liegt die Aufgabe bei der Organisation von Veranstaltungen vor allem darin, den **Erstkontakt mit dem Besteller** optimal zu gestalten, damit in Folge eine Reservierung zustande kommt. Außerdem sind Anfragen richtig aufzunehmen und entsprechend weiterzuleiten. Der Rezeptionist gibt einen allgemeinen Überblick über die Veranstaltungsräume (Technik, Platzangebot, Vakanzen etc.), beschreibt Menü- und Getränkevorschläge sowie die Unterkunftsmöglichkeiten etc. Detaillierte Verhandlungen werden aber mit dem Inhaber (Direktor, Bankett Manager etc.) geführt.

Im Prozess der Vorbereitung muss der Rezeptionist um eine **gute Kommunikation** und einen raschen Kommunikationsfluss bemüht sein (siehe auch Kapitel „Zusammenarbeit mit anderen Abteilungen", S. 121).

Verkauf und Organisation von Veranstaltungen

Der Grundstock für den Verkauf einer Veranstaltung liegt im allerersten Verkaufsgespräch. Um Veranstaltungsräumlichkeiten optimal nützen zu können, muss das Unternehmen selbst aktiv werden und auf sein Leistungsangebot durch Werbung hinweisen. Tritt ein Kunde an den Betrieb heran, wird ihm mithilfe verschiedener Unterlagen die Leistungsfähigkeit des gesamten Betriebes vorgestellt.

Informationsmappe

In der Informationsmappe sind folgende Unterlagen enthalten:

- Informationen über die allgemeinen Leistungen und Angebote des Hotelbetriebs und über Standort und Lage sowie Infrastruktur der Umgebung.
- Pläne zur individuellen Einteilung der Räumlichkeiten, zur Auswahl der Größe und zur Stellung von Tischen und Sesseln.
- Auflistung der technischen Ausstattung.
- Getränke- und Menüangebote, Snacks und Drinks (für Cocktailpartys, Vernissagen etc.).
- Angebote für Kaffeepausen.
- Buffetangebote.
- Auflistung der Angebote von Zusatzleistungen (Blumenschmuck, Bühnenaufbauten, Musik etc.).
- Veranstaltungspauschalen.
- Konferenzpauschalen.
- Ein vorläufiges Reservierungsformular inklusive Allgemeiner Geschäftsbedingungen, in denen Vorauszahlungen, Stornobedingungen u. Ä. geregelt sind.

Konferenzmappe

Die Konferenzmappe wird zusätzlich zur allgemeinen Informationsmappe vorgelegt, wenn die Anfrage einem Seminar oder einer ähnlichen Veranstaltung gilt. Sie informiert im Speziellen über die Möglichkeiten, Tagungen und Seminare im Haus zu veranstalten. Es werden Pauschalangebote, sogenannte **Conference Packages**, Angebote für Incentives, Räumlichkeiten, Menü- und Getränkeauswahl, Gestaltung von Seminarpausen, technische Ausstattung etc. im Detail beschrieben.

Checklisten

Um Veranstaltungen optimal organisieren zu können, sind präzise und klare Informationen notwendig und Reservierungen aufeinander abzustimmen. Im Gespräch mit dem Besteller werden die Detailfragen geklärt und im **Anfrageformular** festgehalten. Anhand dieses Formulars wird das **Functionsheet** erstellt, das als interner Laufzettel zur allgemeinen Information aller Abteilungen dient. Die Details werden individuell durch ein **Memo** bekanntgegeben. Auf Basis des Functionsheets wird für den Besteller eine **Auftragsbestätigung** erstellt, die dieser rückbestätigt. Alle Veranstaltungen werden in einem **Veranstaltungskalender** festgehalten.

An der Rezeption ist es wichtig, über alle Veranstaltungen im Haus sowie alle tentativen Reservierungen genau Bescheid zu wissen, damit es nicht zu Doppelbuchungen oder Überschneidungen kommt.

Beispiel eines Functionsheets

Art der Veranstaltung/Raum: ______________________

Datum/Uhrzeit: __________ Personenanzahl: __________

Name des Bestellers, Firma, Rechnung ergeht an: ______________________

Adresse: ______________________

Telefon/Telefax: ______________________

E-Mail: ______________________

Bestellung: Menü: __________ Getränke: __________

Servierart: ______________________

Preis pro Person: ______________________

Raummiete: ______________________

Sonderwünsche: ______________________

Veranstaltungsablauf:
Begrüßung, Reden: ______________________

Ergeht an:	Unterschrift:
a) Küche:	
b) Lager/Einkauf:	
c) Restaurant:	
d) Wäscherei/Wäschebeschließung:	
e) Garderobe:	
f) Portier:	
g) Personaldirektion:	
h) Direktion:	

Beispiel eines Veranstaltungskalenders								Mai 20..
Nr.	**Datum**	**Zeit**	**PAX**	**Saal**	**Veranstaltung**	**Besteller**	**Adresse**	**Telefon/E-Mail**
1	Mi, 19.05.20..	09:00	ca. 30	Seminar-raum 1	Seminar	Fa. Key-Net, Frau Schabel	Köglerstr. 43, 2512 Tribuswinkel	02252 33 44 55, schabel@key-net.at
2								
3								
4								
5								

Checklisten zur Veranstaltungsorganisation finden Sie auf der beiliegenden CD-ROM.

Vorbesprechung (Briefing)

In einem Briefing wird die Veranstaltung mit den Abteilungsleitern und dem F-&-B-Manager durchbesprochen. Die Abteilungsleiter briefen daraufhin ihre Mitarbeiter.

Durchführung der Veranstaltung

Mit der Durchführung selbst sind Sie als Rezeptionist in Groß- und Mittelbetrieben nicht betraut. Ihre Aufgaben sind der **freundliche Empfang** und die optimale Abwicklung der Check-ins der Veranstaltungsgäste sowie die Information über Garderobe, Wege und Räumlichkeiten etc.

Auch in Kleinbetrieben ist der Rezeptionist (falls es einen gibt) **erster Ansprechpartner bei Fragen** bezüglich Ablaufplanung, Organisation der Technik, Gestaltung der Räumlichkeiten. Er hat die Fragen an den Chef des Betriebes weiterzuleiten, der die Veranstaltung organisiert und bei der Durchführung die Aufsicht hat.

Nachbesprechung

Nach Ende der Veranstaltung wird in einem **Meeting**, an dem alle betroffenen Abteilungsleiter sowie Mitarbeiter teilnehmen, die Veranstaltung nachbesprochen.

Die Nachbesprechung ist wichtig, um Fehler nicht ein zweites Mal zu machen und Verbesserungen zu erzielen.

Es wird protokolliert, was gut und was weniger gut funktioniert hat. Wichtig dabei ist, bei weiteren Veranstaltungen die entsprechenden Maßnahmen für einen besseren Ablauf auch durchzuführen, damit das Meeting fruchtet. Bei standardisierten Veranstaltungen ist nicht jedes Mal eine Nachbesprechung erforderlich, aber es sollten zu einem regelmäßigen Zeitpunkt immer wieder **Qualitätschecks** stattfinden, denn Routine kann auch gefährlich werden.

Follow-up

War der Gast mit der Organisation der Veranstaltung zufrieden, kann es zu weiteren Buchungen kommen. Daher darf die schriftliche und/oder telefonische **Nachfrage** beim Gast nicht vernachlässigt werden. Man erkundigt sich hierbei nach der Zufriedenheit, nach dem Erfolg der Veranstaltung sowie nach eventuellen Beschwerden und Anregungen für nachfolgende Veranstaltungen. Eine weitere gute Möglichkeit, um den Verlauf und die Zufriedenheit zu überprüfen, ist der Einsatz von spezifischen Fragebögen.

Das Marketing – Ihre Positionierung

Die Entstehung von Marketing geht zurück auf eine Reihe von großen wirtschaftlichen Umwälzungen, die sich nach dem Zweiten Weltkrieg ergaben. Es kam zu einer enormen Ausweitung der Kapazitäten, die dazu führte, dass eine Überproduktion entstand. Der betriebliche Engpass lag nicht mehr in der Produktion, sondern im **Absatz.**

Aus dieser Überproduktion ergab sich, dass in den meisten Branchen der Verkäufermarkt zu einem Käufermarkt wurde. Während früher die Nachfrage größer war als das Angebot – und somit der Verkäufer den Markt diktierte –, ist es heute umgekehrt: Der Konsument bzw. der **Käufer bestimmt, was auf dem Markt geschieht.** Dadurch tritt der Absatz in den Mittelpunkt unternehmerischen Denkens.

So entstand die Notwendigkeit, sich Strategien zu überlegen, „sein Produkt" und „seine Dienstleistung" an den Mann zu bringen.

Ziel des professionellen Marketings in der Hotellerie ist es, die Wünsche des Gastes zu erkennen und das eigene Angebot darauf auszurichten, seine Zufriedenheit in Begeisterung umzuwandeln, seine Erwartungen zu übertreffen und damit den Erfolg des Unternehmens langfristig sicherzustellen. Nur durch eine strategische Vorgehensweise und exakt geplante Aktivitäten können Unternehmensziele erreicht werden. Die Erstellung eines konkreten Marketingplanes ist dazu unerlässlich.

Dieses Kapitel dient nicht dazu, das Thema Marketing in seiner Vollständigkeit aufzubereiten, sondern gibt vorwiegend jene Informationen, die den Bereich Hotelrezeption im engeren Sinne betreffen.

Grundlagen des Marketings

Marketing wird oft mit Werbung gleichgesetzt, doch es ist mehr. Philip Kotler, US-amerikanischer Marketingpionier, versteht unter Marketing die generelle Ausrichtung eines Unternehmens auf die Marktsituation. Unter Einbeziehung der Bedürfnisse potenzieller Kunden sowie anderer Interessengruppen in Unternehmensentscheidungen sollen Unternehmensziele effektiver und effizienter erreicht werden.

Marketing ist kein Projekt mit definiertem Beginn und Ende, es ist eine Unternehmensphilosophie, bei der alle unternehmerischen Ziele, Strategien und Aktivitäten auf den Markt ausgerichtet werden.

Marketing in der Hotellerie

Bezogen auf Hotellerie und Gastronomie bedeutet dies Folgendes:
Die turbulente Entwicklung im Tourismus erfordert eine ständige Marktbeobachtung und die Bereitschaft, den Wandel in allen Lebensbeziehungen wahrzunehmen. Marketing ist das planmäßige Suchen und das rechtzeitige Erkennen von Marktchancen. Alle Gästewünsche, Strategien und Angebote der Mitbewerber sowie die Entwicklung der gesamten Branche, aber auch gesellschaftliche Veränderungen müssen berücksichtigt werden. Dazu ist es notwendig, in **Beziehung** zu seinen Gästen zu treten und diese **Beziehungen zu pflegen.**

Die Hotellerie betreibt **Dienstleistungsmarketing,** da das angebotene Produkt immateriell und kundenbezogen ist. Die Dienstleistung ist individuell und bedarf eines intensiven Eingehens auf die besonderen Bedürfnisse des Gastes. Die gesamte Unternehmenspolitik muss darauf ausgerichtet sein.

Unternehmenspolitik

Das grundlegende Ziel von Unternehmen ist die dauerhafte Zukunfts- bzw. Existenzsicherung. Um dieses Ziel zu erreichen, ist grundsätzlich ein Unternehmenskonzept erforderlich, das Vision, Mission, Unternehmensleitbild, Unternehmenskultur, Ziele und Strategien umfasst. Die Unternehmenspolitik ist auf einen längeren Zeitraum angelegt (mehr als fünf Jahre).

Konkretisiert wird die Unternehmenspolitik durch die Formulierung von Zielen, Strategien und Maßnahmen, die das Unternehmen als Ganzes betreffen. Damit ist sie die Basis für das zukünftige Unternehmensgeschehen.

Die Unternehmenspolitik wird von der Unternehmensführung festgelegt. Sie regelt die Beziehungen innerhalb des Betriebes und mit den Marktpartnern. Eine ausgewogene Unternehmenspolitik sollte folgende fünf Interessengruppen (= Marktpartner) zufriedenstellen, indem das Unternehmen allen Nutzen spendet:

- Kunden/Gäste (Absatzmarkt)
- Unternehmer/Eigentümer/Aktionäre/Besitzer/Geldgeber (Finanzmarkt)
- Mitarbeiter
- Lieferanten (Beschaffungsmarkt)
- Umwelt

Für eine zukunftsweisende Vision muss man über den Tellerrand blicken.

Durch die zunehmende Arbeitsteilung und Abhängigkeit der einzelnen Interessengruppen voneinander wird auf der einen Seite die **Vernetzung der Marktpartner** und auf der anderen die **klare Positionierung des eigenen Unternehmens** immer bedeutender.

Vision

Die Vision ist ein **Vorstellungsbild der angestrebten Zukunft.** Sie ist ein „Glaubensbekenntnis" und spricht die **emotionale Ebene** an.

Jeder erfolgreiche Hotelier braucht Visionen, um sich und seine Mitarbeiter zu **motivieren.** Die **eigene Überzeugung** und der Glaube an die eigenen Ideen sind die wichtigsten Triebkräfte erfolgreicher Unternehmer.

Eine Vision ist zunächst frei von einer konkreten Umsetzung bzw. Realisierbarkeit. Wer dieses „wilde Denken" akzeptiert, ist bereit für Kreativität, neue Projekte, Verrücktes und Innovatives.

Visionen sind keine nutzlosen Träumereien, sondern innere Bilder einer künftigen Wirklichkeit bzw. neuer Produkte. Visionäre handeln aus innerem Antrieb und bewegen sich zwischen Gegenwart und Zukunft, Wirklichkeit und Möglichkeit. In dieser Phase sind **noch keine konkreten Pläne** erforderlich.

Wer die **Mitarbeiter an seinen Visionen teilhaben** lässt, ermuntert sie, selbst neue, kreative Ideen einzubringen. Es entsteht ein Gefühl der **Zusammengehörigkeit** und der **gemeinsamen Verantwortung** für den eigenen Betrieb.

Für die Entwicklung von Visionen gibt es keine fertigen Rezepte. Neben dem spontanen Einfall und Geistesblitz, der allmählichen Ideenfindung in Gesprächen mit Gästen oder durch ein gezieltes Brainstorming unter den Mitarbeitern gibt es viele Möglichkeiten. Visionen entstehen, wenn etwas Herkömmliches infrage gestellt wird, etwas Neues, Sinnvolles erdacht oder wenn eine neue Kombination gefunden wird.

Die Vision ist auf **ein bis maximal zwei Sätze** konzentriert. Sie muss in klarer, einfacher Form den Mitarbeitern, aber auch den Gästen bekannt sein. Die Vision muss über viele Jahre das verkörpern, was das Unternehmen sein oder werden will.

Visionen sind beispielsweise

- Vienna waits for you (Wien Tourismus).
- Your Smile is our Job (Austria Trend Hotels).
- Service is our Success (Lauda Air).
- To be the first Choice of the World's Travellers (Hilton).
- Wiens charmante Privathotels (Schick Hotels Wien).
- We are Ladies and Gentlemen serving Ladies and Gentlemen (Ritz-Carlton).
- Die schönste Frucht der Gastfreundschaft ist die Freundschaft des Gastes.
- Ich denke, ich bin verantwortlich für die Gesundheit meiner Gäste.
- Wir vermitteln auf lockere Art Zeitgeist, Freiheit und Spaß.
- Das kleine, feine Hotel für Verwöhnte.

Mission

Die Mission gibt an, **wozu** es ein Unternehmen gibt. Was ist seine **Aufgabe in der Gesellschaft** und welchen Zweck erfüllt es mit seinen Aktivitäten? Man kann auch von einer **Geschäftsdefinition** sprechen. Ihren Niederschlag findet die Mission in der Regel im Unternehmensleitbild.

Unternehmensleitbild

Im Unternehmensleitbild sind die Wertvorstellungen, Einstellungen und Verhaltensweisen definiert, die ein Unternehmen auszeichnen sollen. Im Unternehmensleitbild wird die Art und Weise formuliert, wie man im Unternehmen miteinander und mit der Umwelt, z. B. mit Gästen, umgeht und kommuniziert.

Das Unternehmensleitbild liefert den Handlungsrahmen für die Entscheidungen auf allen Führungsebenen. Es prägt in besonderem Maße die Einstellung der Unternehmenseigner, des Managements und der Mitarbeiter gegenüber der Umwelt und damit ihre wirtschaftliche, soziale und ökologische Verantwortung. Die angestrebte Einmaligkeit eines Unternehmens findet ihren Ausdruck in der **Corporate Identity (CI).**

Beispiel für das Unternehmensleitbild eines Stadthotels
Das Hotel ... ist ein Vier-Sterne-Stadthotel, das für seine optimale Auslastung zwei Gästezielgruppen anspricht: Individualtouristen und Geschäftsleute.

Wir (das sind die Geschäftsleitung und die Mitarbeiter) haben uns die Aufgabe gestellt, gästeorientiertes und qualitätsbewusstes Denken und Handeln zum Leitbild der täglichen Arbeit zu machen. Durch einen gast- und mitarbeiterorientierten Führungsstil soll die Profitabilität des Unternehmens gesichert werden.

Unsere Gäste sollen in unserem Haus einen freundlichen und aufmerksamen Service erfahren sowie tadellos saubere Räumlichkeiten vorfinden. Um den sich ändernden Gästewünschen gerecht zu werden, sind wir bereit, neue Wege zu beschreiten und alle Ideen, Vorschläge und Kritik unserer Gäste und Mitarbeiter zu prüfen.

In unserem Betrieb weiß jeder Mitarbeiter, dass es vor allem auf ihn und sein Verhalten ankommt. Um die Mitarbeiter für ihre Aufgaben bestens vorzubereiten, wird laufend Weiterbildung ermöglicht. Durch regelmäßige Abteilungsmeetings sichern wir ein gutes Gesprächsklima und einen aktuellen Informationsstand für alle Mitarbeiter.

ARCOTEL stellt sich vor
ARCOTEL ist ein österreichisches Hotelunternehmen im Privatbesitz der Familie Wimmer mit Vier-Sterne-Hotels in vier europäischen Ländern. Fünf Hotels befinden sich in Österreich sowie jeweils eines in Prag, Zagreb und Berlin. In nächster Zeit werden zwei neue Hotels in Hamburg und Stuttgart hinzukommen. Im Frühjahr 2009 eröffnet das Unternehmen mit dem ARCOTEL John F bereits das zweite Hotel in Berlin.

Die Hotels sind eigenständige Firmen, unterstützt von der ARCOTEL Hotels & Resorts GmbH, welche die Organisations-, Beratungs- und Managementzentrale der Hotels ist und eine strategisch ausgerichtete Markenpflege, eine effiziente Zielsteuerung, Qualitäts- und Innovationsmanagement sowie Synergien innerhalb der Gruppe ermöglicht.

ARCOTEL pflegt individuelle Unterschiede und zeichnet sich durch Hotels und Persönlichkeiten mit Stil, Charme und Charakter aus. 2003 wurde ARCOTEL von einem österreichischen Magazin für Geschäftsreisende zur „Businesshotelgruppe des Jahres“ gewählt.

WLAN, kostenlose Internetterminals in den Hotellobbys sowie zahlreiche weitere Annehmlichkeiten machen ARCOTEL Hotels sowohl für Geschäfts- und Tagungsreisende als auch für anspruchsvolle Urlaubsreisende attraktiv.

Quelle: www.arcotel.at

Corporate Identity (CI)

Die **Corporate Identity** ist das formulierte Selbstverständnis eines Unternehmens, die Unternehmensidentität. Diese drückt sich im Unternehmensleitbild, in Namen, Logos, Symbolen, Farben, Schriften und den Umgangs- und Kommunikationsformen aus. Sie fördert die schnelle Erkennbarkeit eines Betriebes, dient der **Selbstdarstellung** und der **Imagebildung** eines Unternehmens.

Die Bildung einer Marke ist dabei Ziel allen Handelns. Die Corporate Identity verleiht dem Hotelbetrieb eine persönliche, **unverwechselbare Note.**

Sie besteht u. a. aus festgeschriebenen, bindenden Prinzipien für

- **Corporate Personality:** Unternehmenspersönlichkeit.
- **Corporate Message:** Unternehmensbotschaft, z. B. die unvergleichlichen Dienstleistungen des Hotelbetriebes.
- **Corporate Design (= CD):** CD ist das exakt definierte Auftreten des Unternehmens nach außen vom Logo über das Briefpapier, die optische Gestaltung des Hauses, die Beschilderung bis zur Homepage und zu allen Werbemitteln.
- **Corporate Communications (= CC):** Sie umfassen die Kommunikationsmittel und die zentrale Kommunikationsstrategie; z. B. Umgangston unter Mitarbeitern; welche Informationen dürfen das Hotel verlassen?, wie wird von den Mitarbeitern im Hotel und außerhalb des Hotels gesprochen?
- **Corporate Behavior (= CB):** Unternehmensverhalten; z. B. das gute Betriebsklima, das Verhalten der Hotelmitarbeiter gegenüber den Gästen (Aufstehen, wenn ein Gast an die Rezeption kommt).

Die Marke kommuniziert das Image des Betriebes.

Marke

Die Marke steht **symbolisch** für die Leistung des Unternehmens und soll sein **Image kommunizieren.** Sie ist das „gesichtgebende“ Zeichen für ein Unternehmen zum Zweck der Kennzeichnung der Produkte oder Dienstleistungen und der Differenzierung gegenüber Konkurrenten. Kriterien einer Marke sind Eigenständigkeit, Langlebigkeit und Variationsfähigkeit (z. B. Eignung für verschiedene Zeichenträger, Verkleinerungsmöglichkeit). Sie verfügt über Informations-, Sympathie- und Erinnerungswert.

Der **Markenname** soll prägnant sein und durch Signalwirkung Aufmerksamkeit wecken. Marken können in Form von speziellen Symbolen (Bildmarken der Hotelketten), Worten wie Firmenschriftzügen (Wortmarke-Schriftzug, z. B. Romantik Hotels) oder Buchstaben (z. B. Ⓢ für Sheraton) gestaltet werden. Vorteil einer Bildmarke gegenüber einer Wortmarke ist die schnellere und einfachere Erfassbarkeit und Wiedererkennbarkeit.

Marketingkonzeption als Führungsgrundlage

Die Markt- und Umfeldkonstellationen jedes Unternehmens sind heute viel zu komplex und dynamisch, als dass ein sinnvolles Marketinghandeln ohne **exakte Planung** möglich wäre. Unternehmen, auch in der Hotellerie, brauchen umfassende Marketingkonzepte für markt- und kundengerechtes Agieren.

Ein gutes **Marketingkonzept** ist der Schlüssel zur Erreichung unternehmerischer Ziele, in dem zuerst die **Bedürfnisse und Wünsche des Zielmarktes** ermittelt werden und diese dann wirksamer und wirtschaftlicher erfüllt werden, als die Mitbewerber es tun.

Das Marketingkonzept setzt sich aus folgenden Elementen zusammen:

- **Marketingziele:** Sie definieren jenen Zustand in der Zukunft, den man erreichen möchte.
- **Marketingstrategie:** Sie konzentriert sich auf das **Was** und **Warum** des Marketingkonzepts. Sie ist im Vergleich zur praktischen Umsetzung abstrakt formuliert und gibt gewissermaßen die Route vor.
- **Marketingmix:** Er bietet sozusagen die Vehikel – die operativen **Marketinginstrumente** – zur Umsetzung des Marketingkonzepts und ihre Abstimmung untereinander. Klassischerweise wird der Marketingmix in die vier Bereiche Produkt-, Preis-, Distributions- und Kommunikationspolitik unterteilt.

Generell liegt die Umsetzung des Marketingkonzepts in den Händen der Hotelleitung sowie bei der Leitung der Sales- und Marketingabteilung. Als Rezeptionist kommt man hauptsächlich beim gezielten Einsatz der **Marketinginstrumente** ins Spiel. Man hat hier große Verantwortung zu tragen, da man in diesem Bereich viel zur Erreichung der Marketingziele beitragen kann.

Marketingziele im Hotelbetrieb

Istanalyse

Bevor mit der Formulierung der Marketingziele begonnen werden kann, muss die derzeitige Situation des Betriebes analysiert werden (= Istanalyse). Dabei werden eigene Stärken und Schwächen festgestellt, Chancen und Risiken des Unternehmensumfeldes aufgedeckt.

Produkt- und Angebotsanalyse (interne Analyse)

Es müssen folgende Fragen beantwortet werden:

- Was ist das derzeitige Betriebsangebot? Was ist das angestrebte Betriebsangebot?
- Wie ist die derzeitige Marktposition? Wie sieht die angestrebte Marktposition aus?
- Wo kann sich der Betrieb spezialisieren?
- Wo liegen die Stärken und Schwächen des Betriebes bzw. des Angebots?
- Welche sind die derzeitigen Zielgruppen? Welche Zielgruppen werden angestrebt?

Dazu ist es wichtig, dass die **Gästefragebögen** ausgewertet und Internetforen, **Internetbewertungen** (Internetreviews) herangezogen werden. Sehr aufschlussreich sind oft auch **Gästegespräche** und **Mystery Guest Checks** (anonyme Testkundenbeurteilungen, siehe S. 50).

Marktanalyse
Hierbei geht es in erster Linie um die **Mitbewerberanalyse**, d. h. den Vergleich mit den gleichwertigen Konkurrenten auf dem Markt. Aber auch die Marktdaten der eigenen Region/Stadt sollte man sich ansehen:

- Anzahl der Nächtigungen
- Anzahl der Ankünfte
- Verweildauer der Gäste
- Nationalität der Gäste

Trendanalyse
Ganz besonders wichtig ist immer die Frage: Wohin geht die Entwicklung? Im Kapitel „Tourismus", S. 11, sind die derzeitigen Trends im Detail angeführt.

Formulierung und Koordination der Marketingziele

Wenn man weiß, wo man steht, kann man festlegen, wohin man möchte. Die Frage lautet daher: Was soll erreicht werden? Das bezieht sich auf folgende Kriterien:

- Gewinn – Buchungsvolumen
- Auslastung
- Qualität, Service
- Erschließung neuer Zielgruppen
- Erschließung neuer Märkte

Marketingstrategie im Hotelbetrieb

Der Hotelier ist gefordert, aktiv neue Chancen zu suchen, neue Bedürfnisse anzusprechen oder sie zu wecken. So werden Stammgäste gehalten und neue Gäste gewonnen. Dabei ist es ganz wichtig, Bindungen zu den Kunden aufzubauen. Die permanente Zufriedenstellung von Gästen setzt eine ständige **Weiterentwicklung des Leistungsangebots** voraus.

Um das Leistungsangebot weiterentwickeln zu können, wird mithilfe der Marketingstrategie der Handlungsrahmen abgesteckt. Hier ein paar Beispiele, wie **Marketingstrategien aus Trends abgeleitet** werden können.

Der Hotelmarkt reagiert auf Trends – wie zum Beispiel im AVIVA Single Resort.

- Der Leistungsdruck nimmt zu, die Lebensinteressen verbreitern sich. Für diese Trends sind Angebote zur Entspannung und **Entschleunigung** geeignet. Fernöstliche Entspannungsangebote in luxuriösem Ambiente erfreuen sich reger Nachfrage und werden in manchen Häusern – z. B. im Hotel Hochschober auf der Turracher Höhe, das seine Philosophie mit dem Begriff HochschoberN vermittelt – auf hohem Niveau angeboten.

- Veränderte Rolle der Frau, mehr **Erwerbstätige:** Angebote für Wellness/Fitness werden zunehmend in Anspruch genommen.

- Business und **Selfness:** Geschäftsreisende haben klar ersichtliche, spezielle Bedürfnisse. Diese sollten in das Design der Dienstleistungen Eingang finden. Unter Selfness versteht man die Kultur der neuen Selbstkompetenz: Die Gäste wissen sehr genau, was sie für Körper und Geist möchten. Die Angebote werden vor dem Buchen genauestens geprüft.

- In der gesellschaftlichen Entwicklung zeichnet sich ab, dass es immer mehr **Singles** gibt, immer mehr Frauen alleine verreisen. Auch diesem Trend wird im Tourismus Rechnung getragen durch die Konzeption von eigenen Singlehotels und das Anbieten von speziellen Lady-Packages für allein reisende Frauen bzw. durch Angebote für allein reisende Erwachsene mit Kind(ern).

- Die **Internetbuchungen** nehmen ständig zu: Hotelbetriebe benötigen gute Internetauftritte über eine eigene Homepage und sollten alle Packages auch im Internet anbieten und verkaufen.

- Der Trend zu **Web 2.0:** Darunter versteht man die Neuerungen in der Web-Welt. Web 2.0 steht weniger für neue revolutionäre Techniken, sondern vielmehr für eine neuartige Nutzung bzw. Verkettung von Plattformen und Diensten im Internet. Eine Form dieser Nutzung ist die Teilnahme an virtuellen Gemeinschaften, die sich über ihre Urlaubserlebnisse austauschen, Tipps und Bewertungen zu Urlaubszielen und Häusern abgeben. Dieser Austausch führt dazu, dass sich Gäste vor dem Buchen ihr individuelles Bild von einem Hotel machen. Diese Communitys ersetzen damit in weiten Bereichen Imagefolder (-flyer), Sternebewertungen und fachmännischen Rat durch Reisebüromitarbeiter. Die Branche sollte darauf mit professioneller und möglichst realistischer Darstellung ihrer Leistungsangebote reagieren.

- Low Cost Carrier (Billig-Airlines) stimulieren den **Städtetourismus** und vermehren die Anzahl der Kurzreisen und somit der Gästenächtigungen.

Die Anzahl von kurzfristigen **Kulturtourismus-Wochenendtrips** nimmt zu. Die Gäste verreisen häufiger und bleiben dafür kürzer. Für diesen Trend sind Packages mit kurzer Aufenthaltsdauer, Zeit für Shopping und Kultur mit den entsprechenden Angeboten, je nach Destination, zu schnüren.

Nachstehende Tabelle zeigt, kurz zusammengefasst, den Wandel des Gästeverhaltens anhand bestimmter Kriterien:

Gästeverhalten im Wandel	
Einst	**Jetzt**
Markentreue	Marken-Hopper
Verlässliches Kaufverhalten	Volatiles (flüchtiges) Kaufverhalten
Rationales Kaufverhalten	Eklektizistisches Kaufverhalten (Einkaufsstile werden vermischt: zu Mittag Fast Food, am Abend Haubenlokal)
Zielgruppentreue	Der Gast ist nicht immer nur einer Zielgruppe zuzuordnen – er wechselt
Happy Shopper („Schön, was es alles gibt")	Smart Shopper: schlauer Käufer, der Preisvergleiche im Internet anstellt
Produktorientierung	Nutzenorientierung
Neugierig	Genervt
Geldknappheit	Zeitknappheit
Sammler	Schredder („Verwerter")

nach: Matthias Horx + Accenture, Wien

Entwicklung von SEP und USP

Bei der Entwicklung von Marketingstrategien ist besonders wichtig, die **Alleinstellungsmerkmale** eines Hotels zu definieren. Dabei unterscheidet man:

- **Strategische Erfolgsposition (SEP)** ist eine immaterielle oder materielle einzigartige Fähigkeit oder Ressource, die dem Unternehmen erlaubt, im Vergleich zur Konkurrenz auch längerfristig überdurchschnittliche Ergebnisse zu erzielen.
- Die sogenannte **USP** (= Unique Selling Proposition), auch veritabler Kundenvorteil genannt, wird als jenes Leistungsmerkmal bezeichnet, mit dem sich ein Angebot deutlich vom Wettbewerb abhebt.

Alleinstellungsmerkmale können sein:

- Einzigartige Qualität: z. B. bestes Restaurant laut Gourmetführer.
- Konsequente Spezialisierung: z. B. einziges koscheres Restaurant, einzige Anti-Aging-Farm mit Ärzten.
- Hohes Marketingtempo: durch Aufspüren von Gästebedürfnissen und den allerneuesten Trends immer „die Nase vorne haben", z. B. Sieben-Sterne-Hotel, Unterwasser-, Eishotel, Feng-Shui-Hotel, neueste Wellnesstrends, Restaurant mit Molekularküche.

Aktivitäten im Markt: Marketinginstrumente und Marketingmix

Die Aktivitäten von Unternehmen im Markt werden durch die sogenannten Marketinginstrumente gesteuert. Das sind jene Werkzeuge, die Sie einsetzen, um Ihre Marketingziele auf dem Zielmarkt zu erreichen.

Die **Instrumente des Marketings** – auch als die vier Ps bezeichnet – sind:

- die Leistungs- und Produktpolitik (**P**roduct),
- die Preispolitik (**P**rice),
- die Distributions- oder Vertriebspolitik (**P**lace) und
- die Kommunikationspolitik (**P**romotion).

Die aufeinander abgestimmte Kombination der vier Bereiche wird als **Marketingmix** bezeichnet.

Die Instrumente des Marketings – die vier Ps – werden zum Marketingmix kombiniert.

Leistungs- und Produktpolitik

Gute Produktpolitik zu betreiben bedeutet in der Hotellerie, seiner Zielgruppe zur richtigen Zeit das richtige Angebot auf die richtige Weise zu übermitteln.

Zielgruppen – Gästesegmente – Reisemotive

Zielgruppen im Sinne der Hotellerie (Gästesegmente) sind Gäste mit **gemeinsamen Reisemotiven bzw. Eigenschaften und/oder Bedürfnissen.** Für sie werden neue Produkte kreiert. Beispiele von Zielgruppen neben vielen anderen sind:

- Freizeitreisende (Leisure-Travellers),
- Geschäftsreisende (Business-Travellers),
- Sportler aller Art,
- Wellness- und Beautyurlauber,
- Kururlauber,
- Maturareisende,
- Gays & Lesbians,
- Drive-in-Gäste,
- Schnäppchenjäger,
- Luxusreisende,
- Meetings – Incentives – Congresses – Events (= MICE),
- Familien,
- Singles,
- Alleinreisende mit Kind,
- Nur-Erholer,
- Understatement-Gäste (Modest Introverted Luxury Keepers = Milkies),
- 50-plus-Gäste (Young Old Leisure People = Yollies).

Die Zuordnung der Gäste zu Zielgruppen geschieht in der Gästekartei des Frontoffice-Systems **(Property Management System = PMS, siehe S. 133 und 225).** Die richtige Zuordnung im PMS ist nötig, um ein Gästesegment mit maßgeschneiderten Angeboten gezielt ansprechen zu können. Gegebenenfalls sind diese zu ändern und zu ergänzen.

Ziel ist es, durch die optimale Erfassung und Auswertung aller Kundendaten den direkten **Bezug zu den Kunden- bzw. Gästebedürfnissen** zu bekommen. Nur dadurch ist das Unternehmen in der Lage, Angebote und Packages für seine Zielgruppen punktgenau zu entwickeln.

Die Zielgruppe muss zur richtigen Zeit das richtige Angebot erhalten.

Zielgruppengerechte Angebote

Die Konzeption von maßgeschneiderten Angeboten ist sehr individuell. Sie wird neben der Zielgruppe von Faktoren wie

- Art des Hotelbetriebs,
- Standort,
- Umgebung und Infrastruktur,
- aktuelle Gegebenheiten (wie Events, Ski-Openings etc.),
- Marketingaktivitäten der Tourismusdestination etc.

beeinflusst. All diese Faktoren sind bei der Angebotserstellung zu beleuchten, die Vorteile und USPs, die eine Situation bietet, herauszufiltern und der Zielgruppe entsprechend aufzubereiten.

Beispiel

Zu den Zielgruppen eines Stadthotels in einer Kleinstadt zählen Schnäppchenjäger und junge Paare mit hohem Preisbewusstsein. Der Standort, die Kleinstadt, ist ideal, um Shopping mit Erholung zu verbinden, da das Hotel am Stadtrand neben einem ruhigen Erholungsgebiet liegt. Die Kleinstadt bietet für das erste Adventwochenende ein Adventshopping-Ticket, das für Einkäufe in den Geschäften des City-Rings verschiedene Ermäßigungen und kleine Geschenke anbietet.

Diese Umstände kann der Hotelier nutzen und z. B. zu folgendem Paket für die o. a. Zielgruppen schnüren:

Ungestresst durch den Advent: Entspannt Geschenke kaufen, entspannt zurücklehnen, entspannt zurückkehren – wünschen wir uns das nicht alle? Wenn es Ihnen auch so geht, dass Sie die vorweihnachtliche Zeit als die schönste des Jahres auch wirklich genießen möchten, dann haben Sie jetzt die Möglichkeit dazu:
Doppelzimmer zum Preis eines Einbettzimmers für die Nacht von Samstag auf Sonntag.
Shoppingpaket bei der Ankunft im Betrieb auf dem Gästezimmer mit: Schnäppchen-Shopping-Plan mit Routen für Mode-, Weihnachtsaccessoires- und Geschenkshopping sowie den besten Pausenempfehlungen, Adventshopping-Ticket für Ermäßigungen, Gutschein für einen Glühwein oder Punsch am hauseigenen Punschstand für den Abschluss der Einkaufstour, Gutschein für eine Fußreflexzonenmassage zum halben Preis.
Abendessen bei Kerzenschein in gemütlicher vorweihnachtlicher Atmosphäre.
Nach getaner Weihnachtsvorbereitung sonntägliche Entspannung bei einem ausgedehnten Brunch und Besuch der Wellnessoase im Haus oder Pferdeschlittenfahrt durch die verschneite vorweihnachtliche Landschaft.

Worauf es bei der Erstellung von Angeboten ankommt, ist an diesem Beispiel leicht abzulesen: die **Augen offen halten** für die Geschehnisse in der Umgebung, der **Kreativität** freien Lauf lassen, versuchen, sich in die **Bedürfnisse der Zielgruppe** hineinzuversetzen – und alles zum perfekten Paket kombinieren.

Preispolitik

Oft ist der Preis ein kaufentscheidender Faktor, allgemein ist er ein starkes Marketinginstrument. Obwohl das Luxussegment nach wie vor im Wachsen begriffen ist, gibt es auch hier, wie in allen anderen Gästesegmenten, ein sehr ausgeprägtes **Bewusstsein für das Preis-Leistungs-Verhältnis.** Die Gäste stellen **Preisvergleiche** an – das Internet erleichtert diese Recherchen enorm. Gäste der geringeren Einkommensschicht werden durch attraktivere Preise über neue Vertriebswege (ITS Billa und Hofer Reisen, Internet-Preisvergleichsportale) erreicht.

Die meisten Hotels verfolgen das Prinzip der **„konkurrenzorientierten Preispolitik"**. Das bedeutet, dass die Preise nicht im Sinne einer kostenrechnerisch korrekten Preiskalkulation eruiert werden, sondern sich an der Konkurrenz orientieren.

Eine an die Mitbewerber angepasste Preispolitik vereinfacht zwar die Preisfindung, kann jedoch zu ernsthaften Problemen führen, wenn die Kosten des täglichen Hotelbetriebes durch zu geringe Deckungsbeiträge nicht mehr erwirtschaftet werden. Außerdem schaden nicht nachvollziehbare Preisanpassungen dem Image des Hotels. Durch Niedrigpreispolitik bzw. rein konkurrenzorientierte Preispolitik (ohne Rücksicht auf die wirtschaftliche Situation) haben sich in der Vergangenheit viele Betriebe gegenseitig in den Ruin getrieben.

Die Festlegung des Preises ist eine bedeutende Angelegenheit.

Auslöser für solche Strategien sind häufig zeitweiliger Gästemangel, Akquisitionskampagnen bzw. Umsatzmaximierung um jeden Preis.

Bezeichnungen unterschiedlicher Preise (Rates)	
Rack Rates	Publizierte Preise, Listenpreise, offizielle Zimmerpreise.
Confidential Rates	Nicht veröffentlichte Zimmerpreise; werden nur in besonderen Fällen gewährt.
Company Rates/Corporate Rates	Spezialpreise für Firmen, für Non-Profit-Organisationen, Vereine etc.
Group Rates	Spezialpreise für Gruppen (gibt es nur in großen Hotels).
Discounted Rates	Rabattierte Preise.
Negotiated Rates/Wholesale Rates	Preise für Reisebüros, Konsortien und große Firmen. Die Bezeichnung variiert je nach Verwendung und Vertriebspartner; GDS-Systeme verwenden z. B. die Bezeichnung Negotiated Rates.
Promotional Rates/Special Rates	Sonderpreise für bestimmte Anlässe.
Weekend Rates	Sonderpreise für Wochenenden.
Last-Minute-Rates	Besonders günstige Preise für Gäste, die sehr kurzfristig buchen.
Package Rates	Paketpreise für ein genau definiertes Angebot (z. B. Wellness-Package).
FIT-Rates (FIT= Foreign Individual Tourist)	Preise für Individualreisende, die über Reisebüros kommen. Diese Preise werden von Reisebüros angefragt.

Bezeichnungen für Reisebüropreise	
Nettopreise	Preise, die **keine** Kommission bzw. Provision beinhalten.
Bruttopreise	Preise, die eine Kommission bzw. Provision beinhalten.

Ein Tipp vom Profi
Zimmer dürfen niemals zu einem Preis verkauft werden, der über der offiziellen Rack Rate liegt, weder vom Hotel selbst noch von einem seiner Vertriebspartner.

Preisgestaltung

In anderen Branchen (etwa in der Flugbranche) ist der Verkauf identischer Leistungen zu unterschiedlichen Preisen bereits gang und gäbe. Dreh- und Angelpunkt sind **unterschiedliche Zahlungs- und Buchungsbedingungen.** So wird Frühbuchern ein günstigerer Preis geboten, im Gegenzug müssen diese in Kauf nehmen, dass der Betrag bei Buchung sofort von der Kreditkarte abgebucht wird und die Reise nicht mehr umgebucht werden kann.

WAS IST DER GAST ZU ZAHLEN BEREIT? DAS IST FÜR DIE PREISGESTALTUNG WICHTIG.

In der Hotellerie hat diese Praxis noch kaum Einzug gehalten. Dabei kann die flexible Handhabung von Leistungsbestandteilen wie Anzahlungen und Buchungsrestriktionen zu beiderseitigem Vorteil führen. Wichtig bei derartigen Angeboten sind **Transparenz und Fairness.** Sollten sich Gäste übervorteilt fühlen, können massive Geschäftsschädigungen die Folge sein.

Doch noch wird dieser sogenannten **Preisbereitschaft der Kunden** vonseiten der Hotellerie zu wenig Beachtung geschenkt. Die Preisbildung erfolgt ganz klassisch kostenorientiert, anstatt sich daran zu orientieren, was ein Kunde zu zahlen bereit ist. Wichtig ist dabei aber, dass der Betrieb seine Kostensituation kennt und weiß, wo die Schmerzgrenze liegt.

Mit ein Grund, warum die Preisbereitschaft noch kaum berücksichtigt wird, ist die Komplexität des Themas: Einen Preis danach festzusetzen, was ein Kunde bereit ist auszugeben, ist wesentlich komplexer als rein kostenorientiertes Pricing. Wie sich eine geänderte Preispolitik auf die Auslastung auswirken wird, ist oft nur schwer nachzuvollziehen.

Die Kunst der Segmentierung

Gästesegmente nach gewinnbringenden und aussagekräftigen Merkmalen zu schaffen, ist eine Kunst für sich. Gängige Segmentierungskriterien sind z. B. Zielgruppen, Saisonen, Buchungskanäle, Aufenthaltsdauer und Buchungsverhalten.

Die Beobachtung von **Forecasts** (siehe S. 162) über die Entwicklung der Buchungssituation und Erfahrungen aus den Vorjahren sind Voraussetzung für eine verlässliche Einschätzung, welcher Betrag den Gästen ein Zimmer zu einem bestimmten Buchungszeitpunkt wert sein wird.

Einfluss der Provisionen auf die Preisgestaltung

Einen wesentlichen Einfluss auf die Preisfindung haben auch die Provisionen für Reiseveranstalter und Buchungsplattformen. Da die Konditionen für gewöhnlich vom Partner mit der größeren Marktmacht vorgegeben werden, hat der Hotelier oft wenig Spielraum in der Gestaltung seiner Preise. Die Reduktion auf die Listenpreise kann bis zu 70 % betragen.

Um den Anteil an Zimmern, die über Reisevermittler billig verkauft werden, gering zu halten, empfiehlt es sich, die **Saisonen genau zu definieren.** Nur jene Kapazitäten, die nicht über den direkten Vertrieb verkauft werden können, sollten über diese Kanäle vertrieben werden. Wichtig bleibt dabei, dass der Hotelier seine Kostensituation genau kennt, um bei der Gewährung von Rabatten kostendeckend arbeiten zu können.

JE NACH SAISON IST DIESES ZIMMER MEHR ODER WENIGER BEGEHRT – DAS BESTIMMT DEN PREIS.

Beispiel: Budgetierung der Erträge

Umsätze 20..					
Segmente	**in %**	**in Euro**	**Nächtigungen**	**Preis**	**Provision in %**
Listenpreis	25	108.827	1 909	57,00	0,00
Veröffentlichter Firmenpreis	25	103.386	1 909	54,15	5,00
Individualrate für Reisebüros	20	78.356	1 527	51,30	10,00
Gruppenrate	30	78.356	2 291	34,20	40,00
Summe	**100**	**368.924**	**7 637**	**48,31**	**15,25**

Umsätze 20.. (Folgejahr)					
Segmente	**in %**	**in Euro**	**Nächtigungen**	**Preis**	**Provision in %**
Listenpreis	28	130.488	2 250	58,00	0,00
Veröffentlichter Firmenpreis	26	115.109	2 089	55,10	5,00
Individualrate für Reisebüros	20	83.885	1 607	52,20	10,00
Gruppenrate	26	72.701	2 089	34,80	40,00
Summe	**100**	**402.184**	**8 035**	**50,05**	**13,70**

Wenn im Folgejahr die Gruppenrate, die die höchste Provision mit 40 % aufweist, von 30 % auf 26 % Anteil gesunken ist, dann war die Entscheidung, weniger Gruppenbuchungen anzunehmen, richtig, denn der Gesamtprovisionssatz fiel von 15,25 % auf 13,7 %. Somit hat sich der Durchschnittspreis über alle Segmente von 48,31 Euro auf 50,05 Euro gesteigert. Weiters ist es offensichtlich gelungen, mehr Buchungen zum Listenpreis (vielleicht über die Homepage) zu erhalten, und somit stieg der Anteil von 25 % auf 28 %.

Ziel ist es, aus diesen Statistiken die Strategien für die Zukunft herauszulesen.

Preissenkung nur bis zur Preisuntergrenze

Schnäppchenjäger haben Hochsaison, denn Discounter haben Gäste das Feilschen gelehrt. Durch eine Senkung der Preise gelingt es den Hotels zwar, die Auslastung und damit den Umsatz zu erhöhen, der durchschnittliche Zimmerpreis und der Umsatz je verfügbarem Zimmer sinken allerdings.

Grundsätzlich ist es für die Festlegung der Preise ratsam, mit der **Preisbereitschaft der Kunden vorsichtig** zu agieren. Die große Gefahr von Rabatten liegt in ihrer mittel- und langfristigen Wirkung: Sobald sich die Preisspirale nach unten dreht, ist es schwierig, den Preis wieder auf die ursprüngliche Ebene anzuheben.

Ein Tipp vom Profi

Mit cleveren Strategien kann der Hotelier verhindern, dass discountverwöhnte Gäste (noch) mehr Rabatt fordern. Bei Rabattfragen kann er dem Gast beispielsweise anbieten, dass dieser sein Zimmer selbst auswählt. Dieser Bonus kostet dem Gastgeber nichts, dem Gast ist er aber viel wert.

Eine Preissenkung erhöht zwar die Auslastung, allerdings sinkt dadurch der Umsatz pro verfügbarem Zimmer. Um trotz Preissenkung denselben Ertrag zu erzielen, muss die Auslastung erhöht werden.

Wird mit der Rabattierung übertrieben, kann trotz 100 % Auslastung kein Ertrag mehr erzielt werden. Die folgende Grafik veranschaulicht das Zusammenspiel von Rabatt, Auslastung und Ertrag auf eindrucksvolle Weise.

Preissenkung in %

(x)	5 %	10 %	15 %	20 %	25 %
38	40	42	45	48	51
42	44	47	49	53	54
46	48	51	54	58	61
50	53	56	59	63	67
54	57	60	64	68	72
58	61	64	68	73	77
62	65	69	73	78	83
66	69	73	78	83	88
70	74	78	82	88	93
74	78	82	87	93	99
78	82	87	92	98	104
82	86	91	96	103	109
86	91	96	101	108	115
90	95	100	106	113	120

gegebene Auslastung in %

erforderliche Auslastung in %

Der **Zimmererlös muss über der Preisuntergrenze liegen**, um das Zimmer **kostendeckend** zu verkaufen. Auch bei Promotions in auslastungsschwachen Zeiten muss der Hotelier zumindest seine variablen Kosten (= kurzfristige Preisuntergrenze) abdecken können. Die variablen Kosten sind Aufwendungen für Verpflegung, Energie etc., die der Gast durch seinen Aufenthalt direkt verursacht.

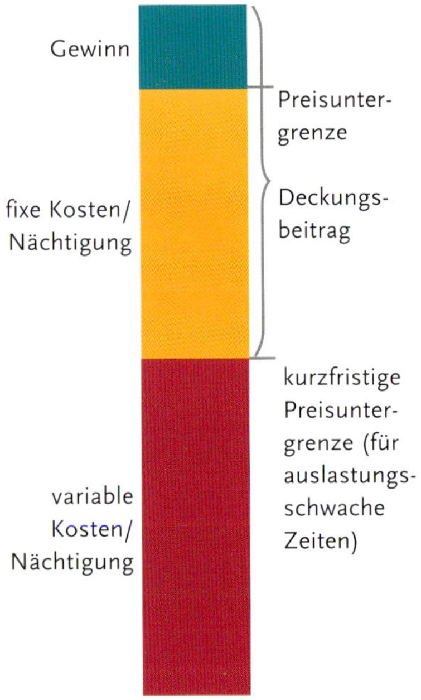

Um auf dem Markt bestehen zu können, müssen Betriebe Innovation zeigen – auch in der Preisgestaltung.

Yield Management, Revenue Management

Das Yield Management – auch als Revenue Management bezeichnet – wird häufig mit **Ertragsmanagement** übersetzt. Es ist ein Instrument zur simultanen und dynamischen, meist EDV-gestützten Preis- und Kapazitätssteuerung. Es geht um den an die Nachfrage angepassten Verkauf mit dem Ziel, eine **hohe Auslastung mit höchstmöglichem Erlös** zu erreichen.

Nach dem Vorbild der Airlines, die das Yield Management meisterlich betreiben, verfahren auch die Hotels nach den Regeln dieses Prinzips: Sie setzen die **Preise für bestimmte Zimmerkategorien** zu bestimmten Saisonzeiten **sehr unterschiedlich** fest.

Im Unterschied zur klassischen Preisdifferenzierung werden im Yield Management die Preise nicht nur auf der Produkt- und Angebotsebene variiert, sondern direkt für einzelne **Einheiten: 1 Einheit = 1 Yield = 1 Zimmer pro Nacht (Room Night).**

Yield Management arbeitet mit dem Prinzip der **Kontingentierung.** Ist ein Kontingent aufgebraucht, so ist der zugehörige Tarif nicht mehr verfügbar. Das auf den ersten Blick Ungewöhnliche an der Kontingentierung ist, dass Kontingente nicht nur an beobachtbare bzw. überprüfbare Kriterien geknüpft werden, sondern unter anderem auch an Verhaltensweisen. So winken Schnellentschlossenen Vergünstigungen: Wer zuerst kommt, bekommt den billigsten noch verfügbaren Tarif.

Bekannte Yield-Parameter für die Hotellerie

- **Auslastung/Kapazität:** Je geringer die Verfügbarkeit ist, desto höher ist der Preis.
- **Saison:** Höhere Nachfrage innerhalb einer klar definierten Saison zieht höhere Preise nach sich.
- **Variable Preisstruktur:** Unterschiedliche Vertragspartner haben unterschiedliche Vertragspreise. Die Preisreduktionen richten sich nach den jeweiligen „Vertriebskosten" der Vertragspartner, d. h., wenn ein Incomer seine Zimmerpreise noch zweimal weiterverkaufen muss, dann muss diesem Partner ein Discount von mindestens 30 % (Rack Rate minus 30 %) angeboten werden.
- **Buchungszyklen:** Je nach den Buchungsgewohnheiten werden z. B. Geschäftsreisende, die maximal ein bis zwei Wochen vor Ankunft buchen, nicht mit dem für diesen Zeitraum vielleicht schon höheren Preis eingebucht, sondern haben aufgrund des Buchungsvolumens und der bestehenden Corporate-Rate-Vereinbarung trotz der späten Buchung einen günstigeren Preis.
- **Kategorienverkauf:** Es ist anzuraten, Zimmerkategorien stark zu diversifizieren. Generell sollte jede einzelne Produkteigenschaft (Zimmergröße, Balkon, Seeblick, Stockwerk, ruhige Lage, Doppelzimmer zur Einzelbenützung, Nichtraucherzimmer etc.) mit dem jeweils hierfür auf dem Markt erzielbaren Preis verkauft werden.
- **Externe Faktoren:** Zu Events, Messen, Kongressen werden die Preise erhöht.
- **Stornoquote, No-Show-Quote, Walk-in-Quote:** Diese Quoten sind aus der Rezeptionserfahrung bekannt. Wenn z. B. klar ist, dass jeweils 10 % der gebuchten Zimmer kurzfristig storniert werden oder No-Shows sind, kann man diese in der Überbuchungsrate des Hotels berücksichtigen. Dasselbe gilt auch für die Walk-in-Quote: Je

Vom ersten Sales Call hängt ab, ob sich eine neue Kundenbeziehung entwickelt oder nicht. Daher ist die optimale Vorbereitung darauf von großer Bedeutung.

höher diese ist, desto geringer die Notwendigkeit der Überbuchung.
- **Strengere Buchungskonditionen:** Bei Terminen mit hoher Nachfrage können strengere Buchungskonditionen zur Verbesserung der Auslastung führen: Minimumaufenthalte, klar definierte An- bzw. Abreisetage (Tage gesperrt für An- bzw. Abreisen), 100%ige Vorauszahlung ohne die Möglichkeit eines Stornos (Advanced Purchase Booking Rate) etc.
- **Upselling:** Generierung von zusätzlichem Umsatz durch z. B. Upgradings gegen Aufpreis.

Distributions- oder Vertriebspolitik

Größere Hotels verfügen über eine Verkaufsabteilung mit Sales Manager, Sales Agents und Sales Assistants. In kleinen und mittleren Hotels werden Verkaufsagenden zum Teil von den Mitarbeitern an der Rezeption übernommen. Solche Aufgaben können sein:
- Erstellung von verkaufsnotwendigen und verkaufsfördernden Unterlagen.
- Verhandeln von Verträgen mit Reisebüros, Incomern (siehe Kapitel „Incoming-Agenturen", S. 247), Firmen und anderen Vertriebspartnern.
- Durchführung von Sales Calls (siehe unten) in Kombination mit Direct Mailings.
- Verkauf am Telefon.
- Durchrufen der bestehenden Gästekartei und Eruieren der aktuellen Daten sowie Verkauf der aktuellen Angebote.
- **Key-Account-Management** (Großkundenbetreuung): In erster Linie bedeutet Key-Account-Management die Betreuung von **Großkunden** durch bestimmte Mitarbeiter.
  Beispiel: Ein wichtiger Incomer hat einen Beschwerdefall. Der Key-Account-Manager kümmert sich persönlich um den betreffenden Gast und um den Mitarbeiter des Incoming-Büros, um die Zufriedenheit von beiden wiederherzustellen.

Sales Calls

Ein Sales Call ist eine gezielte Verkaufsaktion, die man setzt, um mit neuen Kunden (wie z. B. Reisebüros oder Firmen für Incentives) in Verbindung zu kommen.

Möglicher Ablauf eines Sales Calls
- Adressenmaterial sichten, gewünschte Adresse aussuchen.
- Bereitlegen eines Sales-Call-Protokolls mit allen bereits verfügbaren Daten über den Neukunden.
- Anruf bei der gewünschten Stelle.
- Frage, wer für Hotelreservierungen zuständig ist. Erfragen des Vor- und Nachnamens, der Abteilung und Durchwahlnummer der entsprechenden Person.
- Wenn man dann mit der richtigen Person verbunden ist:
  – Kurze Vorstellung der eigenen Person und des Hauses.
  – Frage, ob das Haus dem Gesprächspartner bekannt ist.
  – Frage, ob Hotelbuchungen vorgenommen werden und, wenn ja, in welchem Ausmaß.
  – Frage, ob man zu einem Gesprächstermin vorbeikommen oder zum Frühstück einladen darf. Wenn ja, Vereinbarung der Zeit und des Datums.
- Durchführung des Besuchs unter Mitnahme der Preismappe und eines kleinen Geschenks (Kofferanhänger, Koffergurt, Regenschirm).
- Vermerk des Gesprächsergebnisses im Sales-Call-Protokoll.
- Eintragung der Daten im Frontoffice-Programm (Firmenname, Adresse, Ansprechperson, Preisliste, Source-Code, Market-Code, Channel-Code – siehe S. 223) und Ablage.
- Eventuell Nachbereitung, wie z. B. nochmalige Kontaktaufnahme, Versand von Unterlagen an andere Abteilungen oder Verfügbarkeitsüberprüfung bei konkreten Anfragen.

Messen

Messen ermöglichen den Ausstellern, ihre Waren oder Dienstleistungen zur Schau zu stellen. Kunden haben die Möglichkeit, Angebote verschiedener Anbieter zu vergleichen und sich einen guten Überblick über die Marktsituation (Markttransparenz) zu verschaffen (Messen siehe auch S. 150).

Organisation der Messeteilnahme
- **Vorbereitung**
  – Anmeldung, Reiseorganisation: Am besten nimmt man in Zusammenarbeit mit der örtlichen Tourismusorganisation bzw. -destination teil.
  – Kunden einladen, Termine schriftlich fixieren.
  – Ziele festlegen.
  – Unterlagen erstellen.
  – Give-aways organisieren.

- **Standgestaltung**
  - Farben, Schriften, Präsentationen (CI beachten).
  - Beleuchtung.
  - Fotos, Bilder, Video, Laptop.
  - Sitzmöglichkeiten.
  - Bewirtung.
  - Rahmenprogramm.

- **Standorganisation während der Messe**
  - Aufgaben im Team festlegen.
  - Ordnung am Stand halten.
  - Mitbewerberanalyse vor Ort durchführen.
  - Nicht essen, trinken, lesen oder mit Kollegen plaudern.
  - Offenes, einladendes Auftreten.
  - Schriftliche Protokolle über Kundengespräche führen.

Nachbearbeitung
- Protokolle der Kundengespräche durchgehen.
- Angebote schicken.
- Kontakte in Kundenkartei aufnehmen.
- Erfolgskontrolle durchführen.

Kommunikationspolitik

Werbung

Werbung ist jede Form der bezahlten, nicht persönlichen Darbietung von Ideen, Gütern, Dienstleistungen u. Ä. durch einen identifizierbaren Auftraggeber. Methoden der Werbung sind z. B. TV- und Radiospots, Inserate, Broschüren, Flyer, Plakate, Homepage. In der Hotellerie schließen sich vermehrt Betriebe zu **Werbekooperationen** (z. B. Relais & Chateau) zusammen und organisieren ihre Werbe- und Messeauftritte gemeinsam (siehe auch Kapitel „Zusammenarbeit mit Tourismusorganisationen“, S. 256).

In Werbemitteln steckt viel Aufwand – aber auch großer Nutzen, wenn sie perfekt gemacht sind.

DIE TEILNAHME AN FACHMESSEN ZEIGT DIE PRÄSENZ AUF DEM MARKT.

Gestalten von Werbemitteln – ein kurzer Leitfaden

Jeder Text, jede Aussendung, jedes Angebot kann **Werbung** für Ihren Betrieb sein – oder eben nicht. Nutzen Sie die Chance. Der Angesprochene setzt sich mit dem Text auseinander und reagiert entsprechend – im besten Fall mit einer Buchung.

Damit Texte den Verkauf fördern, ist Folgendes zu beachten:
- Beginnen Sie mit einem emotionalen Einstieg. Sprechen Sie Reisemotive und Wünsche des Gastes an.
- Richten Sie Ihre Ansprache direkt an die ausgewählte Zielgruppe in Form eines maßgeschneiderten Angebots bzw. Packages.
- Setzen Sie beim Formulieren „die Brille des Empfängers“ auf und überlegen Sie, über welches Angebot Sie sich freuen würden.
- Formulieren Sie positive, kurze Sätze. Das Angebot soll leicht zu erfassen sein.
- Schreiben Sie aktiv, vermeiden Sie Möglichkeitsformen wie könnte, dürfte, wäre, sollte, vielleicht, unter Umständen. Diese Wörter stellen die Absicht infrage. Stellen Sie die direkte Ansprache (Sie) vor das Wir.
- Richten Sie sich in der Wortwahl nach der Sprache Ihrer Zielgruppe und vermeiden Sie Fremdwörter, Fachausdrücke und Füllwörter.
- Beschreiben Sie die Stimmung des Betriebes in eindrucksvollen Worten und heben Sie Ihre **USP – die Unique Selling Proposition** (siehe S.207) – hervor. Das ist Ihr einzigartiges Verkaufsargument, das Ihren Betrieb so unverwechselbar macht. So können Sie sich von Mitbewerbern unterscheiden.
- Formulieren Sie griffig, bringen Sie Ihre Aussage auf den Punkt. In der Kürze liegt die Würze. Niemand liest gern ellenlange Texte. Der Gast muss in der ersten Zeile überzeugt sein, dass hier ein Inhalt folgt, der ihn interessieren könnte.
- Beenden Sie das Schreiben mit einer relevanten Botschaft. Das Postskriptum ist beispielsweise eine gute Möglichkeit, noch einen Werbehinweis anzubringen.
- Lesen Sie den Text nochmals konzentriert durch und überlegen Sie, ob er Sie ansprechen würde.
- Achten Sie auf ein fehlerfreies Ergebnis. Tadellose Rechtschreibung und Grammatik sind Voraussetzung dafür, dass der Gast die Qualität des Hotels als hoch einschätzt. Ein Rechtschreibduden für die Rezeption ist in jedem Fall eine lohnende Investition.

Ein paar Worte zur optischen Gestaltung
- Halten Sie sich an das Corporate Design Ihres Betriebes. Eine festgelegte

Grundgestaltung muss sich in allen schriftlichen Medien – vom Brief bis zur Menükarte – wiederfinden.

- Absätze, Zwischentitel und Hervorhebungen machen den Text locker und leicht lesbar.
- Verwenden Sie bei Bedarf Bilder und Grafiken. Achten Sie dabei aber auf ein harmonisches Verhältnis zu den Textblöcken und denken Sie daran, dass für E-Mail-Aussendungen das Datenvolumen nicht zu groß sein darf. Umgekehrt sollen Sie aber für Drucksorten nur Bilder verwenden, die der Druckqualität entsprechen. Die Gestaltung lässt Rückschlüsse auf den Betrieb zu.
- Auch für die Gestaltung gilt: Weniger ist mehr. Ein Eyecatcher (Blickfang) ist effizienter als mehrere.
- Verwenden Sie eine klare, gut lesbare Schrift.

Werbe- und Informationsmaterial ist für den Gast ansprechend aufzubereiten und zu präsentieren.

Ein Tipp vom Profi
Unterstützung bei der Erstellung von Werbematerial, wie z. B. Flyer, erhalten Sie bei den lokalen Tourismusorganisationen.

Werbebrief

Ein Werbebrief wird mit oder ohne Beilagen an bestimmte Empfänger versandt. Zielgruppen sind beispielsweise Gäste, Unternehmen, Meinungsführer, Lieferanten, Freunde oder Bekannte des Hauses.

Vorteil: preiswert; persönliche, wirkungsvolle Ansprache möglich.
Nachteil: Aufgrund der Briefflut lesen die meisten Menschen Werbebriefe nicht mehr. Wichtig ist daher, dass man den Leser in den ersten Sekunden bzw. Zeilen mit einer griffigen Botschaft an den Inhalt fesseln muss.

Leseverlauf bei Werbebriefen

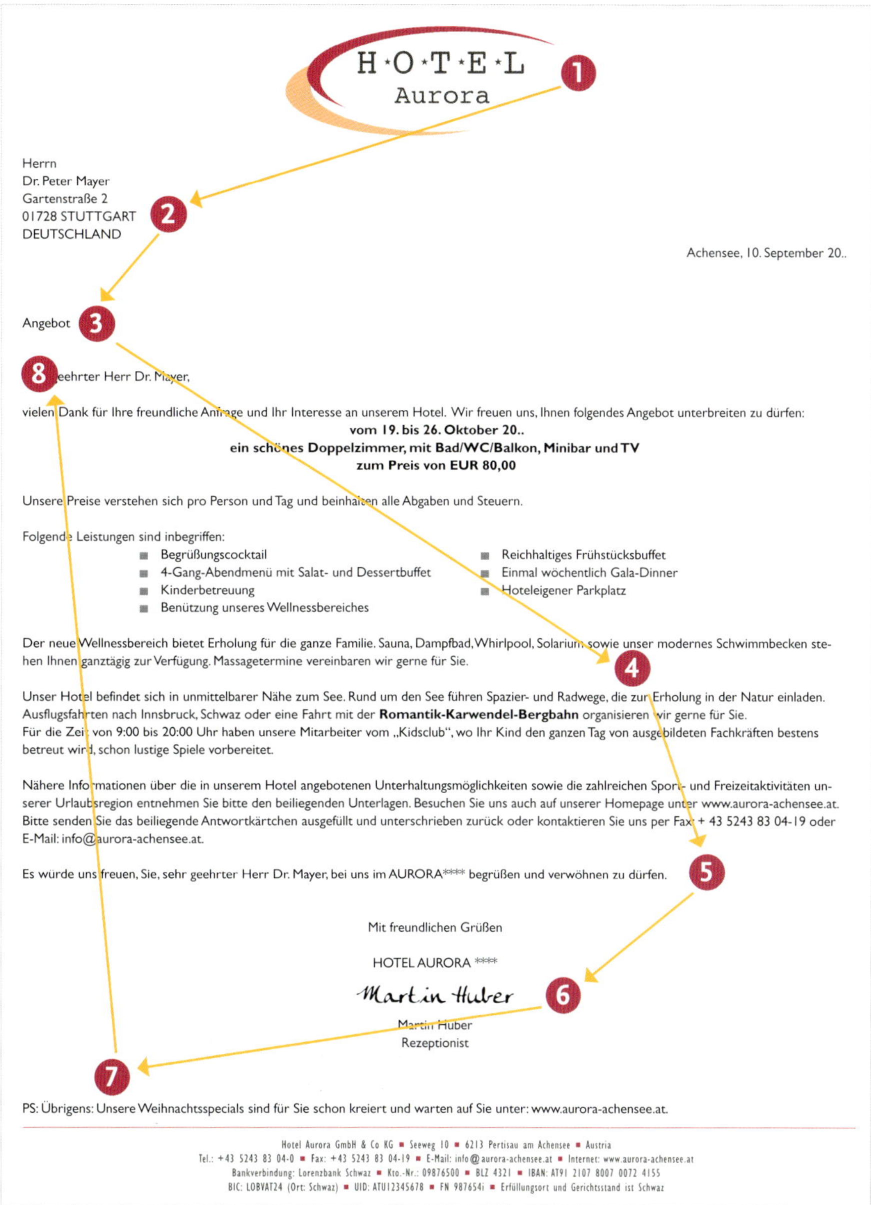

H·O·T·E·L
Aurora

Herrn
Dr. Peter Mayer
Gartenstraße 2
01728 STUTTGART
DEUTSCHLAND

Achensee, 10. September 20..

Angebot

Sehr geehrter Herr Dr. Mayer,

vielen Dank für Ihre freundliche Anfrage und Ihr Interesse an unserem Hotel. Wir freuen uns, Ihnen folgendes Angebot unterbreiten zu dürfen:

vom 19. bis 26. Oktober 20..
ein schönes Doppelzimmer, mit Bad/WC/Balkon, Minibar und TV
zum Preis von EUR 80,00

Unsere Preise verstehen sich pro Person und Tag und beinhalten alle Abgaben und Steuern.

Folgende Leistungen sind inbegriffen:

- Begrüßungscocktail
- 4-Gang-Abendmenü mit Salat- und Dessertbuffet
- Kinderbetreuung
- Benützung unseres Wellnessbereiches
- Reichhaltiges Frühstücksbuffet
- Einmal wöchentlich Gala-Dinner
- Hoteleigener Parkplatz

Der neue Wellnessbereich bietet Erholung für die ganze Familie. Sauna, Dampfbad, Whirlpool, Solarium sowie unser modernes Schwimmbecken stehen Ihnen ganztägig zur Verfügung. Massagetermine vereinbaren wir gerne für Sie.

Unser Hotel befindet sich in unmittelbarer Nähe zum See. Rund um den See führen Spazier- und Radwege, die zur Erholung in der Natur einladen. Ausflugsfahrten nach Innsbruck, Schwaz oder eine Fahrt mit der **Romantik-Karwendel-Bergbahn** organisieren wir gerne für Sie. Für die Zeit von 9:00 bis 20:00 Uhr haben unsere Mitarbeiter vom „Kidsclub", wo Ihr Kind den ganzen Tag von ausgebildeten Fachkräften bestens betreut wird, schon lustige Spiele vorbereitet.

Nähere Informationen über die in unserem Hotel angebotenen Unterhaltungsmöglichkeiten sowie die zahlreichen Sport- und Freizeitaktivitäten unserer Urlaubsregion entnehmen Sie bitte den beiliegenden Unterlagen. Besuchen Sie uns auch auf unserer Homepage unter www.aurora-achensee.at. Bitte senden Sie das beiliegende Antwortkärtchen ausgefüllt und unterschrieben zurück oder kontaktieren Sie uns per Fax: + 43 5243 83 04-19 oder E-Mail: info@aurora-achensee.at.

Es würde uns freuen, Sie, sehr geehrter Herr Dr. Mayer, bei uns im AURORA**** begrüßen und verwöhnen zu dürfen.

Mit freundlichen Grüßen

HOTEL AURORA ****

Martin Huber

Martin Huber
Rezeptionist

PS: Übrigens: Unsere Weihnachtsspecials sind für Sie schon kreiert und warten auf Sie unter: www.aurora-achensee.at.

Hotel Aurora GmbH & Co KG ▪ Seeweg 10 ▪ 6213 Pertisau am Achensee ▪ Austria
Tel.: +43 5243 83 04-0 ▪ Fax: +43 5243 83 04-19 ▪ E-Mail: info@aurora-achensee.at ▪ Internet: www.aurora-achensee.at
Bankverbindung: Lorenzbank Schwaz ▪ Kto.-Nr.: 09876500 ▪ BLZ 4321 ▪ IBAN: AT91 2107 8007 0072 4155
BIC: LOBVAT24 (Ort: Schwaz) ▪ UID: ATU12345678 ▪ FN 987654i ▪ Erfüllungsort und Gerichtsstand ist Schwaz

1. Absender
2. Empfänger
3. Betreff, Anrede, Einstieg (die ersten zwei Zeilen)
4. Hervorhebungen im Hauptteil (Leistungsbeschreibung)
5. Briefausstieg (die letzten zwei Zeilen)
6. Unterschrift des Absenders
7. PS, wenn damit eine griffige Botschaft vermittelt werden kann
8. Anrede (sind Name und Titel richtig geschrieben?)

Prospekte

Prospekte werden beim direkten Kontakt persönlich überreicht oder auch Mailings beigelegt. Gelegenheiten, bei denen sie außerdem verwendet werden, sind z. B.

- **Sales Calls:** Anbahnen neuer Kundenkontakte, wie z. B. mit Reisevermittlern,
- **Sales Blitze:** kurzfristige Verkaufsbesuche bei Firmenkunden wie Reisebüros, Incentive-Firmen o. Ä.,
- **Messen.**

Zielgruppen sind bestehende und neue potenzielle Gäste der näheren und weiteren Umgebung.
Vorteil: persönlich wirkungsvolle Selbstdarstellung, starke Profilierung, geringer Kostenaufwand, vom Gast als interessantes Informationsmittel betrachtet.
Nachteil: wird zunehmend vom „Online-Prospekt", der Homepage, verdrängt und ist nicht immer erwünscht.
Beispiel: Auf einer Reisemesse erhalten Besucher von den Anbietern Prospekte zur Information. Vielfach wird von den Besuchern die Mitnahme eines Prospekts bereits abgelehnt und auf die Recherche über die Homepage verwiesen.

Gestaltung von Speisen-, Menü- und Getränkekarten

Neben professionell gestalteten Prospekten zählen auch die Speisen-, Menü- und Getränkekarten zu den optischen Visitenkarten des Hauses. Ihnen ist bei der Gestaltung besonderes Augenmerk zu schenken.

Speisenkarte
Für die Gestaltung der Speisenkarten gibt es verschiedene Möglichkeiten:

Klassische Variante

- Kalte Vorspeisen.
- Suppen.
- Warme Vorspeisen.
- Fischgerichte.
- Hauptgerichte mit Gemüse- und Sättigungsbeilage.
- Warme/Kalte Süßspeisen, Käse.

Moderne Variante

- Optisch getrennte und übersichtliche Darstellung der Speisengruppen.
- Trennen von kalten und warmen Gerichten.
- Steigerung von leichten zu schweren Gerichten.

Grundsätze für die Erstellung einer Speisenkarte:

- Nur saubere, nicht korrigierte Karten auflegen.
- Fehlerlose Menürechtschreibung einhalten.
- Integrierte Menüs, Tages- oder Wochenspezialitäten sollen hervorstechen und auswechselbar sein.

DIE ART DER ZUSAMMENSTELLUNG VON SPEISEN UND GETRÄNKEN KANN GÄSTE GLÜCKLICH MACHEN – ODER ENTTÄUSCHEN.

- Preise rechtsbündig oder unter den Text setzen; hier sind sie am leichtesten lesbar.
- Evtl. Angabe des PIN-Codes zur Erleichterung der Bestellung.
- Bei Gerichten mit längerer Zubereitungsdauer die Wartezeit vermerken.
- Karten in handlicher Größe herstellen.
- Bei kleiner Auswahl größere Schrift wählen.
- Nicht zu viele verschiedene und nicht zu kleine Schriftarten verwenden, einheitliche Gestaltungselemente einbauen.
- Anzahl der Karten anhand der Sitzplätze im Restaurant festlegen.

Menükarten
Menükarten werden bei Veranstaltungen wie Banketten, Gesellschaftsessen, Hochzeiten und Firmenfeiern aufgelegt.

Klassische Form

Die Speisen und Getränke werden zentriert untereinandergeschrieben. Die einzelnen Speisenfolgen sind deutlich durch Zeichen getrennt.

Moderne Form

Die Speisen und Getränke sind linksbündig geschrieben und können durch Zeichen getrennt werden.

Die **einfache Menükarte** besteht aus einem Blatt, auf dem die Speisen entsprechend der Reihenfolge des Menüs angeführt sind. Die zur Auswahl stehenden Getränke können am Ende der Karte angeführt werden. Ort, Datum und Anlass vervollständigen die Karte.

Für besondere Anlässe verwendet man **gefaltete Menükarten mit Einlageblättern.** Sie bestehen aus einem Umschlag mit Firmen-, Menü- oder Anlassaufdruck und einem Einlageblatt. Die Speisen sind auf der rechten Seite aufgelistet, die Getränke, die zu den Gerichten gereicht werden, stehen links. Ort, Datum und evtl. nochmals der Anlass sind angeführt. Aufgebaut wird die Karte nach der heute üblichen, zeitgemäßen Menüreihenfolge:

Zeitgemäße Menüreihenfolge		
Auf Deutsch	**En français**	**In English**
Gaumenfreuden, Appetithappen, Mundbissen	Amuse-gueule, Amuse-bouche	Appetizers
Kalte Vorspeise	Horsd'œuvre froid	Starter, first course
Suppe	Potage, soupe	Soup
Warme Vorspeise	Horsd'œuvre chaud	Hot entree
Fisch, Meeresfrüchte	Poisson, fruit de mer	Fish, seafood
Sorbet/Eisgetränk	Sorbet	Sherbet, sorbet
Hauptgang – Fleischgang	Rôti, grosse-pièce, relevé	Main course
Käse	Fromage	Cheese
Warme Süßspeise	Dessert, entremets chauds	Hot dessert
Kalte Süßspeise	Dessert, entremets froids	Cold dessert
Kaffee – kleine Näschereien	Café – petits fours	Coffee – cookies

Arten von Menükarten	
Tagesmenükarte	Enthält ein Menü, das den ganzen Tag angeboten wird. Sie kann auch aus einem Mittagsmenü und einem Abendmenü bestehen.
Mittagsmenükarte	Umfasst in der Regel drei bis vier Gänge. Es sind fertige Speisen, die auch als À-la-carte-Speisen auf der Tageskarte zu finden sind.
Abendmenükarte	Besteht meist aus mehr Gängen als die Mittagsmenükarte. Da sich die Gäste am Abend eher mehr Zeit zum Essen nehmen, können Abendmenüs auch aus frisch zubereiteten Speisen zusammengestellt sein.
Soupermenükarte	Enthält leichte Speisen, da sie erst ab ca. 22:00 Uhr für Gäste nach einem Theaterbesuch o. Ä. angeboten wird.
Wahlmenükarte	Die Gäste haben die Möglichkeit, sich aus mehreren Speisen die passende Kombination zusammenzustellen.

Bei der Zusammenstellung eines Menüs sollten folgende Fehler unbedingt vermieden werden:

- Wiederholung von Zubereitungs- bzw. Garmachungsarten, Farben, Gerichten.
- Verwendung von Abkürzungen, Anführungszeichen, Sammelbegriffen oder Fantasienamen.
- Mischen von verschiedenen Sprachen (außer eingedeutschten Begriffen wie „Consommé“).
- Rechtschreib- bzw. Tippfehler.
- Nichteinhaltung der klassischen Speisenfolge.

Ein Tipp vom Profi
Beginnen Sie bei der Menüzusammenstellung immer mit der Hauptspeise.

Reihenfolge bei der Schreibung von Speisen mit Beilagen

- Hauptspeise, Sauce
  Gegrilltes Schweinskotelett in Knoblauchsauce
- Vitaminbeilage, Sättigungsbeilage
  mit Gemüse der Saison und Kümmelkartoffeln
- Beilagensalat
  Gemischte Blattsalate

Getränkekarten

Die Getränkekarte soll als Visitenkarte des Betriebes ansprechend gestaltet sein. In vielen Betrieben gibt es eine Getränkekarte, die das gesamte Getränkeangebot enthält. Eine gute Getränkekarte zeichnet sich durch einen übersichtlichen Aufbau aus. Die einzelnen Getränkegruppen werden getrennt angeführt. Bei allen Getränken mit Ausnahme von Tee und Kaffee muss hervorgehen, auf welche Menge sich der Preis bezieht.

Gliederung der Getränkekarte

- Aperitif
  Südweine (Sherry, Portwein etc.)
  Wermut
  Bitters
  Anisées
  Before-Dinner-Cocktails
- Wein
  Aufbau siehe Weinkarte, unten
- Bier
  Offenes Bier vor Flaschenbier
  Inländisches vor ausländischem Bier
- Alkoholfreie Getränke
  Mineralwasser
  Limonaden
  Fruchtsäfte
  Fruchtsäfte, gespritzt
- Heißgetränke
  Kaffee
  Tee
  Schokolade
  Milchmischgetränke
- Digestifs
  Brände
  Liköre
  After-Dinner-Cocktails
- Vermerke
  Preisangabe
  Ausschankmenge
  Verweis auf Inklusivpreise

Weinkarte

Das Angebot auf der Weinkarte ist an die Gästezielgruppe anzupassen und auf die Nachfrage abzustimmen. Auch müssen die Weine mit dem Speisenangebot im Einklang sein. Nicht die Menge, sondern die Qualität der dargebotenen Weine macht eine gute Weinkarte aus.

Aufbau und Gliederung der Weinkarte

- Offene Weine vor Flaschenweinen
- Inländische vor ausländischen Weinen
- Weißweine vor Rosé- und Rotweinen
- Tafel- vor Qualitätsweinen
- Stillweine vor Schaumweinen

Vermerke auf einer Weinkarte

- Kassa- bzw. Artikelnummer
- Bezeichnung des Weines
- Rebsorte
- Jahrgang
- Erzeuger
- Ausschankmenge
- Preisangabe
- Verweis auf Inklusivpreise

Darüber hinaus sollen durch das Gesetz geschützte Herkunftsbezeichnungen sowie spezielle Herstellungsverfahren hervorgehoben werden. Neben den bestehenden Angeboten sind immer wieder zusätzlich besondere Weine anzubieten.

Außenwerbung

Darunter versteht man die Werbung, die außerhalb eines Hotels in Form von Wirtshausschildern, Aufschriften, Hinweisschildern, Plakaten an Haltestellen und Bahnhöfen, Litfaßsäulen, Schau- sowie Lichttafeln angebracht wird. Die Zielgruppe sind Passanten.
Vorteil: sehr wirkungsvoll im direkten Umfeld des Unternehmens, typisches Medium für Erinnerungswerbung.
Nachteil: Gefahr von großen Streuverlusten.

Anzeigen, Inserate

Anzeigen werden in Tages- und Wochenzeitungen, in Zeitschriften sowie in Fachzeitschriften geschaltet. Zielgruppe sind Stammgäste und potenzielle Gäste sowie Opinionleader (Meinungsführer aus der Branche, z. B. von Reisebüros, von der Fachpresse).

WEIN, INS RICHTIGE LICHT GERÜCKT, ENTZÜCKT NICHT NUR AUSGESPROCHENE WEINLIEBHABER.

Anzeigen sind ein vergleichsweise teures Medium für unbekannte, direkt nicht erreichbare Zielgruppen, aber ein sehr treffsicheres Medium zum Erreichen von Neigungsgruppen (Führungskräften o. Ä.).
Nachteil: teilweise hoher Streuverlust, wenn die Medien nicht optimal selektiert wurden. Manchmal verschwinden Anzeigen in sogenannten „Anzeigenfriedhöfen“ (Anzeigenseite, die durch Masse und Gleichförmigkeit die Werbung nicht zur Geltung kommen lässt).

Telekommunikation

Telefon, Telefax, Bildschirmtext sind keine typischen Werbemittel, können aber zum Transport von Werbebotschaften verwendet werden. Zielgruppe ist jede mit den erwähnten Mitteln erreichbare Art von Gästen.
Nachteil: wenig beliebt (z. B. Telefonmarketing).

TV-Werbung

Das sind TV-Werbespots, deren Zielgruppen in den regionalen oder internationalen Sendegebieten zu finden sind. Radiowerbung eignet sich besser für aktuelle Angebote als für Profilierung. Nur klare und verständliche Ansagen prägen sich ein.
Nachteil: Film- und Fernsehwerbung findet in der Individualhotellerie nur wenig Anwendung, da die Kosten zu hoch sind.

Internetwerbung

Dazu gehören:

- E-Mailings (Achtung: Nur angeforderte Mails dürfen verschickt werden).
- Präsentation auf Informationsportalen und Online-Buchungsplattformen.
- Eigene Homepage (siehe „Webmarketing“, S. 228).
- Bannerwerbung auf Homepages anderer Anbieter.

Zielgruppen sind, je nach Übersetzung der Inhalte in die entsprechenden Sprachen, alle Internetuser weltweit.
Vorteil: sehr große Reichweite, geringe Kosten.
Nachteil: Gefahr der schlechten Präsentation von Inhalten auf Internetseiten, die nicht direkt erreichbar sind (Sub-Portale). Das Update dieser Seiten ist dadurch kompliziert.

Public Relations

Public Relations wird auch als **Öffentlichkeitsarbeit** bezeichnet. Damit sind alle Marketingaktivitäten gemeint, die zur Imagebildung bzw. -verbesserung beitragen. Wichtig ist, Aktionen zu setzen und darüber zu reden, sich nach außen – auf dem Markt und beim Zielpublikum – bemerkbar zu machen. PR soll in der jeweiligen Zielgruppe ein positives Bild vom Betrieb entstehen lassen, die Erinnerung an ihn wachhalten und die Mundpropaganda ankurbeln.

Public-Relations-Zielgruppen im Tourismus

- Mitarbeiter.
- Gäste/Potenzielle Gäste (Presseartikel in Tages-, Wochen-, Monatszeitschriften, Reisebeilagen).
- Nachbarn, Bewohner der Gemeinde.
- Reisebüros, Reiseveranstalter/Reisevermittler.
- Medien, vor allem Reisejournalisten, Gastronomiekritiker (Gratiszimmer, Einladungen, CDs und Informationsbroschüren).
- Schulen, Universitäten (Praktikanten, Schüler von Tourismusschulen zu Exkursionen einladen).
- Behörden, Kammern (Versammlungen, Einladungen).
- Vereine, Verbände, Tourismusorganisationen (Einladungen, Pressestellen, Events nutzen).
- Meinungsbildner, z. B. Unternehmensberater (Aufträge, Seminarbesuche, Umfragenbeteiligung anstreben).
- Lieferanten/Geschäftspartner (gute Zahlungsmoral, faire Behandlung).
- Lokale Politiker (Einladungen, Besuche).
- Stars aus Sport und Kultur (Fotos, Meldungen an die Presse).
- Taxifahrer etc. (faires Verhalten, Events).

Es gibt eine Vielzahl von Kennzahlen für die Messung von Erfolg (oder Misserfolg) in der Hotellerie. Sie variieren nach Standort des Hotels (Stadt- oder Ferienhotel) und nach Land. Jedes gute Frontoffice-Programm wertet jede Nacht mit den Tagesabschlusslisten eine Vielzahl von Kennzahlen aus. Dieser sogenannte **Manager Report** sollte zur täglichen Lektüre eines jeden Rezeptionisten gehören.

Verglichen werden die Kennzahlen immer mit den Ergebnissen der dazugehörigen Vorperiode, die natürlich mit genau derselben Methode und denselben Parametern erhoben wurden. Nur so sind Vergleiche zulässig.

Druckdatum: 24.10.20.. 15:24	Cityhotel Demo, D-44137 Dortmund (GERMANY)	Seite 1
Mr. Bean Station 1		
protel 27.09.20..	Manager MPE	managempe 11.5 24.10.20.. 15:24 KI

	Laufendes Jahr			Vergangenes Jahr		
	Tag	Monat	Jahr	Tag	Monat	Jahr
Auflaufend:	26	9	20..	26	9	20..
Erwachsene	14	105	859	27	387	3.088
Kinder	0	0	24	0	0	2
Gäste im Haus	**14**	**105**	**883**	**27**	**387**	**3.090**
Zimmer belegt	12	92	748	21	256	2.496
Zimmer frei	177	4.822	50.093	167	4.656	48.343
Vermietbare Zimmer	189	4.914	50.841	188	4.912	50.839
Out of Order Zimmer	0	0	0	1	2	2
Tageszimmer	0	1	5	0	1	5
Zimmerauslastung %	**6,35**	**1,87**	**1,47**	**11,17**	**5,21**	**4,91**
Bettenauslastung %	**4,90**	**1,41**	**1,12**	**9,47**	**5,21**	**4,01**
Complimentary Zimmer	0	0	0	0	0	0
Anreise Zimmer	0	34	97	0	34	205
Anreise Personen	0	40	116	0	48	257
No-Show Zimmer	0	2	28	0	4	145
Abreise Zimmer	0	22	92	0	19	365
Abreise Personen	0	26	111	0	29	472
DZ als EZ Zimmer	0	3	20	0	0	45
Umsatz Gesamt	**2.100,00**	**20.536,00**	**78.315,50**	**1.377,00**	**29.829,80**	**207.339,05**
Umsatz / bel. Zi. o.Compl.	**175,00**	**223,22**	**104,70**	**65,57**	**116,52**	**83,07**
Umsatz / Erw o.Compl.	**150,00**	**195,58**	**91,17**	**51,00**	**77,08**	**67,14**
Umsatz / verf. Zi.	**11,11**	**4,18**	**1,54**	**7,32**	**6,07**	**4,08**
Zahlungen	0,00	-15.646,00	-86.088,00	0,00	-24.824,00	-212.098,25
Durchschnittliche Aufenthaltsdauer in Tagen			**7,71**			**12,18**
Umsatz Logis	1.969,00	18.711,00	63.773,50	1.179,00	25.306,80	170.213,55
Umsatz F+B	121,00	1.764,00	11.836,00	198,00	2.943,00	32.779,00
Umsatz Extras	10,00	61,00	2.706,00	0,00	1.580,00	4.346,50
Logis / bel. Zi. o.Compl.	164,08	203,38	85,26	56,14	98,85	68,19
[illegible]		178,20	74,24	43,67	65,39	55,12
[illegible]			1,25	6,27	5,15	3,35

Kontrolle: Erfolgsmessung mithilfe von Kennzahlen (Benchmarks)

Durch Kennzahlen werden Ziele **mess- und vergleichbar** gemacht. Sie reduzieren komplexe Zusammenhänge auf leicht erfassbare Daten und sollen dem Unternehmer **über den aktuellen Stand** seines Betriebes Auskunft geben. Auch können Betriebe untereinander verglichen werden, wenn dieselben Parameter zur Berechnung der Kennzahlen herangezogen werden.

Im Folgenden finden Sie die für die **Hotelrezeption** bedeutenden Kennzahlen.

Zimmernacht (Room Night)

Diese Zahl weist alle Zimmer aus, die in einem bestimmten Zeitraum (z. B. einem Monat) belegt sind bzw. verkauft wurden.

Beispiel
Belegte Zimmer im August: 1 312.

Personennacht (Person Night)

Das sind die verkauften „Bettennächte". Diese Zahl sagt aus, wie viele Betten in einem bestimmten Zeitraum (z. B. einem Monat) durch Gäste belegt sind bzw. wie viele Personen für einen bestimmten Zeitraum im Hotelbetrieb übernachtet haben.

Beispiel
Belegte Betten (Personennächte) im August: 1 724.

Auslastung (Occupancy)

Die Auslastung der Zimmer (nicht der Betten!) ist eine Kennzahl, die vor allem bei Hotels errechnet wird, die keine oder nur sehr kurze Betriebsferien haben und diese Kennzahl mit anderen Betrieben (z. B. einer Kette) vergleichen. Bei Saisonbetrieben wird diese Kennzahl nicht (bzw. nur pro Monat, nicht pro Jahr) verwendet, weil das Ergebnis bei z. B. neun Offenhaltungsmonaten (statt zwölf) verfälscht und das Ergebnis damit nicht vergleichbar wäre.

Berechnung der Kennzahl

$$\frac{\text{Zimmernächte pro Zeitraum (z. B. Monat Mai) x 100}}{\text{Anzahl der Zimmer x Tage pro Zeitraum (z. B. Monat August) bzw. Offenhaltungstage}} = \textbf{Zimmerauslastung in Prozent}$$

Beispiel

$$\frac{\text{1 312 (Zimmernächte im August) x 100}}{\text{54 (Anzahl der Zimmer) x 31 (Tage im August)}} = \textbf{78,38 \% Zimmerauslastung}$$

Vollbelegstage

Die Vollbelegstage sagen aus, an wie vielen Tagen des Berechnungsjahres das Hotel zu 100 % ausgelastet war, also alle Hotelzimmer verkauft wurden. Diese Berechnungsvariante wird vor allem in **Saisonbetrieben** verwendet.

Berechnung der Kennzahl

$$\frac{\text{Anzahl der erzielten Zimmernächte pro Zeitraum (z. B. Mai–Oktober)}}{\text{Anzahl der Zimmer}} = \textbf{Vollbelegstage}$$

Beispiel

$$\frac{\text{7 668 (Zimmernächte Mai–Oktober)}}{\text{54 (Anzahl der Zimmer)}} = \textbf{142 Vollbelegstage}$$

Durchschnittspreis pro Zimmernacht (ARR bzw. ADR oder REVPOR)

Diese Kennzahl sagt aus, welchen durchschnittlichen Zimmerpreis ein Hotel für einen bestimmten Zeitraum erzielt hat. Hier werden alle (oben schon) genannten unterschiedlichen Preise, Kategorien, Saisonen als gesamter Logisumsatz erhoben und durch die Anzahl der in dem betreffenden Zeitraum verkauften Zimmernächte dividiert.

Bei der Definition der **ARR** (Average Room Rate) bzw. der **ADR** (Average Daily Rate) gibt es viele Varianten. Hier wird die in der internationalen Kettenhotellerie verwendete Definition verwendet. Wichtig: Der Logiserlös darf Umsatzkomponenten wie Steuer, Frühstück, Ortstaxe sowie Extras **nicht** enthalten.

Berechnung der Kennzahl

$$\frac{\text{Logisumsatz pro Zeitraum (z. B. Logisumsatz laut Frontoffice-Programm für 20..)}}{\text{Anzahl der im Jahr 20.. verkauften Zimmernächte}} = \textbf{ARR}$$

Beispiel

$$\frac{\text{91.680 (Logisumsatz für den Monat Oktober)}}{\text{827 (Anzahl der Zimmernächte im Oktober)}} = \textbf{118,11 Euro pro Zimmernacht}$$

Dieser Preis wird auch **REVPOR** (Revenue per Occupied Room) genannt.

Durchschnittspreis pro verfügbarem Zimmer (REVPAR)

Es gibt darüber hinaus den **REVPAR** (Revenue per Available Room). Diese Kennzahl gibt Auskunft über die Produktivität der Zimmer in einer bestimmten Zeitperiode.

Dieser Betrag wird natürlich niedriger sein als der REVPOR, da die Anzahl der Zimmer, die zur Berechnung herangezogen werden, höher ist (belegte Zimmer + nicht belegte Zimmer, exklusive Out-of-Order-Zimmer).

Berechnung der Kennzahl

$$\frac{\text{Logisumsatz}}{\text{Gesamtzahl der zur Verfügung stehenden Zimmer}} = \textbf{REVPAR}$$

Beispiel

$$\frac{\text{91.680 (Logisumsatz für den Monat Oktober)}}{\text{870 (Anzahl der maximal möglichen Zimmernächte im Oktober)}} = \textbf{105,38 Euro pro Zimmernacht}$$

Der Sinn dieser Errechnung liegt darin, ersichtlich zu machen, wie viel Geld durch ein leer stehendes Zimmer verloren geht. Außerdem wird dadurch klar, wie niedrig der Zimmerpreis hätte sein können, zu dem die leer gebliebenen Zimmer hätten verkauft werden können.

Die Kennzahlen werden in Reports mit den Hinweisen **YTD** oder **MTD** versehen. Dies zeigt den Bezug der Kennzahl zum Zeitraum. YTD bedeutet **Year to Date** und beschreibt den Zeitraum vom Jahresersten bis zum heutigen Tag. MTD bedeutet **Month to Date** und beschreibt den Zeitraum vom Monatsersten bis zum heutigen Tag.

Es gibt noch viele weitere Kennzahlen. Jeder Betrieb muss die für ihn aussagekräftigen Kennzahlen ermitteln und vergleichen.

Beziehungsmarketing – Customer Relationship Management (CRM)

Wie bereits oben erwähnt, ist die Beziehung zum Gast ein essenzieller Bestandteil des Marketings im Tourismus. Die teilweise sehr speziellen Wünsche und Erwartungen Ihrer Gäste können Sie durch ein gezieltes Beziehungsmarketing (Relationship Marketing) besser berücksichtigen. Das bedeutet nicht, dass die Grundaktivitäten des Marketing, die zuvor ausführlich erläutert wurden, überflüssig sind, sondern sie werden unter besonderer Beachtung der Gästeansprüche auf eine höhere Qualitätsstufe gestellt.

Zur Einführung

Marketing in der Hotellerie meint oft **Beziehungsmarketing (Relationship Marketing).** Es widmet sich dem Auf- und Ausbau langfristiger, möglichst profitabler Kundenbeziehungen. Einerseits kommt die Neuakquisition eines Kunden wesentlich teurer als die Pflege von Bestandskunden. Andererseits haben Untersuchungen ergeben, dass eine Senkung der Kundenabwanderungsrate um 5 % eine Gewinnsteigerung von 85 % bedeuten kann – vorausgesetzt, man hat die profitabelsten Kunden langfristig gebunden. Geld und Zeit sollten in Kundenbeziehungen also sehr gezielt eingesetzt werden.

PERFEKTES MARKETING SETZT WEITBLICK VORAUS. CRM IST DABEI UNERLÄSSLICH.

In diesem Kontext kommt nun dem Rezeptionisten eine Schlüsselstellung zu. Ihm obliegt über weite Strecken die aktive Gestaltung der Beziehung zum Gast und die Dokumentation seiner Wünsche und Eigenheiten. Im vielstimmigen Marketingkonzert ist daher das **Customer Relationship Management (CRM)** ein Schlüssel zum Erfolg. Eine CRM-Applikation in der Frontoffice-Software hilft Ihnen, die Datenbasis für gezielte Kundenakquisition und Beziehungspflege aufzubauen und nicht zuletzt Ihre wertvollsten Kunden zu identifizieren.

Vom „Neugast“ bis zum „Stammgast“ verändern sich die Gästebedürfnisse und damit -beziehungen („Customer Relations“) zwangsläufig. Begeisterte Gäste erfahren die richtige Behandlung zum richtigen Zeitpunkt, Eigenheiten des Gastes werden gezielt bedient, Wünsche vorab wahrgenommen, praktisch von den Augen abgelesen. Ohne eine systematische Erfassung vieler „Kleinigkeiten“ im CRM ist **personalisierter, individualisierter Service** kaum denkbar.

CRM integriert und gestaltet auf Grundlage einer strukturierten Datenbasis und klar geschnittener Verkaufs- und Serviceprozesse abteilungsübergreifend **alle kundenbezogenen Agenden.** CRM ist ein umfassendes Konzept, seine Einführung erfordert erhebliche strategische und operative Vorleistungen. Die alleinige Inbetriebnahme von einschlägiger Software bringt keine nennenswerten Vorteile.

Einteilung von CRM

- **Kollaboratives CRM (Management der Kundeninteraktion über Vertriebs- und Kommunikationswege):** Möglichst alle Kommunikationskanäle sind im CRM abgebildet, jedwede Kommunikation mit dem Kunden ist festgehalten und allen relevanten Mitarbeitern, insbesondere der Rezeption zugänglich.
- **Operatives CRM (Management der Kundenbeziehung über den gesamten Lebenszyklus):** Der Weg und die Handlungen des Kunden sind von der ersten Anfrage bis zum Ende der

Geschäftsbeziehung detailliert nachvollziehbar. Anfragen, Buchungen, Reklamationen, jede Interaktion mit dem Betrieb, deren Gründe und die beteiligten Mitarbeiter sind dokumentiert.
- **Analytisches CRM (Management der kundenbezogenen Daten):** Systematische Bearbeitung und Auswertung des gespeicherten Datenmaterials über Kunden, ihre Eigenheiten und Präferenzen für zukünftige Marketingaktionen.

CRM-Prozesse in der Hotellerie

Der Marketingspezialist, Unternehmensberater und Vortragende bei Fachseminaren Harald Hafner definiert folgende CRM-Prozesse, die für einen Hotelbetrieb von Bedeutung sind:

Marketingabteilung
- Strategische Marketingplanung.
- Operative Programmplanung.
- Kampagnenplanung, -durchführung, -analyse (Terminmanagement, Aktivitätssteuerung).
- Kundenbindungsmanagement, Beschwerdemanagement.

Verkaufsabteilung
- Kontaktverwaltung, Key-Account-Management (Großkundenbetreuung).
- Eingangsbearbeitung.
- Informationsbereitstellung (Anfragen).
- Angebotsmanagement.
- Auftragsmanagement (Vorbereitung, Entwicklung, Zahlung).

Frontofficebereich
- Check-in.
- Beratung (Informationsbereitstellung, Verkauf, Empfehlung).
- Betreuung (Aufbewahrung, Zustellung, Modifikation, Beschwerdebearbeitung).
- Check-out.

CRM für Direktmarketing

Direktmarketing umfasst alle Werbemaßnahmen, die darauf ausgerichtet sind, mit Kunden oder potenziellen

DIE GÄSTEBEDÜRFNISSE STEHEN IM ZENTRUM DER CRM-AKTIVITÄTEN.

Kunden **persönlich in Kontakt zu treten** bzw. zu bleiben und von ihnen **Response** (Rückmeldung, Antwort) zu bekommen. Die individuelle Kontaktaufnahme geschieht z. B. per E-Mail, Brief oder Fax. Direktmarketing ist die **direkteste Form der Werbung.**

Im Direktmarketing werden keine Standardbriefe verfasst, sondern Briefe mit persönlicher Anschrift und Ansprache, maßgeschneidert für den Hotelgast, der einer bestimmten Zielgruppe zugeordnet worden ist. Der Inhalt muss das Interesse des Gastes bzw. seine Wünsche direkt ansprechen und seine (unbewussten) Bedürfnisse befriedigen. Das Mailing weist den Empfänger auf seine Bedürfnisse hin, die ihm vielleicht bis zu diesem Zeitpunkt selbst noch nicht klar waren, und bietet im selben Atemzug die dazupassende Lösung an.

Ein Tipp vom Profi
Nicht jeder Mensch schätzt Direktmailings. Daher gibt es **Robinsonlisten**, in denen Daten von Personen, die keine unaufgeforderte Werbung erhalten wollen, eingetragen sind. Es gibt sie für Post, E-Mail, SMS, Telefon und Telefax. Sie werden von Branchenverbänden der Direktmarketing-Unternehmen sowie des Verbraucherschutzes geführt. Bei Versand von Mailings ist unbedingt darauf zu achten, ob die Empfänger eine Zustellung wünschen.

Mailing-Codes

Durch die regelmäßige Pflege der Gästedaten im Frontoffice-System ergibt sich ein umfassendes **Benutzerprofil** des Gastes. Anhand dieser Profile können Adressen für Mailings zielgruppenspezifisch selektiert werden. Die **Selektionskriterien** sind in Form von **Mailing-Codes** im System gespeichert. Üblicherweise kommen Three-Letter-Codes zur Anwendung, z. B.:

WEL = Wellnessurlauber
SNO = Winterurlauber, Skifahrer
GOU = Gourmet
GOG = Golf + Gourmet
WEI = Weinreisender
GUW = Gourmet + Weinreisender

Die Codes können auch kombiniert gefiltert werden. Beispiel: Für ein Golf-Wohlfühl-Package werden alle Adressen von Gästen selektiert, die in Süddeutschland wohnen + Golfspieler sind + Wellness konsumieren + kurze Aufenthaltsdauer bevorzugen.

Die Bedürfnisse der Gäste werden mit Codes erfasst und die Angebote darauf ausgerichtet.

Market-, Source- und Channel-Codes

Für die Hotelmarketingarbeit empfiehlt sich laut Harald Hafner die Aufteilung der Umsätze, Zimmer-/Personennächte beim Anlegen einer Reservierung im Property Management System nach folgenden Codes:

- **Market-Code:** definiert die Zielgruppe, der ein Urlauber angehört. Beispiele: Erholungsurlauber, Kulturreisender (Foreign Individual Tourist = FIT).
- **Source-Code:** sind Absatzgebiete, die nicht die Gästeherkunft, sondern die Buchungsherkunft angeben. Beispiele:
  - TUI (Absatzgebiet Deutschland).
  - Gullivers Travel Associates (= GTA; Absatzgebiet Großbritannien).
  - Railtour Suisse (Absatzgebiet Schweiz).

  Die einzelnen Zielgebiete (A, B, C ...) sind dann die detailliertere Aufteilung in einzelne Bundesländer, Kantone oder Regionen.
- **Channel-Code:** bezeichnet den Vertriebsweg, den Kanal, über den die einzelne Buchung gekommen ist. Die Hauptgruppen sind folgendermaßen aufgeteilt:
  - **Direkt – Business to Customer (= B2C):** Das Hotel verkauft direkt an den Gast.
  - **Organisation – Business to Business (= B2B):** Das Hotel verkauft an Firmen, Vereine o. Ä.
  - **Mittler – Business to Trade (= B2T):** Das Hotel verkauft an Reisevermittler (Reisebüros, Online-Reiseplattformen).

Hier nach Harald Hafner einige Beispiele für die Zuordnung dieser drei Codes für die Stadt- und Ferienhotellerie:

Market-Code

Hoteltyp	Codetyp	Hauptgruppen	Untergruppen
Ferienhotel	**Market**	Erholungsurlauber	Komfortabel
Ferienhotel	**Market**	Erholungsurlauber	Anspruchsvoll
Ferienhotel	**Market**	Erholungsurlauber	Gesellig
Ferienhotel	**Market**	Sporturlauber	Unterhaltungsorientiert
Ferienhotel	**Market**	Sporturlauber	Gemütlich
Ferienhotel	**Market**	Sporturlauber	Natur-/Abenteuerbezogen
Ferienhotel	**Market**	Natururlauber	Ungezwungen
Ferienhotel	**Market**	MICE	Tagungen/Seminare
Ferienhotel	**Market**	MICE	Incentives
Ferienhotel	**Market**	MICE	Kongresse/Konferenzen
Ferienhotel	**Market**	MICE	Events

Hoteltyp	Codetyp	Hauptgruppen	Untergruppen
Stadthotel	**Market**	Geschäftsreise individuell	FIT
Stadthotel	**Market**	Geschäftsreise individuell	Vertragsfirmen
Stadthotel	**Market**	Geschäftsreise Gruppe	Tagungen/Seminare
Stadthotel	**Market**	Geschäftsreise Gruppe	Incentives
Stadthotel	**Market**	Geschäftsreise Gruppe	Kongresse/Konferenzen
Stadthotel	**Market**	Geschäftsreise Gruppe	Events
Stadthotel	**Market**	Geschäftsreise Gruppe	Crews
Stadthotel	**Market**	Privatreise individuell	FIT
Stadthotel	**Market**	Privatreise individuell	Packages
Stadthotel	**Market**	Privatreise Gruppe	Special Interest
Stadthotel	**Market**	Privatreise Gruppe	Packages

Source-Code

Hoteltyp	Codetyp	Hauptgruppen	Untergruppen
Ferienhotel	**Source**	Absatzgebiet 1	Zielgebiet A
Ferienhotel	**Source**	Absatzgebiet 1	Zielgebiet B

Ferienhotel	**Source**	Absatzgebiet 2	Zielgebiet A
Ferienhotel	**Source**	Absatzgebiet 2	Zielgebiet B
Ferienhotel	**Source**	Absatzgebiet 3	Zielgebiet A
Ferienhotel	**Source**	Absatzgebiet 3	Zielgebiet B
Ferienhotel	**Source**	Absatzgebiet 4	Zielgebiet A
Ferienhotel	**Source**	Absatzgebiet 4	Zielgebiet B

Hoteltyp	**Codetyp**	**Hauptgruppen**	**Untergruppen**
Stadthotel	**Source**	Absatzgebiet 1	Zielgebiet A
Stadthotel	**Source**	Absatzgebiet 1	Zielgebiet B
Stadthotel	**Source**	Absatzgebiet 2	Zielgebiet A
Stadthotel	**Source**	Absatzgebiet 2	Zielgebiet B
Stadthotel	**Source**	Absatzgebiet 3	Zielgebiet A
Stadthotel	**Source**	Absatzgebiet 3	Zielgebiet B
Stadthotel	**Source**	Absatzgebiet 4	Zielgebiet A
Stadthotel	**Source**	Absatzgebiet 4	Zielgebiet B

Channel-Code			
Hoteltyp	**Codetyp**	**Hauptgruppen**	**Untergruppen**
Ferienhotel	**Channel**	Direkt – B2C	Reserviert
Ferienhotel	**Channel**	Direkt – B2C	Walk-in
Ferienhotel	**Channel**	Organisationen – B2B	Firmen
Ferienhotel	**Channel**	Organisationen – B2B	Non-Profits
Ferienhotel	**Channel**	Mittler – B2T	Mit Reservierung
Ferienhotel	**Channel**	Mittler – B2T	Reisebüros
Ferienhotel	**Channel**	Mittler – B2T	Online-Plattformen
Ferienhotel	**Channel**	Mittler – B2T	Repräsentanten

Hoteltyp	**Codetyp**	**Hauptgruppen**	**Untergruppen**
Stadthotel	**Channel**	Direkt – B2C	Reserviert
Stadthotel	**Channel**	Direkt – B2C	Walk-in
Stadthotel	**Channel**	Organisationen – B2B	Firmen
Stadthotel	**Channel**	Organisationen – B2B	Non-Profits
Stadthotel	**Channel**	Mittler – B2T	Mit Reservierung
Stadthotel	**Channel**	Mittler – B2T	Reisebüros
Stadthotel	**Channel**	Mittler – B2T	Online-Plattformen
Stadthotel	**Channel**	Mittler – B2T	Repräsentanten

Ein Tipp vom Profi
Es ist vorteilhaft, bei Ihrer Marketingarbeit auf diese Codes zurückzugreifen. Natürlich muss sich dann diese Codelandschaft auch in Ihrem Property Management System (PMS) wiederfinden. Die meisten PMS-Anbieter stellen in ihrer Reservierungsmaske die Namen der Codes in Form von Auswahlboxen zur Verfügung. Jede Reservierung, die vorgenommen wird, sollte diesen Codes zugeordnet werden. Das gewährleistet die Verfügbarkeit von Daten für aussagekräftige Reports.

Der Gast ist im Idealfall mit dem Hotelbetrieb in Beziehung.

Property Management Systems bzw. Frontoffice-Systeme zur Unterstützung von CRM

Das **Frontoffice-System** mit seiner Gästedatei ist das Herzstück der Kundenbindungsaktivitäten im Hotel. Die Informationen über einen Gast, die im Property Management System gespeichert sind, sind **wertvollstes Wissenskapital des Hotels.** Gemeinsam mit anderen Schlüsselfunktionen (Reservierung, Abrechnung) bildet das Property Management System das Herz – oder besser das Gehirn – des Hotel-CRM-Systems. Daher ist eine gewissenhafte Datenpflege unerlässlich.

Ein Tipp vom Profi
Alle Daten – egal über welches Medium (Brief, Fax, E-Mail, telefonische Anfragen, Bitten um Zusendung von Newslettern, automatisierte Anfrage per Internet etc.) sie das Hotel erreichen – müssen in das Property Management System eingepflegt werden. Das Gleiche gilt auch für die Gäste, die über Vermittler in den Betrieb kommen, bei denen oft nur der Nachname bekannt ist. Hier müssen relevante Daten bei der Ankunft des Gastes unbedingt ergänzt werden. **Alle potenziellen und tatsächlichen Gäste müssen für zukünftige Marketingaktionen im Property Management System gespeichert sein.** Eine gut geführte Kartei bedeutet für das Unternehmen Gewinn. Die Verantwortung dafür liegt in Ihren Händen.

Welche **Zusatzinformationen** für den Betrieb besonders relevant sind, sollte von der Betriebsleitung bzw. der Leitung der Sales- und Marketingabteilung nach Rücksprache mit den Mitarbeitern festgelegt werden. In den Masken zur Speicherung der Gastdaten der verschiedenen Property Management Systeme können verschiedene Informationen eingegeben werden. Es ist auch oft möglich, die Masken auf die hotelspezifischen Anforderungen hin zu verändern.

Möchte der Hotelier die Software im Hinblick auf **Database Marketing** (auf Daten basierenden Marketingaktivitäten) nutzen, so sollte er darauf achten, dass die Masken entsprechend gestaltet sind bzw. gestaltet werden können. Außerdem müssen aus den gesammelten Daten die Gäste nach Kriterien selektiert werden können, die für sein Unternehmen relevant sind.

PMS zur Vorbereitung auf Verkaufsgespräche

In Verhandlungen und Gesprächen mit Stammkunden oder Vertragspartnern aus der Reisevermittlungsbranche sind die erreichten Zimmernächte, Anreisen und erzielten Durchschnittspreise (in allen Erlösbereichen) von enormer Wichtigkeit für die aussagekräftigen und effizienten Verhandlungsvorbereitungen. Sie verhelfen zu einer sicheren und guten Argumentationsbasis sowie einer optimalen Preisfindung und sichern somit den Verhandlungserfolg. Durch gute Verhandlungsvorbereitungen werden bessere Preise bzw. Deckungsbeiträge erzielt. Somit rechnet sich eine Investition in ein gutes PMS jedenfalls sehr bald.

Mailingassistenten

Die meisten Property Management Systems verfügen über Mailinganwendungen, die mit diversen Updates oder Zusatzmodulen weiter aufgewertet werden können. Weitere marketingspezifische Selektionskriterien (umfangreiche Codes) und detaillierte Marketinginformationen erlauben eine durchgängige Kampagnenführung von der Analyse, Auswahl und Klassifizierung bestimmter Gäste(zielgruppen) bis hin zu einer zielgerichteten Mailingaktion per Brief, Fax oder E-Mail. Wenn eine Schnittstelle zur E-Mail-Software (z. B. Outlook) oder zu einer Newsletter-Software errichtet wird, ist ein problemloses Austauschen der Kontaktdaten und Aktivitäten zwischen den Programmen möglich.

Webmarketing

Tourismus und Internet sind nicht mehr voneinander zu trennen. Eine wachsende Vielfalt an Online-Vertriebswegen bietet dem Unternehmer unterschiedlichste Möglichkeiten, Gäste zu gewinnen.

Das Internet als Vertriebsweg für die Hotellerie

Die meisten Hotelbetriebe – auch Klein- und Mittelbetriebe – sind heute mit einer eigenen Homepage im Internet vertreten. Ein Grund für die hohe **Internetdurchdringung im Tourismus** ist wohl, dass die Reise- und Urlaubsorganisation mit hohem **Informationsbedarf** seitens der Kunden verbunden ist. Ein weiterer Grund liegt in der Kommunikationsgeschwindigkeit und Kostenersparnis für den Webseitenbetreiber: Kein anderes Medium kann in so kurzer Zeit multimedial und interaktiv die **Fülle touristischer Leistungspakete direkt zum Kunden bringen als das Internet.**

DAS INTERNET ALS VERTRIEBSWEG IST FÜR DIE TOURISMUSBRANCHE EIN HEISSES THEMA.

Die kontinuierlich steigenden Umsatzzahlen der internationalen Online-Reiseplattformen bestätigen die Beliebtheit der Internetnutzung für die Reiseplanung. Aktuell verwenden über 70 % aller Reisenden das Internet als Unterstützung bei ihren Reisevorbereitungen und Reiseentscheidungen.

Circa 40 % aller Online-Einkäufer buchen mittlerweile Reiseleistungen über das Internet. Die private Internetnutzungsrate ist weiterhin im Steigen begriffen, es ist also davon auszugehen, dass auch der Online-Reiseumsatz weiter zunehmen wird. Gestützt wird diese Annahme durch die Wachstumsraten der letzten Jahre, im Mittel lagen diese bei über 30 % pro Jahr. Gegenwärtig wird der Online-Reisemarkt vom Last-Minute-Segment angeführt, gefolgt von den Pauschalreisen und der Buchung von Flugtickets. Hier sind die Trends zur **kurzfristigen Buchung** und zu **Flügen mit Low Cost Carriers** (Billig-Airlines) klar erkennbar.

2006 betrug der Marktanteil des Online-Reiseumsatzes in Westeuropa 15,5 % und er ist im Steigen begriffen. Eine aktive Verkaufspolitik im Internet ist demnach unerlässlich. Jedes Hotel, das derzeit über weniger als 15,5 % über das Internet gebuchten Umsatz verfügt, hat im Webmarketing und Online-Verkauf echten Handlungsbedarf.

Der **direkte Verkauf** über die eigene, gut gestaltete (und programmierte) Hotelhomepage sowie der **indirekte Vertrieb gemeinsam mit Internetpartnern** sind dieser Entwicklung zufolge nicht nur zeitgemäß, sondern schlichtweg unerlässlich.

Grundpfeiler des erfolgreichen E-Commerce für Hotels

Generell steht ein erfolgreiches Webmarketing in der Hotellerie auf drei Grundpfeilern bzw. Standbeinen:

- Präsentation und Online-Verkauf auf der eigenen Hotelhomepage.
- Suchmaschinenmarketing für die eigene Hotelhomepage.
- Weltweiter Internetverkauf über Free-Sale-Systeme (Online-Reiseplattformen oder Online-Verkaufsplattformen).

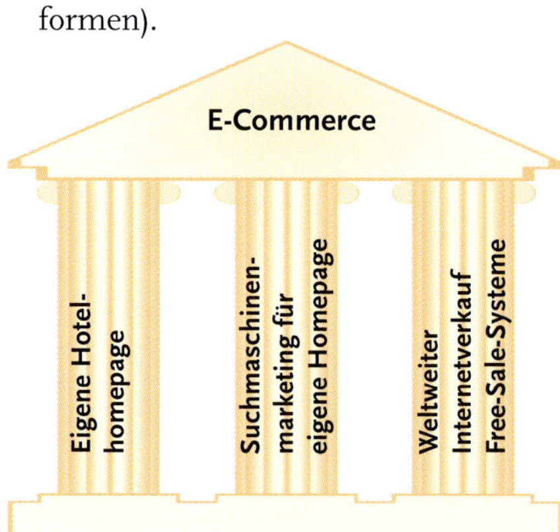

Billigfluglinien kommen als Kooperationspartner infrage.

Effektives Online-Marketing

Effektives Online-Marketing bringt das Hotelangebot zum Gast. Hier ein Überblick über die vielen Wege des Gastes in den Hotelbetrieb via Internet:

- **Hotelhomepage.**
- Online-Präsentation des Beherbergungsbetriebes durch eine **Tourismusorganisation.**
- Online-Präsentation über ein **CR-System (Central Reservation System, CRS) einer Sales-&-Marketing-Gemeinschaft oder eines Franchise-Unternehmens** (z. B. Best Western).
- Online-Reservierung über ein **CR-System (Central Reservation System, CRS) einer Kette** (z. B. Marriott, SAS, Ritz-Carlton).
- **Online-Präsentation durch eine Angebotsgruppe** (z. B. die Urlaubsspezialisten der Österreich Werbung: Schlank & Schön, Autriche Pro France, Fischwasser Österreich oder Wanderhotels; in Deutschland z. B. die Flair-Hotels, die Romantik-Hotels oder Angebote von Destinationen wie z. B. www.romantischesfranken.de oder www.lieblichestaubertal.de; in Südtirol z. B. die Dolce Vita Hotels, www.dolcevitahotels.it; und in der Schweiz z. B. die swiss golf hotels).
- **Virtuelle Plattformen von Reiseveranstaltern** (z. B. tui.de, neckermann.de).
- **Online-Reiseplattformen – Free-Sale-Systeme** (z. B. booking.com, hrs.de, hotel.de, tiscover.com, nethotels.com).
- **Travel Search Engines (TSE):** vergleichende Hotelsuchmaschinen, die Preisvergleiche im Internet anstellen, indem sie mehrere Online-Reiseplattformen absuchen (z. B. trivago.de, mobissimo.com, austria.info).
- **GDS-gestützte Reiseplattformen:** internetbasierte Verkaufssysteme für Reisebüros (z. B. hotels.com, expedia.com, travelocity.com, lastminute.com, hotelclub.com).
- **Homepages** von Billigfluglinien (Low Cost Carriers), nationalen Bahnunternehmen, Autovermietern etc., die Kooperationen (Cross Selling bzw. Dynamic Packaging) mit Hotelbetrieben eingehen.

Elektronische Vertriebswege* – Begriffsklärungen

CRS (Central Reservation Systems)

Central Reservation Systems sind **zentrale Reservierungssysteme** zur Verwaltung von Kontingenten, Preisen und allgemeinen Hotelinformationen durch Hotels und deren Vertriebspartner. CRS werden von Reisebüros, Airlines und Sales-&-Marketing-Kooperationen (z. B. Best Western, Small Luxury Hotels of the World) verwendet. Letztere verwenden CRS mittlerweile auch als **Internet-Buchungsplattformen** für ihre Mitgliederhotels.

* Übersicht siehe Seite 243

TSE (Travel Search Engines)

Travel Search Engines sind **vergleichende Reiseplattformen.** TSE listen Hotels, erlauben den Nutzern, **Preisvergleiche** zwischen den Plattformen anzustellen. Das heißt, die Preisunterschiede, die möglicherweise auf unterschiedlichen Reiseplattformen für ein und dasselbe Hotel (und Zimmerkategorie) existieren, werden hier in der Gegenüberstellung offensichtlich (z. B. hotelscomparison.com, mobissimo.com, travelaxe.com und trivago.de). TSE verdienen ihr Geld mit Werbung und Kommissionen, die sie von den Online-Reiseplattformen erhalten.

GDS (Global Distribution Systems)

Global Distribution Systems waren von Airlines gegründet worden, lange bevor sich das Internet in seiner heutigen Form etablierte. Ursprünglich wurden die Systeme zur Buchung von Flügen und Mietautos genutzt, zu einem späteren Zeitpunkt auch zur Vermittlung von Hotelzimmern. Im Laufe der Zeit haben sich GDS zu weltweiten **internetbasierten Verkaufssystemen für Reisebüros** (z. B. Amadeus, Apollo-Galileo, Sabre Worldspan) gemausert. Das heutige Angebot wird vor allem von Reisebüros, aber auch direkt vom Endverbraucher (zur Buchung) genutzt.

Switch-Companies

Um Hotelinformationen vergleichbar zu machen, müssen gleiche Angebote auch gleich bezeichnet sein. Switch-Companies sind Unternehmen, welche Hotelinformationen aus CR-Systemen in ein für GD-Systeme lesbares und vergleichbares Format bringen, sozusagen Übersetzungsarbeit leisten. Ein Beispiel: Eine Zimmerkategorie „RSV23“ bedeutet „Room with Seaview for 2 or max. 3 people“. Findet der Switch im Hotelangebot den Vermerk: Zimmer mit Meerblick, übersetzt er ihn für das GD-System mit dem Code RSV. Die Codes dienen im System als Suchkriterien.

IDS (Internet Distribution Systems)

Internet Distribution Systems ist ein Überbegriff für alle internetbasierten Verkaufs- und Buchungssysteme.

Vorteile eines Internetauftrittes für Hotelier und Gast

- **Erhöhung der Bekanntheit – weltweite Produktinfo:** Mit dem Online-Prospekt (der Homepage) oder der Präsentation auf Reiseplattformen bringt der Hotelier sein aktuellstes Angebot sofort direkt zu seinen Zielgruppen.
- **Reduzierung der Offline-Kosten:** Kostensenkung bei Gästeberatung an der Rezeption und am Telefon, bei Prospektversand etc.
- **Verbesserung der Auslastung:** In den saisonschwachen Zeiten generieren Packages, Spezialangebote, Last-Minute-Angebote und Schnäppchen zusätzliche Buchungen.
- **Leichtere und weltweite Ansprache der Zielgruppen und Quellmärkte:** Das World Wide Web ist per Definition weltumspannend. Die einzelnen Quellmärkte und Zielgruppen (Wellness, Golf etc.) sind damit leichter zu erreichen. Durch gezielte Ansprache von Zielmärkten via Internet kann unter anderem die Gästestruktur aktiv beeinflusst und verändert werden.
- **Zugänge zu neuen Vertriebskanälen:** Der Zugang zu GD-Systemen, der früher Reisebüros vorbehalten war, ist durch das World Wide Web auch für den einzelnen Hotelbetrieb möglich.

Die Hotelhomepage ist Eckpfeiler Nummer eins des effektiven Online-Marketings – vor allem, wenn man direkt auf der Startseite buchen kann.

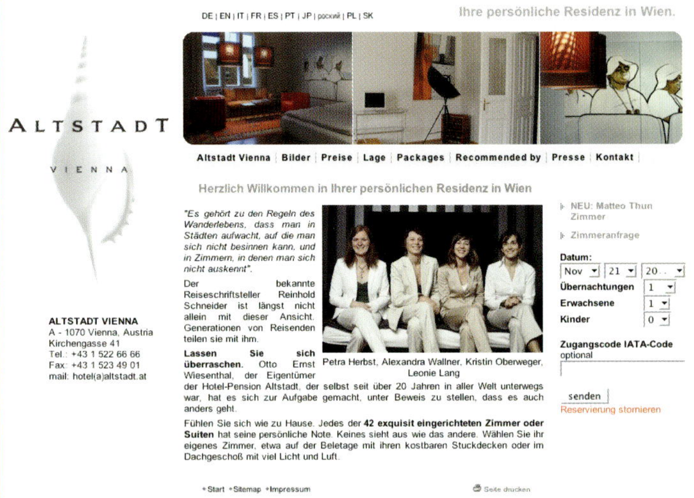

Die Hotelhomepage

Eine aktuelle, ansprechende und gut gepflegte Homepage ist das Internettool Nummer eins für den Betrieb. Eines der wichtigsten Kriterien einer guten Homepage ist ihre Auffindbarkeit in den Tiefen des World Wide Web. Dazu bedarf es eines guten Suchmaschinenmarketings.

Suchmaschinenmarketing für die Hotelhomepage

Suchmaschinenmarketing gehört zum **Werbe- und Marketingmix** eines modernen Tourismusbetriebes. Bereits ca. 75 % **des Online-Umsatzes** lassen sich auf Suchanfragen über das Internet zurückführen. Das erklärt die Bedeutung einer optimalen Platzierung in Suchmaschinen.

Bei gutem Suchmaschinenmarketing ist der Hotelbetrieb in den großen Suchmaschinen wie google.com und yahoo.com nicht nur durch Eingabe des Namens auf **Top-Positionen der Gratislistungen** (erste Seite der Hits) auffindbar, sondern erscheint auch nach Eingabe der **Keywords** (Schlüsselbegriffe) unter den ersten Treffern. Diese Listung bezeichnet man als **Ranking**. Untersuchungen haben gezeigt, dass User nur etwa die **ersten 50 Links** des Suchergebnisses beachten. Deshalb sollte auf jeden Fall darauf hingearbeitet werden, die eigene Internetseite in den oberen Teil der **ersten Ergebnisseite** zu hieven.

Grundsätzlich gilt: **Die wichtigste Eigenschaft einer Hotelhomepage ist „viel Text"!** Der Grund dafür ist einfach: Suchmaschinen können nur Text lesen und suchen alle Websites danach ab. Achtung: Grafiken und Flash-Animationen schauen vielleicht schön aus, sind aber für Suchmaschinen unlesbar. Die Homepage sollte auch genügend Text zur touristischen Umgebung (Destination) enthalten. So wird das Hotel auch gefunden, wenn als Suchbegriffe Charakteristika der Umgebung (Gebirge, Heidelandschaft, Almen etc.) eingegeben werden. Vor Wiederholungen von wichtigen Hotelangeboten oder -bereichen sollte man keine Scheu haben, denn auch die Häufigkeit der Erwähnung von Schlüsselwörtern ist für das Suchmaschinenranking wichtig.

Keywords führen den Gast zum Angebot.

Zum Suchmaschinenmarketing gehört auch die **Optimierung des Quelltextes** (programmierter Code einer Homepage). Die Keywords und Descriptions (also Beschreibungen), nach denen die Suchmaschine sucht, sind darin eingebettet. Je genauer diese sogenannten **Metadaten** gepflegt werden, desto besser gerät das Suchergebnis. Der Quelltext ist im Übrigen für jedermann einsehbar, es genügt, im Menü des Browsers (Internet Explorer) unter „Ansicht" den Menüpunkt „Quelltext" auszuwählen.

Suchmaschinen verwenden bestimmte **Sortieralgorithmen**. Das sind genau definierte Handlungsvorschriften

Buchen in Echtzeit – das ist für die Zukunft von Bedeutung.

zur Listung/zum Ranking von Links bei Suchmaschinen-Trefferlisten. Sie entscheiden darüber, ob und an welcher Stelle ein Link bei den Suchmaschinenergebnissen aufscheint. Die Algorithmen werden von den Betreibern der Suchmaschinen geheim gehalten und häufig geändert, um Missbrauch zu vermeiden.

Tipps für optimales Suchmaschinenmarketing

- Wenn der Programmierer der Homepage nicht auch zugleich für das Suchmaschinenmarketing verantwortlich zeichnet, sollte er zur reibungslosen Zusammenarbeit mit einem externen Partner in der Lage sein. Hohe **Qualität der Programmierung** ermöglicht ein erfolgreiches Suchmaschinenmarketing, die Programmierung alleine garantiert jedoch nicht günstige Platzierungen im Ranking. Häufig kommt es an dieser Schnittstelle zum „Expertenstreit" zwischen Webmaster und Suchmaschinenmarketing-Partner. Suchen Sie sich daher einen Webmaster, der von vornherein mit einem Suchmaschinenmarketing-Profi zusammenarbeitet oder selbst **nachweislich** SMM-Erfolge mit anderen Hotels erzielen konnte. Auf der Homepage von Google finden Webmaster Hilfe und Unterstützung im Suchmaschinenmarketing: www.google.de/webmasters/guidelines.html.
- **Verlinkungsqualität:** Sprechen Sie alle Ihre Geschäftspartner bezüglich einer Verlinkung zu Ihrer Homepage an. Hier gilt: Nur Links, die zu einem relevanten Inhalt führen, werden von den Suchmaschinen hoch und positiv bewertet. Beispiel: Ein Link auf BMW von einer Hotelhomepage hat nur dann Sinn, wenn auf dieser Seite auch über Autos gesprochen wird: Oldtimerrennen oder Fahrtechnikkurs etc. werden angeboten. Unmotivierte Links ohne Beziehung zum Inhalt der Hotelhomepage sind kontraproduktiv! Sorgen Sie auch dafür, dass Partner auf Sie verlinken. Hier gilt ebenfalls die genannte Regel der „inhaltlichen Relevanz" für den User. Also: Setzen Sie auf Reiseplattformen, wann immer möglich, Links zu Ihrer Homepage.
- **Pay per Click (PPC):** Diese Strategie setzt auf zugekaufte Besucher für die eigene Homepage. Wie immer existieren unterschiedliche Varianten, so etwa der Kauf von Besucherpaketen (z. B. 10 000 Besucher zum Fixpreis) oder Angebote (z. B. von Google Adwords: https://adwords.google.de/select/), bei denen man für jeden Klick auf die eigene Homepage bezahlt. Daher sind Zielsetzungen und Instrumente einer angebotenen Marketingkampagne genau unter die Lupe zu nehmen, damit nur jene Besucher auf die Seite zugreifen, die das Angebot auch interessiert.
- In den sogenannten **Visitor Tracking Systems** lassen sich die **Herkunftsorte der Zugriffe** auf die Hotelhomepage genau eruieren. Diese Auswertungen sollten auch bei Pay-per-Click-Kampagnen genützt werden, um die Sinnhaftigkeit der anfallenden Kosten nachvollziehen zu können. Visitor Tracking Systems werden im Normalfall von den Programmierfachkräften der Homepage implementiert.

Web Booking Engines – Online-Buchungstools auf der eigenen Homepage

Die Online-Buchbarkeit in Echtzeit auf der eigenen Homepage (also die Buchung direkt aus der Datenbank ohne Anfrage) sollte das Ziel jedes Hotelbetriebs sein. Um hierfür nicht eine eigene Datenbank entwickeln zu müssen, empfiehlt es sich, einen Softwarepartner mit einer für den Betrieb geeigneten Lösung zu finden. **Anbieter** sind **unter vielen anderen** Tiscover, Feratel, Nethotels, FastBooking sowie webres, otedis, globres, worldres, aber auch Frontoffice-Software-Anbieter wie z. B. Fidelio, Gastrodat und Protel.

Nicht zu verwechseln sind diese Online-Buchungstools mit den Buchungstools der Central Reservation Systems (siehe S. 227). Zur Verwirrung kann beitragen, dass einige CRS-Anbieter ihren Kunden (den Hotelbetrieben) beide Möglichkeiten (sowohl die Buchbarkeit über die Hotelhomepage als auch über das CR-System) anbieten.

Bei der Auswahl eines Partners ist zu bedenken, dass bei den **Frontoffice-Software-Anbietern** nur die Hoteldatenbank nach Verfügbarkeit geprüft wird. Eine selbstständig promotete Website ist nicht im Angebot enthalten. Dafür ist keine herkömmliche Wartung der Preise und Verfügbarkeiten nötig, da diese direkt aus dem Frontoffice-Programm entnommen werden. Die Buchungen landen wiederum direkt im Frontoffice-System, müssen also nicht mehr zusätzlich per Hand eingegeben werden.

Bei **Online-Buchungstools von Online-Reiseplattformen** hingegen steht deren gesamte Vertriebsschiene auch dem User des Online-Buchungstools der Homepage zur Verfügung (z. B. fastbooking.com). Es besteht eine starke Vertriebsgemeinschaft zwischen Anbieter und Hotelier.

Online-Reiseplattformen

Neben der gut positionierten Homepage ist Schritt Nummer zwei im Webmarketing, den Betrieb über Online-Reiseplattformen zu vermarkten.

Wahl der passenden Online-Reiseplattformen für einen Hotelbetrieb

Hotels werden von Angeboten zur Präsentation des Betriebes im Internet überschwemmt. Wenn Hoteliers ein Angebot für eine neue Reiseplattform bekommen, müssen sie sich diese Plattform aus der Sicht eines ungeübten Benutzers ansehen. Das bedeutet, die Anbieterhomepage mit den Augen dessen anzusehen, der diese Online-Reiseplattform zum ersten Mal sieht. So kann nachvollzogen werden, was ein Besucher (und potenzieller Hotelgast) dieser Plattform bei deren Benützung erlebt. Versuchen Sie einfach, dort ein Hotel zu finden und zu buchen. Wenn Sie sich langweilen, nicht zurechtfinden oder entnervt die Seite verlassen, können Sie davon ausgehen, dass ein Großteil der potenziellen Gäste das Gleiche tun wird.

Tipps

- Wenn Sie beim Check der Homepage gravierende Fehler in der Benutzerfreundlichkeit (Usability) oder Funktionalität feststellen, konfrontieren Sie den Anbieter mit Ihren Erkenntnissen.
- Suchen Sie in gängigen Suchmaschinen (z. B. Google und Yahoo) mit Stichwörtern, die Ihre Gäste verwenden würden, und prüfen Sie, ob der entsprechende Anbieter in der Liste der Hits vorkommt. Beispiel: Suche nach „Urlaub in Vorarlberg“: Wenn der Anbieter nicht auf der ersten Seite der Ergebnisliste oder zumindest im rechten und oberen Teil unter den „bezahlten Anzeigen“ erscheint, sollte er mit einer diesbezüglichen Frage konfrontiert werden.
- Prüfen Sie, welche Mitbewerber sich schon auf dieser Online-Reiseplattform befinden. Entscheiden Sie, ob Sie gut dazupassen würden und mit Ihrem Angebot vertreten sein möchten.

Qualitätskriterien für die Auswahl von Online-Reiseplattformen

Am folgenden Beispiel sieht man, worauf es bei der Entscheidung für eine Online-Reiseplattform ankommt:

Benutzerfreundlichkeit (Usability) und Menüführung

Generell gilt: Wichtig ist die Menüführung. Die Gebrauchstauglichkeit (engl. Usability) eines Internetauftrittes hängt jedoch nicht nur vom Aufbau der Seitennavigation oder der Anordnung von Informationsblöcken ab, sondern umfasst auch Themenkreise wie Farbwahl, Layout, Schriftgrößen, Barrierefreiheit und z. B. Konformität zu gefestigten Gewohnheiten im Umgang mit Internetseiten. Die Gebrauchstauglichkeit testet man am besten daran, dass man ungeübte Internetnutzer gezielt nach bestimmten Inhalten auf der Seite fragt und beobachtet, auf welchen Wegen sie zu den geforderten Informationen finden.

Eine intuitive Menüführung mit eindeutigen Schlagwörtern erleichtert die Orientierung. Das heißt, dass das Menü mit den jeweiligen sprechenden Untermenüpunkten entweder horizontal oder vertikal angeordnet sein sollte.

Schnäppchen und Listung nach Kriterien

Eine gute Online-Reiseplattform verfügt über einen eigenen Schnäppchenbereich und ermöglicht eine Listung der ausgewählten Betriebe nach gewünschten Kriterien.

Callcenter

Manche Internetuser sind bei der Auswahl von Reiseleistungen im Internet noch nicht sattelfest und nützen daher gerne die Dienste eines Callcenters, um

Der Hotelbetrieb muss sich im Internet so präsentieren, dass der Gast bei der Anreise nicht enttäuscht ist.

etwaige Fragen zu Hotelpräsentationen oder Buchungsvorgängen sofort abklären zu können. Optimal ist ein rund um die Uhr besetztes und für den Nutzer kostenloses Callcenter.

Präsentation des Hotels

Bilder wecken positive Emotionen und Vorfreude auf den Urlaub. Interessant ist damit also, wie viele Fotos des eigenen Betriebes auf der jeweiligen Online-Reiseplattform platziert werden dürfen. Je mehr Fotos dem User zur Verfügung stehen, desto besser kann er sich sein zukünftiges Urlaubshotel „ausmalen".

Vergessen darf man dabei nie, dass auch der **virtuelle Hotelprospekt**, also die Präsentation des Hotels im Internet, der **Prospektwahrheit** unterworfen ist. Das heißt, unrichtige bzw. unzutreffende Angaben sind klagbar. Werden z. B. Hotelzimmer mit Weitwinkel optisch stark vergrößert oder das größte Zimmer im Hotel als Standardzimmer bezeichnet, können Gäste bei Schlechterstellung zu Recht reklamieren.

Ein Tipp vom Profi
Achten Sie darauf, dass immer die besten und aktuellen Hotelfotos für Ihr Webmarketing verwendet werden. Beobachten Sie Ihre Gäste, welche Ansichten und Orte in Ihrem Hotel am liebsten fotografiert werden, und lernen Sie daraus: Diese sind die aussagekräftigsten und gemütlichsten Bereiche in Ihrem Hotel. Beim nächsten Fotoshooting Ihres Fotografen sollen diese Bereiche dann professionell fotografiert werden.

Nutzer schätzen es sehr, die in der Plattform gefundene Trefferliste **nach eigenen Prioritäten sortieren** zu können. Eine Online-Reiseplattform sollte unter anderem über Sortiermöglichkeiten nach den Kriterien

- Gästebewertungen,
- Preis,
- Sternekategorien,
- Entfernung vom Flughafen oder Zentrum,
- Unterkunftstyp

verfügen.

Update der Präsentationen und Generierung der Hoteldaten

Abgesehen von **ständiger Datenwartung** (Verfügbarkeiten, Preise, Packages) sollten Sie einmal jährlich Ihre Internetpräsentation erneuern: Bilder, Beschreibungstexte und Ihre Produktpolitik sind dabei zu überdenken und zu aktualisieren. Dies kann zeitaufwendig sein, wenn man auf vielen verschiedenen Reiseplattformen gelistet ist, wird jedoch durch vermehrtes Gästeaufkommen belohnt. Eine Alternative zur „Handarbeit": Manche Online-Reiseplattformen oder Sales-&-Marketing-Kooperationen bieten die Zusammenarbeit mit internetbasierten **Travel-Content-Plattformen** (z. B. leonardo.com) an. Diese offerieren Bilder- und Datenverwaltungsprogramme, welche die vom Hotelbetrieb eingepflegten aktuellen Daten und Bilder regelmäßig und automatisch auf **allen** Online-Plattformen aktualisieren.

Ein Tipp vom Profi
Bei regelmäßigen Kontrollen der Internetpräsentationen kommt man Fehlern auf die Spur. Die einfachste Art, Fehler aufzuspüren, ist die, den Hotelnamen in eine gängige Suchmaschine (z. B. Google) einzugeben und die aufgezeigten Links zu öffnen. Hier sind nun die Inhalte zu prüfen und Änderungen bzw. Aktualisierungen bei den Reiseplattformen selbst vorzunehmen bzw. bei deren Partnern, die die Präsentationen dort platziert haben, einzufordern.

Gästebewertungen

Einige Plattformen oder Travel Search Engines bieten den Usern die Möglichkeit, sich über die subjektiv erlebte Qualität des Urlaubs auszutauschen, also eine schriftliche Bewertung im Internet zu hinterlassen. So entstehen **Virtual Communities** (Kundennetzwerke zum gezielten Informationsaustausch), welche individuelle Entscheidungsfindungen massiv beeinflussen können (siehe auch das Kapitel „Web 2.0", S. 235).

Anfragen und Buchen in Echtzeit

Die Begriffe **„Online-Buchung"** und **„Online-Anfrage"** sind folgendermaßen zu verstehen: Mit Online-Buchung ist eine **Buchung in Echtzeit** gemeint, die mithilfe des Internets getätigt worden ist. Das heißt, eine Unterkunft wird automatisch vom Internetuser gebucht, der sofort eine Buchungsbestätigung erhält. Wenn eine Buchung in Echtzeit nicht möglich ist und erst eine **Buchungsbestätigung vom Beherbergungsbetrieb an den Online-User geschickt** wird, dann wird die Bezeichnung „Online-Anfrage" verwendet.

Online-Buchung

- Gäste sollten auf einer Online-Reiseplattform auch online buchen können.
- Wenn sich nur ein E-Mail-Fenster öffnet oder eine Buchungsanfragemaske aufgeht, dann ist dies nicht als Online-Buchung zu verstehen.
- Die Online-Buchung sollte nicht mehr als vier Schritte umfassen und so einfach wie möglich gestaltet sein.
- Vor Eingabe der Kreditkartennummer als Garantie oder Zahlung für die Buchung sollte sich die URL (Internetadresse der Seite) auf https://... ändern. Das „S" steht für „secure" und garantiert eine sichere Übersendung der Kreditkartendetails des Gastes an die Buchungsplattform.

Online-Anfrage

- Gästeanfrage per E-Mail oder per Anfragemaske.
- Die Eingabe der Kreditkartennummer entfällt.
- Es erfolgt keine unverzügliche Reservierungsbestätigung.
- Der Gast muss auf die Beantwortung der Anfrage, somit auf sein Angebot warten und kann dann die Buchung durch eine Bestätigung vornehmen.

Reaktionszeit bei der Beantwortung von Anfragen (Responsezeit)

Es gilt das Sprichwort: „Der frühe Vogel fängt den Wurm." Online-/E-Mail-Anfragen sollten innerhalb von zwei Stunden beantwortet sein, dann besteht eine 70%ige Chance, aus der Anfrage auch eine definitive Buchung zu machen. Allerspätestens müssen Gästeanfragen jedoch 24 Stunden nach Erhalt beantwortet sein. Dass hier viel Geld in der Hand der Rezeption liegt, ist offensichtlich.

Lageplan, Karte, Ort, Region, Destination

Es sollte geprüft werden, ob der virtuelle Stadt- oder Lageplan der Reiseplattform die Sehenswürdigkeiten in der Umgebung des Betriebs abbildet. Zu prüfen ist auch, ob die Lagepläne ausgedruckt werden können und ob die Entfernungen zu eingegebenen Sehenswürdigkeiten angeführt sind. Darüber hinaus ist es von großer Wichtigkeit, dass nicht nur die Stadt- bzw. Ortsnamen in den Online-Buchungsplattformen gelistet werden und somit auffindbar sind, sondern auch die Destinationen und Regionen mit den jeweilig zugeordneten Beherbergungsbetrieben abgefragt und gefunden werden können (Beispiel: Salzkammergut, Wachau, Achensee).

AUCH DIE DESTINATION – WIE BEISPIELSWEISE DAS SALZKAMMERGUT –, IN DER SICH DER BETRIEB BEFINDET, MUSS MAN ÜBER EINE REISEPLATTFORM FINDEN KÖNNEN.

Kontaktinformationen

Folgende **direkte Kontaktinformationen** sollten auf der Reiseplattform dargestellt werden: **Hotelname, Adresse, E-Mail-Adresse, Telefonnummer, Faxnummer, Link zur eigenen Hotelhomepage.** Da die meisten Reiseplattformen sich durch buchungsabhängige Provisionen bzw. Kommissionen finanzieren, geben sie Kontaktinformationen der Hotels meist nur sehr selektiv an den Gast weiter. Sie sind darauf erpicht, die Buchungen über ihre eigene Plattform zu generieren.

Ein Tipp vom Profi
Bei Buchungen über Plattformen ist die besondere Aufmerksamkeit des Rezeptionisten beim Check-in gefordert: Er muss alle Gästedaten, die vorab nicht gesammelt werden konnten, aufnehmen und ins Frontoffice-System eingeben.

Weitere nützliche Tools und Links

Gute Online-Reiseplattformen bieten Zusatznutzen, publizieren z. B. Wetterinformationen, bieten Routenplaner, Währungsumrechner und Gewinnspiele an.

Marketingtools auf der Online-Reiseplattform

Ein weiteres Auswahlkriterium für eine Online-Buchungsplattform ist das **Marketing des Anbieters.** Folgende Kriterien lassen auf gute Online-Marketing-Grundlagen schließen:

- **Newsletter:** Wenn eine Buchungsplattform das regelmäßige Versenden von Newslettern als Service anbietet, dann kann dieser vom Betrieb für die Verbreitung von Spezialangeboten verwendet werden.
- **Bonussysteme:** Diese verbessern die Kundenbindung zwischen Reiseplattform und buchendem Gast. Dies nützt natürlich auch den auf dieser Plattform vertretenen Hotels.
- **Virales Marketing:** Virales Marketing ist eine Marketingform, die als solche nicht gleich erkennbar ist. Ein besonders gelungenes Beispiel ist das legendär gewordene Werbespiel „Moorhuhn", das kostenlos von einer Firmenhomepage zum Download angeboten wurde und sich wie ein Virus verbreitete. Weitere Beispiele

Viele Menschen schreiben in Internettagebüchern – sogenannten Blogs – ihre Erlebnisse nieder und machen sie anderen Menschen zugänglich. Reiseberichte sind für die Branche interessant.

für virales Marketing sind die „Tell-a-Friend"-Funktion (hier werden Tipps über diese Homepage an Freunde in Form von Weblinks übermittelt), das Verlinken von Blogs (Online-Tagebüchern), Versenden von Preisausschreiben und interessanten Bildern, Ton- und Filmclips etc.

- **Web Booking Engine:** Die Online-Buchungsplattform bietet als Verkaufsunterstützung die Möglichkeit an, ein Online-Buchungstool für die eigene Hotelhomepage zu installieren.

Online-Buchungstool über eine Reiseplattform

Die Einbindung eines Online-Buchungstools in die eigene Homepage eröffnet die Möglichkeit, die Daten einer Online-Buchung über eine Reiseplattform direkt in das Frontoffice-System einzupflegen. Dazu muss eine Schnittstelle zwischen dem Online-Buchungssystem und dem Frontoffice-System bestehen. Existiert keine Schnittstelle, gelangen die Buchungen per Fax oder E-Mail in den Betrieb und werden dann per Hand in das Frontoffice-System eingegeben.

Schnittstelle zur Frontoffice-Software

Manche Anbieter von Online-Reiseplattformen haben Schnittstellen zu den Frontoffice-Programmen eingerichtet, sodass eine Wartung der Preise und Verfügbarkeiten nicht mehr nötig ist. Diese Daten werden direkt aus dem Frontoffice-Programm des Hotelbetriebs entnommen. Die auf der Buchungsplattform getätigten Buchungen landen ebenso direkt im Frontoffice-System, müssen also nicht mehr per Hand eingegeben bzw. übertragen werden.

Datensicherheit, Zahlungssicherheit

Eines der großen Probleme bei der **Dateneingabe auf Reiseplattformen** ist die Aufrechterhaltung der Privatsphäre des Nutzers und der Schutz seiner Daten. Generell haben Nutzer Angst vor der Gefährdung ihrer Privatsphäre. Auch ist das Vertrauen in die angebotenen Zahlungssysteme noch nicht sehr hoch.

Die Eingabe der persönlichen Kundendaten erfolgt meistens verschlüsselt mittels **Secure Socket Layer (SSL)**. Ein Server übermittelt die Daten verschlüsselt an die jeweilige Plattform. Diese Informationen können bei der Übertragung im Internet von Unbefugten deshalb nicht gelesen werden.

Ein Tipp vom Profi
Eine sichere Eingabemöglichkeit der persönlichen Daten bei Buchung und Zahlung ist unerlässlich. Dies gilt auch für den Online-Buchungsbereich der eigenen Homepage. Eine sichere Homepageadresse erkennt man daran, dass sie mit **https://** beginnt und sich in der Statusleiste des Browsers ein kleines gelbes **Schlüssel-Schloss-Symbol** befindet. Die großen Online-Buchungstools haben im Regelfall sichere Buchungsseiten.

Stornobedingungen und No-Show-Gebühren

Vor einer Zusammenarbeit mit Reiseplattformen muss geklärt sein, ob die möglicherweise komplexen Stornobedingungen und No-Show-Regelungen im Verkaufssystem dargestellt werden können. Das heißt, bei sehr restriktiven Buchungs-, Garantie-, Storno-, Zahlungs-, Anzahlungs- und No-Show-Bedingungen muss dafür gesorgt sein, dass es möglich ist, diese im Online-Buchungssystem auch abzubilden. Wenn dies möglich ist, dann sind diese Bedingungen für alle in dem bestimmten Beherbergungsbetrieb getätigten Buchungen gültig.

Provisionsabrechnung

Generell erhält der Hotelbetrieb die Provisionsabrechnungen der Online-Reiseplattformen per Fax, Brief oder elektronisch. Die Provisionsabrechnung ist wie folgt zu behandeln:

- Kontrolle der Provisionsaufstellung.
- Gegebenenfalls Änderung dieser Aufstellung (An-/Abreisen geändert, Storno, No-Show, Preisänderung etc.).
- Rücksendung an die Online-Reiseplattform mit der Bitte um Änderung.
- Kontrolle, ob Änderungen auch berücksichtigt wurden.
- Unverzügliche Zahlung der Provisionsrechnung.

Ein Tipp vom Profi
Eine schnelle Kontrolle und Zahlung ist sehr zu empfehlen, da manche Reiseplattformen das Ranking der Hotels auf ihrer Seite unter anderem von der Geschwindigkeit der Überweisung der Provision abhängig machen.

Wenn Web Booking Engines auf der eigenen Homepage installiert sind, gelten für Buchungen, die dadurch generiert werden, meistens geringere Provisionssätze.

Reichweite und Erreichbarkeit von Zielgruppen über Online-Reiseplattformen

Eine direkte Zielgruppenansprache erleichtert die Suche auf Online-Reiseplattformen.

Auffindbarkeit der Zielorte

In die Suchfunktion der Reiseplattform sollen **Destinationen (Zielorte) und Regionen** integriert sein. Dies ermöglicht, dass User, die nach einer Region bzw. Destination und nicht nach einem bestimmten Ort suchen, trotzdem alle Hotelangebote finden. Wenn also nicht nach einem bestimmten Ort, einer Stadt oder einem Hotel gesucht wird, dann haben **alle dieser Destination zugeordneten Hotels** die Möglichkeit, die Aufmerksamkeit des Users zu erlangen.

> **Ein Tipp vom Profi**
> Tragen Sie dafür Sorge, dass Ihr Betrieb **der richtigen Region zugeordnet** wird. Prüfen Sie daher alle Präsentationen Ihres Betriebs auf Online-Reiseplattformen, indem Sie Ihren Betrieb dort auch nach der Region suchen.

Zielgruppenansprache, Suchkriterien

Zahlreiche Plattformen erleichtern ihren Besuchern die Orientierung durch eine Zielgruppenansprache auf der Startseite. Beispiele dafür sind Winter/Sommer/Ski, Wellness/Beauty/Gesundheit, Wandern, Biken, Aktivurlauber, Golf, Drive-in-Gäste, Motorradfahrer, Sektor Meetings, Incentives, Conventions and Events (= MICE), Kongress und Business, Kunst-/Kultur-/Städtereisen, Familienreisen, Luxusreisen (Vier- und Fünfsterne), Billigreisen/Schnäppchen (Ein- bis Dreisterne), Last-Minute-Angebote, Kurzurlaube (z. B. www.kurz-mal-weg.at).

Mehrsprachigkeit – Ansprache verschiedener Quellmärkte

Je größer die Anzahl der Sprachen einer Reiseplattform, desto größer die Reichweite der Seite.

> **Ein Tipp vom Profi**
> Ca. 75 % aller im Internet einkaufenden Menschen verwenden Suchmaschinen zum Auffinden der gewünschten Informationen. Die Eingabe der Suchwörter erfolgt natürlich in der **Muttersprache.** Jene Reiseplattform, die die richtigen Keywords für das Buchen von Hotelzimmern **in der jeweiligen Quellmarktsprache** zur Verfügung stellt, wird vom User auch für seine Buchung verwendet werden. Bei einer gezielten **Quellmarktstrategie** im Hotelmarketing sind die von Reiseplattformen verwendeten Sprachen daher ein wichtiges Auswahlkriterium.

GD-Systeme (GDS)

Weltweit verwenden circa **600 000 Reisebüros** mit ihren Buchungsterminals GD-Systeme zur Buchung ihrer Flüge, Mietautos und Hotelzimmer.

Direkter Zugang zu GD-Systemen für Hotels

Die Betreiber einiger GD-Systeme haben in den letzten Jahren die Inhalte ihrer Systeme auch dem Endverbraucher zur Verfügung gestellt. Sie haben ertragskräftige Internetplattformen (wie z. B. travelocity.com, hotels.com, lastminute.com, expedia.com) gegründet, über die sie **direkt mit den Hotels** (auf Nettopreisbasis) kooperieren. Sie verhalten sich also wie „virtuelle Reiseveranstalter", die auf den vom Hotel gewährten Nettopreis einen sogenannten **Mark-up** (Aufschlag) von 20 bis 32,5 % aufrechnen und zu diesem Bruttopreis dann an den Endverbraucher verkaufen. Man nennt dieses Preissystem **Merchantmodell.**

Wichtig: Der Preis für den Endverbraucher darf nicht höher sein als der vom Hotel auf anderen Online-Reiseplattformen gelistete Preis für dasselbe Produkt. Diese Vereinbarung ist Teil des abgeschlossenen Vertrages und nennt sich **Rate Parity**, also Preisgleichheit.

Internationale Hotelketten und GDS

Internationale Hotelketten verschließen sich zunehmend der Vermarktung ihrer Kapazitäten über die GDS-Reiseplattformen. Sie wollen mehr und mehr Geschäft **auf die eigenen Websites** holen und dem durch die parallele Nutzung mehrerer **Merchantmodelle** (siehe oben) verursachten **Preischaos** aus dem Weg gehen. Preisliche Differenzen entstehen dadurch, dass Mark-ups (also die Aufschläge) nicht ausschließlich vom Hotel festgesetzt werden können und Wiederverkäufer der GDS-Angebote ihrerseits

Interaktiver Dialog wird im World Wide Web möglich.

Mark-ups individuell definieren dürfen. Die vom Kunden bzw. Gast gewünschte **Preistransparenz** und weitgehende Preishomogenität ist dadurch **nicht mehr gewährleistet.** Die Hotelketten verloren dadurch die Preishoheit über ihre Angebote und verärgerten ihre Buchungspartner durch fehlende Markttransparenz.

Diese Entwicklung begünstigt **Individualhotels**: Die großen Online-Reiseplattformen bemühen sich um neue Hotelpartner; die durch die Abwanderung der Hotelketten entstandenen Lücken sollen geschlossen werden. Individualhotels haben im Unterschied zu Hotelketten weniger Probleme mit uneinheitlichen Preisen im Internet, sind also für Online-Reiseplattformen geeignete Partner.

Marktkonzentration im E-Commerce-Tourismus

Der Online-Reisebüromarkt befindet sich in den Händen weniger Unternehmen. In den USA – den Vorreitern in diesem Markt – beherrschen **drei Technologieanbieter 93 % des Online-Reisebüromarktes.** In Europa ist die Marktkonzentration noch nicht so massiv, aber der Trend geht auch hier zu größeren Einheiten. Die fünf dominanten Plattformen kontrollieren in Europa **etwa 60 % des Online-Marktes.**

Travel Search Engines (TSE)

Travel Search Engines sind Preisvergleichsseiten. Sie listen Hotels oder Airlines nicht direkt, sondern präsentieren eine Reihe von Links zu Online-Reiseplattformen, um die Angebote für den User vergleichbar zu machen.

Ähnlich wie Internetsuchmaschinen sucht eine Travel Search Engine (z. B. hotelscomparison.com, travelaxe.com, mobissimo.com und trivago.de sowie für Flüge checkfelixx.com) **Reiseplattformen nach relevanten Ergebnissen** ab und stellt die Ergebnisse gegenüber. Aufgelistet werden u. a. die Provider (die Online-Reiseplattformen), die Hotelnamen, die Kategorie und der jeweils verfügbare Preis für die angegebene Kategorie.

Da in dieser Auflistung die Rubriken auf- und absteigend **sortiert** werden können, zeigt eine Sortierung nach Hotelnamen sofort die für ein und dasselbe Hotel verfügbaren unterschiedlichen Zimmerpreise auf unterschiedlichen Reiseplattformen.

Ein Tipp vom Profi
Hier sollte als oberstes Prinzip gelten: Alle im Internet verfügbaren **Preise** für eine jeweils klar definierte Kategorie müssen **gleich** sein. Das heißt, egal, ob ein Gast über die Hotelhomepage, direkt am Telefon oder bei einer Online-Reiseplattform nach einem bestimmten Preis sucht, die Preisauskunft sollte immer dasselbe Ergebnis bringen.

Web 2.0, Gäste-/Hotelbewertungen

Das Internet startet mit Web 2.0 in ein neues Zeitalter. Webseiten reagieren flexibel auf die Wünsche des Benutzers, sich öffentlich mitzuteilen oder seine eigene Geschichte zu veröffentlichen. Aber was bedeutet Web 2.0 und welche Auswirkungen bzw. Chancen ergeben sich für die Hotellerie?

Die neue Generation des interaktiven Dialogs

Das Internet wird heute ganz anders genutzt als noch vor einigen Jahren. Es können große Datenmengen heruntergeladen werden. Mit weltweiten Online-Telefonkonferenzen kann viel Geld, mit dem Versand rechtsgültiger Verträge per E-Mail viel Zeit gespart werden. Der nächste (r)evolutionäre Schritt ist längst gesetzt: Die Webwelt ist durch die unter dem Begriff Web 2.0 zusammengefassten Neuerungen im Umbruch – und die Hotellerie ist mittendrin. Web 2.0 steht weniger für neue revolutionäre Techniken als vielmehr für eine neuartige Nutzung bzw. Verkettung von Plattformen und Diensten im Internet.

Neue Webanwendungen für den Betrieb nutzen

Für viele Hoteliers wird sich der Geschäftsalltag noch weiter verändern als schon bisher. Bieten zahlreiche Online-Plattformen schon lange bequeme Buchungsmöglichkeiten, ist der Markt nun mit Web 2.0 um einiges transparenter: Wer ein Hotelzimmer buchen will, kann sich binnen Sekunden darüber informieren, was anderen vor ihm an dem Hotel gefallen hat oder nicht.

Web 2.0 ist aber nicht nur Chance, sondern auch Verpflichtung: **Blogs** (Webtagebücher) bieten Einblicke in die Alltags- und Gedankenwelt von Zeitgenossen und zeigen, was die Web-Community von ihnen hält. In diesen Tagebüchern schildern Internetuser z. B. ihre Urlaubsaufenthalte. Binnen Sekunden lässt sich daher herausfinden, wie Hotelzimmer ausgestattet sind und ob die Servicequalität so gut ist wie gepriesen. Viele Tourismusplattformen sind auf den Web-2.0-Zug bereits aufgesprungen. Auf vielen großen Plattformen, wie beispielsweise Tiscover, Expedia, HRS, Holidaycheck, Realtravel oder Booking.com, können **Urlauber Hotels bewerten** und ihre persönlichen Eindrücke für sich und andere festhalten. Dass diese Möglichkeiten intensiv genutzt werden, zeigt eine Befragung der Österreich Werbung unter deutschen Gästen: Demzufolge nutzen 10 % der Befragten Blogs für die Informationssuche. 40,5 % halten Kundenbewertungen auf Online-Portalen für glaubwürdig bzw. sehr glaubwürdig.

Die Weiterentwicklung des Webs wird sich auf die Hotellerie stark auswirken. Ideal nutzen kann die Entwicklung, wer rechtzeitig einsteigt. Je besser ein Unternehmer die neuen technischen Möglichkeiten und das Userverhalten kennt, umso eher kann er einen Wettbewerbsvorteil daraus ziehen.

Mit durchaus kritischen Einträgen muss man rechnen (und leben), gegen unwahre, diffamierende Einträge kann und sollte aber vorgegangen werden. Dabei unterstützen die **Rechtsabteilungen der Hoteliervereinigungen und der Hotel- und Gaststättenverbände.**

Positionieren Sie Ihren Betrieb auf großen internationalen Reiseführern, z. B. Wikitravel (http://wikitravel.org/de/Hauptseite), dem Reiseführer der stark nachgefragten Wiki-Gruppe, der von Usern auf aller Welt zusammengestellt wird. Auf kostenlosen Bilderplattformen, z. B. Flickr (www.flickr.com), können attraktive Bilder Ihres Hotels potenziellen Gästen die Reiseentscheidung erleichtern.
Ein anderes Beispiel liefert der vom Weinviertel Tourismus initiierte Winzerblog unter www.winzerblog.at, in dem junge Winzer aus dem Weinviertel täglich vom Werden des heurigen Weins berichten.
Die Österreich Werbung hat unter blog.austria.info einen Weblog kreiert, in dem persönliche Erfahrungsberichte von Österreich-Werbung-Mitarbeitern platziert und Urlaubsideen an potenzielle Gäste weitergegeben werden.

HAT DAS ANGEBOT DEN ERWARTUNGEN ENTSPROCHEN? IN WEBLOGS IST ES NACHZULESEN.

Hotelbewertungen

Wenn einer eine Reise tut, will er sich heute nicht nur auf die Meinung von Bekannten und Verwandten verlassen, sondern möglichst viele Erfahrungen objektiver Kritiker einholen. Was ihm niemand verwehren kann (oder will), schon gar nicht, wenn ihm das eine zunehmende Zahl von Reiseportalen mit ihrem Angebot so erleichtert. Auf diesen Plattformen finden die Urlauber von morgen schon heute Hotelbewertungen und können so ihre Reiseentscheidung treffen. Dass diese Möglichkeit genutzt wird, zeigen Umfragen. Demzufolge bezieht mittlerweile jeder Vierte vor Urlaubsantritt Informationen aus dem Internet.

Weblogs der Reiseplattformen auf dem Prüfstand

Die Einträge auf den Plattformen sind **subjektive Erfahrungsberichte**. Auf den Plattformen wird großteils explizit darauf hingewiesen, dass die Einträge objektiv und wahrheitsgemäß zu sein haben, persönliche Erfahrungswerte widerspiegeln und dass den Bewertungen entgegnet werden kann bzw. dass das Hotel darauf bestehen kann, dass diese gelöscht werden.

Nun ist in der Verfassung verankert, dass jeder das Recht auf freie Meinungsäußerung hat – auch wenn die Aussagen verletzend sind oder Ärgernis auslösen. Anders verhält es sich bei „unwahren Tatsachenbehauptungen“. Diese können in das geschützte Recht des (wirtschaftlichen) Rufs des Hoteliers eingreifen, wenn sie abstrakt geeignet sind, geschäftsgefährdend zu sein, und der Hotelgast die Unrichtigkeit der von ihm verbreiteten Tatsachenbehauptungen kannte oder kennen musste. Die Grenze zwischen (zulässigen) reinen Werturteilen und (nicht zulässigen) unwahren Tatsachenbehauptungen ist fließend und für jeden Einzelfall konkret zu prüfen. Der rechtliche

Ob es sich bei einer Weblog-Eintragung um eine Tatsachenbehauptung oder eine subjektive Bewertung handelt, ist oft nicht klar zu erkennen.

von Unterkünften darauf drängen, dass Hotelbewertungen nicht anonym abgegeben werden können, sondern der **User aufgrund der Buchungsnummer identifiziert** werden kann. Oder der Online-Vermittler verpflichtet sich, Ihnen in Fällen, wo ein rechtswidriges Verhalten angenommen werden kann, die Daten des Users bekannt zu geben. Unabdingbar bleibt, dass Sie sich einen Überblick über die großen Bewertungsplattformen verschaffen und diese regelmäßig überprüfen, um frühzeitig negative Einträge finden und entsprechend handeln zu können.

Handlungsspielraum für Hoteliers ist dadurch sehr beschränkt. Der Hotelier ist v. a. verpflichtet, die Unwahrheit der Aussagen zu beweisen – was problematisch sein kann.

Tatsachenbehauptungen	Subjektive Bewertungen
▪ „Zugesagter Internetanschluss im Zimmer nicht vorhanden." ▪ „Ungeziefer im Zimmer." ▪ „Zimmer schmutzig."	▪ „Nicht zu empfehlen." ▪ „Ausstattung gefällt nicht." ▪ „Enttäuschend." ▪ „Essen schmeckt nicht." ▪ „Angebot lässt zu wünschen übrig."

Wie kann der Hotelier konkret gegen negative Einträge vorgehen?

Auf manchen Plattformen hat der Hotelier die Möglichkeit, zu den Bewertungen **öffentlich Stellung zu nehmen,** den Service der **Hotelbewertung abzubestellen oder die betreffenden Einträge gänzlich löschen zu lassen.** Darüber hinaus kann man Kundenbewertungen deaktivieren lassen. Das kann sich jedoch nachteilig auswirken, weil man bei der Suchoption „Sortieren nach Bewertung" automatisch ganz hinten gereiht wird.

Bei einigen Plattformen (z. B. Tiscover.at) lässt sich jede einzelne Bewertung aufgrund der Buchungsnummer rückverfolgen. Leider besteht diese Möglichkeit nicht bei allen Plattformen, sodass man schon allein aufgrund der Anonymität der User keine rechtlichen Maßnahmen einleiten kann. Aus Datenschutzgründen dürfen Webportale persönliche Daten von Gästen nicht bekannt geben – außer wenn gegen den Gast ein Strafverfahren eingeleitet wurde.

Je nach Vereinbarung tragen Plattformbetreiber üblicherweise keine Verantwortung für die Einträge, solange sie von rechtswidrigen Inhalten keine Kenntnis haben. Sie sind jedoch laut Vertrag verpflichtet, Informationen unverzüglich zu entfernen oder zu sperren, sobald sie über deren Rechtswidrigkeit informiert sind. Es können jedoch hinsichtlich des Vertragsverhältnisses zwischen dem Hotelier und dem jeweiligen Vermittler andere Vereinbarungen getroffen werden.

Ein Tipp vom Profi
Schließen Sie neue Verträge mit Reiseplattform-Partnern ab, so sollten Sie bereits im Vorfeld bei Vereinbarungen mit den jeweiligen Online-Vermittlern

Cross Selling bzw. Dynamic Packaging – Buchbarkeit von Hotels über Low Cost Carrier und andere Vertriebspartner

Cross Selling bzw. Dynamic Packaging bedeutet, auf der eigenen Homepage auch andere Produkte verfügbar zu machen. Es handelt sich demnach um Kooperationen verschiedener Anbieter unterschiedlicher Branchen, die sich von der gemeinsamen Promotion ihrer Angebote im Internet Vorteile versprechen. Derzeit wird Cross Selling hauptsächlich mit Personentransportunternehmern betrieben.

Low Cost Carrier oder No Frills

Low Cost Carrier (Billig-Airlines) oder No Frills (Angebote ohne Schnickschnack) stehen als Synonyme für Anbieter billiger Schnäppchen (z. B. Flüge). Es sind Angebote „ohne Schnickschnack", mit niedrigem Preis und ohne Extras. Das **No-Frills-Konzept** kommt aus der Wirtschaft und beschreibt verschiedene Maßnahmen, mit denen **Unternehmen ihre Kosten senken.** Ursprünglich findet sich das Konzept vor allem bei Billig-Airlines (Low Cost Carriers) umgesetzt. Inzwischen setzen aber auch andere Wirtschaftszweige auf dieses Konzept.

Der Markt dieser Anbieter wird größer, da sich der **Preiskampf** (vor allem zwischen den verschiedenen Airlines) verschärft.

Weitere Vertriebspartner

Nicht nur Low Cost Carrier, auch **Autovermieter** oder nationale **Transportunternehmen** wie z. B. die Bahn bieten ihren Kunden Packages und Hotelzimmer an. Sie kooperieren dafür mit Online-Reiseplattformen.

Cross Selling bzw. Dynamic Packaging und die Vorteile für den Hotelier

Die Hotellerie kann von Low Cost Carriers und anderen Vertriebspartnern profitieren, indem die **Internetseiten miteinander verlinkt** werden. So kann man über die Hotelhomepage den Low Cost Carrier oder ein anderes Transportunternehmen erreichen. Werden über die Hotelhomepage Flüge oder Fahrten gebucht, erhält der Hotelbetrieb eine kleine **Provision**.

Die o. a. Firmen bieten über ihre Internetplattformen darüber hinaus **Packages** für ihre Kunden an, die Reisen und Nächtigen verbinden und die direkt über die Homepage buchbar sind. Dafür arbeiten sie mit **Online-Reiseplattformen** (z. B. hrs.de, hotels.com, expedia.com, octopustravel.com) zusammen. Ein kluger Hotelier achtet daher bei der Wahl der Online-Reiseplattformen u. a. darauf, ob diese auch Cross Selling betreiben. Wenn ja, steigt dadurch die Chance, als Hotelbetrieb über Low Cost Carrier oder andere Transportunternehmen gebucht zu werden. Eine weitere Vertriebsschiene wird dadurch genutzt.

Auch ist es sinnvoll, die **fixen Flugpläne** der Low Cost Carrier der Umgebung zu nutzen. Fixe Flugpläne haben den Vorteil, dass der Hotelbetrieb bestimmte Angebote und Packages passend zu den Flugplänen anbieten und dadurch den Verkauf steigern kann.

DIE VERLINKUNG DER HOTELHOMEPAGE MIT DER SEITE EINES LOW COST CARRIERS IST SINNVOLL.

Ein Tipp vom Profi
Low Cost Carrier findet man ganz leicht im Internet (z. B. über www.zanox.com). Meist sieht der Ablauf so aus, dass man sich auf der Anbieterseite anmeldet und danach die Buchungsformulare der unterschiedlichen Low Cost Carrier herunterlädt und auf der eigenen Homepage einbaut. Diese Arbeit übernimmt der Webmaster der Hotelhomepage. Für die über die Hotelhomepage gebuchten Flüge erhält das Hotel eine kleine Provision. Der Webmaster der Hotelhomepage muss beim Einbau des Tools darauf achten, dass dieser Buchungsbereich entweder **innerhalb des Frames der Hotelhomepage** gebaut wird **oder**, wenn dafür ein eigenes **Fenster** vorgesehen wird, dass dieses Fenster über **keine Symbol- bzw. Navigationsleiste** verfügt. Denn man muss darauf achten, dass der User nicht von diesem Fenster aus auf eine andere Internetseite wechseln kann. Das würde nämlich bedeuten, dass die Homepage des Hotels möglicherweise verlassen und die Buchung über einen anderen Anbieter vorgenommen wird.

Auch sollten **Newsletters** der Billig-Airlines und anderer Personentransportfirmen **abonniert** und die **Teilnahme an Special Promotions** überlegt werden. Wenn Events, die die eigene Destination betreffen, beworben werden, kann mit der Billig-Airline kooperiert werden.

Abonnieren Sie die für Sie relevanten Newsletters – zur Ideenfindung für Promotions o. Ä. ist das ein wertvoller Informationspool.

Quellmärkte im Web ansprechen

Hotelbetriebe nutzen den globalen Charakter des Internets zunehmend, um **gezielt Quellmärkte** (siehe S. 35) anzusprechen..

Sollten Sie Gäste aus einem bestimmten Quellmarkt vermehrt ansprechen wollen, gehen Sie folgendermaßen vor:

Die Preispolitik muss homogen sein.

- Suchen Sie **Reiseplattformen** mit den gewünschten Sprachen und evaluieren Sie nach den Kriterien (siehe S. 230), ob Ihr Betrieb auf diese Reiseplattform passen würde.
- Übersetzen Sie Ihre **eigene Homepage** in die Sprachen der gewünschten Quellmärkte. Es genügt dafür eine sogenannte **Introduction Page (Einführungsseite)**, da die Kosten für die Übersetzung sehr hoch sind. Für die Introduction Page eignet sich ein Teilbereich der Homepage, z. B. die Startseite mit den wichtigsten Informationen des Hotels, wie allgemeine Beschreibung, Zimmerkategorien, Lage, Anfahrtsbeschreibung, und die Preisliste mit den AGBs (Bedingungen für Buchung, Storno, No-Show, Garantie, Zahlung, Deposit, Vorauszahlung etc.).
- Prüfen Sie, ob Ihr **Tourismusverband** seine Hotelpräsentation (und Online-Buchungsmöglichkeit) auch in den für Ihre Destination, Ihre Region oder Stadt oder Ihren Ort relevanten **Quellmarktsprachen** zur Verfügung stellt.

Preispolitik im Internet, Channel Management

Angesichts der großen Anzahl an Vertriebskanälen ergibt sich die Schwierigkeit, dass **nicht jeder im Internet präsentierte Preis auch vom Hotelbetrieb gesteuert werden kann.**

Preisquellen im Internet

Die virtuellen Reiseveranstalter verwenden in ihren sogenannten **Merchantpreismodellen** die eingekauften Nettopreise und verkaufen **mit einem von ihnen frei gewählten Aufschlag** an ihre Hotelpartner. Des Öfteren wird dann ein Nettopreis mit einem zu geringen Aufschlag im Internet gezeigt, der die Preise der Mitbewerber unterbietet, ohne dass der Hotelier etwas davon weiß.

Ein Tipp vom Profi
Hier kann man mithilfe der Preisvergleichsseiten (Travel Search Engines) arbeiten. Die Suchergebnisse machen die nicht konformen Preise deutlich. Mit diesen Ergebnissen sind die Reiseplattformen direkt zu konfrontieren. Entweder muss ihnen die Preispräsentation untersagt werden oder sie müssen die Preise angleichen.

Vermittlungsprovisionen und Mark-ups (Aufschläge) für Internetpreise

Vermittlungsprovisionen und Mark-ups werden in Prozent vom Zimmerpreis berechnet. Üblich sind für Online-Reisebüros zwischen 10 und 32,5 %, für Wholesaler (Reiseveranstalter) mindestens 20 %, für Online-Reiseplattformen ab 10 % und für Buchungen, die zwar über den Vermittler, aber im Endeffekt über die eigene Hotelhomepage generiert werden, bis zu 5 %. Reine Informationsseiten verrechnen keine Provision, da hier über die Plattform keine Buchung zustande kommen kann.

Tipps für eine homogene Preispolitik im Internet

Homogene Preispolitik, Preisstrategie

Das Ziel der Internet-Preispolitik ist es, dass auf allen Reiseplattformen, auf denen ein Hotel vertreten ist, die gleichen Preise angegeben werden. Wenn z. B. mit GDS-gestützten Veranstalterplattformen direkt zusammengearbeitet wird, dann sollten die für den Endverbraucher sichtbaren Endpreise (z. B. Nettopreis + 20 % Mark-up) so hoch sein wie auf Online-Reiseplattformen. Travel Search Engines, die die Online-Reiseplattformen vergleichen, zeigen diesbezügliche „Sünden" auf. Der Gast, der diese Unterschiede sieht, hat das Gefühl, geprellt zu werden.

Online-Reiseplattformen machen auch sogenannte **„Rate Parity Checks"**. Das sind **automatisierte Preisvergleiche**, die in regelmäßigen Abständen durchgeführt werden und die ein möglicherweise ungleiches Preisverhältnis aufdecken. Diese Checks werden gemacht, da ein höherer Preis auf einer Partnerseite dazu führt, dass dieser Partner im Wettbewerb um die Buchungen den Kürzeren zieht. Denn natürlich stellen auch die Gäste Preisvergleiche an und buchen über die günstigste Seite.

Die **Rate Parity (Preisgleichheit)** gilt auch für jene Preise, die direkt am Telefon angeboten werden, und jene, die auf der eigenen Homepage verfügbar sind. Wenn es hier Differenzen gibt, führt dies oft zu Argumentationsnot bei den Verkaufsgesprächen.

Kategorienverkauf

Wenn dennoch Preisunterschiede im Internet vorhanden sein sollten, dann müssen sie mit **unterschiedlichen Zimmerkategorien bzw. Qualitätsunterschieden** argumentiert werden. Es müssen jedoch die einzelnen Preiskomponenten, wie die Zimmerkategorie, die -ausstattung und -größe, Aufenthaltsdauer, bestimmte An- und Abreisetage, Frühbucherrabatte, Stornomöglichkeiten, Vorauszahlung, Spezialangebote, **klar kommuniziert werden**.

SÜDTIROL HAT ALS TOURISMUSLAND EINIGES ZU BIETEN.

Preisunterschiede können auch durch **Restrictions** (ganz bestimmte Buchungsbedingungen) plausibel werden. Bei manchen Reiseplattformen ist es möglich, einen bestimmten (relativ niedrigen) Preis mit strengen Einschränkungen (z. B. sofortige und 100%ige Vorauszahlung, keine Stornomöglichkeit) zu buchen.

> Wichtig ist die unmissverständliche Mitteilung, welche Qualität/Leistung zu welchem Preis verkauft und geliefert wird (klares Preis-Leistungs-Verhältnis).

Nationale Tourismusverbände und ihr Verkauf im Internet

Die **Österreich Werbung** bietet auf ihrer Internetseite **www.austria.info** die Möglichkeit, online in Echtzeit zu buchen. In der Manier einer Preisvergleichsseite werden hier die Angebote einiger österreichischer Online-Buchungsplattformen (tiscover.com, first-austrian-hotels.com – Online-Buchungsplattform der Österreichischen Hoteliervereinigung, austrianhotelreservation.com, nethotels.com, feratel.at – Online-Buchungsplattform des Incomers Mondial und Bed & Breakfast Austria) paritätisch und gleichberechtigt gelistet. Hier kann direkt online gebucht werden.

Die Seite des **Deutschland Tourismus (www.deutschland-tourismus.de)** präsentiert die Angebote folgender Reiseveranstalter: Ameropa, Neckermann, Dertour, ITS ist Urlaub, TUI, sowie Angebote der lokalen Tourismusverbände. Wenn die genannten Partner eine Online-Buchungsmöglichkeit anbieten, wird hier weiterverlinkt. Eine Möglichkeit, die deutschen Beherbergungsbetriebe direkt über die Deutschland-Tourismusseite zu buchen, gibt es nicht.

Die **Schweiz Tourismus (www.myswitzerland.com)** ist die nationale Marketing- und Verkaufsorganisation für die Schweiz. Sie arbeitet intensiv mit touristischen Partnern und Anbietern in der Schweiz und ihren Geschäftsstellen in der ganzen Welt zusammen. Unter der Rubrik „Unterkünfte" findet man die Möglichkeit, Hotels online zu buchen. Man gelangt hier zur Buchungsplattform über das Switzerland Travel Centre (STC AG), den Ferienvermittler von Schweiz Tourismus. Das STC wurde 1998 unter dem Namen Switzerland Destination Management AG von Schweiz Tourismus, Swissair, SBB, hotelleriesuisse, GastroSuisse und Europcar gegründet. Als offizieller Ferienvermittler von Schweiz Tourismus betreibt Switzerland Travel Centre AG eigene Service Centres in Zürich und London, in denen pro Jahr über 270 000 Kontakte mit Interessenten am Ferienland Schweiz bearbeitet werden.

Der **Südtirol Tourismus (www.suedtirol.info)** bietet mit eigener Suchmaske (Rubrik „Suchen & Buchen" – „Freie Zimmer buchen") die Möglichkeit einer Online-Anfrage sowie eine Online-Buchungsmöglichkeit auf der Website an. Die Betriebe werden gleichberechtigt aufgelistet, entweder mit Link zur Online-Buchbarkeit oder mit der Möglichkeit der unverbindlichen Online-Anfrage. Es werden auch die Links zu jenen Reiseveranstaltern gegeben, die Südtirol im Programm haben.

Channel Management

Gemeint ist damit die **Organisation und Koordination der Preise und Verfügbarkeiten in den unterschiedlichen elektronischen Vertriebskanälen.** Diese Koordination kann per Hand, also bei jeder Reiseplattform entsprechend den gegebenen Yield- und Revenue-Management-Möglichkeiten (siehe S. 212) einzeln durchgeführt bzw. gesteuert werden. Es besteht auch die Möglichkeit, diese Arbeit mit einer **Channel-Management-Software** zu unterstützen. Es

Die Preispolitik in der Ferienhotellerie sieht anders aus als in der Stadthotellerie.

es gewohnt sind, mit größeren Preisnachlässen bzw. -schwankungen zu arbeiten.

Ein Tipp vom Profi
Wenn eine Entscheidung für oder gegen die Zusammenarbeit mit Reiseportalen oder die dort üblichen Verkaufsmethoden getroffen werden soll, sollte unbedingt bedacht werden, dass eine **direkte Online-Buchung** den Hotelier nur etwa ein Drittel einer auf traditionellem Weg getätigten Reservierung kostet.

können jedoch nicht alle Restriktionen (Buchungsbedingungen) bzw. Yield-Parameter über diese Software synchron verändert werden.

Gegenüberstellung der Online-Preispolitik von Stadt- und Ferienhotellerie

In der Ferienhotellerie existiert eine rigidere Preisgestaltung als in der Stadthotellerie. Es herrscht eine geringere Bereitschaft, mit Reiseveranstaltern und Tour Operators zusammenzuarbeiten, da diese mindestens 25 % Abschlag auf die Listenpreise als Grundlage für eine Zusammenarbeit verlangen. Pro Vermittler entstehen Kosten von acht bis zwölf Prozent Kommission. Das heißt, dass zwischen Reiseveranstalter/Incomer und Hotel möglicherweise drei Subunternehmen verdienen müssen: der Incomer –> die Reisebürokette –> das einzelne Reisebüro.

Preispolitik Stadthotellerie

Die Preise auf der offiziellen Preisliste von Stadthotels sind oft Jahrespreise oder eher hohe Von-bis-Preise, die eine gewisse **Gestaltungsfreiheit** zulassen. Der Grund dafür ist, dass ein sehr hoher Listenpreis für Kongress- und Messetermine vorhanden sein muss, denn an diesen Terminen können diese Preise auch durchgesetzt werden. Die **Preisdurchsetzung** ist in der verbleibenden Zeit geringer als in der Ferienhotellerie.

Auf den Reiseplattformen spiegelt sich eine ähnlich große Flexibilität in der Preisgestaltung wider. Den Prinzipien des Yield Managements folgend, sind die Preise stark von Faktoren wie „aktuelle Buchungslage", „Feiertage", „Großevents/Kongresse" etc. abhängig. Die **Daten- und Verfügbarkeitswartung** der Reiseplattformen ist vielfach nicht so aufwendig, da zugunsten einer schnelleren Wartung häufig eine geringere Vielfalt im Angebot an Zimmerkategorien üblich ist.

Preispolitik Ferienhotellerie

Anders als in der Stadthotellerie sind hier die Preisunterschiede zwischen den einzelnen Saisonen eher hoch. Das bedeutet, dass die Listenpreise einen viel geringeren Verhandlungsspielraum aufweisen als in der Stadthotellerie. Die **Daten- und Verfügbarkeitswartung** der Reiseplattformen ist aufwendiger, da die Anzahl der Zimmerkategorien, die Packages sowie die Kinderermäßigungen in der Ferienhotellerie vielfältiger sind.

Generell nutzen Stadthotels Reiseplattformen lieber als Ferienhotels, da jene

Webmarketing-Aufgaben an der Rezeption

Rezeptions- und Verkaufsabteilungen benötigen für den Verkauf im Internet die jeweils aktuellen Informationen, um den richtigen Preis für den richtigen Zeitpunkt anbieten zu können.

Wenn es im Frontoffice-System nicht möglich ist, die für das **Yield Management** (siehe S. 212) nötigen Informationen (sogenannte Parameter) einzugeben, dann ist ein Excel-Sheet im Computer mit den jeweiligen Anweisungen hilfreich. Hier ein Beispiel einer Verkaufsinformation für die Rezeption:

20..	1	2	3	4	5	6	7	8	9	10	11	12	13	14	15	16	17	18	19	20	21	22	23	24	25	26	27	28	29	30	31
August															MH																
September	Kardiologenkongr.						c	c	c			c	c	c	c			c	c	c	c	c	c		ct	ct		c	c	c	
Oktober		c	c	c		c				c	c	c	c	2	2																
November																														1 AD	
Dezember	1 AD						Mar. Empf. 3																					Silvester		c	c
20..	1	2	3	4	5	6	7	8	9	10	11	12	13	14	15	16	17	18	19	20	21	22	23	24	25	26	27	28	29	30	31
Januar	c																														

Legende – Verkauf laut Excel-Sheet Hotel Muster	MH Maria Himmelfahrt / AD Advent
grau	Verkaufen zu jedem Preis ab EUR 99,00 pro Zimmer; immer so hoch wie möglich.
pink LS	Höherpreisig laut Preis-Excel verkaufen: EZ EUR 119,00–180,00, DZ EUR 159,00–200,00, Junior Suite EUR 239,00. Keine Reisebürobuchungen (ohne Kontingente oder Out-of-Allotment) akzeptieren! An Feiertagen MLOs 3 Nächte, Wochenenden (Freitag und Samstag) MLOs 2 Nächte und keine Firmenpreise.
gelb HS	Höherpreisig laut Preis-Excel verkaufen: EZ EUR 133,00–180,00, DZ EUR 175,00–200,00, Junior Suite EUR 239,00. Keine Reisebürobuchungen (ohne Kontingente oder Out-of-Allotment) akzeptieren! An Feiertagen MLOs 3 Nächte, Wochenenden (Freitag und Samstag) MLOs 2 Nächte und keine Firmenpreise.
türkis FT	Höherpreisig laut Preis-Excel verkaufen: EZ EUR 149,00–180,00, DZ EUR 199,00–200,00, Junior Suite EUR 239,00. Keine Reisebürobuchungen (ohne Kontingente oder Out-of-Allotment) akzeptieren! An Feiertagen MLOs 3 Nächte, Wochenenden (Freitag und Samstag) MLOs 2 Nächte und keine Firmenpreise.
grün RK	Nur zur Rack Rate und nur EZ EUR 159,00, DZ EUR 239,00, Dreibettzimmer EUR 259,00 verkaufen. Bitte keine echten EZ verkaufen: Sind zu diesen Perioden einfach nicht verfügbar! Mindestaufenthalt 3 Nächte!!! SILVESTER MLOs 3 NÄCHTE!!!
rot	Sperrdaten: Keine Zimmer verkaufen – nur nach Rücksprache mit Sales Manager!
c	In den Free-Sale-Systemen closed!
ct	Nur in HRS, Fast Booking und Booking offen! Andere Systeme sind gesperrt!
3	MLOs von ... Nächten (hier 3)

** MLO: Mindestaufenthalt, z. B. über Silvester gibt es keine Buchungen mit weniger als vier Übernachtungen*
= MLOs = vier Nächte zwischen 27.12.20.. und 3.1.20..

Die tägliche **Datenwartung auf den Online-Buchungsplattformen** sollte vom Verantwortlichen für Verkauf und Marketing durchgeführt werden und sehr regelmäßig und konstant sein. Die Datenwartung muss dokumentiert werden, denn Fehler in der Wartung von Verfügbarkeiten und Preisen können verheerende Folgen für den Geschäftsablauf haben. Es empfiehlt sich daher, die **Datenwartungsanweisungen** auf einem individuell gestalteten Blatt für die Person anzufertigen, die diese Arbeit übertragen bekommen hat. Auf jeden Fall müssen häufig **Stichproben** auf den verschiedenen Plattformen gemacht werden.

Checkliste Rezeption – Datenwartung Free-Sale-Systeme								
Datum:								
Internetportal	**Rate Code**	**MLOs**					**Zimmerkontingent**	
			EZ	Rate	DZ	Rate	sperren	öffnen
HRS	Jahrespreis							
	Weekend Rate							
	Messepreis							
	Last-Minute-Rate							
	Package Rate							
Nethotels	Rack Rate							
	Tagesaktueller Preis							
	Package Rate							
booking.com	Internet Rate							
	Congress Rate							

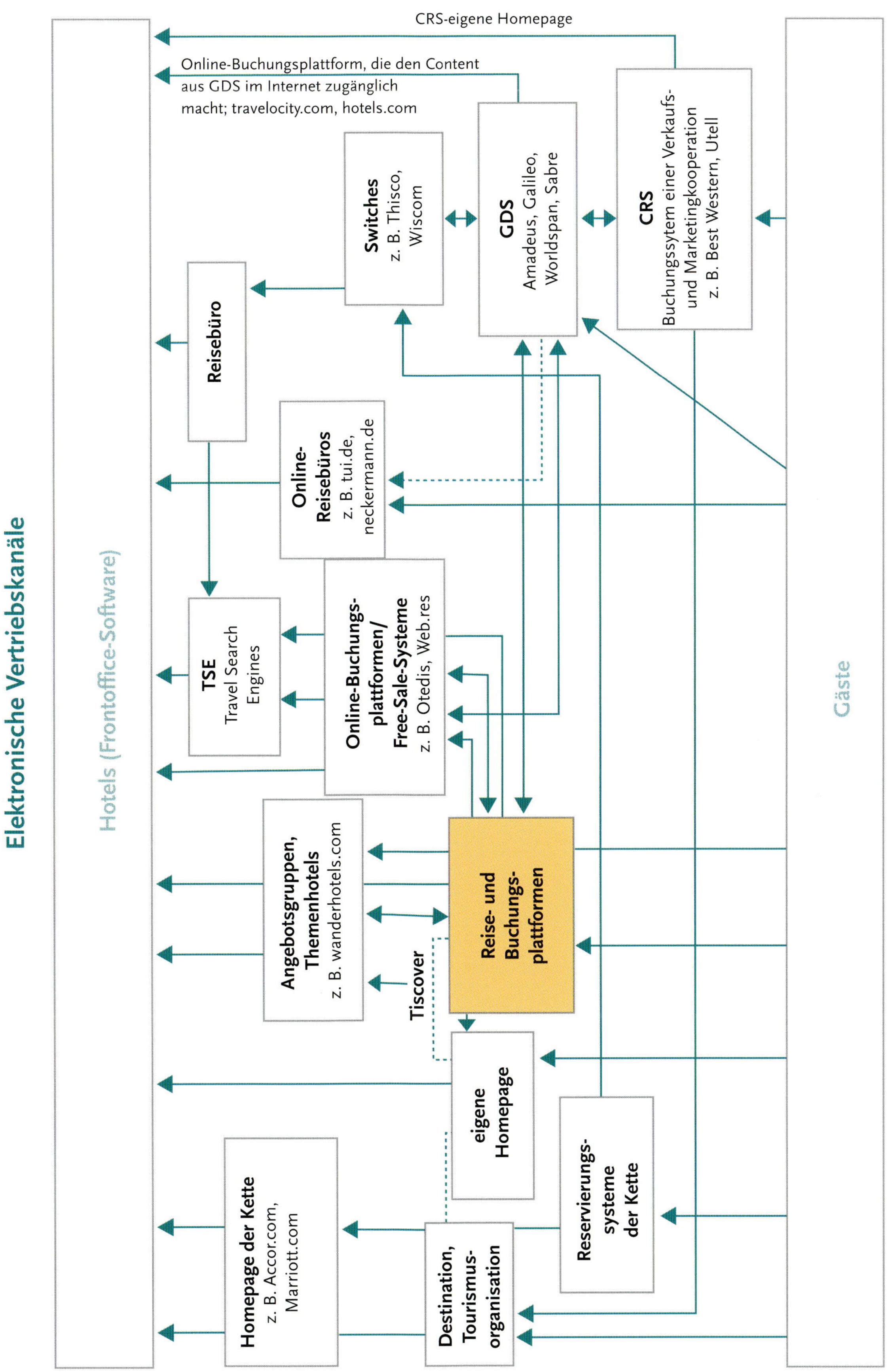
Elektronische Vertriebskanäle
Hotels (Frontoffice-Software)
Gäste
CRS-eigene Homepage
Online-Buchungsplattform, die den Content aus GDS im Internet zugänglich macht; travelocity.com, hotels.com
Switches z. B. Thisco, Wiscom
GDS Amadeus, Galileo, Worldspan, Sabre
CRS Buchungssytem einer Verkaufs- und Marketingkooperation z. B. Best Western, Utell
Reisebüro
Online-Reisebüros z. B. tui.de, neckermann.de
TSE Travel Search Engines
Online-Buchungsplattformen/ Free-Sale-Systeme z. B. Otedis, Web.res
Angebotsgruppen, Themenhotels z. B. wanderhotels.com
Reise- und Buchungsplattformen
Tiscover
eigene Homepage
Reservierungssysteme der Kette
Homepage der Kette z. B. Accor.com, Marriott.com
Destination, Tourismusorganisation

Zusammenarbeit mit Reisevermittlern und Tourismusorganisationen

Neben der Betreuung der Gäste mit allen dazugehörigen Tätigkeiten ist die Zusammenarbeit mit externen Partnern der Branche ein weiterer wesentlicher Schwerpunkt. An der Rezeption sind Sie dabei vor allem mit der Kooperation mit Reisevermittlern und Tourismusverbänden und -organisationen betraut. Was dabei zu beachten ist und wie Sie die Zusammenarbeit für den Unternehmenserfolg optimieren können, zeigt Ihnen dieses Kapitel.

Zusammenarbeit mit Reisebüros

Reisebüros übernehmen verschiedene Aufgaben: Sie sind entweder Partner für einen Reiseveranstalter vor Ort oder offerieren touristische Angebote anderer Länder. Reisebüros helfen ihren Kunden bei der Planung und Durchführung von Reisen. Sie sind Dienstleistungsbetriebe, die ihre Kunden über Reiseländer und Reiseorte, über Verkehrsverbindungen und Verkehrsmittel, über Beherbergungsbetriebe, Sport- und Kulturangebote informieren. Sie sind für eine Vielzahl von Tourismusbetrieben ein wichtiger Vertriebs- und Marketingpartner.

An der Rezeption arbeiten Sie eng mit Reisebüros zusammen. Diese sind Geschäftspartner von großer Bedeutung, da sie Ihnen Gäste ins Haus bringen. Daher ist das Wissen über ihre Aufgaben für eine professionelle Zusammenarbeit sehr wichtig.

Reisevermittler und Reiseveranstalter

Reisevermittler vermitteln – wie der Name schon sagt – diverse Tourismusleistungen. Reiseveranstalter hingegen bieten Pauschalreisen an.

Übersicht

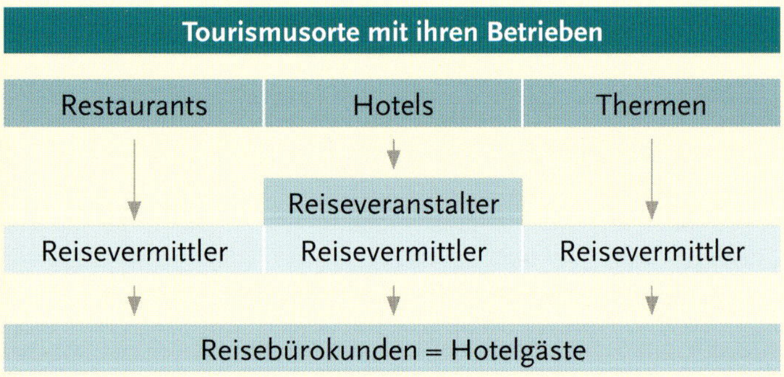

Reisevermittler

Reisevermittler (Wiederverkäufer [Retailer], Travel Agents) bieten Gästen und Reisenden Reiseleistungen an, die durch Dritte, wie z. B. Reiseveranstalter oder einzelne Leistungsträger, erbracht werden. Sie **vermitteln** diese Leistungen.

Reisevermittler erzielen Erlöse, indem sie vom Hotel Provisionen (Kommissionen) für abgewickelte Geschäfte erhalten bzw. den um die Provision verminderten Zimmerpreis bezahlen. Der Provisionssatz für Wiederverkäufer beträgt mindestens 8 %, Tendenz aufgrund des zunehmenden Drucks innerhalb der Branche fallend. Eine aktuelle Auswirkung des Provisionsdrucks auf die Reisebranche ist z. B., dass für das **Flugticketing** keine Grundprovisionen mehr bezahlt werden.

Reiseveranstalter

Reiseveranstalter (Tour Operators, Wholesaler) schnüren touristische Einzelleistungen zu einem Pauschalreisepaket für den Gast. In der Regel besteht es aus folgenden Komponenten:

- Beförderung des Gastes (Flug, Bahn, Schiff, Bus, Auto).
- Beherbergung und Verpflegung.
- Zusatzleistungen
  - Reiseleitung, Sightseeingtouren und betreute Rundreisen vor Ort.
  - Autovermietung.
  - Reisestornoversicherung.
  - Konzertkarten etc.

Die Kombination unterschiedlicher Dienstleistungen zu einem Pauschalangebot bezeichnet man auch als **„(touristische) Dienstleistungskette“.**

All-inclusive-Reisen sind eine Erweiterung des Pauschalreisegedankens. Standardangebote (z. B. Flug, Hotel, Verpflegung) werden durch vor Ort frei wählbare Leistungen zum vorab vereinbarten Fixpreis ergänzt (sportliche Aktivitäten, Verpflegung).

All-inclusive-Reisen bieten dem Gast im Normalfall reiche und unbeschränkte Auswahl an Verpflegung – es gibt alles, was das Herz begehrt.

Entwicklung

Wenn Reiseveranstalter ihre Kontingente an Reisevermittler weiterreichen

Immer mehr Gäste buchen Pauschalreisen im Internet.

Mischbetriebe

Eine klare Trennung zwischen Reiseveranstalter und Reisevermittler ist in zahlreichen Fällen nicht möglich, ein Großteil der Anbieter arbeitet als Mischbetrieb.

Auf der einen Seite stehen also Veranstalter mit angeschlossenem Reisebüro und der vorwiegenden Vermarktung von Eigenprodukten, auf der anderen Seite große Reisebüros, die sowohl Eigenkreationen vertreiben als auch diese fremden Reisebüros zur Veräußerung überlassen.

und diese sie abermals an Vertriebspartner veräußern, bevor der Hotelgast ein Produkt bzw. eine Dienstleistung schlussendlich kauft, muss jeder der beteiligten Partner mindestens 8 % (normalerweise 10 %) an **Provision** erhalten. Das ergibt einen notwendigen Unterschied von 24 % (normalerweise 30 %) zwischen **Rack Rate (Listenpreis)** und verkauftem Nettopreis bei den Vertragsverhandlungen mit Wholesalern (Wiederverkäufern).

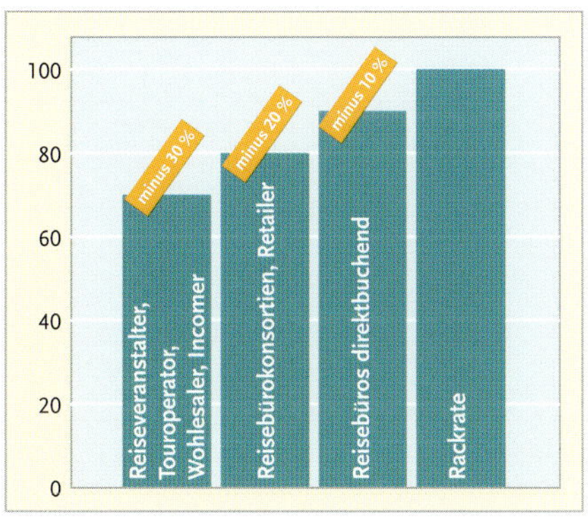

Neben dem Druck fallender Kommissionen bzw. Provisionen dringen auch nationale und internationale **Internetportale** zunehmend in traditionelle Geschäftsbereiche der Reisebüros und -vermittler ein. Die Zahl jener Gäste, die nicht nur Einzelleistungen (Hotelzimmer), sondern auch **Pauschalreisen** im Internet buchen möchten und dazu auch technisch und wissensmäßig in der Lage sind, steigt stetig an.

Reiseplattformen sind auch Big Player im Internetgeschäft. Sie ermöglichen dem Gast ein **„Dynamic Packaging"** (kombinierte Dienstleistungen sind im Verbund online buchbar; Näheres dazu siehe Kapitel „Webmarketing", S. 237).

Große Tour Operators wie Gullivers Travel Associates praktizieren folgendes Geschäftsmodell: Sie kaufen zu sehr günstigen Nettopreisen Kontingente ein und verkaufen diese nicht mehr ausschließlich an ihre Reisevermittler, sondern auch direkt mit einem Mark-up (Aufschlag) von 25 % und mehr im Internet auf ihren Online-Reiseplattformen (www.octopustravel.com, www.austrian-hotelreservation.at).

Der Vorteil für Hotels besteht in der weltweiten Buchungsmöglichkeit, die Nachteile liegen im **Verlust** der **Preishoheit** (die Mark-ups werden vom Reiseveranstalter festgesetzt) und der (Mit-)Bestimmung der Vertriebskanäle (Mitglieder können sich in der Regel Zielmärkte nicht aussuchen). Problematisch kann sich insbesondere die Preisgestaltung der Plattformen auswirken. So besteht die realistische Möglichkeit, dass der im Internet publizierte Preis über – aber auch unter – dem vom Hotel festgesetzten Verkaufspreis liegt (siehe auch Kapitel „Webmarketing", S. 239).

Outgoing- und Incoming-Reisebüros

Reisevermittler unterscheiden sich in ihrer Tätigkeit. Hat ein Reisebüro Kunden aus seiner Region, die er in das Ausland (oder entfernte Inland) vermittelt, betreibt er Outgoing-Geschäfte. Hat ein Reisebüro hingegen ortsfremde Kunden und vermittelt an sie Reiseleistungen seiner Region, so betreibt er Incoming-Geschäfte.

Outgoing-Agenturen/ Outgoing-Reisebüros

Outgoing-Tourismus offeriert jene touristischen Angebote, die von einem inländischen Reisebüro oder Reiseveranstalter **im Inland angeboten** werden, jedoch **Reiseziele und -arten im Ausland** oder entfernten Inland umfassen.

Incoming-Agenturen/ Incoming-Reisebüros

Da Reiseveranstalter unmöglich über umfangreiches Wissen zu allen von ihnen angebotenen Zieldestinationen verfügen können, sind sie **vor Ort** auf Reisebüropartner angewiesen. Diese sogenannten Incoming-Agenturen kennen das lokale touristische Angebot sehr gut, wählen infrage kommende Beherbergungsbetriebe, Veranstaltungsräume, Transferleistungen etc. aus und garantieren für die Qualität des Angebots.

Incoming-Agenturen wickeln für die beauftragenden Veranstalter unter anderem folgende Leistungen ab:

- Auswahl sowie Preis- und Kontingentverträge mit Beherbergungsbetrieben.
- Auswahl von Zusatzleistungen.
- Begleitung bei Site Inspections (siehe S. 258) durch den Veranstalter (Veranstalter besucht die Destination, um sich die Leistungsangebote anzusehen, und die Incoming-Agentur betreut und begleitet den Veranstalter).
- Gästebetreuung und Abwicklung vor Ort: Dazu gehört als wichtige Einzeldienstleistung insbesondere das Beschwerdemanagement.

Circa 40 % der Ausländerübernachtungen werden von Incoming-Agenturen erwirtschaftet.

Viele Reisebüros haben sowohl Incoming- als auch Outgoing-Abteilungen.

Aufgaben und Leistungen von Reisebüros

Da der Gast die Leistung, die er über ein Reisebüro bucht, nicht vor dem „Konsum" derselben prüfen kann, sie aber sehr wohl schon vorab zu bezahlen hat, müssen die Leistungen eines Reisebüros bzw. eines Reiseveranstalters vertrauenswürdig sein. Ein seriöses Reisebüro übernimmt die Verantwortung für die Qualität der Leistungen und garantiert diese durch die Kooperation mit vertrauenswürdigen Partnern.

Rechtsgrundlagen

Da der **Konsumentenschutz** den Endverbraucher (Gast) schützt, ist der Zugang zum Gewerbe des Reisebüros reglementiert. Auch findet der Konsumentenschutz, der die Rechte des Konsumenten im Bereich Haftung und Gewährleistung sichert, vor allem für die Richtlinien von Pauschalreisen Anwendung, die u. a. folgende Punkte umfassen:

- Reiserücktrittsrecht.
- Beschränkung einer nachträglichen Preisänderung.
- Rügepflicht des Reisenden bei Reisemängeln.
- Absicherung gegen Insolvenzrisiko des Veranstalters.

Die Gewerbeberechtigung für Reisebüros (allgemeiner Überblick)

Einer Berechtigung für das Gewerbe der Reisebüros bedarf es für

- die Ausgabe, Vermittlung und Besorgung von Fahrausweisen einschließlich der Anweisung auf Liege- und Schlafwagenplätze, Platzkarten udgl. in- und ausländischer Verkehrsunternehmen jeder Art,
- die Vermittlung von durch Verkehrsunternehmen durchzuführende Personenbeförderungen,
- die Vermittlung und die Besorgung von für Reisende bestimmte Unterkunft oder Verpflegung,
- die Vermittlung von Pauschalreisen einschließlich Gesellschaftsfahrten und
- die Veranstaltung von Pauschalreisen einschließlich Gesellschaftsfahrten, die der Veranstalter direkt oder über einen Vermittler anbietet.

Business Travellers sind ein Segment, das Reisebüros betreuen.

Leistungsangebot

Verkaufsbereiche

Reisebüros sind im Großen und Ganzen für folgende Segmente tätig:

- Business Travellers/Geschäftsreisende.
- Tagungs- und Kongressreisende, Bildungsreisende.
- Leisure Travellers/Urlaubsreisende.
- Incentive-Reisende.

Business Travellers

Beim Segment der **Business Travellers** gibt es nicht selten in großen Konzernen (wie z. B. RHI) ein **Reisebüro-Implant** – ein kleines Reisebüro im Konzern –, das das gesamte Travel-Management des Konzerns abwickelt. Die einzelnen Firmenabteilungen buchen die Hotels und Flüge nicht selbst, sondern über das Implant, das mit Reisebüromitarbeitern besetzt ist.

Große Anbieter auf diesem Gebiet sind: Hapag-Lloyd, BTI – Business Travel International und American Express Reisebüros. Verkaufsargumente wie besondere Sehenswürdigkeiten oder Schnäppchen sind kein Argument für

Der Flugscheinverkauf kann auch über das Reisebüro erfolgen.

den Geschäftsreisenden, der dem höherpreisigen Segment angehört.

Tagungs- und Kongresstourismus
Wenn Konzerne, Firmen sowie Organisationen Tagungen und Kongresse veranstalten, benötigen sie hierfür einen passenden Rahmen in einer guten Location. Häufig wird mit Unterstützung der lokalen Tourismusorganisation eine größere Anzahl von Leistungen (Beherbergung, Transfers, Unterhaltungsprogramme, Empfänge etc.) vorreserviert. Die Bandbreite dieses Segments reicht von der persönlichen Weiterbildung bis hin zu beruflichen Reisetätigkeiten anlässlich von Seminaren, Kongressen, Messen und Tagungen.

Tagungs- und Kongresstourismus zählt zu den Leistungsangeboten von Reisebüros.

Urlaubsreisen, Pauschalen
Dies ist der eigentliche **Mittelpunkt der Reisebürotätigkeit.** Zu diesem Bereich werden alle Reisen gerechnet, die nicht aus beruflichen Gründen unternommen werden. Bei der Buchung von meist Pauschalreisen verlässt sich der Kunde sehr gerne auf die Erfahrung und Routine des Reisebüros, um die für ihn wichtigste Zeit im Arbeitsjahr zu gestalten.

In Österreich werden pro Jahr mehr als zwei Millionen Pauschalreisen über Reisebüros gebucht. Dies ist mehr als ein Drittel aller gebuchten Reisen. Besonders stark hat sich der Bereich der Sonderangebote, z. B. **Schnäppchen, Last-Minute-Angebote**, entwickelt.

Information und Beratung

Information und Beratung werden im Zeitalter des zunehmenden Verdrängungswettbewerbes immer wichtiger. Die Internet-Reiseplattformen machen den angestammten Reisebüros harte Konkurrenz. Eine Form, auf diese Entwicklung zu reagieren, ist, **selbst als Reisebüro eine Online-Reiseplattform zu gestalten** und die bisher über Kataloge verkauften Leistungen zusätzlich online buchbar zu machen (z. B. www.tui.de, www.neckermann.de). So erreicht man auch jene Zielgruppen, die sich die nötigen Reiseinformationen selbst im Internet suchen und Reisen buchen. Für die, die diesen Aufwand nicht treiben wollen und auf eine **ausführliche und individuelle Beratung** Wert legen, bleibt das Reisebüro ihres Vertrauens der richtige Partner für die Buchung von Reiseleistungen.

So wie in allen anderen Bereichen auch, liegt ein sehr großer Wettbewerbsvorteil eines Reisebüros in der **Qualität der Mitarbeiter** und deren Leistungen. Ein potenzieller Kunde kauft eine Reisedienstleistung erst dann, wenn er Vertrauen in die Fachkenntnisse, die Urteilskraft und die Kompetenz des Reiseberaters hat. Dabei geht die **Kenntnis des Reiseproduktes** weit über das Verstehen und Zitieren des Informationsmaterials, wie es etwa den Prospekten und Reisekatalogen oder dem Computerbildschirm zu entnehmen ist. Der Reisebüromitarbeiter braucht neben diesen Fachkenntnissen auch ein gutes Allgemeinwissen in den Bereichen Geografie, Geschichte, Weltpolitik und internationale Entwicklung.

Verkauf von Flugtickets

Reisebüros, die die IATA-Lizenz der **International Air Transport Association** haben, dürfen Flugtickets ausstellen. Der Flugticketverkauf dieser **IATA**-Reisebüros liegt bei 30 bis 60 % des Umsatzes und bildet somit einen sehr wichtigen Anteil des Reisebüro-Gesamterlöses.

Sonstige Leistungen

- Vermittlung von Unterkünften und Verpflegung (Voucher/Hotelgutscheine).
- Organisieren von Stadtrund- oder Ausflugsfahrten.
- Besorgung von Einreisevisa.
- Besorgung von Spezialbewilligungen (Fischerkarte, Hubschrauberlandeerlaubnis).
- Valutenwechsel.
- Vermittlung von Reiserücktrittsversicherungen.
- Vermittlung von Mietautos.
- Verkauf von Reiseliteratur.
- Besorgung von Eintrittskarten für Veranstaltungen (Musical, Oper, Messen, Formel-1-Rennen).

Kooperationsformen

Reisebüros arbeiten u. a. mit Hotels, mit anderen Reisebüros, mit Fluglinien (Chartergesellschaften) und mit Autobusunternehmen zusammen.

Das Reisebüro ist vor einer Zusammenarbeit am Leistungsangebot des Hotels – wie ein eigener Weinkeller, in dem Weinverkostungen abgehalten werden – interessiert.

Zusammenarbeit mit Hotels

Für den Beherbergungsbetrieb sind Reisebüros wichtige Partner im Verkauf. Aufgrund der häufigen Geschäftsbeziehungen gibt es vielfältige Musterverträge, Formulare, Software etc., durch die die Zusammenarbeit geregelt wird. Am Beginn einer Zusammenarbeit werden in einem Fragebogen alle Hotelleistungen wie Zimmerausstattung, Aussicht, sonstige Einrichtungen und Angebote beschrieben. Anschließend folgt ein Besuch des **Reisebüroeinkäufers** im Betrieb.

Hinweise für die Zusammenarbeit zwischen Hotelbetrieb und Vermittlern

Wenn sich ein Hotelbetrieb einmal entschieden hat, mit Vermittlern zusammenzuarbeiten, dann sollte er bestimmte ungeschriebene Regeln einhalten:

Auch wenn man die Möglichkeit hätte, einen angestammten Reisevermittler/Incomer durch direkte Kontaktaufnahme mit dessen Partnerreisebüro zu umgehen, sollte dies tunlichst vermieden werden. Hier könnte das Hotel zwar die Provision/Kommission an den Vermittler sparen, würde aber im Gegenzug alle anderen vom Reisevermittler zur Verfügung gestellten Vertriebskanäle und somit die gesamte Zusammenarbeit in Gefahr bringen. Wenn also Reisebüropartner der Vermittler versuchen, Direktgeschäfte mit dem Hotel zu beginnen, sollte sich das Hotel auf die gute Zusammenarbeit mit dem Vermittler berufen, denn solche „Direktgeschäfte" bleiben dem Vermittler meist nicht lange verborgen.

Preisstruktur einhalten: Beim Verkauf mit Zwischenhändlern (Reiseveranstaltern, Tour Operators etc.) ist ein Preiskalkulationsschema einzuhalten. D. h., dass jeder „Händler" bzw. Vermittler, der zwischen dem Hotel und dem Hotelgast seine Vermittlungsleistungen zur Verfügung stellt, eine Vermittlungsprovision von mindestens 8 % erhält (üblich sind 10 %). Somit werden zwischen Hotel und Reiseveranstalter „Nettopreise" vereinbart, d. h. Preise, auf die dieser Vermittler noch die Provisionen seiner Verkaufspartner aufschlagen kann. Für die Preiskalkulation des Hotels ist wichtig, dass es bei Vertragspreisanfragen durch Vermittlungspartner herausfindet, wo sich dieser Partner im oben genannten Preisschema befindet, bevor das Hotel Preise ausgibt. D. h., wenn ein Reisebüro (Direktverkauf an den Endverbraucher Hotelgast), das normalerweise bei einem Reisevermittler einkaufen würde, um Nettopreise beim Hotel direkt anfragt, dann müssen auf die üblichen Nettopreise für Veranstalter zwischen 16 und 20 Prozent aufgeschlagen werden. Dies bewirkt, dass das Reisebüro denselben Nettopreis vom Hotel direkt sowie auch vom Veranstalter genannt bekommen würde. Wenn sich Hotels dauerhaft nicht an diese Preisphilosophie halten, haben sie Probleme mit ihren angestammten Reisevermittlern, denn diese sind unter solchen Umständen mit ihren Preisen nicht konkurrenzfähig.

Soweit die Zusammenarbeit zwischen Reisebüros und Hotels nicht durch nationale **Kooperationsabkommen bzw. Rahmenabkommen** zwischen den **europäischen** (HOTREC, Dachverband der Hotels, Restaurants und Cafés in Europa/ECTAA, Group of National Travel Agents' and Tour Operators' Associations within the EU) und den **internationalen** (IH&RA, International Hotel & Restaurant Association/UFTA, Universal Federation of Travel Agents' Association) geregelt wird, gibt es für eine individuelle Kooperation Einzelverträge oder Kontingentverträge (siehe z. B. www.hotelverband.at/down/internationale_richtlinie.doc oder www.wko.at/Fachverband der Hotellerie).

Einzelverträge

Einzelverträge werden im Zuge der Reservierung mit Gruppen oder mit Einzelreisenden abgeschlossen. Darin werden Sonderkonditionen, Zahlungsmodalitäten, die Entgegennahme von Vouchern etc. geregelt.

Kontingentverträge

Die gebräuchlichste Form des Hotelvertrages ist ein Kontingent- oder Allotmentvertrag. Unter einem Kontingent oder **Allotment** versteht man die **Verfügungsberechtigung** eines Reisebüros über eine Anzahl touristischer Leistungen (Zimmer im Hotel, Sitzplätze im Flugzeug etc.) bis zu einem im Vorhinein bestimmten Datum = Verfallsfrist

Präzise ausverhandelte Verträge sind die Basis einer guten Zusammenarbeit.

(Release Date). Bis zu diesem Stichtag kann das Reisebüro ohne weitere Rückfrage beim jeweiligen Leistungsträger Reservierungen entgegennehmen und bestätigen. Ansonsten geht das Kontingent wieder an den Leistungsträger (z. B. Hotel) zurück – es verfällt.

Im Allotmentvertrag sind folgende Vereinbarungen geregelt:

- **Kontingente:** Anzahl von verfügbaren Betten/Zimmern und deren Sperrzeiten (Zeiten, in denen dieses Zimmerkontingent nicht oder eingeschränkt zur Verfügung steht).
- **Verfallsfrist, Release Date, Period:** Datum oder Anzahl von Tagen vor Anreise, bis zu dem die Kontingente zur jederzeitigen Buchung bereitstehen. Bis zu diesem Datum trägt der Hotelier die volle Verantwortung für die Bereitstellung der Zimmer, und das Reisebüro zahlt keine Leerbettengebühr.
- **Saison- bzw. Sperrzeiten des Hotelbetriebs:** Im Vertrag sind die Saison- und Sperrzeiten geregelt.
- **Preise:** Pro-Person-Preise, Zimmerpreise, Einzelzimmerzuschläge/Single Supplements; Zimmerpreise zur Einzelbenützung, Preise für Zusatzbetten und Kinderbetten/Gitterbetten, Gruppenpreise mit Freiplatzregelung, Kinderermäßigungen, diverse Ermäßigungen, Haustiere etc.
- **Zusatzleistungen:** Qualität der Halb-/Vollpension, des Frühstücks, Definition der All-inclusive-Angebote, Gepäckservice.
- **Kostenbeteiligungen** an Reiseveranstalter-Katalog-Produktionen.
- **Exklusivverträge** für bestimmte Märkte, die bestätigen, dass dieser Beherbergungsbetrieb für einen bestimmten Markt nur einen Reiseveranstalter als Vertriebspartner gewählt hat.
- **Packages und Arrangements,** die der Reiseveranstalter für das Hotel anbietet.
- **Ermäßigungen** für bestimmte Zeitperioden bzw. Termine u. Ä.: Bleib drei, zahl zwei Nächte, Late-Check-out am Sonntag garantiert ohne Verrechnung einer weiteren Nacht, Kinderermäßigungen, Zusatzbettenermäßigungen.
- **Steuern, Ortstaxe, Servicegebühren:** Klarstellung, ob diese Leistungen im Zimmerpreis enthalten sind oder nicht.
- **Verschwiegenheit Nettorate:** Die Nettorate darf dem Gast, der in seinem Reisebüro einen anderen (höheren) Preis für die Hotelleistung bezahlt hat, vom Hotel niemals mitgeteilt werden. Auch dann nicht, wenn der Gast eine Verlängerungsnacht bucht und den Preis dafür wissen muss. Hier wird auf den Nettopreis die Kommission/Provision aufgeschlagen.
- **Einschränkungen für bestimmte Märkte:** In manchen Verträgen wird die Vermarktung des Hotels für bestimmte Märkte ausgeschlossen. Beispielsweise dann, wenn für einen Markt mit einem anderen Vermittler schon eine Exklusivvereinbarung geschlossen worden ist.
- **Rack Rates (Listenpreise):** Der Endverbraucher darf bei seinem Reisebüro nie einen höheren Preis bezahlen als den vom Hotel publizierten Listenpreis (Rack Rate). Daher wird dieser klar im Nettopreisvertrag dargestellt, damit auch alle Wiederverkäufer diese Rack Rate nicht durch zu hohe Aufschläge überschreiten.
- **Üblicher An- und Abreisetag.**
- **Mindestaufenthaltsdauer** (in der Ferienhotellerie).
- **Zusatzinformationen:**
  - Menüwahl (Halbpension mittags oder abends, Diäten etc.).
  - Frühstücksart (kontinental, erweitert, Buffet).
  - Parkplätze (Garage, Gebühr).
  - Haustiere (erlaubt, nicht erlaubt, Gebühr).
  - Zahlungsform, Zahlungsziel.

Bei starker Nachfrage nach dem Hotel oder der Destination und einer dadurch guten Verhandlungsposition kann ein **Garantievertrag** ausverhandelt werden, bei dem eine bestimmte durchschnittliche Auslastung des Kontingents vom Reiseveranstalter garantiert wird.

Ist die Tourismusregion stark nachgefragt, so garantieren Reiseveranstalter bestimmte Auslastungen.

Bei einer Festanmietung garantiert der Reiseveranstalter die Bezahlung des gesamten Kontingents, egal, ob er es ausnützt oder nicht. Unter diesen Umständen wird der vereinbarte Preis sehr niedrig sein.

Brutto- und Nettopreise in Hotelverträgen
Mit diesen Preisen ist nicht die enthaltene Umsatzsteuer gemeint, sondern ob es sich um einen Preis **inklusive Provision/Kommission** (Bruttopreis) oder **exklusive Provision** (Nettopreis) handelt.

Kooperationsabkommen
In **Österreich** regelt das „Kooperationsabkommen über die Vermittlung von Unterkunft und Verpflegung des Fachverbandes Hotellerie mit dem Fachverband der Reisebüros“ die Usancen zwischen dem Beherbergungsbetrieb und dem Reisebüro im nationalen Geschäftsverkehr.

Das Kooperationsabkommen ist eine **Empfehlung**. Durch diese Vereinbarung wird der Abschluss von Einzelverträgen nicht verhindert, wenn sich die Notwendigkeit ergibt, Sondervereinbarungen zu treffen.

Das Kooperationsabkommen beschäftigt sich u. a. mit:

- Reservierungsarten,
- Vouchern (Hotelgutscheinen),
- Preisen,
- Zahlungsfristen,
- Kommissionssätzen (mindestens 8 %),
- Stornobedingungen und -gebühren,
- No-Show-Bedingungen und -Gebühren,
- Gruppenreisevereinbarungen (Freiplätzen),
- Gewährleistungspflichten (Schadenersatzleistungen, Ersatzunterkünfte, Informationspflicht bei Beeinträchtigung, subjektive und objektive Beurteilung von Mängeln etc.).

Das aktuelle Kooperationsabkommen finden Sie im Internet auf www.wko.at, Fachverband Hotellerie.

Für **Deutschland** liegen keine speziellen Verträge zwischen Hotels und Reisebüros vor. Der Hotelverband Deutschland (IHA) als Branchenverband der deutschen Hotellerie erstellt Allgemeine Geschäftsbedingungen, unter anderem auch für die Verträge zwischen den Hotels und Reisebüros. Weiterhin gibt es **Rahmenabkommen** zwischen den europäischen (HOTREC/ECTAA) und den internationalen (IH&RA/UFTA) Verbänden der Hotellerie bzw. der Reiseveranstalter zu derartigen Verträgen, die jedoch weder in deutsches Recht noch in österreichisches Recht umgesetzt wurden.

Die **Schweiz** und **Südtirol** kennen keine modellhaften, von institutionellen Verbänden verabschiedeten Abkommen.

Korrespondenz zwischen Reisebüro und Betrieb

Wie bei Direkt- bzw. Einzelreservierungen ist auch bei der Korrespondenz mit Reisebüros und Reisevermittlern die sehr klare Festlegung folgender Reservierungsdetails von allergrößter Bedeutung, vor allem, wenn es sich um Gruppenreservierungen handelt:

- Stornobedingungen, Rücktrittsbedingungen, Garantiezahlen.
- No-Show-Bedingungen.
- Deadlines für Angebote.
- Namenslisten.
- Zahlungsbedingungen.
- Vorauszahlungen, Deposits.

Beispiel eines Angebots des Hotelbetriebs

H·O·T·E·L
Aurora

TOURISTIK UNION INTERNATIONAL
Herrn Dr. Hans-Jörg Reinbrecht
In der Neuen Welt 34
65312 HANNOVER
DEUTSCHLAND

Achensee, 12. November 20..

Ihre Anfrage

Sehr geehrter Herr Doktor,

für Ihr Schreiben vom 10. d. M. danken wir Ihnen recht herzlich und freuen uns über Ihr Interesse an unserem Haus.

Gerne sind wir in der Lage, für Sie die gewünschte Bettenanzahl bis zu drei Wochen vor der Ankunft der jeweiligen Gruppe zu reservieren. Bis zu diesem Zeitpunkt ist also eine Stornierung möglich.

Die Preise betragen in komfortablen

Doppelzimmern mit Bad und WC	EUR 85,75 pro Person und Tag und in
Einzelzimmern mit Bad und WC	EUR 123,54 pro Tag.

In den angeführten Preisen sind enthalten:

- Frühstücksbuffet.
- Benützung der Konferenz- und Seminarräume.
- Benützung der Freizeiteinrichtungen wie Hallenbad, Sauna, Dampfgrotte.
- Abendessen mit drei Menüs zur Auswahl.
- Reichhaltiger Pausenimbiss am Vormittag.
- Alle Steuern und Abgaben.

Die Kosten für den Gepäcktransport am Ankunfts- und Abreisetag sind extra zu entrichten. Wir berechnen hierfür EUR 2,20 pro Person.

Wir merken die Reservierung vor, ersuchen Sie jedoch in Anbetracht der angespannten Buchungslage um eine fixe Reservierung bis spätestens ... Weitere Informationen über unser Haus finden Sie in den beiliegenden Unterlagen.

Für das uns erwiesene Vertrauen danken wir Ihnen und verbleiben

mit freundlichen Grüßen

HOTEL AURORA

Gabriela Untersmayr

i. A. Gabriela Untersmayr
Reservierung

Beilagen

Hotel Aurora GmbH & Co KG ■ Seeweg 10 ■ 6213 Pertisau am Achensee ■ Austria
Tel.: +43 5243 83 04-0 ■ Fax: +43 5243 83 04-19 ■ E-Mail: info@aurora-achensee.at ■ Internet: www.aurora-achensee.at
Bankverbindung: Lorenzbank Schwaz ■ Kto.-Nr.: 09876500 ■ BLZ 4321 ■ IBAN: AT91 2107 8007 0072 4155
BIC: LOBVAT24 (Ort: Schwaz) ■ UID: ATU12345678 ■ FN 987654i ■ Erfüllungsort und Gerichtsstand ist Schwaz

Beispiel einer Reservierungsbestätigung des Hotelbetriebs

H·O·T·E·L
Aurora

REISEBÜRO WORLDTOUR
Diesenhofen 6
20253 HAMBURG
DEUTSCHLAND

Achensee, 12. März 20..

Reservierungsbestätigung

Sehr geehrte Frau Woitsch,

herzlichen Dank für Ihre Reservierung vom 11. März 20.., die wir Ihnen gerne wie folgt bestätigen:

- vom 12. Juli 20.. bis 10. August 20..
- 30 Doppelzimmer und 10 Einzelzimmer
- Kofferservice EUR 2,20 pro Person
- für jeweils Donnerstag bis Sonntag
- zum Nettopreis von EUR 36,00 pro Person im Doppelzimmer und einem Einzelzimmeraufschlag von EUR 30,00

Gerne stellen wir Ihnen vier Freiplätze in Doppelzimmern zur Verfügung.

Wir ersuchen um Zusendung der Namensliste bis spätestens sechs Wochen vor Ankunft.

Die kostenfreie **Stornofrist** endet sechs Wochen vor Ankunft der Gruppe. Eine etwaige Stornogebühr beträgt:
- bis 30 Tage vor Ankunft 50 % der Kosten des gesamten gebuchten Aufenthaltes.
- bis 15 Tage vor Ankunft 80 % der Kosten des gesamten gebuchten Aufenthaltes.
- bis 7 Tage vor Ankunft 100 % der Kosten des gesamten gebuchten Aufenthaltes.
- Bei Nichtinanspruchnahme der bestellten Zimmer ohne nachweisliche Stornierung (No-Show) fallen als Stornogebühr 100 % des gesamten gebuchten Aufenthaltes an.

Anzahlungs-/Zahlungsvereinbarungen:
Wir ersuchen Sie um eine Anzahlung in Höhe der ersten Nacht bis spätestens sechs Wochen vor Ankunft auf unser Bankkonto: Lorenzbank Schwaz, BLZ 4321, Kto.-Nr.: 09876500. Die Zahlung des Restbetrages für die zweite Nacht erfolgt bis spätestens sieben Tage vor Ankunft auf unser vorhin genanntes Bankkonto. Die Gruppe reist mit einem Voucher an.

Check-in, Check-out:
Wir erbitten ein Check-in nach 14:00 Uhr und ein Check-out vor 11:00 Uhr. Sollten Sie geänderte Bedingungen wünschen, bitten wir um rechtzeitige Bekanntgabe der Ankunfts- bzw. Abreisezeit der Gruppe.

Wir freuen uns auf eine erfolgreiche Zusammenarbeit!

Mit freundlichen Grüßen

HOTEL AURORA

Gabriela Unters[illegible]

Zusammenarbeit zwischen Reisebüros

Die wichtigste Art der Zusammenarbeit zwischen zwei oder mehreren Reisebüros ist die **Abwicklung von Buchungsaufträgen.** Davon ist dann die Rede, wenn ein Reisebüro bei einem Reiseveranstalter oder vereinzelt auch bei einem anderen Reisebüro aus deren Programmen Reisen für eigene Kunden „mitbucht". Mitbucherfunktionen sind:
- Beratung des Kunden.
- Reservierung und Buchung (= Bestellung) des Kundenwunsches beim Veranstalter.
- Ausstellung, Überprüfung und Weitergabe der Reisedokumente an den Kunden.
- Inkasso der An- und Restzahlung.

Die Zusammenarbeit ist in Agenturverträgen geregelt.

Zusammenarbeit mit Fluglinien (Chartergesellschaften)

Die Zusammenarbeit zwischen Reisebüros und Fluglinien wird im Wesentlichen durch ein **Passenger Sales Agency Agreement** (P. S. A. A.) geregelt, sofern es sich um ein Reisebüro mit IATA-Konzession handelt (siehe S. 249). Wenn das nicht der Fall ist, gibt es individuelle Vereinbarungen.

Wesentliche Elemente des Passenger Sales Agency Agreement (P. S. A. A.) sind die
- Provisionsregelung,
- Rechte und Pflichten des Reisebüros,
- Bestimmungen über die Aufbewahrung und Ausstellung der Flugtickets und die
- Zahlungsmodalitäten.

Zusammenarbeit mit Autobusunternehmen

Die Kooperation zwischen Reisebüros und Autobusunternehmen unterliegt keinerlei besonderen Richtlinien. Vereinbarungen werden durch individuelle Einzelverträge geschlossen.

Zusammenarbeit mit sonstigen Leistungsträgern

Sonstige Leistungsträger sind etwa Partneragenturen im Ausland (Handling Agents), Reedereien, Seilbahn- und Liftgesellschaften, Personentransportgesellschaften, Freizeiteinrichtungen u. Ä. Sämtliche Vereinbarungen werden individuell getroffen.

Reisebüros kooperieren mit unterschiedlichen Leistungsträgern.

Reisebestimmungen EU

Urlauben im EU-Raum wird immer unkomplizierter: An den meisten Grenzen in Europa bestehen keine Grenzkontrollen mehr und der Euro erleichtert Zahlungen. Auch der Zugang zur medizinischen Versorgung bietet kaum Probleme. Und selbst Haustiere können auf die Reise mitgenommen werden. Führerscheine und Versicherungsnachweise aus einem Mitgliedstaat werden in den anderen Mitgliedstaaten anerkannt. Und – welch Glück – auch das Handy kann überall benutzt werden. Da sich Gäste mit Fragen zu diesem Thema in der Regel an die Rezeption wenden, sollten Sie darüber Bescheid wissen.

KINDER BRAUCHEN EIN EIGENES REISEDOKUMENT ODER MÜSSEN IM REISEPASS DER ELTERN EINGETRAGEN SEIN.

Reisepass oder Personalausweis für EU-Bürger

An den meisten EU-Binnengrenzen gibt es aufgrund des **Schengener Übereinkommens** keine Kontrollen mehr, dafür verstärkte Kontrollen an den EU-Außengrenzen und eine gemeinsame Visumpolitik. Schengen-Vollmitglieder sind Belgien, Dänemark, Deutschland, Finnland, Frankreich, Griechenland, Italien, Luxemburg, die Niederlande, Österreich, Portugal, Schweden, Spanien (aber nicht die beiden EU-Mitgliedstaaten Irland und das Vereinigte Königreich Großbritannien) sowie Island, Norwegen und die Schweiz (die nicht der EU angehören) und alle Staaten, die 2004 der EU beigetreten sind, außer Rumänien und Bulgarien.

Die Länder, die seit 2004 beigetreten sind, wenden die Schengen-Bestimmungen noch nicht vollständig an. Deshalb benötigt man für Reisen in diese Länder sowie nach Irland und Großbritannien einen gültigen Reisepass oder Personalausweis.

Gäste, die in das EU-Gebiet ein- bzw. aus dem EU-Gebiet ausreisen wollen, müssen einen gültigen Reisepass oder Personalausweis mitführen. Für den Fall, dass sie sich ausweisen müssen, sollten sie bei Reisen in der EU immer einen gültigen Reisepass oder Personalausweis bei sich tragen. Es dürfen auch an den Binnengrenzen vorübergehend Kontrollen durchgeführt werden, wenn die öffentliche Ordnung oder die nationale Sicherheit dies erfordern.

Kinder müssen entweder einen Reisepass oder Personalausweis besitzen oder im Pass der Eltern eingetragen sein.

Aufgrund von Abkommen mit Island, Norwegen, Liechtenstein und der Schweiz gilt für Bürger dieser Länder die gleiche Behandlung wie für EU-Bürger, d. h., sie brauchen für die Einreise in die EU nur einen Personalausweis oder einen Reisepass.

Visum: Für Reisen innerhalb der EU benötigt man kein Visum.

Reisebestimmungen für Drittstaatsangehörige

Drittstaatsangehörige sind Ausländer, die weder EU- noch EWR-Bürger noch Schweizer sind. Sie brauchen zur Einreise einen gültigen Reisepass.

Visum: Drittstaatsangehörige brauchen zur Einreise in die EU kein Visum, wenn sie nicht länger als drei Monate bleiben. Zu diesen Ländern gehören Kroatien, Australien, Japan, Kanada, Neuseeland und die USA. Dies gilt jedoch nicht für die Türkei. Für Reisen nach Irland, in das Vereinigte Königreich Großbritannien oder die Mitgliedstaaten, die seit 2004 Mitglied der EU sind, gelten etwas abweichende Bestimmungen. Darüber sollen sich Reisende im Zweifelsfall beim nächstgelegenen Konsulat eines EU-Landes erkundigen.

Wenn ein Reisender das Visum von einem Land erteilt bekommen hat, das die Schengen-Bestimmungen vollständig anwendet, kann er damit auch in alle anderen Schengen-Länder reisen. Hat er eine **Aufenthaltserlaubnis eines Schengen-Landes**, ist sie einem Visum gleichwertig.

Zollbestimmungen

Zu den Zollbestimmungen benötigen Gäste dann Auskunft, wenn sie für getätigte Einkäufe die **Umsatzsteuer rückvergütet** haben möchten. Dies funktioniert in der Regel folgendermaßen: Der Gast hat entweder bereits vom Geschäft, in dem er den Kauf getätigt hat, ein ausgefülltes **Duty-Free-Formular** bekommen oder muss ein solches am Flughafen ausfüllen. Von den gekauften Produkten muss er Etiketten und Rechnungen mitführen. Die Produkte sind am Flughafen vorzuweisen und dürfen daher nicht in eingecheckten Ge-

Der Euro ist das Zahlungsmittel Nummer eins in Europa.

päckstücken transportiert werden. Nach Vorlage des Duty-Free-Formulars, der Etiketten, Rechnungen und des eingekauften Produktes wird dem Reisenden die Umsatzsteuer rückvergütet.

Zahlungsmittel Euro

Der Euro ist das Zahlungsmittel für über 300 Millionen Menschen in Belgien, Deutschland, Finnland, Frankreich, Griechenland, Irland, Italien, Luxemburg, den Niederlanden, Österreich, Portugal, Spanien und Slowenien. Er wird darüber hinaus in Andorra, Monaco, San Marino und der Vatikanstadt sowie im Kosovo und in Montenegro in der westlichen Balkanregion als Zahlungsmittel eingesetzt; weiterhin auf den Azoren, in Französisch-Guayana und Guadeloupe, auf den Kanarischen Inseln, Madeira, Martinique, Mayotte, Réunion, St. Pierre und Miquelon. Das sind jene Gebiete, die zu einem Land des Euro-Währungsgebiets gehören. **Alle Scheine und Münzen** sind im gesamten **Euro-Währungsgebiet gültig.**

Dänemark, Schweden und Großbritannien nehmen nicht an der gemeinsamen Währung teil. Die Mitgliedstaaten, die der EU 2004 beigetreten sind, wollen den Euro einführen. Slowenien hat den Euro bereits eingeführt. In europäischen Ländern außerhalb des Euro-Währungsgebiets akzeptieren viele Hotels, Geschäfte und Restaurants, insbesondere in Touristenzentren, den Euro neben der Landeswährung, sind dazu jedoch gesetzlich **nicht verpflichtet.**

Postwertzeichen

Briefmarken dürfen für den Postversand nur in dem Land verwendet werden, in dem sie gekauft wurden. Dies gilt auch für alle Euro-Briefmarken.

Grenzüberschreitende Zahlungen

Aufgrund von EU-Regelungen kosten Abhebungen in Euro am Geldautomaten und Kartenzahlungen oder Banküberweisungen in Euro (bis zu 50 000 Euro) heute überall in der EU dasselbe. Diese Vorschriften gelten auch für Überweisungen auf Eurokonten in Länder außerhalb des Euro-Währungsgebiets und für Zahlungen in schwedischen Kronen.

Führerschein

Ein gültiger Führerschein aus einem EU-Land wird in der gesamten EU anerkannt. In einigen Ländern muss man neben dem Führerschein die Zulassungspapiere mit sich führen. Das Mindestalter für das Führen von Kraftfahrzeugen beträgt in den meisten Ländern 18 Jahre. Das Mindestalter für das Mieten von Kraftfahrzeugen ist nicht auf EU-Ebene geregelt und liegt normalerweise zwischen 20 und 23 Jahren. In manchen Ländern ist auch das Höchstalter festgelegt (zwischen 65 und 75 Jahren).

Gesundheit – Anspruch auf medizinische Versorgung

Als EU-Bürger hat man bei plötzlicher Krankheit oder einem Unfall während eines vorübergehenden Aufenthalts in einem EU-Land sowie in der **Schweiz**, Liechtenstein, Island und in Norwegen Anspruch auf kostenlose oder ermäßigte Erstversorgung im Rahmen des öffentlichen Gesundheitssystems, für das die jeweiligen Landesbestimmungen gelten. In einigen Ländern wird man kostenlos behandelt, in anderen ist ein Teil der Kosten zu übernehmen oder ist zunächst der Gesamtbetrag zu bezahlen und später die Rückerstattung des Betrags zu beantragen. Daher sind alle Rechnungen, Rezepte und Quittungen aufzubewahren.

Die **europäische Krankenversicherungskarte** macht die Gesundheitsversorgung in der EU leichter. Auch die Kostenrückerstattung wird dadurch einfacher. Die Karte ist bei der örtlichen Sozial- oder Krankenversicherung zu beantragen.

Arzneimittel

Führt man vom Arzt verschriebene Medikamente im Urlaub mit, ist es gut, auch das **Rezept** dabeizuhaben. Man sollte nur die für den persönlichen Gebrauch erforderliche Menge mitführen.

Reisekrankenversicherung

Die Reisekrankenversicherung ist eine gute Absicherung, da nur wenige EU-Länder die vollen Kosten für eine eventuelle ärztliche Behandlung übernehmen. Auch Fahrt-, Unterbringungs- und Rückreisekosten, die durch einen Krankheitsfall entstehen, deckt diese Versicherung ab.

Impfungen

Für Reisen innerhalb der EU sind keine Impfungen vorgeschrieben. Es bestehen jedoch Impfvorschriften bzw. -empfehlungen für manche Überseegebiete der EU.

Zusammenarbeit mit Tourismusorganisationen

Tourismusorganisationen sind sehr wichtige Verkaufs- und Marketingpartner der Hotellerie. Sie schaffen individuelle Marketinglösungen für Orte, Regionen und Länder.

Die Landestourismusorganisation (z. B. Tirol Werbung) organisiert das touristische Marketing auf Landesebene, wobei ihm wichtige überregionale Aufgaben zukommen. Die Tourismusdestination (z. B. Zillertal) hingegen ist noch ein Stück näher am Geschehen, da unmittelbar die Region im Zentrum ihrer Tätigkeiten steht.

Aufgaben

Die Aufgaben von Landestourismusorganisationen und touristischen Organisationen auf Orts- und Regionsebene (Tourismusdestinationen) sind vielfältig und erstrecken sich von der Pressearbeit für die Region, die Destination bzw. den Ort bis zur Vertriebsunterstützung durch die Erschließung neuer elektronischer Vertriebswege.

Die Ausflugsschifffahrt auf der Donau – hier mit dem einzigartigen Kristallschiff – ist meist Teil einer Dienstleistungskette von Ausflugsfahrten, z. B. in Kombination mit einer Radtour.

Das Ansprechen neuer Gäste, die Entwicklung moderner Angebote, die Sicherung der **Qualität der touristischen Angebote** im Land bzw. in der Region oder der Aufbau multimedialer Vertriebsmöglichkeiten sind die Hauptaufgaben, denen sich Tourismusverbände in Zusammenarbeit mit den regionalen Organisationen, den Branchenverbänden und den Unternehmen des Landes stellen. Dies erfolgt in enger Kooperation mit Politik und Verwaltung.

Die Anforderungen an die Landestourismusorganisation und an Tourismusdestinationen sind geprägt von der Vielgestaltigkeit der touristischen Produkte, der hohen Dynamik des Marktes und den Anforderungen der Mitglieder. Marktbeobachtung, empirische Untersuchungen und Auswertungen von statistischen Daten stehen dabei am Anfang und am Ende jeglicher Marketingaktivitäten. Daraus ergeben sich innovative Marktauftritte für die Erschließung neuer Zielgruppen oder die Pflege erschlossener Märkte mit neuen Produkten.

Moderne Messepräsentationen, bedarfsgerechte **Prospekte**, themenbezogene **Pressereisen** oder der Auftritt im Internet sind einige Instrumente, die zur Anwendung kommen und auf die einzelnen Zielgruppen zugeschnitten sind. **Workshops**, **Studienreisen** von Reiseveranstaltern sowie Verkaufsreisen zu Wiederverkäufern innerhalb und außerhalb des Landes gewinnen ebenso an Bedeutung.

Das Initiieren von **Angebotskooperationen** zu Themen, wie z. B. familienfreundliche Angebote, Umwelt- oder Jugendurlaub, trägt dazu bei, die Qualität der Angebote zu transportieren und Innovationen anzuregen. Im Rahmen dieser Kooperationen werden Angebote zu sogenannten **Dienstleistungsketten** kombiniert: Verschiedene Anbieter, wie Restaurants, Beherbergungsbetriebe, Verkehrsbetriebe etc., bieten dafür ihre Dienstleistungen an – die Landestourismusorganisation oder die zuständige Destination schnürt daraus maßgeschneiderte Pauschalangebote.

Für eine effektive Zusammenarbeit benötigen die Tourismusorganisationen immer die aktuellen Hotelinformationen.

Zusammenarbeit von Hotels und Tourismusorganisationen

Tourismusorganisationen setzen nicht nur Marketingaktivitäten, die das Land bzw. die Region betreffen. Es sind auch die Betriebe gefordert, mit den Tourismusorganisationen zu kooperieren und von der Zusammenarbeit zu profitieren.

Promotion des Hotels durch die Landestourismusorganisation bzw. die Tourismusdestination

Um als Beherbergungsbetrieb die Hauptaufgabe der Tourismusorganisationen – nämlich die Marketing- und Verkaufstätigkeit **aller** touristischen Leistungsträger eines Ortes, einer Stadt, einer Destination, einer Region – optimal unterstützen zu können, ist es notwendig, regelmäßigen und engen **Kontakt zur Landestourismusorganisation** und seinen Mitarbeitern bzw. zu jenen der Destinationen zu halten.

Die Landestourismusorganisation und auch die Tourismusdestination können optimale Verkaufsunterstützung dann leisten, wenn sie mit den **aktuellen Informationen über das Hotel** und all seine Angebote versorgt sind. Der aktuelle Prospekt mit dem vorteilhaftesten Bildmaterial sowie eine detaillierte Leistungsbeschreibung, am besten in gedruckter und elektronischer Form, sollen den Organisationen und Kooperationen ständig zur Verfügung stehen. Folgende Leistungen sollte ein Hotelbetrieb kontinuierlich in Anspruch nehmen:

Jour fixe

In regelmäßigen Abständen veranstalten Tourismusorganisationen einen Jour fixe, zu dem alle Leistungsträger eingeladen werden. Diese Gelegenheit des Zusammentreffens aller nützt die Tourismusorganisation, um ihre Leistungen zu präsentieren und die Meinung zu neuen Ideen abzuschätzen. Der Hotelier sollte das Treffen außerdem noch als eine willkommene Gelegenheit nützen, mit seinen Mitbewerbern und Kollegen **Netzwerke** für Kooperationen aufzubauen.

Zusammenarbeit mit der Presse

Die Pressearbeit der Tourismusorganisationen umfasst unter anderem folgende Tätigkeiten:

- Erstellen von Presseinformationen.
- Organisation von Pressekonferenzen und Pressefahrten.
- Journalistenbetreuung vor Ort.
- Planung und Abwicklung von Insertionen.
- Redaktionen für Bild- und Textrecherche.
- Betreuen eines Fotoarchivs.
- Erstellen von Foto-CDs für Journalisten und Veranstalter.
- Organisation von Events mit EU-Partnerstädten.
- Installation von Webcams und Verbreitung der Bilder.

Messen und Workshops, Verkaufs- und PR-Reisen

Die Landestourismusorganisation tritt ebenso wie die Destinationen bei Messen und Workshops für seine Mitglieder auf bzw. ist selbst Veranstalter und lädt ein, dort auszustellen und sich zu präsentieren. Eine Teilnahme ist meistens kostenpflichtig.

Vermarktungsaktionen

Die Landestourismusorganisationen und Destinationen bieten immer wieder die Möglichkeit an, sich an Vermarktungsaktionen zu beteiligen. Die Österreich Werbung (ÖW) bietet z. B. ausführliche Unterstützung für Werbe- und Verkaufsaktivitäten weltweit an. Dazu gehören z. B. Mailings und Newsletters. Diese Services sind kostenpflichtig.

Betreuung von Studiengruppen und Fam Trips

Fam Trips sind **Familiarization Trips**, Informationsreisen, um mit einem Land vertraut zu werden, es für weitere Kooperationen kennenzulernen. Meist lädt eine Reisebürogruppe Mitarbeiter eines Vermittlers ein, um sie zu Urlaubsprofis für ihre Destination zu machen. Diese Mitarbeiter können dann zu Hause ihre Eindrücke im Verkaufsgespräch vermitteln.

Fam Trips und ausländische Studiengruppen sind bei ihren Besuchen auch auf die Hilfe der Tourismusverbände angewiesen, da diese einerseits über das Know-how und andererseits über das Budget verfügen, das man für eine Reise durch Land und Destinationen braucht. Hotelbetriebe stellen den Tourismusverbänden bzw. ihren Reisebüropartnern für diese Reisegruppen Welcome-Cocktails, Abendessen o. Ä. zur Verfügung und haben dadurch die Möglichkeit, diesen Multiplikatoren ihren Betrieb vorzustellen.

Verkaufsbroschüren, Hotelverzeichnisse und Veranstaltungskataloge

Tourismusverbände erstellen gemeinsame Verkaufsbroschüren, Hotelverzeichnisse und Veranstaltungskataloge. Diese dienen dazu, Angebote **für spezielle Zielgruppen** zu publizieren. Beispiele dafür sind Spezialkataloge wie „Honeymooner", „Familienfreundliche Betriebe", „Gruppenfreundliche Hotels", „Event-Manual", „Incentive-Katalog".

Braucht man Unterstützung zur Erstellung eigener Folder (Flyer) oder sonstiger Werbemittel, so nimmt man am besten Kontakt mit der Tourismusdestination – also der Organisation auf Orts- bzw. Regionsebene – auf. Hier erhält man Tipps, wie man den Betrieb im Rahmen der Tourismusdestination optimal positioniert und die Werbemittel zielgruppengerecht gestaltet.

Eine weitere Vermarktungsschiene sind **Veranstaltungskataloge.** Darin werden Kongresse und Messen vermarktet. Die Tourismusorganisationen nehmen Kontakt mit diesen Veranstaltern auf, die bestimmte regionale Angebote und natürlich auch die dazugehörigen Beherbergungsbetriebe in ihren Katalogen vorstellen. Diese Leistungen sind meistens kostenpflichtig.

Zeitungspromotions/-artikel für Special Offers (Spezialangebote)

Zu speziellen Anlässen werden von der Landestourismusorganisation bzw. von der Tourismusdestination Special Offers (Advent in Wien, Saisoneröffnung in Kitzbühel etc.) in Form von Zeitungsanzeigen mit konkreten Hotelangeboten veröffentlicht. Die Teilnahme an diesen PR-Aktionen ist meistens kostenpflichtig.

Betreuung von Service-Außenstellen

Die Landestourismusorganisation betreut **Informationsstellen** an Ortseinfahrten, Autobahnraststätten, Bahnhöfen und ähnlichen exponierten Orten. Diese Servicestellen versorgen die Passanten mit touristischen Informationen sowie mit Angeboten an Hotelzimmern. Zu diesen Außenstellen sollte man als Betrieb einen hervorragenden Kontakt pflegen. Wenn technisch möglich, sollte der Beherbergungsbetrieb von dort aus direkt online buchbar sein.

Infoservices, Kundenbindungsprogramme und -karten

Ein gutes Beispiel für optimale Serviceunterstützung sind sogenannte **Frühstücksmails,** die täglich von Tourismusverbänden an die Beherbergungsbetriebe geschickt werden. Dies sind kopierfertige Informationen über den Ort bzw. die Region. Sie informieren über Wetter, Veranstaltungen, Öffnungszeiten, Ideen für Ausflüge etc. und können direkt an die Gäste beim Frühstückstisch ausgegeben werden.

Auch die Organisation und der Vertrieb von **Kundenbindungskarten** (z. B. Kärnten-Card oder Wien-Ticket in Österreich, Oberbayern-Card bzw. Rheinland-Pfalz-Card in Deutschland, Gstaad Easy Access Card in der Schweiz, Mobil-Card in Südtirol) gehören zu den Serviceangeboten von Tourismusorganisationen. Sie bieten gebündelte Leistungen bzw. Ermäßigungen für Transportmittel oder touristische Leistungen an, die in Packages von Hotels oder Reiseveranstaltern integriert werden können.

Betreuung des Segments MICE

Für den Bereich MICE (Meetings, Incentives, Conventions, Events) wird Veranstaltern von der Landestourismusorganisation ein **Veranstalterservice** mit professioneller Beratung bei der Auswahl von Veranstaltungsvorschlägen, Hotellerie und Gastronomie sowie der Terminplanung von Veranstaltungen geboten. Zusätzlich erhält der Veranstalter auch eine Information über geeignete Beherbergungsbetriebe, Abend-, Ausflugs- und Rahmenprogramme. Es werden Kontakte zu den entsprechenden Hotels und anderen touristischen Partnern und Leistungsträgern hergestellt.

Sogenannte von Landestourismusorganisationen organisierte **Site Inspections,** also alle Programmpunkte, die nicht direkt mit der Vorbereitung der Veranstaltung in Zusammenhang stehen, erleichtern den Entscheidungsträgern die Vorbereitung des Rahmenprogramms durch das Kennenlernen der Umgebung. Bei größeren Tagungen und Kongressen sowie bei Messen wird auch eine Zusammenarbeit mit der örtlichen Tourismusinformation, dem Tagungsbüro und den Ausstellern geboten.

Ein Tipp vom Profi
Hotels sind gut beraten, wenn sie touristische Entscheidungsträger und Journalisten zu Veranstaltungen im Haus (z. B. einem Silvesterball, einer Produktpräsentation) einladen. Damit halten sie ihre Angebote im Bereich Bankett und Veranstaltungen in Erinnerung.

In regelmäßigen Abständen die Presse und touristische Entscheidungsträger einzuladen ist ein schlauer PR-Schachzug.

Elektronische Vertriebswege

Die erfolgreiche Arbeit einer Landestourismusorganisation bzw. Destination wird u. a. daran gemessen, ob die Leistungen auch zum **Onlineverkauf** angeboten werden. Im optimalen Fall bietet die Internetpräsentation via Landestourismusorganisation und andere touristische Organisationen auch die Möglichkeit einer Online-Buchungsmaschine für die Hotelhomepage. Das bedeutet, dass das Hotel nur ein Extranet warten muss, aber über dieses auf mehr als einer Site online buchbar ist. Die elektronischen Vertriebswege finden Sie genau beschrieben im Kapitel „Webmarketing" ab Seite 226.

Zusammenarbeit mit Hoteliervereinigungen

Hotelbetriebe finden in landes- oder bundesweiten Vereinigungen von Hoteliers ihre Interessenvertretung. Gemeinsam werden hier Ziele gesetzt und angestrebt und der Entwicklung des Tourismus durch Marktforschung und vieles mehr größtmögliches Augenmerk geschenkt. Auch Fortbildung wird angeboten.

Die Österreichische Hoteliervereinigung (ÖHV)

Die Österreichische Hoteliervereinigung **(ÖHV, www.oehv.at)** vertritt seit über 50 Jahren die Interessen von bundesweit mehr als 1 100 führenden Betrieben der Ferien-, Konzern- und Stadthotellerie. Von den Mitgliedern sind ca. 80 % der 5- und 4-Sterne-Hotellerie und etwa 20 % der 3-Sterne-Kategorie zuzuordnen. Die ÖHV vertritt somit vor allem das obere Segment. Die ÖHV-Betriebe beschäftigen etwa 30 000 Mitarbeiter und erzielen einen geschätzten Jahresumsatz von insgesamt zwei Milliarden Euro. Sie leisten damit einen wesentlichen Beitrag zur direkten und indirekten Wertschöpfung der Tourismuswirtschaft am BIP.

Die Hoteliervereinigung setzt sich für eine nachhaltige Stärkung und den Ausbau des Tourismusstandorts Österreich ein. Sie ist parteipolitisch unabhängig und sensibilisiert Entscheidungsträger wie Politiker, Beamte oder Experten für die Anliegen des Tourismuslandes Österreich und der Vereinsmitglieder.

Die Hoteliervereinigung versteht sich auch als Serviceeinrichtung für ihre Mitglieder. Die Serviceleistungen der ÖHV sind auf Kostensenkung im Betrieb und Fortbildung aller Mitarbeiter ausgerichtet. Dazu gehören die ÖHV-Akademien, ein umfangreiches Informationsangebot, Fachberatung im Bereich Hoteltechnologie, Marketingunterstützung und vieles mehr.

Zeichen der Mitgliedschaft der ÖHV.

Der Deutsche Hotel- und Gaststättenverband (DEHOGA)

Hinter dem DEHOGA **(www.dehoga-bundesverband.de)** steht mit dem Gastgewerbe in Deutschland eine Dienstleistungsbranche überwiegend mittelständischer Prägung: 245 000 Hoteliers und Gastronomen, fast eine Million Beschäftigte und über 100 000 Auszubildende.

Der DEHOGA gliedert sich in 17 Landesverbände und drei Fachverbände: Hotelverband Deutschland (IHA), UNIPAS (Union der Pächter von Autobahn-Service-Betrieben) und VIC (Verband der Internationalen Caterer in Deutschland). Darüber hinaus vertreten die vier Fachabteilungen im DEHOGA – Systemgastronomie, Gemeinschaftsgastronomie, Bahnhofsgastronomie und Diskotheken – die speziellen Belange ihrer Mitglieder.

In Berlin und Brüssel ist der DEHOGA Bundesverband anerkannter Gesprächspartner für Politik, Presse, Verwaltung, die Interessenverbände der gewerblichen Wirtschaft sowie für die interessierte Öffentlichkeit.

Der Hotelverband Deutschland (IHA)

Der Hotelverband Deutschland **(IHA, www.hotellerie.de)** ist der **Branchenverband der Hotellerie.** Ihm gehören rund 1 000 Hotels des mittleren und oberen Marktsegments aus Privat-, Kooperations- und Kettenhotellerie an. Der Hotelverband vertritt die Interessen seiner Mitglieder gegenüber der Politik und in der Öffentlichkeit. Exklusiv bietet er seinen Mitgliedern professionelle und spezialisierte **Dienstleistungen**.

2001 ist dem Hotelverband Deutschland vom DEHOGA Bundesverband die Bearbeitung des Fachbereichs Hotellerie übertragen worden. Damit ist auf Bundesebene eine einheitliche Vertretung der gesamten Hotel- und Beherbergungsbranche in Deutschland entstanden.

Hoteliervereinigungen tragen wesentlich zur Entwicklung des Tourismus eines Landes bei.

Die hotelleriesuisse

Die hotelleriesuisse **(www.hotelleriesuisse.ch)** – mit einer mehr als 100-jährigen Geschichte – vertritt primär die Interessen der klassifizierten sowie national und international ausgerichteten Hotelbetriebe in der Schweiz. Die Mitglieder repräsentieren mehr als 60 % der Schweizer Hotelbetten und erzielen rund 77 % der Logiernächte. Mit Gesamteinnahmen von 22,6 Milliarden Franken – was einem Anteil von 5,1 % am BIP entspricht – stellt der Tourismus in der Schweiz eine wichtige Branche dar.

Der Tourismus ist nach der Metall- und Maschinenindustrie und der chemischen Industrie die drittwichtigste Exportbranche der Schweiz. Ihm sind rund 9 % der Exporteinnahmen zuzuschreiben. Die hotelleriesuisse engagiert sich auch international – als Gründungsmitglied des europäischen Dachverbands der Hotels, Restaurants und Cafés, der HOTREC.

Der Südtiroler Hoteliers- und Gastwirteverband

Der Hoteliers- und Gastwirteverband **(HGV, www.hgv.it)** ist die Interessenvertretung der Südtiroler Hoteliers und Gastronomen. Derzeit zählt der Verein circa 5 100 Mitglieder (nach Bezirken und Ortsgruppen organisiert). Diese stehen für 93 % der im Sektor tätigen Unternehmen.

Der HGV bringt sich aktiv in touristische Diskussionen und in die Tourismuspolitik des Landes Südtirol ein. Als Wirtschaftsverband ist der HGV bestrebt, die Entfaltungsmöglichkeiten seiner Mitglieder zu fördern und strategisch wichtige Themen auf die Tagesordnung zu setzen. Das erfordert konsequente Interessenvertretung in Bozen, Rom und Brüssel.

Fachbegriffe	
Adult	Erwachsener.
Agenda	Kalender, Reservierungsbuch.
Akontozahlung	Anzahlung.
All-inclusive	Logis und Verpflegung sowie weitere vereinbarte Leistungen inbegriffen.
Allotment	→ Kontingent.
Arrangement	Leistungsumfang, z. B. Vollpension (VP), Halbpension (HP).
Arrival	Ankunft.
Availability Status	Buchungsstand; Verfügbarkeit der Zimmer/Veranstaltungsräume.
Aviso	Buchungsvorschau von Reisevermittlern/-veranstaltern (nur Personenanzahl – noch keine Namen).
Backoffice	Bürobereich.
Baggage, Luggage	Gepäck.
Bed and Breakfast (B & B)	Zimmer mit kontinentalem Frühstück (ZF) → Continental Plan.
Bellboy	Page; erledigt Botengänge.
Bellcaptain	Vorgesetzter der Lohndiener; für den Gepäcktransport verantwortlich.
Billing Form	Kreditkartenformular.
Briefing	Kurze Einsatzbesprechung, z. B. vor Veranstaltungen (Banketten).
Business-Traveller	Geschäftsreisender.
Cancellation	Stornierung.
Cancellation Fee	Stornogebühr.
Carrier	Verkehrsträger, z. B. Fluggesellschaft.
Cash Payment	Barzahlung.
Cashier, Chief Cashier	Kassier; für die Kasse verantwortlich.
Catering	Bereitstellung von Verpflegung.
Changement	Zimmerwechsel.
Check-in	Anmeldung an der Hotelrezeption; Erledigung aller Anreiseformalitäten.
Check-out	Abmeldung an der Hotelrezeption; Erledigung aller Abreiseformalitäten.
City Ledger	→ Paymaster.
Claim	Reklamation, Beschwerde; Anspruch.
Closed Date	Ausgebuchter Termin.
Commission	→ Kommission.
Complimentary	Kostenlose Zimmernutzung eines Gastes (z. B. Einladung des Direktors); Buchung auf das Haus.
Concierge, Chief Concierge	Hotelportier, Chefportier.
Conference Package	Pauschalangebot für Konferenzen.
Confidential Rate	Nicht veröffentlichter Zimmerpreis; wird nur in besonderen Fällen gewährt.
Continental Plan (CP)	Übernachtung mit kontinentalem Frühstück; → Bed & Breakfast.
Convention	Tagung oder Kongress.
Corporate Design (CD)	Gleichartige Gestaltung aller Produkte eines Unternehmens als Ausdruck und Bestandteil der → Corporate Identity.
Corporate Identity (CI)	Firmenidentität; einheitliches Erscheinungsbild eines Unternehmens.
Counter	(Reisebüro-)Schalter.
Daily Report	Tagesabrechnung, täglicher Bericht.
Damenprogramm (Angehörigenprogramm)	Alternativprogramm für Begleitpersonen von Kongressteilnehmern, die an den inhaltlichen Programmpunkten nicht teilnehmen.
Database Marketing	Auf Daten basierende Marketingaktivitäten.
Deadline	Letzter Reservierungszeitpunkt oder Check-in-Termin.
Debitor	Schuldner; Leistung wurde auf Kredit bezogen; Begriff wird meist im Plural verwendet; steht auch für offene Rechnungen.
Debitorenrechnung	Offene, nicht beglichene Rechnung.

Definitive Reservierung	Fixe Buchung → Garantierte Reservierung.
Departure	Abreise.
Deposit	Hinterlegung.
Depotschein	Nachweis für hinterlegte Sachen und Wertgegenstände.
Destination	Zielort, Zielgebiet.
Direct Booking	Buchung und Check-in finden zum selben Zeitpunkt statt; bei → Walk-ins.
Direct Mailing, Direktmailing	Werbeaussendung an konkrete Adressen bzw. Zielgruppen.
Disagio	Abschlag; Gebühr für die Abrechnung mit Kreditkarteninstituten.
Doorman	Türsteher.
Double Occupancy	Doppelbelegung eines Zimmers; Überbuchung → Overbooking.
Driver	Fahrer.
Early Departure	Vor- oder frühzeitige Abreise.
Echtzeitbuchung	Echtzeitbuchung bedeutet, es wird nicht zuerst angefragt und auf die Anfrage geantwortet, sondern aus einer Datenbank heraus sofort gebucht und unverzüglich bestätigt.
Erlöse	Alle aus einem Verkauf eingenommenen Gelder.
European Plan (EP)	Übernachtung ohne Frühstück (UE).
Exchange Rate	Umrechnungskurs.
Expedienten	Reisebürofachmitarbeiter, die nicht in der Verkaufabteilung arbeiten, trotzdem z. B. einen Sonderpreis für Tourismuskollegen bekommen.
Extension	Verlängerung des Aufenthalts.
F & B	Food & Beverage (Küche, Keller, Bar, Bankett, Restaurant); Wirtschaftsbereich, der sich mit der Verpflegung auseinandersetzt.
Fakturierung	Rechnungslegung.
Familiarization Trip, Fam Trip	Informationsreise, um mit einem Reiseland vertraut zu werden.
Follow-up	Rückfrage auf ein unbeantwortet gebliebenes Angebot bzw. Nachbetreuung nach Abreise.
Forecast	Buchungsvorschau.
Foreign Individual Tourist (FIT)	Individualtourist aus dem Ausland.
Frontoffice	Rezeption, Kasse und Conciergebereich.
Full Board	Vollpension.
Functionsheet	Veranstaltungsformular; hausinterner Laufzettel.
Garantierte Reservierung	Garantierte Hotelzimmerbuchung (im Gegensatz zur → optionalen Reservierung) → Definitive Reservierung.
Give-away	Werbegeschenk; kleine Aufmerksamkeit des Hauses.
Guaranteed Booking	→ Garantierte Reservierung.
Guest Amenities	Annehmlichkeiten für die Gäste.
Guest Check	Gastrechnung.
Guest Profile	Gästekarteiblatt.
Guest Relation Manager	Erste Ansprechperson für Gästewünsche, Beschwerden etc.
Guest Relation(s)	Gästebetreuung (Relation = Beziehung, Verhältnis); auch im Plural verwendet.
Guest Supplies	Beigestellte Artikel auf dem Gästezimmer wie Shampoon, Duschbad, Bademantel.
Guesthistory	Aufzeichnung der Gästedaten und -wünsche vorangegangener Aufenthalte als Teil der Gästekartei (Umsätze, Zimmernummer, Mailings etc.).
Half Board	Halbpension.
Housekeepingdepartment	Hausdamenabteilung, Etage.
Human Resources Manager	Personaldirektor.
Implant	„Implantat"; ein in einem großen Konzern integriertes Reisebüro, das nur die Reisetätigkeiten der Mitarbeiter dieser Firma organisiert.

Incentives	Anreize; Firmen belohnen und motivieren ihre Mitarbeiter, indem sie ihnen eine Reise mit den gesamten Aufenthaltskosten bezahlen.
Incoming-Tourismus	Aus dem Ausland hereinkommender Tourismus.
Individualtourismus	Die Reise wird von den Reisenden selbst organisiert.
Infant	Kleinkind.
Informationskamm	Informationen in der Fußzeile eines Briefes (Firmenadresse etc.).
Insidecatering	Bereitstellung von Verpflegung für Veranstaltungen im Haus.
Jobrotation	Mitarbeiter tauschen innerhalb des Betriebes ihre Tätigkeiten.
Jobsharing	Teilzeitarbeit; Teilen eines Vollzeitarbeitsplatzes auf zwei Mitarbeiter.
Key-Account-Manager	Ist für Großkunden (Schlüsselkunden) verantwortlich.
Kommission	Prozentuelle Beteiligung, wenn ein Auftrag im eigenen Namen für eine fremde Rechnung ausgeführt wird; erhält z. B. das Reisebüro, wenn es als Veranstalter auftritt.
Konsortien	Reisebürogruppen und -zusammenschlüsse.
Kontingent	Verfügungsberechtigung eines Reisebüros über eine bestimmte Anzahl touristischer Leistungen (Zimmer im Hotel, Sitzplätze im Flugzeug etc.) bis zu einem im Vorhinein bestimmten Datum (Verfallsfrist → Release Date).
Late Arrival	Spätankunft.
Layover	Verzögerung, wenn Flugzeuge nicht starten können.
Leisure-Traveller	Freizeitreisender.
Logis	Unterkunft.
Low Cost Carrier	Billigfluglinie.
Manager on Duty	Diensthabender Manager.
Mark-up	Aufschlag.
Message	Nachricht für Gäste oder andere Abteilungen.
MICE	Überbegriff für das Segment Meetings, Incentives, Conventions, Events.
Miscellaneous	Verschiedenes; Beleg, der für diverse Barauslagen ausgefüllt wird (Sightseeingtouren, Konzertkarten etc.).
Modified American Plan (MAP)	Halbpension (HP) mit amerikanischem Frühstück und Abendessen.
MTD	Month to Date; Bezugsgröße für den Vergleich von Kennzahlen; Hinweis, dass sich die Kennzahl auf den Zeitraum vom Monatsersten bis zum heutigen Tag bezieht.
Mystery Guest Analysis (MYGA)	Auch Mystery Guest Check; Testkunden beurteilen dabei den Hotelbetrieb anonym.
Night Audit	→ Tagesabschluss; Nachtlauf im Frontoffice-Programm.
Night Auditor	Nachtportier; zuständig für den → Tagesabschluss.
Night Manager	→ Manager on Duty in der Nacht.
No Frills	Angebote ohne Schnickschnack.
No-Show	Bestellte, aber nicht in Anspruch genommene Leistung; Nichterscheinen eines Gastes ohne Angabe von Gründen.
Occupancy	Auslastung, Belegung.
Off Season	Zwischensaison, Nebensaison.
Optionale Reservierung	Vorläufige Reservierung; es wird eine → Deadline gesetzt; → Tentative Reservierung.
Outgoing-Tourismus	In das Ausland gehender Tourismus.
Outsidecatering	Bereitstellung von Verpflegung für Veranstaltungen außer Haus.
Overbooking	Überbuchung → Double Occupancy.
Package, Pauschalangebot	Mehrere Leistungen werden als Bündel zusammengestellt (z. B. Cocktailempfang, Nächtigung, Sightseeingtour, geführte Wanderung).
Paid-out	Barauslagen für hotelfremde Leistungen.
Party	Reisegruppe.
PAX	Abkürzung für Passengers; in der Hotellerie Participants; Personenanzahl.
Paymaster	Auch City Ledger; Sammelkonto, Interimskonto für Gruppenbuchungen oder Veranstaltungen, auf dem die vom Organisator übernommenen Leistungen bis zur Rechnungslegung gesammelt werden.

Pettycash	Handkasse, Tageskasse.
Porter	Gepäckträger, Lohndiener.
Porterage	Entgelt für Gepäcktransport.
Property Management System (PMS)	Frontoffice-Software; zur Organisation der gesamten Gästebetreuung und zur Unterstützung aller die Gästebeziehungen betreffenden Aktivitäten.
Provision	Prozentuelle Beteiligung an getätigten Verkäufen; erhält das Reisebüro, wenn es als Vermittler auftritt.
Public Relations (PR)	Öffentlichkeitsarbeit.
Quellmarkt	Herkunftsländer jener Gästegruppen, die einen Betrieb, eine Region oder ein Land vorwiegend besuchen.
Rate Parity	Preisgleichheit für das gleiche Produkt – wichtig vor allem für Angebote im Internet.
Rates	Preise.
Real Time Booking	→ Echtzeitbuchung.
Registration Form	Gästeblatt, Meldeschein.
Release Date, Release Period	Verfallsdatum für → Kontingente.
Report	Bericht (z. B. Manager Report); Reports werden mit der Tagesanalyse automatisch im → Property Management System erstellt.
Reservation Manager	Für die Reservierungsabteilung verantwortlich.
Responsezeit	Zeitspanne, bis auf eine Anfrage ein Angebot übermittelt wird.
Restanten	Stayover, Bleiber; Gäste, die derzeit im Haus sind.
Restrictions	Ganz bestimmte Buchungsbedingungen.
Retailer	Reisevermittler, Wiederverkäufer → Travel Agent.
Revenue Management	→ Yield Management.
Review	Bewertung.
Room Clerk	Kaum mehr gebräuchliche Bezeichnung für Rezeptionist.
Roomservice	Zimmer- und Etagenservice.
Rooming List	Namensliste von Reisegruppen mit gewünschter Zimmerbelegung (DZ, EZ).
Rooms Division	Logisabteilung.
Sales Blitz	Kurzfristiger Verkaufsbesuch bei Firmenkunden wie Reisebüros, Incentive-Firmen o. Ä.
Sales Call	Gezielte Verkaufsaktion, um mit neuen Kunden (Reisebüros, Firmen) in Verbindung zu kommen.
Sales Manager	Verkaufsdirektor.
Sent-away	Umquartierung eines Gastes in ein adäquates Hotel.
Shiftleader	Diensthabender Chefrezeptionist; für die jeweilige Schicht im Frontoffice verantwortlich.
Shuttle Service	Transportservice für Gäste, z. B. Flughafenbus, Skibus.
Site Inspection	Kennenlernen der Umgebung außerhalb des offiziellen Reiseprogramms zur Planung von großen Tagungen, Kongressen. Aus Site Inspections werden z. B. die → Damenprogramme zusammengestellt.
Special Treatment	Besondere Betreuung, z. B. von → VIPs; → VIP-Treatment.
Stayover	→ Restanten.
Stopover	Zwischenlandung.
Tagesabschluss	Zusammenfassung aller Buchungen eines Tages; wird in der Nacht automatisch im Frontoffice-Programm durchgeführt.
Tea and Coffee Making Facilities	Tee-und-Kaffee-Mise-en-Place; Wasserkocher, Teebeutel, Löskaffeebeutel, Zuckersorten, Sahne, Tassen, Löffel – auf einem Tablett im Gästezimmer bereitgestellt.
Telephone Operator (TO)	Telefonist.
Tentative Reservierung	Optionale Buchung.
Ticketing	Besorgung von Karten.
Timetable	Fahr- oder Flugplan.
Tourismusdestination	Touristische Organisation auf Orts- oder Regionsebene.
Tour Operator	Reiseveranstalter → Wholesaler; auch Reiseleiter.
Travel Agent	Reisevermittler → Retailer; auch Reisebüroangestellter.

Travel Information Manual (TIM)	Reisebürohandbuch für Einreisebestimmungen aller → Destinationen.
Trolley	Transportwagen für Gepäck; Zimmerservicewagen.
Turndownservice	Zurückschlagen der Bettdecke und Platzieren eines Betthupferls auf dem Bett.
Unaccompanied Minor (UM)	Unbegleitetes Kind.
Upgrading	Der Gast bekommt ein Zimmer in höherer Kategorie ohne Aufpreis.
Upselling	Verkauf einer hochwertigeren Zimmerkategorie als die vom Gast bestellte.
USP	Unique Selling Proposition; einzigartiges Verkaufsargument.
Validity	Gültigkeit, z. B. von Gutscheinen oder Kreditkarten.
VIP	Very Important Person; berühmte Persönlichkeit, Stammgast o. Ä.
VIP-Treatment	Besondere Betreuung von → VIPs.
Voucher	Hotelgutschein, Reisegutschein vom Reisebüro.
Waiting List	Warteliste.
Wake-up Call	Weckruf.
Walk-in	Gast, der ohne Reservierung ein Zimmer möchte.
Wholesaler	Reiseveranstalter → Tour Operator.
Yield Management	Ertragsmanagement.
YTD	Year to Date; Bezugsgröße für den Vergleich von Kennzahlen; Hinweis, dass sich die Kennzahl auf den Zeitraum vom Jahresersten bis zum heutigen Tag bezieht.

Zimmer- und Bettenarten siehe S. 86 und 87.
Zimmerpreisbezeichnungen siehe S. 209.

Stichwortverzeichnis

C

D

G

H

I

J

K

T

Bildnachweis

Fotolia: Seiten 6, 7, 9 (Kloster, Kutsche), 10, 14 (Wellness), 15, 16, 17 (Venedig), 18, 19, 20, 21 (Tafel), 22 (Alpenrosen, Seilbahn), 28 (Stammgast, Obst), 31, 32, 33 (Gäste 50+, Telefon), 35 (Schnitzel), 36 (Wandern, Familie), 37, 38, 39 (Bett, Nicht-Rauchen-Schild), 41 (Handtuchtrockner), 42, 50 (Befragung), 51, 55 (Schutzhütte), 56, 57 (Zunftzeichen), 58 (Körperpflegemittel), 64, 70, 71, 86 (getrennte Betten), 88 (Veranstaltungsraum), 93, 95, 96, 97, 104, 107, 111, 114, 118, 121 (Gedeck), 122 (Veranstaltungsraum), 123, 124, 125, 128, 135 (Mann), 136, 140, 142, 146, 147, 151, 152, 156, 160, 165, 166, 168 (Taxi), 169, 170, 171 (Rezeptionistin), 172 (VIP), 175, 176, 178, 179, 180 (Zahlung Telefonat), 183, 184 (Giveaway), 186, 191, 192, 195, 196, 200, 201, 202, 203, 205, 207, 209, 212, 213, 214, 216, 226, 227, 228 (Login), 229, 232, 233, 235, 237, 238, 239, 240, 241, 244, 245, 247, 249 (Tagung), 251, 255, 258, 260
Kempinski: Seiten 8 , 9 (Hôtel, historisch), 27 (Mann, Rezeption), 40, 43, 44, 52, 53, 54, 55 (Terminalhotel), 57 (Hotel Taschenbergpalais), 69, 81 (Wellnessbereich), 82, 83, 85, 86 (Doppelbett), 89 (Bibliothek), 100, 106, 108 (Hotel), 126, 127 (Secretary Service), 197, 210 (Zimmer), 218, 246
HeideRegion Uelzen e.V.: Seite 23
DEHOGA: Seiten 58, 59 (Deutsche Hotelklassifizierung)
© InterContinental Wien: Seiten 81 (Lobby), 84, 155 (Eingangsbereich), 204, 231
http://maps.google.at: Seite 101
Hotel Das Triest Wien: Seiten 102 (Hotel), 149 (Homepage)
Gastrodat: Seiten 141, 162
AVIVA: Seiten 148, 149 (Mann), 153, 159, 167 (Ankunft), 172 (Rezeption), 184, 185 (Hotelzimmer), 204, 206, 221, 222 (Gäste), 225, 250
Micros-Fidelio: Seiten 163, 168
Comm-Unity EDV: Seite 174
Hilton Vienna Hotel, Wien: Seite 204
Courtyard by Marriott, Linz: Seite 204
Hotel Altstadt Salzburg: Seite 204
Protel: Seite 219
Hotel Altstadt Vienna, Wien: Seite 228 (Homepage)
Tiscover: Seite 230
© ÖHV-Touristik Service GmbH, 2005: Seite 243
Donauschiffahrt Wurm + Köck: Seite 256

Die Zeichnungen stammen aus der Feder von Arnulf Kossak, Linz.

Alle anderen Bilder sind Eigentum der TRAUNER Verlag + Buchservice GmbH (die Bilder von Raimund Mayerhofer wurden mit freundlicher Unterstützung von Hotel InterContinental, Wien, Schlosshotel Mondsee sowie Romantik Resort Bergergut, Afiesl, erstellt).

Literaturnachweis

Außenwirtschaft Österreich (Hrsg.): Gäste aus aller Welt. Über den richtigen Umgang mit ausländischen Besuchern. WKÖ Service GmbH, Wien 2004.

Bardi, James A.: Hotel & Front Office Management. John Wiley & Sons, Third Edition, New Jersey.

Becker, Jochen: Das Marketingkonzept. Zielstrebig zum Markterfolg. Deutscher Taschenbuch Verlag, München, 2., verbesserte und erweiterte Auflage 2002.

Berktold-Fackler, Franz/Krumbholz, Hans: Reisen in Deutschland. Eine kleine Tourismusgeschichte. Oldenbourg, München 1997.

Billiger einkaufen im Internet. Format Nr. 5, Wien 2005.

Breidenbach, Theo: Zielorientiertes Marketing. Marken unverwechselbar aufbauen und positionieren. Metropolitan, Düsseldorf, Berlin 2000.

Brilli, Attilio: Als Reisen noch eine Kunst war. Vom Beginn des modernen Tourismus: Die „Grand Tour". Wagenbach, Berlin 1997.

Buchinger, Hermine u. a.: Kinder als Gäste. Schriftenreihe des Wirtschaftsförderungsinstitutes, Wirtschaftskammer Österreich, Wien.

Della Schiava, Manfred/Hafner, Harald: Service-Marketing im Tourismus. Kunden gewinnen und behalten. Ueberreuter, Wien 1995.

Der Gast 50+. Handbuch für den touristischen Anbieter. Schriftenreihe des Wirtschaftsförderungsinstitutes, Wirtschaftskammer Österreich, Wien.

Derzeit kein Wendepunkt in Sicht. Ryanair und easyJet weiter auf Wachstumskurs. ORF-Online, 07.08.2005.

Dettmer, Harald (Hrsg.) u. a.: Tourismusbetriebswirtschaft 2. Managementformen im Tourismus, situationsorientiert. Fortis FH, Manz, Wien 1999.

Dettmer, Harald/Hausmann, Thomas/Kloss, Ingomar: Gästemarketing. Handwerk und Technik, Hamburg 2005.

Dollischek, Benno Peter: Hoch lebe die Reklamation. Lösungsansätze zur positiven Reklamationsbewältigung. Matthaes, Stuttgart 2003.

Duffner, Andreas/Henn, Harald: CRM verstehen, nutzen, anwenden. Ein Leitfaden für kundenorientierte Unternehmen. Schimmel, Würzburg 2001.

Egger, Roman: Akzeptanz und Nutzung des Internet und mobiler Endgeräte durch potenzielle Österreichurlauber. FH-Salzburg 2005.

Egger, Roman: Grundlagen des etourism. Informations- und Kommunikationstechnologien im Tourismus. Aachen 2005.

Egger, Roman: Marketing and Distribution Strategies for SMTEs. EH-EMTA/electronic-tourism.com 2004.

EyeforTravel: A Strategic Analysis of the Travel Search Engine (TSE) Market. 2004.

Fittkau & Maaß, w & v, Studie 02/04 (online).

FM, Fachmagazin für Tourismus. Nr. 3, Wien, November 2005.

Forschungsgemeinschaft Urlaub und Reisen e. V. (Hrsg.): Die 36. Reiseanalyse RA 2006, Kiel 2006.

Gastro 5/2004.

Geier, Karl u. a.: Verkehr und Reisebüro 1. öbv & hpt, Wien 2004.

Gewald, Stefan (Hrsg.): Handbuch des Touristik- und Hotelmanagement. Oldenbourg, München, Wien, 2., unwes. veränd. Aufl. 2000.

Hafner, Harald: Hotmama – Hospitality & Tourism Marketing Management. Wien 2006.

Hafner, Harald: Profitabilität durch Kundenzufriedenheit. Tourismusmarketing. Fortis FH, Manz, Wien 1998.

Hennig, Armin: Hotelservice für Senioren und körperbehinderte Gäste. Bedarfsgerechte Hotelkonzepte ohne Barrieren und Hindernisse. Matthaes, Stuttgart 2001.

Henschel, Karla: Hotelmanagement. Oldenbourg, München 2001.

Henselek, Hilmar F.: Hotelmanagement. Planung und Kontrolle. Oldenbourg, München 1999.

Herrmann, Jürgen (Hrsg.): Gastgewerbe. Hotelfachleute. Fachstufen 1 und 2. Handwerk und Technik, Hamburg 2006.

Ho, James: Easy-to-Use Multilingual Communication over the Internet. In: Cornell Quaterly. April 2002, nach Egger, Roman: Grundlagen des etourism, Aachen 2005.

Horx, Matthias/Al-Ani, Ayad/Gattermeyer, Wolfgang (Accenture): Studie „Accent on the Future". Wien 2004.

Horx, Matthias: Die Megatrends und das Reisen. Was den Touristiksektor in Zukunft bewegt. Gastkommentar, Reppel + Partner, Institut für Tourismus- und Kurorteberatung, Freizeit und Kulturmanagement, 23. Mai 2005.

Hoyler, Karin/Kegele, Markus: Die Hotel- und Gastromacher. Marketing aus der Praxis. gastro energy, Melzer, Wien 2003.

Huber, Heinz: Standard der Abrechnung für Hotels und Restaurants. Trauner, Linz 2004.

Jelinek, Rainer: Welche Trends werden die Freizeitwirtschaft in Zukunft prägen? Die Auswirkungen auf den Kulturtourismus. Oberösterreich Tourismus 2006.

Kaspar, Claude: Management im Tourismus. Eine Grundlage für die Führung von Tourismusunternehmungen und -organisationen. St. Galler Beiträge zum Tourismus und zur Verkehrswirtschaft. Reihe Tourismus, Haupt, Bern 1995.

Klatil, Lucia: Planen, Bauen, Einrichten in Hotellerie und Gastronomie. Schriftenreihe des Wirtschaftsförderungsinstitutes, Wirtschaftskammer Österreich, Wien.

Köberich, Georg K.: Der Brief des Hoteliers. Matthaes, Stuttgart 2004.

Kohl, Manfred: Wie man Gäste begeistert und sich selbst gut verkauft. 1998.

Kosma, Peter u. a.: Betriebsorganisation, Tourismus, Marketing. Trauner, Linz, 12. Auflage 2006.

KPMG-Analyse: Hotelbuchung über das Internet oft billiger. KPMG Consulting AG 2004.

Kotler, Philip/Bliemel, Friedhelm: Marketing-Management. Analyse, Planung, Umsetzung und Steuerung. Schäffer-Poeschel, Stuttgart, 9., überarbeitete und aktualisierte Auflage 1999.

Lehmeier, Markus: Schnellkurs Direktmarketing. Lexika, Würzburg 2000.

Lentz, Christian/Fritz, Herbert (Hrsg.): Gastgewerbliche Berufe. Organisation, Marketing. Gehlen, Bad Homburg vor der Höhe 1998.

Liebsch, Frank: Praxis kompakt: Städtetourismus, Wellnesstourismus, Fahrradtourismus. Gmeiner, Messkirch 2003.

Luft, Hartmut: Organisation und Vermarktung von Tourismusorten und Tourismusregionen. Destination Management. Gmeiner, Messkirch 2001.

Marcussen, Carl H.: Trends in European Internet Distribution – of Travel and Tourism Services. Centre of Regional and Tourism Research, Denmark, April 2006. www.crt.dk.

NUA Internet Surveys 2002 (onl.) nach Egger, Roman: Grundlagen des etourism. Aachen 2005.

OÖ Tourismus Technologie GmbH, Power Point Präsentation 2005.

Österreich Werbung, Institut für Freizeitwirtschaft der WU Wien und der WKÖ: Online-Buchungs- und Online-Anfragevolumen in österreichischen Beherbergungsbetrieben. Wien, August 2005.

Österreichische Hoteliervereinigung: China meets Austria. Wien.

Österreichische Hoteliervereinigung: India meets Austria. Wien.
Österreichische Hoteliervereinigung: ÖHV-Wahlcheckliste. Wien 2006.
Österreichische Hoteliervereinigung: Online-Buchungsportale. Wien 2006.
Österreichische Hoteliervereinigung: Webmarketing & Online-Vertrieb. Ein Leitfaden zur Auswahl von geeigneten Reise- und Buchungsplattformen für Österreich und die Schweiz. Wien 2005.
Pfleger, Andrea: Housekeeping. Management im Hotel. Trauner, Linz, 2. überarbeitete Auflage 2007.
Pichler, Oliver: Sehnsüchte neu managen. Sehnsuchtsmärkte nach: Zukunftsinstitut von Matthias Horx. a3GAST, 9/2006.
Prantner, Christian u. a.: EDV im Tourismusbetrieb. Schriftenreihe des Wirtschaftsförderungsinstitutes, Wirtschaftskammer Österreich, Wien.
Reith, Wolfgang/Sator, Manfred: Betriebswirtschaft, Volkswirtschaft und gastgewerbliche Betriebslehre. öbv & hpt, Wien 1999.
Schaetzing, Edgar E.: Management in Hotellerie und Gastronomie. Deutscher Fachverlag, Frankfurt am Main, 6., völlig überarbeitete und erweiterte Auflage 2004.
Schumacher, Franziska: Der clevere Gastronom. Fünf Bausteine zum Erfolg. Matthaes, Stuttgart 2004.
Schwarz, Walter: Der Hotelempfang. Matthaes, Stuttgart 1995.
SHV, SWV, DEHOGA, ÖHV: Marketing der Gastfreundschaft. Interhoga-Verlag, Bonn.
Spalteholz, Bianca: Online Pricing. Anbieterorientierte Angebote und Preise auf Reiseplattformen. Vorträge im Rahmen der ÖHV-Praktikerseminarreihe 2005, 2006.
Stutts, Alan T.: Hotel and Lodging Management. An Introduction. John Wiley & Sons, New York 2001.
The European Travel Commission on ETC New Media Review, www.etcnewmedia.com, Mai 2006.
Trittbrettfahren im Internet. Chancen und Potentiale mit www.kaernten.at. Mehr Onlinebuchungen durch Low Cost Carrier. ÖHV Check-Effect, ncm.at 2005.
Web Tourismus. ULYSSES Onlineumfrage 2004 und 2005.
Weier, Michael: Gäste professionell führen. Ein Leitfaden für die Tourismuspraxis. Gmeiner, Messkirch 2003.
Weissensteiner, Ines: Hotel Software als Werkzeug des Erfolges. Vergleich von Front Office Programmen in Österreich und der Schweiz. Österreichische Hoteliervereinigung, Wien 2007.
Werthner, Hannes: Urlaubssuche im Web. Konzentration nimmt zu. Der Standard, 25.06.2005.
Wiesberger, Arnold: Notfallhandbuch. Hotel Safety Manual.
Winkler, Egon (Hrsg.): Erfolg in aller Welt. Über den richtigen Umgang mit anderen Kulturen in der Exportwirtschaft. WKÖ Service GmbH, Wien 2002.
Wölfl, Peter u. a.: Hotel- und Rezeptionstechnik. Trauner, Linz, 3. Auflage 2007.
Zanetti, Daniel: Mut zur Gästeverblüffung oder wie man Kunden nachhaltig an sich bindet. Vortrag am ÖHV-Hotelierkongress, Saalfelden 2006.

Internetquellen
http://europa.eu/abc/travel/index_de.htm
www.austrian-hotelreservation.at
www.austriatourism.com
www.austria-tourist.net
www.booking.com
www.computerlexikon.de
www.expedia.com
www.fastbooking.com
www.hgv.it
www.hotel.de
www.hotels.com
www.hotelsterne.at
www.hotelsterne.ch
www.hotelsterne.de
www.hotrec.org
www.hrs.de
www.inthotels.com
www.nethotels.com
www.oeamtc.at
www.octopustravel.com
www.oehv.at
www.tiscover.at
www.tiscover.it
www.travelocity.com
www.urlaub.at
www.urlaub-anbieter.com
www.urlaubfinder.com
www.web-tourismus.de
www.wikipedia.com

Ein herzliches Dankeschön

Ganz besonders danken wir an dieser Stelle Herrn Cristian Solderer, **www.evopark.at**, der uns vor allem in Bezug auf rechtliche Grundlagen und Branchenstrukturen in den Ländern Südtirol, Deutschland und der Schweiz mit wertvoller Recherchearbeit bei der Erstellung des Buchs unterstützte sowie uns als kompetenter Berater für (kommunikations-)technologische Inhalte jederzeit zur Verfügung stand.

Unser herzlicher Dank gilt Frau OStR Maria Middendorf, **staatliche Berufsschule Rothenburg-Dinkelsbühl**, sowie Frau Daniela Justinger und Frau Karin Simmer, **Berufsbildende Schule für Ernährung, Hauswirtschaft und Sozialpflege, Trier**, für die wertvolle Unterstützung durch zahlreiche Fachauskünfte während der Erstellung des Buchs sowie die gewissenhafte Durchsicht der Manuskripte.

Für die großartige Unterstützung bei der Erstellung von Fotos für dieses Fachbuch bzw. für die zahlreichen zur Verfügung gestellten Bilder danken wir ganz besonders Frau Britta Neuper (IHG), **Hotel InterContinental Wien**, sowie den Mitarbeiterinnen und Mitarbeitern der Halle.
Unser besonderer Dank gilt auch Herrn Direktor Wolfgang Birklbauer, **Schlosshotel Mondsee/OÖ**, und ganz besonders seinem Frontoffice-, Service- und Hausdamen-Team für ihr freundliches Entgegenkommen und ihre Gastfreundschaft bei der Herstellung der Bilder für dieses Fachbuch.
Ebenso herzlich danken möchten wir Herrn GF Werner Pürmayer, **Romantikhotel Bergergut, Afiesl/OÖ**, für seine Unterstützung und gastfreundliche Betreuung bei unserem Fototermin in seinem Hause. Unser Dank gilt auch ganz besonders seinen Mitarbeiterinnen und Mitarbeitern im Frontoffice, in der Halle und der Küche, die uns in besonderer Weise bei der Erstellung der Fotos für dieses Fachbuch unterstützt haben.
Ein besonderer Dank gebührt auch Frau Fanny Holzer, **Hotel Das Triest, Wien**, die uns einerseits gemeinsam mit ihrem Frontoffice-Team bei der Fotografie des Covers in herausragender Weise unterstützte und uns andererseits mit Bildmaterial und Screenshots hilfreich zur Seite stand.

Ebenso gilt unser Dank Herrn Generalsekretär GF Thomas Reisenzahn, **Österreichische Hoteliervereinigung, ÖHV**, für seine Unterstützung bei der Erstellung dieses Fachbuchs, sowie Frau Mag. (FH) Angelika Pachschwöll der **ÖHV TOURISTIK SERVICE GMBH** für ihr großes Engagement. Sie hat uns mit zahlreichen Auskünften, mit genauer Durchsicht der Manuskripte und zur Verfügung gestellten Unterlagen sowie mit vielen wertvollen Fachinformationen aus der Branche sehr unterstützt.

Vielen herzlichen Dank auch Herrn Dr. Benedikt Amort, **www.amort.biz**, Wirtschaftsprüfer und Steuerberater, für die steuerlichen Auskünfte für Italien bzw. Südtirol sowie Frau Dr. Evelin Schieder, **Hoteliers- und Gastwirteverband**, für die kompetente und zuverlässige Rechtsberatung für Italien bzw. Südtirol.

Für die umfassenden rechtlichen Auskünfte für Deutschland sowie für die zur Verfügung gestellten Unterlagen danken wir ganz besonders Herrn Thomas Nawrocki, **Deutsche Handelskammer in Österreich**, Herrn RA Meinhard Kirchner und Frau Caterina Jahnel, **Hotelverband Deutschland (IHA)** sowie Herrn Mortimer Treichel vom **DEHOGA**.

Für die steuerlichen und rechtlichen Auskünfte für die Schweiz bedanken wir uns herzlich bei Frau Annette Rupp, **hotelleriesuisse.**

Ganz besonders danken wir auch folgenden Personen und Firmen, die uns durch zur Verfügung gestelltes Bildmaterial unterstützten:
Familie Paierl, **Hotel Thermenhof Paierl**, Bad Waltersdorf/Stmk.
Frau Direktorin Verena Forstinger, **Austria Trend Hotel Altstadt**, Salzburg
Herrn GF Franz Engleder, **AVIVA Single Resort & Spa**, St. Stefan/OÖ
Frau Direktorin Birgit Abate-Daga, **Kempinski Hotels & Resorts**, München
Frau Kristin Oberweger, Resident Manager, Hotel **Altstadt Vienna**, Wien
Herrn Markus Kalina, **Courtyard by Marriott**, Linz
Frau Andrea Wüstinger, **Donauschiffahrt Wurm + Köck**, Passau
Frau Franziska Schwarzkopf, **Tourismuskreis HeideRegion Uelzen e. V.**
Frau Mag. Claudia Bär, **Tiscover AG**

Ein herzliches Dankeschön auch folgenden Personen und Firmen für die Unterstützung durch Fachinformation und zur Verfügung gestellte Screenshots ihrer Hotelsoftware:
Herrn Manfred Adelsberger, **PROTEL**, EDV für Hotellerie und Gastronomie
Herrn Helmut Böheim, **MICROS-FIDELIO** Austria GmbH
Frau GF Angelika Hofherr, **GASTRODAT** GmbH – Consulting Österreich
Herrn Raimund Hartbauer, **Comm-Unity** EDV GmbH